Stiftung zum Wohl des Pflegekindes

5. Jahrbuch des Pflegekinderwesens

Grundbedürfnisse von Kindern – Vernachlässigte und misshandelte Kinder im Blickfeld helfender Instanzen

D1574709

Pflegefamilie | Adoption

Schulz-Kirchner Verlag

Bibliografische Information der Deutschen Nationalbibliothek
Die Deutsche Nationalbibliothek verzeichnet diese Publikation in der Deutschen Nationalbibliografie; detaillierte bibliografische Daten sind im Internet über http://dnb.d-nb.de abrufbar.

Besuchen Sie uns im Internet: www.schulz-kirchner.de

1. Auflage 2009
ISBN 978-3-8248-0633-1
Alle Rechte vorbehalten
© Schulz-Kirchner Verlag GmbH, 2009
Mollweg 2, D-65510 Idstein
Vertretungsberechtigter Geschäftsführer: Dr. Ullrich Schulz-Kirchner

Lektorat: Petra Schmidtmann
Layout: Susanne Koch

Druck und Bindung: Rosch-Buch Druckerei GmbH, Bamberger Str. 15, D-96110 Scheßlitz

Printed in Germany

Als E-Book (PC-PDF) erhältlich unter der ISBN 978-3-8248-0690-4.

Die Herausgeberin

Die Stiftung zum Wohl des Pflegekindes wurde 1992 in Holzminden gegründet. Ihr Anliegen ist es, ein breites öffentliches Interesse für Pflegekinder und ihre besondere Situation zu wecken. Das Hauptaugenmerk ist dabei auf solche Kinder gerichtet, deren Entwicklung und Sozialisation durch die Ursprungsfamilie anhaltend nicht gesichert werden kann und die deshalb auf Dauer in einer Pflegefamilie leben. Die Verbesserung der Lebenssituation dieser Kinder ist das Stiftungsziel. Um dieses zu erreichen, hat sich die Stiftung folgende Schwerpunkte gesetzt:

- **Fortbildung und Erfahrungsaustausch aller am Pflegekinderwesen Beteiligten**
- **Mitfinanzierung von Projekten, Veröffentlichungen, Tagungen, Stipendien**
- **Förderung von Wissenschaft und Forschung zum Thema „Pflegekinderwesen"**
- **Veröffentlichungen**

Ansprechen will die Stiftung alle, die in ihrem (Berufs-)Alltag mit Fragen des Pflegekinderwesens befasst sind: MitarbeiterInnen der Pflegekinderdienste, Pflegeeltern, PsychologInnen, JuristInnen, WissenschaftlerInnen, PolitikerInnen u. a. Die Stiftung versteht sich als Forum, auf dem über die unterschiedlichen Fragestellungen zum Thema „Pflegekind" diskutiert werden kann und soll. Dabei wird davon ausgegangen, dass das Wohl des Pflegekindes für alle Beteiligten höchste Priorität hat.

Vorstand: Inge Stiebel, Dr. Ulrich Stiebel (Vors.)

Kuratorium: Heinzjürgen Ertmer, Henrike Hopp,
Prof. August Huber, Prof. Dr. Christine Köckeritz,
Claudia Marquardt, Dr. Jörg Maywald,
Prof. Dr. Dr. h.c. Gisela Zenz (Vors.)

Anschrift: Lupinenweg 33, 37603 Holzminden,
Telefon: 0 55 31/51 55 - Fax: 0 55 31/67 83
E-Mail: 055315155@t-online.de
www.Stiftung-Pflegekind.de

Inhalt

Vorwort

Liebe Leserin, lieber Leser,

erschütternde Berichte über verwahrloste oder von ihren Eltern schwerst misshandelte Kinder sind in Deutschland jede Woche in den Medien zu lesen, zu hören und zu sehen. Oft waren die Familienverhältnisse den Jugendämtern bekannt. Mit jedem neuen „Fall" wird die Frage aufgeworfen, ob das Jugendamt versagt hat oder sich solche „Fälle" verhindern lassen. Fakt ist, dass neben eingeschränkten finanziellen Mitteln oft nicht ausreichende fachliche Kenntnisse der Grund für die nicht adäquaten Hilfeangebote oder das zu späte Eingreifen vonseiten der Jugendbehörden ist. Ein weiterer Grund – und dieser ist sowohl im Jugendamtshandeln als auch in Gerichtsentscheidungen zu finden – ist, dass dem Elternrecht Vorrang vor den Rechten der Kinder eingeräumt wird und die Situation des Kindes deshalb nicht im Blickfeld ist – und das, obwohl die höchstrichterliche Rechtsprechung grundsätzlich sagt, dass Kindesrecht vor Elternrecht gilt, wenn das Kindeswohl nur so gewahrt werden kann.

Auch diese in letzter Zeit zu beobachtende rechtliche Entwicklung geht weithin auf mangelnde Kenntnisse über elementare Bedürfnisse von Kindern und die Folgen defizitärer Eltern-Kind-Beziehungen zurück.

Seit ihrem Bestehen bemüht sich die Stiftung durch Seminare, jährliche Fachtagungen und Forschungsförderung sowie durch die Herausgabe von Tagungsdokumentationen und Jahrbüchern Aus- und Fortbildungsmängel im Arbeitsfeld Jugendhilfe und insbesondere im Pflegekinderwesen auszugleichen.

Anerkannte und praxiserfahrene WissenschaftlerInnen referieren jeweils – so auch in dem hier vorliegenden Jahrbuch – über aktuelle Ergebnisse der kinderpsychologischen Forschung und übertragen diese auf die spezielle Situation von Pflegekindern. JuristInnen, PsychologInnen und erfahrene MitarbeiterInnen aus der Jugendhilfe stellen ihr Fachwissen und ihre Erfahrungen zur Verfügung.

Das in vier Kapitel gegliederte Jahrbuch befasst sich im ersten Abschnitt mit Bedürfnissen von (Pflege-)Kindern. Am Anfang steht ein Aufsatz von **Karin Grossmann** zur Bindung und empfundenen Zugehörigkeit. Die international renommierte Bindungsforscherin stellt als Ergebnis ihrer jahrzehntelangen Forschungen fest – und ist damit in Übereinstimmung mit BindungsforscherInnen in aller Welt – dass stabile positive Bindungen überlebenswichtig für das Kind sind und erläutert ihre Entstehung.

Daran schließen zwei Erfahrungsberichte an, die sehr anschaulich Bedürfnisse, Gefühle und das Erleben von Pflegekindern und auch von Pflegeeltern schildern: In dem Beitrag von **Astrid Springer** berichten ein erwachsener Pflegesohn und seine Pflegeeltern über ihre überwältigenden Gefühle bei der geplanten Wegnahme des Kindes aus der Pflegefamilie. ExpertInnen verschiedener Professionen kommentieren die Situation aus ihrer jeweiligen fachlichen Sicht. Die als Baby adoptierte Journalistin **Annette Mingels** berichtet eindrucksvoll und lebendig über ihr Empfinden beim Zusammentreffen mit ihrer leiblichen Mutter im Erwachsenenalter.

Der zweite Abschnitt des Jahrbuches befasst sich mit vernachlässigten und misshandelten Kindern aus dem Blickwinkel verschiedener helfender Instanzen.

Die Kriminalhauptkommissarin **Gina Graichen** zeigt in dem Bericht über ihre Arbeit die erschütternde, würdelose und lebensbedrohliche Lebenssituation von vernachlässigten und misshandelten Kindern auf. Daran schließen die Aufsätze von **Christiane Ludwig-Körner** und **Christine Köckeritz** an, die das Erleben defizitärer Lebensverhältnisse von Kindern in verschiedenen Altersstufen aufzeigen, die schwerwiegenden Folgen solcher Erfahrungen darlegen und daraus Rückschlüsse für notwendige Interventionen der Jugendhilfe ziehen. (C. Ludwig-Körner/Säuglinge und Kleinkinder, C. Köckeritz/ältere Kinder und Jugendliche). **Gisela Zenz** geht in dem anschließenden Beitrag vertiefend auf Interventionen der Jugendhilfe ein, stellt den Stellenwert der Familienpflege als Ressource der Jugendhilfe heraus, zeigt Fehlentscheidungen zulasten des Kinderschutzes auf und stellt Überlegungen an, wie es zu solchen Entscheidungen kommen kann. **Hildegard Niestroj** schildert, wie folgenschwer innerhalb der familialen Bindung gemachte traumatische Erfahrungen für das Kind sind und wie MitarbeiterInnen helfender Instanzen zu einer realistischen Risikoeinschätzung von Kindeswohlgefährdung gelangen. **Gerhard Fieseler** und **Anika Hannemann** stellen die Frage in den Mittelpunkt, wie die Balance zwischen dem Erziehungsprimat der Eltern und der Gewährleistung des Kindeswohls bei Kindeswohlgefährdung durch den Staat zu finden ist. Sie konstatieren und beklagen eine Überbetonung der Elterninteressen auf Kosten der Kindesinteressen in Rechtsprechung, Jugendhilfe- und Gutachtenpraxis.

Im dritten Abschnitt wird in drei kritischen Fallberichten die Jugendhilfe- und Rechtsprechungspraxis beleuchtet. **Arnim Westermann** zeigt anhand eines Beispiels aus seiner psychologischen Praxis auf, wie ein unreflektierter Versuch, Kinderschutz durch Hilfe für die Eltern zu verwirklichen, dazu führt, dass das Leiden des Kindes verleugnet, dadurch die Aufarbeitung des Erlebten massiv erschwert und die Entwicklung des Kindes behindert wird. **Ludwig Salgo** beleuchtet die Zusammenarbeit der beteiligten helfenden Instanzen im Fall des zweijährigen

Kevin, der im Oktober 2006 in Bremen tot im Kühlschrank seines Ziehvaters aufgefunden wurde. Seine Analyse ergibt, dass eine Vielzahl von vermeidbaren Gründen für den Tod von Kevin verantwortlich war; der dazu erstellte Bericht des Bremer Untersuchungsausschusses gibt hoffentlich Anstoß, das Zusammenwirken helfender Instanzen zur Sicherung des Kindeswohls auch außerhalb Bremens zu überdenken und neu zu ordnen. **Gisela Zenz** befasst sich mit einer Entscheidung des Bundesgerichtshofs im „Fall Görgülü" und ihrer langen Vorgeschichte, die zeigt, zu welcher schwerwiegenden Missachtung des Kindeswohls Behörden und Gerichte gelangen können, wenn sie im Bemühen um political correctness und in Ermangelung bindungspsychologischen Basiswissens gegen die Empfehlung aller psychologischen Gutachten die Beziehung eines langjährigen Pflegekindes zu seinem biologischen Vater erzwingen wollen.

Der vierte Abschnitt beleuchtet die höchstrichterliche Rechtsprechung zur Pflegekindschaft. **Ludwig Salgo** befasst sich in seinem Beitrag mit der Rechtsprechung des Bundesverfassungsgerichts in den vergangenen Jahrzehnten, wobei das Hauptaugenmerk auf die Berücksichtigung der Kindesrechte gerichtet ist. Unter dem gleichen Blickwinkel setzt sich **Gülşen Schorn** mit der Rechtsprechung des Europäischen Gerichtshofs für Menschenrechte auseinander. Im Anschluss an diese Aufsätze sind – wie schon im 4. Jahrbuch des Pflegekinderwesens – wieder einige interessante Beschlüsse verschiedener gerichtlicher Instanzen zu Pflegekindern veröffentlicht.

Unser herzlicher Dank geht an alle Autorinnen und Autoren. Es erfüllt uns mit Freude, dass sie ihr Wissen und ihre Zeit zur Verfügung stellen, um uns in unserem Stiftungsanliegen zu unterstützen.

Der vorliegende Band ist der letzte in der Reihe der Jahrbücher, die von Frau Angela Reineke in ihrer fast 14jährigen Tätigkeit für die Stiftung mit hoher fachlicher Kompetenz und großem Engagement betreut worden ist. Vorstand und Kuratorium der Stiftung sind Frau Reineke zu großem Dank verpflichtet.

Der Vorstand

I   Bedürfnisse von Pflegekindern

Karin Grossmann

Bindung und empfundene Zugehörigkeit[1]

Einführung

Im Zentrum dieses Beitrags stehen die Bindungsentwicklung des Kindes und die Prozesse, die mit Bindung verbunden sind. Nach einer kurzen Definition und Charakterisierung der Entwicklung einer Bindung und ihren Aufgaben im Säuglingsalter unabhängig vom Verwandtschaftsgrad (s. a. Grossmann & Grossmann, 2004) werden für die besondere Situation von angenommenen Kindern drei Themen erläutert: Warum kommt es in Bindungsbeziehungen so häufig zu Angst, Ärger und Trauer? Des Weiteren werden Störungen der Bindung bei dysfunktionalem Elternverhalten besprochen und schließlich werden einige ausgewählte Forschungsergebnisse über angenommene Kinder berichtet.

Die bindungstheoretische Definition von „Bindung" nach John Bowlby (1979/2001), Kap. 7):

- Bindung ist ein gefühlsgetragenes Band, das eine Person zu einer anderen spezifischen Person anknüpft, das sie über Raum und Zeit hinweg miteinander verbindet.
- Meist wird die andere Person als stärker und weiser empfunden.
- Man kann an mehr als eine Person gebunden sein, aber nicht an viele.
- Seelisches und körperliches Trennungsleid sind ein eindeutiges Zeichen für Bindung.
- Bindung setzt Gefühle voraus, die unterschiedlich und spezifisch gegenüber einzelnen Personen gehegt werden.
- Viele der intensivsten Gefühle treten während der Entstehung, der Aufrechterhaltung, dem Abbruch und der Erneuerung von Bindungen auf.
- Die kindliche Bindung an die Bindungsperson ist das Ergebnis der selbst initiierten Aktivitäten des Kindes, Nähe zur Bindungsperson herzustellen.
- Die Bindung an die bemutternde Person entwickelt sich im ersten Lebensjahr weitgehend unabhängig von der Qualität der Fürsorge – auch wenn sie erratisch, gefühllos, strafend oder ungeschickt ist –, solange sie nur beständig ist.

---

[1] Vortrag auf dem 18. Tag des Kindeswohls „Elternschaft im Pflegekinderwesen. Soziale Beheimatung für Kinder aus defizitären Lebensverhältnissen" am 31. Mai 2008 in Potsdam. Veranstalterin: Stiftung zum Wohl des Pflegekindes.

- Zu Beginn des zweiten Lebensjahres haben die meisten Kinder eine relativ stabile Bindung an mindestens eine Person entwickelt.
- In diesem Alter sind die Bindungs-Verhaltenssysteme des Kindes so weit integriert, dass sie schnell aktiviert werden können, sobald das Kind Angst empfindet. Angst kann durch sehr verschiedene, individuell unterschiedliche, unvertraute Wahrnehmungen ausgelöst werden. Bei einem Kleinkind entsteht Angst jedoch besonders durch die Entfernung der Bindungsperson.
- Die Ereignisse, die am effektivsten die Angst des Kindes lindern und die aktivierten Verhaltenssysteme beruhigen, sind die beruhigenden, tröstenden Reaktionen, der Anblick und besonders der Körperkontakt mit der Bindungsperson.
- Bindungen bestehen aus Gefühlen, Erinnerungen, Wünschen, Erwartungen und Absichten, die wie ein Filter für die Wahrnehmungen und Interpretationen sozialer Ereignisse und Erlebnisse wirken.

Kommentar: Bindung hat primär nichts mit Blutsverwandtschaft zu tun, obwohl die meisten Kinder von ihren Eltern aufgezogen werden. Ziehen natürliche oder annehmende Eltern ein Kind von Anfang an auf, so werden sie die ersten und wichtigsten Bindungspersonen.

1   Die Entwicklung einer Bindung und ihrer Funktionen

Ein Kind kommt mit der biologisch vorprogrammierten Erwartung zur Welt, dass mindestens eine starke und kundige Person es schützen und versorgen wird und sich liebevoll um den neuen, kleinen Menschen kümmert. Außerdem sind Kinder von Natur aus begierig, von vertrauten Personen in Sprache und mit sozial angemessenen Verhaltensregeln in die Kultur eingeführt zu werden. An die Person, die den Säugling am häufigsten und zuverlässigsten versorgt, bindet sich das junge Kind. Das Programm „Bindung" stammt aus unserer Stammesgeschichte als soziale Säugetiere. Es dient der zunächst externen Regulierung der noch unreifen physiologischen Abläufe im Körper des jungen Wesens durch den mütterlichen Körper, d. h. ihrer Wärme, ihrer Milch und der Bewegung des kindlichen Körpers durch sie. Gleichzeitig, wie jetzt die Neurowissenschaften zeigen, steuert es die Strukturierung des Gehirns (Hane & Fox, 2006, Hofer, 2003).

Das angeborene Programm Bindung ist eine Überlebensnotwendigkeit, wie die Anthropologin Sarah Blaffer Hrdy ausführt. Seit mehr als 35 Millionen Jahren war Sicherheit für ein Primatenbaby gleichbedeutend damit, Tag und Nacht ganz nah bei seiner wärmenden, schützenden und nährenden Mutter zu bleiben. Wenn es die Verbindung verlor, war es so gut wie tot. *„Die Aufrechterhaltung mütterlicher Zuwendung war einst für das Überleben eines Säuglings genau so wichtig wie* *die Luft zum Atmen, und daran hat sich bis heute nichts geändert.*" (Hrdy, 2000, Mutter Natur. S. 436).

Das Schutzbedürfnis eines Kindes zeigt sich auch heute noch in der Ausbeutung von ungeschützten Kindern, die aus Not verkauft werden, die in Stammeskriegen als Soldaten missbraucht werden, die in Arbeitshäusern in der Dritten Welt gefangen gehalten werden oder bei uns nach den Kriegen als billige Arbeiter Frondienste leisten mussten (Wensierski, 2006). Auch sexueller Missbrauch von Schutzbefohlenen durch Männer der Kirche ist dokumentiert, da diese Jungen keinen Erwachsenen hatten, der sie davor bewahrt hätte (Briggs & Hawkins, 1996).

Die angeborene Neigung sich zu binden, muss jedoch von jedem einzelnen Säugling stets aufs Neue durch eigene Aktivitäten, die sich auf eine beständig zugängliche Person richten, Wirklichkeit werden. Werden die Erwartungen des Kindes, dass diese Person es schützen, liebevoll versorgen und in die Kultur einführen wird, nicht erfüllt, bedeutet dies ein schweres Risiko für eine gesunde körperliche und psychische Entwicklung des Kindes.

Schon im Mutterleib werden dem Kind der Bewegungsrhythmus, die Stimme und der Geschmack der Mutter vertraut. Während des Geburtsvorgangs wird beim Säugling viel Adrenalin ausgeschüttet, ein Neurohormon, das ein schnelles Lernen der individuellen Merkmale der Mutter ermöglicht (Lagercrantz & Slotkin, 1986). Nach der Geburt ist jedoch das Bedürfnis des Säuglings nach Wärme, Fürsorge und Regulation stärker als der Wunsch nach vertrautem Wiedererkennen. Eine Versorgung des Säuglings durch eine weitere Person ist meist ohne gravierende Probleme möglich, wie die Geschichte des Ammenwesens zeigt. Die Geschichte des Ammenwesens zeugt ihrerseits für die zentrale Rolle des Schutzes durch die Eltern. Sie konnten eine gesunde, zuverlässige Amme wählen oder, wenn das Kind unerwünscht war, eine, die es „himmeln" (sterben lassen) würde.

Eine Bindung entsteht erst durch aktives Verhalten des Kindes, nicht allein durch versorgt werden. Das Verhalten zielt darauf, die Nähe zur Bindungsperson herzustellen. So kann z. B. bei Rhesusaffen Bindung an eine Stoffattrappe entstehen, die unbelebt, aber weich und warm ist, so dass das Äffchen sich anklammern kann. Sobald das Junge Angst hat, ihm kalt ist oder sein Körper Kontakt braucht, läuft es zur Attrappe und klammert sich an sie. Dieser Kontakt beruhigt es, so dass es wieder erkunden kann. Diese beiden Funktionen einer Bindungsperson wird „sicherer Hafen" als Fluchtziel und „sichere Basis" als Sicherheit gebender Ausgangspunkt für die notwendigen Erkundungen der Umwelt genannt (Ainsworth et al., 2003).

Beim Kind sind Weinen, Rufen, Suchen, Anklammern und Trennungsprotest die klassischen Bindungsverhaltensweisen, die die Nähe zur Bindungsperson herstellen sollen. Das angeborene „Programm Bindung" funktioniert auch bei lieblosen Elternpersonen, so lange sie nur beständig zum Kind kommen und es hinreichend versorgen. Lieblose Versorgung hat jedoch einen sehr beeinträchtigenden Einfluss auf die Bindungsqualität und später auf die Persönlichkeitsentwicklung des Kindes. Deswegen muss zwischen „Bindung" und „Bindungsqualität" unterschieden werden. Die Qualität früher Bindungen entwickelt sich im Wesentlichen aus der Qualität der Reaktionen der Bindungsperson auf die Bindungsverhaltensweisen des Kindes, egal ob es eigene oder angenommene Kinder sind (Juffer et al., 2005).

Die Bindung eines Kindes an eine bestimmte stärkere und klügere Person – es kann auch ein älteres Geschwister sein – erkennt man daran, dass es spezifisch und selektiv die Nähe und den Kontakt zu dieser besonderen, nicht austauschbaren Person, der Bindungsperson sucht. Das gilt für ein Leben lang für Personen jeden Alters. Besonders deutlich wird die Bindung, wenn die Person bei Unwohlsein, Angst, Müdigkeit und jeglichem akuten Leiden die Nähe und den Kontakt zu ihrer Bindungsperson aufsucht.

Die Bindungsqualität beeinflusst stark die Identität und das Selbstwertgefühl des Kindes. Sie entsteht im Verlauf und „im Spiegel" der Interaktionen, wie es behandelt wird. Erlebt sich das Kind als liebenswert? Ist es dem anderen seine Aufmerksamkeit, Zeit und Zuwendung wert? In den ersten 2–3 Jahren sind Eltern und ältere Geschwister die häufigsten Interaktionspartner. So ist ihr Umgang mit dem Kind zentral für die Entwicklung seines Selbstwertgefühls. Auch das ältere Kind sucht im Verhalten der Eltern noch stets Bestätigungen, dass es weiterhin liebens- und schützenswert ist.

Scheu und Angst vor Fremden, die Fremdelreaktion, sind schon gegen Ende des ersten Halbjahres deutlich vorhanden. Säuglinge zeigen ablehnende Körperhaltungen schon zwischen 2 und 3 Monaten, wenn sie von einem Fremden auf den Arm genommen werden. Ein abrupter Verlust der vertrauten Bindungsperson würde sie in große Angst versetzen. Ein sanfter, begleiteter Übergang zu einer neuen bemutternden Person, die eine weitere Bindungsperson werden soll, ist schon im ersten Halbjahr notwendig, um dem Säugling unnötige Ängste und physiologische Belastungen zu ersparen.

Je länger ein Kind allerdings erfahren hat, nicht liebenswert, vielleicht sogar gar keiner Beachtung oder Reaktion wert zu sein, umso schwerer sind Anbahnung und Aufbau neuer Bindungsbeziehungen.

Unvermitteltes Übergeben eines Säuglings an jemand anderen, den der Säugling nicht kennt, wird von ihm als Bedrohung empfunden, weil er Angst vor Fremden hat. Außerdem wird der Verlust der vertrauten Bindungsperson auch als Ablehnung empfunden, weil sie nicht auf sein Rufen und seine Sehnsucht nach Beruhigung reagiert.

Erst viele Jahre später kann ein Kind in Gesprächen mit verständnisvollen anderen und durch Reflektionen, die Gefühle, verlassen und abgelehnt worden zu sein, vielleicht überwinden. Jedes Kind braucht bei Trennung von seiner Bindungsperson eine neue liebevolle Bindung, um sich wertgeschätzt und liebenswert zu erleben und zu fühlen.

1.1 Bindungserfahrungen vor der Mobilität eines Säuglings

Im ersten halben Jahr etwa, noch bevor der Säugling selbst aktiv Nähe suchen kann, macht er durch die Art, wie er versorgt wird, eine Reihe von ganz grundsätzlichen Erfahrungen. Sie werden wie alle Erfahrungen und Lernprozesse im Gehirn gespeichert (Teicher, 2002).

Der junge Säugling ist darauf angewiesen, dass eine fürsorgliche Person seine unreife physiologische *interne* Regulation (Wärme, Hunger, Verdauung, Anspannung) durch *externe* Regulation, also ihre Fürsorge und Zuwendung unterstützt. Erfährt ein Säugling in dieser Zeit starke Vernachlässigung, bedeutet dies den Verlust der externen Regulation durch eine andere Person. Er muss eine eigene Regulation finden, die oft nur durch Erschöpfung erreicht wird. Im unbewussten Gedächtnis des Säuglings wird „notiert": *„Andere sind unnütz, man ist allein".*

In einer aufmerksamen, liebevollen Beziehung werden spontane Äußerungen und intendierte Bewegungen des Säuglings beachtet, verstanden und meist angemessen beantwortet. Bei Vernachlässigung jedoch bedeutet dies für den Säugling, dass gegenseitiges Verständnis in einer engen Beziehung unwichtig ist. Langfristig vernachlässigte Kinder haben regelmäßig Schwierigkeiten, sich in die Lage eines anderen zu versetzen, um zu verstehen, was dieser möchte (zuerst beschrieben von Redl & Wineman, 1970).

Bindungspersonen mit Feingefühl spiegeln in ihrem Gesicht sehr häufig die Gefühle des Säuglings. Für alle deutlich sichtbar ist eine solche Spiegelung, wenn die Person, die füttert, automatisch und unbewusst selbst beim Füttern den Mund öffnet. Andererseits sind Säuglinge schnell irritiert, verstört und weinen, wenn z. B. ihre Mutter nicht auf ihre Mimik und Laute reagiert und mit steinernem Gesicht vor ihnen sitzt. Wird die Verstörung nicht aufgehoben, besteht die Gefahr einer späteren unsicheren Bindung (Murray & Cooper, 1997; Lyons-Ruth & Jacobvitz, 2008).

Säuglinge erkennen spätestens ab 2 Monaten im Gesicht ihrer Mutter, ob sie positive oder negative Gefühle hat. Ab ca. 7 Monaten erkennen Säuglinge Diskrepanzen zwischen dem Tonfall, mit dem zu ihnen gesprochen wird, und der Mimik im Gesicht der Mutter. Eine honigsüße Stimme aus einem verärgerten, genervten Gesicht kann einen Säugling nicht täuschen. Er merkt, dass etwas nicht stimmt, und wird verwirrt.

Erst die Reaktionen der Bindungsperson auf die positiven wie negativen Gefühlsäußerungen des Säuglings, die sie in den Interaktionen spiegelt, oft sogar übertrieben spiegelt, geben den Gefühlen des Säuglings Bedeutung. Durch angemessene, feinfühlige Reaktionen fühlt sich der Säugling verstanden und erfährt, dass er beeinflussen kann, was mit ihm geschieht. Er kann besänftigende Antworten auf geäußerte negative Gefühle erwarten. So lernt und speichert der Säugling, dass sein Ausdruck verstanden wird und zu einer guten Kommunikation führt.

Dagegen bedeutet für einen Säugling Vernachlässigung auch, dass seine Gefühle und Ausdrucksweisen keine Bedeutung für seine Bindungsperson haben, so dass er sich nicht mitteilen und verständlich machen kann. Er erlebt sich als hilflos und untüchtig, weil es ihm nicht gelingt, die Reaktionen seiner Bindungsperson durch sein Verhalten zu beeinflussen.

Die Kinderpsychiaterin Alicia Liebermann stellte schon vor vielen Jahren im Rahmen ihrer Tätigkeit fest, dass schon im Alter von 3–4 Monaten 40 % der Säuglinge schwere Trennungsreaktionen zeigen, im Alter von 4–5 Monaten sogar 72 %. Mit 9 Monaten, wenn eine Bindung fest verankert ist, unabhängig ob zur Mutter oder zur annehmenden Mutter, leiden alle Kinder unter einer längeren Trennung (Lieberman & Pawl, 1998). Schon sehr früh, ab 2 Monaten, sind deutliche Zeichen von Säuglingsdepression erkennbar. Die Symptome für Trennungsleid sind Fütter- und Schlafstörungen, Entwicklungsverzögerungen und emotionelle wie physiologische Selbstregulationsstörungen. Regulationsstörungen zeigen sich im Vergleich zur Regulationsfähigkeit vor der Trennung darin, dass der Säugling zu schnell schreit, schwer zu beruhigen ist, apathisch und wenig reaktionsbereit auf Ansprache reagiert, während der Nahrungsaufnahme unruhig ist und leicht Infektionen bekommt.

Zum Glück ist die soziale Orientierung eines Säuglings so stark auf einzelne Personen ausgerichtet, dass er beispielsweise erlebt und lernt, nicht mit seiner depressiven Mutter kommunizieren zu können. Gleichzeitig kann er in einer anderen, zugewandten Beziehung auch lernen, sich effektiv mitzuteilen. Sind z. B. der Vater oder eine Betreuerin zugeneigt und feinfühlig in ihren Reaktionen, wird der Säugling mit ihnen gut kommunizieren (Hossain et al, 1994).

1.2 Bindungserfahrungen mit Beginn der Mobilität eines Säuglings

Die vielfachen, täglichen Erfahrungen der Beruhigung bei Disstress, des Wohlgefühls durch sanften Körperkontakt und warmer Nahrung im Bauch, und der behutsamen begleiteten Möglichkeit, Neues zu erkunden, führen dazu, dass die Bindungspersonen für den Krabbler zum Zentrum der Welt werden. In ihrer Nähe fühlt er sich sicher und geborgen, aber je weiter weg er krabbelt, umso unsicherer und gefährlicher erscheint ihm „die Welt". Mit ihrer Rückendeckung und im Schutzbereich ihrer Aufmerksamkeit kann er sich jedoch mutig die Welt vertraut machen.

Dieser Entwicklungsprozess macht deutlich, dass ein plötzlicher, unvermittelter Verlust seiner Bindungsperson für ein Krabbelkind den Verlust seines Zentrums, dem sicheren Hafen und der Sicherheitsbasis bedeutet, auch wenn die neue Betreuerin wohlmeinend und freundlich ist. Die Bindung an die fürsorglich schützende Person ist schon so gut geknüpft, dass sie wie ein elastisches Band das Wegwandern des Krabblers in gefährliche Bereiche verhindert. Das Band ist insofern „elastisch", als sich der gut gelaunte Krabbler weiter wegtraut, der müde, kränkelnde oder ängstliche Krabbler aber lieber in der Nähe der Bindungsperson bleibt oder schnell zu ihr hin krabbelt. Wir konnten das bei unseren Beobachtungen von Krabbelkindern auf einer Südseeinsel vielfach beobachten. Sobald ein Säugling krabbeln kann, gehen die Mütter dort nicht mehr zum Kind hin, wenn es sie braucht, sondern sie warten ab, bis das Kind zu ihnen kommt (Grossmann et al., 2003). Auch bindungstheoretisch ist aktives Nähe-Suchen sehr förderlich und stärkend für die Bindungsentwicklung.

Ist die Bindungsperson als Zentrum nicht verfügbar, oder nie mehr verfügbar, wie bei einer Einweisung in ein Heim ohne persönlich zugeordnete Erzieherin, dann gibt es für das Kind keine Orientierung im Sinne von „weg vom Zentrum", aber auch keine Möglichkeit, zur Beruhigung bei Angst „hin zum Zentrum" zu finden. Da auch verlassene Kleinkinder nicht überleben können, ohne wenigstens eine minimale Fürsorge zu erhalten, gehen sie zu jedem hin, der freundlich wirkt. Vernachlässigte Kleinkinder sehen keinen Grund, die Nähe zu einer besonderen Person zu suchen. Die fremde freundliche Person kann das Kind allerdings weder nachhaltig beruhigen, noch ihm Sicherheit und Möglichkeit zu mutigen, umsichtigen Erkundigungen geben. Vernachlässigte Kinder erfahren, dass keiner sich um sie sorgt, also müssen sie selbst um ihr Überleben kämpfen.

1.3 Die Funktionen der Bindung

Unter den meisten Bedingungen und in allen Kulturen bedeutet Bindung für ein Kind Schutz und Fürsorge von mindestens einem individuellen starken und kundigen Erwachsenen, der meistens ein Elternteil ist. Wenn diese Erwartungen in unserer Stammesgeschichte nicht erfüllt worden wären, wäre die Gattung Mensch ausgestorben. Die Bindungsperson oder -personen sorgen für das Überleben des Kindes für etwa 6–8 Jahre. Erst dann haben z. B. Kinder in Naturvölkern genug gelernt, um sich Schutz und Nahrung allein zu beschaffen, um zu überleben.

Die Bindung an eine Person kann die Angstgefühle des Kindes durch Nähe und Körperkontakt „herunterregeln". Körperkontakt löst die Ausschüttung des „Liebeshormons" Oxytocin aus, das ein Antagonist zum Stresshormon Cortisol ist, und setzt das Wachstumshormon Somatotropin frei (Hofer, 2003). Sichere Bindungen mildern das Stresserleben des Kindes und machen es weniger stressanfällig.

Im sozialen Miteinander setzen Bindungen auch dem Egoismus des Kindes Grenzen. Der Bindungsperson „zuliebe" lernt das Kind, seinen Egoismus, seine Eifersucht z. B. auf ein Geschwister, seinen Zorn und seine Angriffslust zu beherrschen. Auch wenn Kinder gegen Ende der Vorschulzeit rein gedanklich die Sicht des anderen bei einem Konflikt berücksichtigen können, nutzen sie diese Fähigkeit lieber, wenn sie sich dem anderen verbunden fühlen.

Die Bereitschaft zur sozialen Verbundenheit und Rücksicht auf andere in unserer Gruppe ist dem sozialen Wesen Mensch „in die Wiege gelegt", denn ohne die Gemeinschaft hatte er in der Frühzeit eine geringe Überlebenschance. Aber die Bereitschaft, Rücksicht zu nehmen, kann in jedem einzelnen Kind durch unverbindliche Fürsorge oder gar Vernachlässigung leicht zunichte gemacht werden. Angemessenes soziales Verhalten ist ein Ergebnis der Erfahrungen „am eigenen Leib" und der Verinnerlichung am Vorbild der Bindungsperson: Erlebt das Kind durch sie Beachtung, Wertschätzung und angemessene Reaktionen? Wie macht sie das?

Die meisten Zweijährigen können schon noch jüngere Kinder – so gut sie können – beschützen und bemuttern, so wie sie es bei ihrer Mutter gesehen haben. Dagegen kümmern sich misshandelte Kinder meist nicht um das Leid anderer. In beobachtenden Untersuchungen reagierten sie sogar wütend auf sie und trösteten nicht (Main & Goldwyn, 1984, Pollak et al., 2005). So wie sie es wohl selbst erlebt haben.

Mithilfe beruhigender Bindungspersonen kann auch ein kleines Kind intensive negative Gefühle wie Eifersucht, Zorn, Frustration und Trauer aushalten und akzeptieren. Eine aufmerksame Bindungsperson nimmt alle Gefühlsäußerungen des Kindes als Beitrag für eine Kommunikation. Die negativen Äußerungen werden beschwichtigt, die positiven durch die eigene Freude vielleicht gesteigert. Man kann zum Beispiel große Geschwister verkrampft und süß-säuerlich über das Baby lächeln sehen. Eifersucht, Angst und Ärger werden deutlich gespürt, aber seinem geliebten Vater oder der Mutter zuliebe beherrscht das Kind diese Gefühle. Sie führen dann nicht zu Aggressionen oder Verleugnung. Das Prinzip „geteiltes Leid ist halbes Leid und geteilte Freude ist doppelte Freude" wirkt besonders intensiv in Bindungsbeziehungen.

Die Vorstellung vom „dreigeteilten Gehirn" (Mac Lean, 1970) kann die Reaktionen auf extreme Belastung sehr vereinfacht und schematisch anschaulich machen: Im Zentrum des Überlebenswillens liegt das „Reptiliengehirn". Reptilien fressen, kämpfen für den eigenen Vorteil und legen Eier. Sie haben kein gruppenspezifisches Sozialverhalten. Darüber liegt das „Säugetiergehirn". Dort werden die Jungenfürsorge und die Verhaltensweisen für den Gruppenzusammenhalt der individuell bekannten Tiere (Sippe) gesteuert. Kräftigere Tiere kämpfen gegen andere Sippen, um die Schwachen ihrer Sippe zu verteidigen (Wrangham & Peterson, 1996).

Beim Menschen kann die reflektions- und sprachfähige Hirnrinde die Impulse der unteren Schichten durch Lernen in Bindungsbeziehungen allmählich kanalisieren und beherrschen, allerdings nur unter günstigen Lebensbedingungen. Je größer die Überlebensangst ist, etwa wenn große Knappheit der Ressourcen herrscht oder eine extreme Bedrohung, können die unteren Schichten leicht das Denken und Handeln beherrschen. Das belegen die unbeherrscht aggressiven, egoistischen oder gruppenbestimmten Verhaltensweisen vieler Menschen bei Hunger, Pest und Krieg zu allen Zeiten.

1.4 Das sogenannte Böse

Aggression muss nicht gelernt werden, sie ist notwendig zum Überleben (Lorenz, 1963). Säugetiere nutzen ihre Kampfkraft auch zur Verteidigung der Herde, der Gruppe und der Jungen. Was vom Menschen gelernt werden muss - und zwar von **jedem einzelnen Kind** – ist, seine Aggression so im Zaum zu halten, dass sie nicht allzu schnell zu physischen oder verbalen Angriffen führt. Das gelingt nur aus Liebe zu jemand anderem oder erworbener Rücksicht und Mitleid mit dem Schwächeren. Im späteren Alter erscheint Aggression allerdings oft nicht mehr in physisch angreifendem Verhalten, sondern etwa in verbaler Aggression, im Denunzieren, Demütigen oder durch sozialen Ausschluss.

Eine Metaanalyse von Aggressionsuntersuchungen über Tausende von Kindern im Alter von 2 bis 11 Jahren in Kanada, USA und Neuseeland ging der Frage nach, in welchem Alter Kinder die meisten aggressiven Akte ausführen, um das zu bekommen, was sie wollen. Es wurden Verhaltensweisen wie Stoßen, Rempeln, Angreifen, Wegreißen und Bedrohen erfasst (Tremblay, 2004). Zunächst war nicht überraschend, dass aggressive Akte aus Egoismus in jedem Alter häufiger von Jungen als von Mädchen gezeigt werden. Überraschend war aber, dass solche Aggressionen am häufigsten im Alter von 2 Jahren vorkamen. In diesem Alter ist es demnach höchst wichtig für Eltern und Erzieher, daran zu arbeiten, das Kleinkind zu sozialisieren und zu kultivieren, um es für eine Gruppe erträglich zu machen.

Aggressionen enthalten immer die Intention, den anderen zu vertreiben oder „unschädlich" zu machen. So ist verständlich, dass ein Kind seelisch, körperlich und in allen physiologischen und neuronalen Funktionen nachhaltig unter allzu strenger, aggressiver Erziehung, Vernachlässigung und Misshandlung leidet. Ebenso leidet es unter jeglicher Aggression in der Familie, ob zwischen den Eltern oder zwischen Eltern und Geschwistern (Cummings & Davies, 1996). In seiner sozialen Gruppe leidet es dann auch darunter, dass es nichts sozial Akzeptableres im Umgang mit anderen gelernt hat, wenn Ärger aufkommt.

2 Bindung, Trennung und das Wissen um die eigene Abstammung

Im ersten Lebensjahr „weiß" der Säugling noch nicht, wer seine Eltern sind. Er erkennt und unterscheidet aber sehr schnell, wer häufig bei ihm ist und ihm Spannungen abnimmt. An diese Person bindet er sich. Wenn sie länger abwesend ist, sucht er in den dann zuverlässigen Anwesenden eine neue Bindungsperson. Er hat auch noch keine Vorstellung, wo seine Bindungsperson sein könnte, wenn sie nicht bei ihm ist, und ob sie je zu ihm zurückkehrt. Das macht eine längere Trennung von ihr ohne eine vertraute weitere Bindungsperson so leidvoll. Im ersten Jahr entwickeln Kinder jedoch schnell eine neue Bindung an eine neue, fürsorgliche Person. Es scheint nur 1–2 Wochen zu dauern, bis Anzeichen neuer, stabiler Bindungen beobachtbar sind (Stovall & Dozier, 2000).

Die Vorerfahrungen des Säuglings machen eine erneute Bindungsentwicklung allerdings leichter oder schwerer. Je häufiger, zuverlässiger und feinfühliger die Bindungsperson im ersten Jahr auf die Bindungsverhaltensweisen des Säuglings reagiert hat, umso größer ist sein Vertrauen in Bindungen. Andererseits hinterlassen auch Misshandlungserfahrungen im ersten Jahr Spuren im Gehirn (Teicher, 2002).

Im 2. Lebensjahr dauert es länger, bis sich ein Kleinkind neu bindet. Ungünstige Vorerfahrungen zeigen sich in Verhaltensmustern wie Misstrauen und allzu schneller Erregung von Angst, die es der annehmenden Mutter schwer machen, das Kind für sich zu gewinnen. Andererseits macht es die größere kognitive Reife für ein in der Familie verankertes Kleinkind leichter, auf überschaubare Trennungen mit weniger Trennungsleid zu reagieren. Sie beginnen, Verständnis für Zeitspannen mit den passenden Worten dafür („erst … dann", „gleich nach" usw.) zu entwickeln (Benson, 1994). Das Kind kann nun seine Sicherheitsbasis im Gedächtnis behalten. Unvermittelte, unüberschaubare Trennungen sind aber nach wie vor sehr belastend für das Kind, das dann seine Sicherheitsbasis auch aus dem Gedächtnis verliert. Seine Bindungspersonen sind das Zentrum seiner Welt, unabhängig vom Verwandtschaftsgrad.

Im 3. Lebensjahr macht das größer werdende Sprachverständnis längere Trennungszeiten überschaubar und aushaltbar. Zudem verkürzt das größere Interesse des Kleinkindes an anderen Kindern und freundlichen Erwachsenen, die sich mit ihm unterhalten und mit ihm spielen, die Trennungszeit mental. Erst im späteren Kindergartenalter reden die Kinder über „meine Mama" und „meinen Papa" im Vergleich zu den anderen Mamas und Papas und wundern sich z. B., wenn ein Kind keinen Papa hat. Auch beginnen sie die biologische Verbindung zwischen Mutter und Kind zu verstehen, besonders wenn jemand ein Geschwisterchen bekommt. Sie fragen: „In wessen Bauch bin ich gewachsen?" Aber erst im Alter von 6–7 Jahren verstehen Kinder den Unterschied zwischen Geburtseltern und Adoptiveltern (Juffer, 2006). Adoptivkindern, die aus sehr entfernten Nationen kommen, fällt es leichter, den Unterschied zu erkennen als Adoptivkindern, die innerhalb einer Nation neue Eltern bekommen haben.

Im beginnenden Schulalter gewinnen alle Kinder die Erkenntnis von Verwandtschaftsverhältnissen. Sie können sich vorstellen und finden es witzig, dass ihre Eltern selbst einmal Kinder waren und zwar von den Großeltern, und dass Tanten und Onkel deren Geschwister sind. In dieser Zeit bekommen Kinder „spitze Ohren", wenn gesagt oder angedeutet wird, dass die Oma gar nicht ihre „richtige" Oma ist. Dadurch ergibt sich die Erkenntnis, dass sie ihre „richtige" Mutter verloren haben oder von ihr abgegeben wurden. Erst durch diese Erkenntnis kann das Gefühl einer Zurückweisung auch in liebevollen Adoptivfamilien aufkommen. Andererseits eröffnet es dann Träume, dass ihr „eigentlicher Vater ein König ist".

3 Keine Bindung ohne Angst, Ärger und Trauer – die zwei Seiten des Bindungssystems

Ein Kind wird mit dem tief sitzenden „Wissen" geboren, dass seine Sicherheit und sein Überleben davon abhängen, ob es von seiner Bindungsperson geschützt und versorgt wird. Eine Trennung von ihr verursacht Angst vor dem Tod. Selbst einige 6-Jährige, die noch nie lange von ihren Eltern getrennt waren, erzählen zu Trennungsbildern von ihrer Furcht, verhungern zu müssen oder gewaltsam zu Tode zu kommen, wenn die Eltern sie allein lassen.

Diese Angst, schutzlos zu sein, ist natürlich und nützlich, es ist die berechtigte Angst vor dem Ersticken, Verhungern und vor einem schrecklichen Angreifer. Diese Angst führt zur Bereitschaft, intensiv um den Erhalt der Bindung zu kämpfen, wenn sie gefährdet ist. Die tief eingegrabene Angst vor dem Verlassenwerden zeigt sich bei Trennungen. Man beobachtet eine „Mobilmachung" aller Kräfte, um die Nähe zur Bindungsperson wieder herzustellen, zunächst intensives Rufen und Suchen, auch die aggressive Bereitschaft gegen „Entführer", „Nebenbuhler" oder Hindernisse zu kämpfen, und auch schon mal ärgerliches Strafen des Bindungspartners (Mutter das Kind oder umgekehrt), damit es zu keiner erneuten Trennung kommt. In diesen Zeiten der großen Angst werden alle anderen Bedürfnisse (Nahrung, Spiel, eigene Körperpflege) in den Hintergrund gedrängt.

3.1 Die „Wunde" der mütterlichen Ablehnung

Ein junges Kind kann ohne Bemutterung nicht leben. Es kann sich nicht vorstellen, eine andere Mutter zu bekommen, aber es knüpft in seiner Familie mehrere, wenn auch andersartige Bindungen, wie zum Vater, zu den Geschwistern und evtl. zu einem Großelternteil oder der Tagesbetreuerin. Ein Kind, besonders ein junges, kann mehr als eine Bindung entwickeln, aber nicht viele. Die Theorie spricht von einer Hierarchie von Bindungen. Je müder, belasteter, unglücklicher oder kränker ein Kind ist, umso mehr wünscht es sich die Nähe der primären Bindungsperson – meist die Mutter – und kann sich bei ihr am besten entspannen. Bei geringerem Missbehagen oder Frustrationen kann eine weitere Bindungsperson helfen und hinreichend trösten oder, wenn ihr das nicht gelingt, die Mutter herbeiholen. Kinder lernen auch schnell, welche Bindungsperson sie am besten bei welchen Bedürfnissen aufsuchen können. Mit wem können sie besser schmusen, sich entspannen oder wer vertreibt die Langeweile aufregender?

Wird ein junges Kind als Adoptivkind angenommen oder in einer Pflegefamilie aufgenommen, akzeptiert es den Schutz und die Fürsorge der anderen zugewandten Person zum Überleben. Zunächst zögerlich, allmählich immer stärker, denn es hat keine Alternative. Ist die Fürsorge beständig, wird es eine neue Bindung entwickeln. Je älter das Kind ist und, wie oben berichtet, je negativer seine Erfahrungen mit

Bindungen sind, desto länger dauert allerdings ein Neubeginn einer Bindung. Dennoch, so berichten viele Fachleute, scheinen Kinder nicht aufzugeben, nach einer Bindungsperson zu suchen, die ihnen Aufmerksamkeit, Schutz und persönliche Zuwendung gibt. Selbst verwaiste Straßenkinder schließen sich meist Gangs an, um von dieser Gruppe und besonders von ihrem Freund Schutz gegen Übergriffe anderer Gruppen zu erhalten.

Auch in einer liebevollen Familie weiß jedes angenommene Kind früher oder später, dass seine Mutter nicht für es sorgen konnte oder wollte. Es hat mindestens einmal mütterliche Zurückweisung erfahren und war so mindestens einmal ein „Todeskandidat". Zudem durchlebte es Angst, Wut und Trauer, wenn es bei der Trennung älter als ein paar Monate alt war.

Die modernen Neurowissenschaften können die Prozesse, die traumatische Erlebnisse auslösen, erhellen. Besonders Kindesmisshandlung löst „Cortisol-Überflutungen" im Gehirn aus, was zum Ausbau von „Schnellstraßen" zur Übermittlung von Stress in alle Bereiche des Gehirns führt (Teicher, 2002). Das Kind wird sensibler und intensiver auf erneute Angst reagieren. Je häufiger ein Kind überwältigender Angst ohne Schutz und Trost ausgesetzt ist, umso sensibler reagiert es auf jegliche Belastung. Das gilt auch für Kinder, die häufig Streit und Aggression in ihrer Familie erleben. Die Angst vor Zurückweisung wird leichter durch kleine Widrigkeiten ausgelöst, als bei Kindern ohne traumatische Stresserfahrungen. Misshandelte Kinder „sehen" mehr Wut in anderen und „sehen" sich deswegen vorsorglich aggressiver als geschützte Kinder. Adoptierte Kinder, die aus rumänischen Waisenhäusern kamen, erkannten und bewerteten zwar ärgerliche Gesichter richtig, aber sie erkannten weder glückliche noch traurige noch ängstliche Gesichter und konnten sie nicht den angemessenen Situationen in bildlichen Darstellungen zuordnen (Wismer Fries & Pollak, 2004).

3.2 Desorganisation der Bindung bei dysfunktionalem Elternverhalten

Bei Rhesusaffen wurde beobachtet, welche Konflikte und Belastungen Jungtiere bewältigen müssen, wenn die Bindungsperson kein „Sicherer Hafen" und keine Sicherheitsbasis ist. Ihre Mutterattrappen („Monster-Mütter") wurden so präpariert, dass sie das klammernde Kind verletzten oder abschüttelten. Die Jungtiere wichen dann zurück, beobachteten intensiv ihre Mutterattrappe und kamen aber schnell wieder, wenn die Attrappe gefahrlos zugänglich war (Blum, 2002). Sie ließen nicht davon ab, sich an sie anklammern zu wollen.

Vielen der Rhesusaffenweibchen, die mit einer Mutterattrappe aufgezogen worden waren, fehlte das mütterliche Verhaltensrepertoire. Sie haben es nicht lernen können. Ein Teil der „motherless mothers" hat ihr Junges nicht akzeptiert und z. T. sogar misshandelt. Die Jungen dagegen gaben nicht auf, in ihre Nähe zu gelangen und klammerten sich schließlich an ihren Rücken, um außer Reichweite ihrer abwehrenden Arme zu sein. Die Jungen der „Monster-Mütter" und der mutterlosen Mütter waren so sehr mit der Überwindung der Zurückweisung beschäftigt, dass sie keine Energie und Zeit zum Spielen freihatten. Sie wurden dann auch von den anderen Jungen als inkompetente Spielpartner abgelehnt.

Welche geistigen Prozesse sind zu erwarten, wenn der „Empfang" von Mütterlichkeit gestört wurde?

- Die Nähe zu einer vertrauten Person ist eher beängstigend oder unbedeutend, aber nicht entlastend.
- Die Bedürfnisse und Wünsche anderer – auch kleiner hilfloser Kinder - sind unbedeutend oder lästig.
- Die eigene Stressregulation muss selbstständig ohne die Bindungsperson erfolgen, man kann nicht auf die Hilfe anderer hoffen.
- Eigene Bindungsbedürfnisse oder die anderer lösen Angst und Abwehr statt Mitgefühl aus.
- Andere Menschen spielen für diese Person entweder keine Rolle oder sind bedrohlich, wenn sie emotional zu nahe kommen.

Die Bindungsforschung bezeichnet die Art von Bindung zu einer beständigen aber dysfunktional, lieblos handelnden Bindungsperson als **desorganisierte Bindung.** Sie zeigt sich darin, dass ein verzweifeltes Kind seine Mutter, die in seiner Nähe ist, nicht zur Beruhigung aufsucht. Man sieht, wie dem Kind die Orientierung an einer sicheren Basis fehlt. Es sieht keinen Fluchtweg zum „Sicheren Hafen" bei Angst und Überlastung. Seinem Bindungsverhalten fehlt die Organisation: „Hin bedeutet Schutz, weg ist gefährlich".

4   Forschungsergebnisse über angenommene Kinder

Im Sozialverhalten zeigen sich die häufigsten Störungen bei Kindern, die lange keine Bindung entwickeln konnten. Unspezifische Zuwendung zu jedem freundlichen Fremden war bei ehemaligen Heimkindern noch bis ins Schulalter nachweisbar (O´Connor, 2005, Tizard & Hodges, 1978). Adoptierte, ehemalige Heimkinder, zeigen vermehrt die Symptome von Störungen der Aufmerksamkeit und ungesteuertem Aktivismus. Je länger sie in einem Heim lebten, umso ausgeprägter waren die Symptome (Kreppner et al., 2001). Selbst in guten Adoptivfamilien ließen sich Schwierigkeiten, reife Freundschaftsbeziehungen zu erhalten, bei Jugendlichen nachweisen, die schon mit 2 Jahren adoptiert worden waren (Rutter & Rutter, 1993).

Eine Untersuchung aus England, die erwachsen gewordene Adoptierte nach ihrer Verbundenheit mit der Adoptivfamilie fragte, fand große Unterschiede zwischen den Erwachsenen, die vor oder nach 6 Monaten adoptiert worden waren. Je später die Adoption erfolgt war, umso seltener fühlt sich später der Erwachsene zur Adoptivfamilie zugehörig. Nur 7% der 239 Früh-Adoptierten hielten *keinen* Kontakt zu ihrer Adoptivfamilie, aber 22% derjenigen, die nach dem Alter von 24 Monaten adoptiert worden waren (Howe, 2001).

Eine holländische Langzeitstudie untersuchte 160 international Adoptierte, deren Adoptionsalter von der Säuglingszeit bis zu 14 Jahren reichte (Jaffari-Bimmel et al., 2006). Aktuelle und frühere elterliche Feinfühligkeit erwiesen sich als zentral für die seelische Gesundheit der Kinder. Die Feinfühligkeit der Adoptivmutter in der mittleren und späten Kindheit milderte auch die Nachwirkungen eines frühen schwierigen Temperaments auf das Sozialverhalten der 14-Jährigen ab.

Weitere Schutzfaktoren, auch für die Entwicklung gelingender Pflegeverhältnisse, die in der Forschung genannt werden, sind: Stabilität einer etablierten Bindung zu feinfühligen Elternpersonen (Gauthier et al., 2004, Grisby, 1994), so dass das Kind Vertrauen hat, geschützt und verteidigt zu werden. Es sollte fühlen und wissen: „Familie ist, wo man nicht rausgeschmissen wird."

Dagegen gibt es etliche Warnzeichen, die gegen einen Verbleib oder Rückführung zur Geburtsmutter sprechen (Kindler, Lillig, Blümig, Meysen & Werner, 2006):

a) formelle Kriterien sind ein sehr niedriger Bildungsstand, Misshandlungserfahrungen der Mutter als Kind, psychiatrische Pathologie, Substanzabhängigkeit, Gefängnisaufenthalt, Depression und Gewalt in der Familie. Die Häufung von Risikofaktoren ist gravierender als jedes einzelne Zeichen.

b) als funktionelle Kriterien der Erziehungsfähigkeit aus dem Bereich der Bindung wird die Fähigkeit genannt, die Bedürfnisse des Kindes nach körperlicher Versorgung und Schutz zu erfüllen und eine stabile und positive Vertrauensperson sein zu können.

Die Forschungsgruppe von Mary Dozier in Delaware untersuchte die geistige Haltung bzw. die Einstellung zu Bindungen der Pflegemutter und analysierte die ausführlichen Tagebücher der Pflegemütter hinsichtlich der sich entwickelnden Bindung des Kleinkindes an sie (Dozier et al. 2001). Wenn die Pflegemutter eine sicher-autonome, wertschätzende Einstellung zu Bindungen hatte, entwickelte das Kleinkind mit hoher Wahrscheinlichkeit eine sichere Bindung zu ihr. Die „sicheren" Pflegemütter waren akzeptierender, fühlten sich dem Kind mehr verpflichtet und glaubten an ihren günstigen Einfluss auf ihr Kleinstkind. Diese Überzeugungen waren zwar weit schwächer, wenn das Kind bei Pflegebeginn schon älter als 12 Monate war, aber die gute Passung zwischen der Bindungssicherheit der Pflegemutter und des Pflegekindes blieb trotzdem bestehen. War dagegen die geistige

Haltung zu Bindungen der Pflegemutter unsicher, dann zeigten die Kleinkinder in hohem Maße eine desorganisierte Bindung an sie (Dozier & Rutter, 2008).

Miriam Steele in New York ließ Pflegekinder im Vorschulalter, die traumatische Erfahrungen mit ihren Geburtsmüttern gemacht hatten, Geschichten zu Bildern mit Trennungen erzählen (Steele et al., 2002). Auch sie fand Unterschiede im Verhalten der Kinder je nach Einstellung der Pflegemutter zu Bindungen. Vorschulkinder von „sicheren" Pflegemüttern erzählen Geschichten mit weniger Aggressionen, Katastrophen, Rollenumkehr oder anderen Traumata. Sie hatten neues Vertrauen in Bindungen gefunden.

5 Schlussfolgerungen

Bindung ist ein Band, das zwei Personen über Raum und Zeit hinweg in ihren Gefühlen verbindet. Bindungen gehen „unter die Haut" und „wachsen ans Herz", d. h., sie regulieren von Anfang an die Wahrnehmung sozialer Ereignisse, Gefühle, Erwartungen, Absichten und Wünsche. Bindungen strukturieren durch Interaktionen innere physische und psychische Prozesse eines Kindes bis zur Strukturierung seines Gehirns.

Die Bindungstheorie begründet die tief sitzende Angst vor dem Verlassenwerden von der Mutter bzw. Bindungsperson etwa so: Das biologische Programm Bindung „zwingt" das Kind, sich an diejenige stärkere und weisere Person zu binden, die es regelmäßig versorgt. Es muss alle Fähigkeiten mobilisieren, um in ihrer schützenden Nähe zu bleiben. Nur dann ist sein Überleben als schwaches und unwissendes Junges gesichert. Die Aufgabe des Kindes durch die Mutter hat in der Frühzeit des Menschen den sicheren Tod des Kindes bedeutet, unter manchen Umständen bis heute. Bei einem überlebenden, einmal weggegebenen Kind hinterlässt es eine Spur des Nichts-Wert-Seins.

Je früher und länger ein Kind in einer Familie ist – auch bei annehmenden Eltern –, umso mehr fühlt es sich dort zugehörig. Eine sichere Bindungsentwicklung zu annehmenden, dem Kind zugeneigten Eltern ist auch nach der Säuglingszeit möglich. Forschungsergebnisse sehen diese Zusammenhänge als gesichert an (Dozier & Rutter, 2008).

Annehmende Eltern sind ebenso der Feinfühligkeit gegenüber den Bedürfnissen des Kindes verpflichtet wie Geburtseltern, damit das Kind eine sichere Bindung zu ihnen entwickeln kann. Mindestens eine sichere Bindung bedeutet für das Kind eine positivere Persönlichkeitsentwicklung als keine sichere Bindung. Die Bindungsqualität zeigt sich auch in der Qualität der emotionalen Selbstregulation und in den sozialen Fähigkeiten des Kindes.

Adoptiv-, Pflege- und Heimkinder tragen die Wunde des Verlassen-Worden-Seins in sich. Eine psychisch gesunde Wundheilung braucht die Möglichkeit, Ärger, Angst und Trauer gegenüber Bindungspersonen ausdrücken zu dürfen, wenn sie vom Kind kommen. Viele Kinder, die Kenntnis ihrer biologischen Abstammung haben, wollen verstehen, warum sie weggegeben wurden. Wie Kinder geschiedener Eltern haben sie Angst, selbst Schuld an der Trennung zu sein, weil sie nicht liebenswert waren. Das beeinträchtigt ihr Selbstwertgefühl. Krisen in der Kind-Eltern-Beziehung müssen deshalb als Zeichen tiefer Verunsicherung interpretiert und besprochen werden.

Können annehmende Eltern Dankbarkeit erwarten? Nein, jedenfalls nicht vor dem Erwachsenenalter ihres angenommenen Kindes. Denn ein Kind wird mit der „Erwartung" geboren, dass sich mindestens ein Erwachsener liebevoll um es kümmert, es schützt – auch vor übermäßiger emotionaler Belastung –, es beim Lernen unterstützt und ihm hilft, seine Entwicklungsaufgaben zu erfüllen. Das ist die Natur der Kind-Eltern Bindung. Ein Kind kann weder erkennen, was die Eltern für es tun, noch empfindet es Dankbarkeit, denn „so soll es sein".

Der „Dank" für die Mühen der annehmenden, liebevoll beschützenden Eltern zeigt sich in lebenslang guten Beziehungen zum angenommenen Kind, in seinen verlässlichen Freundschaften und späteren Liebespartnern und im Gedeihen der Enkelkinder. So zeigen angenommene Kinder, wie sie am eigenen Leib erfahren und lernen konnten, wie sich liebevolle Eltern verhalten.

Literatur

Ainsworth, M. D. S., Bell, S. M., & Stayton, D. J. (2003): Bindung zwischen Mutter und Kind und soziale Entwicklung: „Sozialisation" als Ergebnis gegenseitigen Beantwortens von Signalen. In: Grossmann, K. E. und Grossmann, Karin (Hrsg.): Bindung und menschliche Entwicklung: John Bowlby, Mary Ainsworth und die Grundlagen der Bindungstheorie und Forschung. Stuttgart: Klett-Cotta, S. 242-279.

Benson, J. B. (1994): The origins of future orientation in the everyday lives of 9- to 36 month-old infants. In Haith, M. M., Benson, J. B., Roberts, R. J. & Pennington, B. F. (Eds.), The development of future-oriented processes (pp. S. 375-407). Chicago: Univ. of Chicago Press.

Blum, D. (2002): Love at Goon Park. Harry Harlow and the science of affection. Cambridge, MA: Perseus Publ.

Bowlby, J. (1979/1981): Das Glück und die Trauer. (Original 1979) 2., um ein Vorwort erweiterte Auflage 2001. Stuttgart: Klett Cotta.

Briggs, F., & Hawkins, R. M. F. (1996): A comparison of the childhood experiences of convicted male child molesters and men who were sexually abused in childhood and claimed to be nonoffenders. Child Abuse and Neglect, 20, S. 221-233.

Cummings, M. E., & Davies, D. (1996): Familiy stresses impacting upon children's regulatory systems. Development and Psychopathology, 8, S. 123-139.

Dozier, M. & Rutter, M. (2008): Challenges to the development of attachment relationships faced by young children in foster and adoptive care. In Cassidy, J. & Shaver, P. R. (Eds.): Handbook of Attachment. Theory, Research, and Clinical Applications. Second Edition, pp. S. 698-717. New York. Guilford Press.

Dozier, M., Chase-Stovall, K., Albus, K., & Bates, B. (2001): Attachment for infants in foster care: The role of caregiver state of mind. Child Development, 72, S. 1467-1477.

Gauthier, Y., Fortin, G., & Jeliu, G. (2004): Clinical application of attachment theory in permanency planning for children in foster care: the importance of continuity of care. Infant Mental Health Journal, 25, S. 379-396.

Grisby, R.K. (1994): Maintaining attachment relationships among children in foster care. Families in Societey: Journal of Contemprorary Human Services, May, 1994, pp. S. 269-276.

Grossmann, K. & Grossmann, K.E. (2004): Bindungen – Das Gefüge psychischer Sicherheit. Stuttgart: Klett-Cotta.

Grossmann, K., Grossmann, K.E., Keppler, A., Liegel, M. & Schiefenhövel, W. (2003): Der förderliche Einfluss psychischer Sicherheit auf das spielerische Explorieren kleiner Trobriand-Kinder. In Papoušek, M. & Gontard, A. von (Hrsg.): Spiel und Kreativität in der frühen Kindheit. Pfeiffer bei Klett-Cotta, S. 112-137.

Hane, A., & Fox, N. (2006): Ordinary variations in maternal caregiving influence human infant's stress reactivity. Psychological Science, 17, S. 550-556.

Hofer, M.A. (2003): The emerging neurobiology of attachment and separation. How parents shape their infant's brain and behavior. In Coates, S.W., Rosenthal, J.I. & Schechter, D.S. (Eds.) September 11. Trauma and Human Bonds (pp. S. 191-209). Hillsdale: The Analytic Press.

Hossain, Z., Field, T., Gonzalez, J., Malphurs, J., Del Valle, C. & Pickens, J. (1994): Infants of „depressed" mothers interact better with their nondepressed fathers. Infant Mental Health Journal, 15, S. 348-357.

Howe, D. (2001): Age at placement, adoption experience and adult adopted people's contact with their adoptive and birth mothers: An attachment perspective. Attachment and Human Development, 3, S. 222-237.

Hrdy, S.B. (2000): Mutter Natur. Die weibliche Seite der Evolution. Berlin: Berlin-Verlag

Jaffari-Bimmel, N., Juffer, F., von Ijzendoorn, M., Bakermans-Kranenburg, M., Mooijaart, A. (2006): Social development from infancy to adolescence: Longitudinal and concurrent factors in an adoption sample. Developmental Psychology, 42, S. 1143-1156.

Juffer, F. (2006): Children's awareness of adoption and their problem behavior in families with 7-year-old internationally adopted children. Adoption Quarterly, 9, S. 1-22.

Juffer, F., Bakermans-Kranenburg, M.J. & van IJzendoorn, M.H. (2005): The importance of parenting in the development of disorganized attachment: Evidence from a preventive intervention study in adoptive families. Journal of Child Psychology and Psychiatry, 46, S. 263-274.

Kindler, H., Lillig, S., Blümig, H., Meysen, Th. & Werner, A. (2006): Handbuch der Kindeswohlgefährdung nach § 1666 BGB und Allgemeiner Sozialer Dienst (ASD). München, Deutsches Jugendinstitut.

Kreppner, J.M., O'Connor, T., Rutter, M., & the English and Romanian Adoptees Study Team (2001): Can inattention/overactivity be an institutional deprivation syndrome? J. Abnormal Child Psychology, 29, S. 513-528.

Lagercrantz, H. & Slotkin, T.A. (1986): The „stress" of being born. Scientific American, April, S. 100-107.

Lieberman, A. F. & Pawl, J. H. (1998): Clinical applications of attachment theory. In Belsky, J. & Nezworsky, T. (Eds.). The clinical implications of attachment theory. (pp. S. 327-347). Hillsdale, NJ: Erlbaum.

Lorenz, K. (1963): Das sogenannte Böse. Zur Naturgeschichte der Aggression. Wien: Borotha Schöler Verlag.

Lyons-Ruth, K. & Jacobvitz, D. (2008): Attachment Disorganization: Genetic factors, parenting contexts, and developmental transformation from infancy to adulthood. In J. Cassidy & P.R. Shaver (Eds.). Handbook of Attachment: Theory, Research, and Clinical Applications. Second Edition. New York: Guilford Press, S. 666-697.

Main, M. & Goldwyn, R. (1984): Predicting rejection of her infant from mother's representation of her own experiences: Implications for the abused-abusing intergenerational cycle. Child Abuse & Neglect, 8, S. 203-217.

MacLean (1970): The triune brain, emotion and scientific bias. In: Schmitt, F.O. (Ed.). The neuroscience second study program, pp S. 336-349. New York. The Rockefeller University Press.

Murray, L. & Cooper, P. (1997): Postpartum depression and child development. New York: Guilford.

O´Connor; T. G. (2005): Attachment disturbances associated with early severes deprivation. In S. C. Carter, L. Ahnert, K. E. Grossmann, S. B. Hurdy, M. E. Lamb, S. W. Porges, and N. Sachser (Eds.). Attachment and Bonding: A new synthesis. Dahlem workshop report 92. (pp. S. 257-268).

Pollak, S.D., Vardi, S., Putzer Bechner, A.M., & Curtin, J.J. (2005): Physically abused children's regulation of attention in respons to hostility. Child Development, 76, S. 968-977.

Redl, F. & Wineman, D. (1970): Kinder, die hassen. Freiburg: Lambertus Verlag.

Rutter, M. & Rutter, M. (1993): Developing Minds. New. York, Basic Books.

Steele, M., Hodges, J., Kaniuk, J., Henderson, K., Hillman, S. und Bennett, P. (2002): Weitererzählungen von Geschichten (story stem narratives) als Methode zur Erfassung der inneren Welt des Kindes: Implikationen für die Adoption. In: Brisch, K.H., Grossmann, K., Grossmann, K.E. & Köhler, L. (Hrsg.). Bindung und seelische Entwicklungswege. Vorbeugung, Interventionen und klinische Praxis. Stuttgart: Klett-Cotta.

Stovall, K. C., & Dozier, M. (2000): The development of attachment in new relationships: Single subject analysis for 10 foster infants. Development and Psychopathology, 12, S. 133-156.

Teicher, M.H. (2002): Wunden, die nicht verheilen. Spektrum der Wissenschaft, Juli 2002, S. 78-85.

Tizard, B. & Hodges, J. (1978). The effect of early institutional rearing on the development of eight-year-old children. Journal of Child Psychology and Psychiatry, 19, S. 99-118.

Tremblay, R.E. (2004): Decade of behavior distinguished lecture: Development of physical aggression during infancy. Infant Mental Health Journal, 25, S. 399-407.

Wensierski, P. (2006): Schläge im Namen des Herrn. Die verdrängte Geschichte der Heimkinder in der Bundesrepublik. München: Deutsche Verlagsanstalt.

Wismer Fries, A.B. & Pollak, S. (2004): Emotion understanding in postinstitutionalized Eastern European children. Development and Psychopathology, 16, S. 355-369.

Wrangham, R. & Peterson, D. (1996): Demonic males. Apes and the origins of human violence. Boston. Houghton Mifflin Company.

Astrid Springer

Die schwierige Situation von Pflegekindern und ihren Pflegefamilien gegenüber den leiblichen Eltern – Pflegekinder zwischen Realität und Recht[1]

„Ich hatte niemals Kontakt mit meinen leiblichen Eltern. Ich kenn' das gar nicht mit meinen leiblichen Eltern, überhaupt nicht. Ein Bruder wollte mal Kontakt mit mir aufnehmen, aber das wollte ich zu der Zeit dann auch nicht. Und das ist das einzige Mal, dass da auch was passiert ist. Ich hab' meine Eltern und das ist auch richtig so – und Geschwister!"

Ganz Hannover nahm Anteil, als René Schütt vor 20 Jahren seinen Pflegeeltern wieder weggenommen werden sollte. Hildegard Schütt, damals noch seine Pflege- und erst später auch seine Adoptivmutter, erinnert sich an jene dramatischen Tage und Wochen, in denen sie das Baby versteckt hielt, um es nicht wieder hergeben zu müssen:

„Sie standen vor der Tür mit Gerichtsvollzieher, Schlüsseldienst, zwei Damen des Jugendamtes und ich muss sagen, diese Zeit habe ich wirklich nur mit Beruhigungstabletten geschafft. Die Polizei hat dann alle Türen und Schränke, Zimmer durchsucht, aber René war ja nicht da. René, der war bei meiner Schwiegermutter und wo das dann so brenzlig wurde, da hat dann eine andere Frau René abgeholt. Wir haben zu Hause kein Telefon mehr abgehört, weil wir immer Angst hatten, dass die uns abhören. Ich bin dann durch den Garten gegangen, mein Mann hat dann aus dem Fenster geguckt, ob auch keiner hinter mir herkommt. Ich bin dann nur Einbahnstraßen gegangen, weil man wirklich Angst hatte, die kommen hinter einem her, wo man hingeht, um René vielleicht zu holen."

Der Staat hatte damals sein Wächteramt allzu ernst genommen; aber nicht zu Renés Wohl, wie das Bundesverfassungsgericht schließlich feststellte.

Warum es überhaupt zu dieser spektakulären „Kindesentziehung" (wie es im Amtsdeutsch heißt) kam, schildert Hans-Joachim Schütt:

---

1   Dieses Manuskript war Vorlage für eine am 24. März 2008 in NDR Info, Redaktion Das Forum, ausgestrahlte Sendung.

„Ja, weil das Jugendamt über unseren Kopf hinweg entschieden hat, dass René in eine Adoptivfamilie kommt. Der Vater hatte sich kurzzeitig dazu entschlossen, ihn frei zu geben, und da waren wir nicht mit einverstanden, dass wir dabei übergangen worden sind; denn als das denn da so zum Thema stand, war Rene ja schon ein Dreivierteljahr in unserer Familie und die anderen, unsere anderen drei Söhne – da sind ja emotionale Bindungen und dass dann so ein Kind einfach so rausgerissen wird, das haben wir nicht eingesehen und haben gesagt, zumindest hätten wir gefragt werden müssen.“

Renés damals (noch) Pflegeeltern kämpften um ihren Sohn, und zwar bis zur letzten Instanz: Sie beauftragten Rechtsanwältin *Ingeborg Eisele*, den knapp Einjährigen vor dem Bundesverfassungsgericht zu vertreten. Er war der jüngste Kläger, der je – im übertragenen Sinne – vor den Schranken des höchsten deutschen Gerichtes stand. Und die Fachanwältin für Strafrecht und Expertin im Pflegekindschaftsrecht hatte Erfolg:

„Das Bundesverfassungsgericht hat entschieden, dass eine Trennung des Kindes von der Pflegefamilie seinen Grundrechten auf Menschenwürde und freie Entfaltung der Persönlichkeit zuwiderläuft.“

Von „Menschenwürde" und „freier Entfaltung der Persönlichkeit" für ein Kind ist deshalb zu sprechen, weil üblicherweise die Interessen der Eltern im Vordergrund standen und stehen.

Nun braucht aber jedes Neugeborene für eine gesunde Entwicklung mehr als nur Nahrung und Körperpflege – nämlich liebevolle, einfühlsame und stete Zuwendung. Nicht alle Eltern sind dazu in der Lage. Unser Rechtssystem geht aber davon aus, dass im Prinzip nur die leiblichen, die biologischen Eltern die optimale Fürsorge leisten können. Vom Grundgesetz her sind ihre Erziehungsrechte stärker geschützt als die Interessen eines Kindes. An diesem sehr stark ausgeprägten Elternrecht ist seit dem Inkrafttreten des Grundgesetzes vor fast 60 Jahren nicht zu rütteln; und auch der jüngste Vorstoß, eigene Rechte für Kinder im Grundgesetz zu verankern, ist im Dezember 2007 ein weiteres Mal gescheitert.

Nur wenn die biologischen Eltern versagen und das Kind oder die Kinder durch Vernachlässigung, Misshandlung oder sexuellen Missbrauch akut gefährdet sind, darf der Staat in die Elternrechte eingreifen. Doch bis es zu einem solchen Eingriff kommt, wird alles daran gesetzt, das Kind in der Herkunftsfamilie zu lassen und die Eltern bei der Erziehung zu unterstützen.

Eine Rechtsänderung Anfang der neunziger Jahre hat diesen Trend noch verstärkt. 1991 wurde nämlich das alte Jugendwohlfahrtsgesetz durch ein neues Kinder- und Jugendhilferecht abgelöst, das jetzt im Sozialgesetzbuch VIII geregelt ist. Seitdem, also seit knapp 20 Jahren, ist die staatliche Hilfe eine Dienstleistung der Behörden und kein polizeiliches Eingriffsrecht mehr, wie es der alten Tradition entsprach. Für viele in ihren Familien gefährdete Kinder kann das fatale Konsequenzen haben. *Ingeborg Eisele* erläutert das:

> *„Aus dem Gedanken des Sozialgesetzbuches VIII als Dienstleistung für Eltern folgt, dass nicht mehr Eingriffe in Elternrechte in erster Linie vorgesehen sind, sondern Aushandlungsprozesse. Das führt im Ergebnis dazu, dass heute im Unterschied zu früher Kinder viel länger in ihrer Herkunftsfamilie bleiben und versucht wird, mit ambulanten Maßnahmen die Herkunftsfamilie zu stützen. Und erst dann, wenn das absolut nicht mehr geht, die Fremdunterbringung vorgenommen wird. Und das ist viel zu lang. Dieser Aushandlungsprozess ist zu lang für die Kinder, aus deren vitalen Lebensinteressen heraus."*

Rund 600.000 Hilfen zur Erziehung gewährt der Staat den Eltern jährlich *(Interview mit Prof. Dr. Ludwig Salgo, Deutscher Familiengerichtstag 2007, nicht veröffentlicht).*

Dennoch werden **täglich** in Deutschland – so die aktuellen Zahlen des Statistischen Bundesamts vom Sommer 2007 *(taz vom 19.7.2007, S. 7)* – durchschnittlich 71 Kinder von den Behörden aus ihren Familien herausgenommen. Im Jahr 2006 waren das knapp 26.000 Kinder, rund 400 Kinder mehr als im Jahr zuvor. In fast der Hälfte dieser Inobhutnahmen (42 Prozent) waren die biologischen Eltern überfordert und in einem Viertel der Fälle (23 Prozent) handelte es sich um Misshandlung, Missbrauch und Vernachlässigung der Kinder. *(taz vom 19.7.2007 S. 7)*

In Hamburg *(taz nord vom 5.2.08, S. 22)* wurden vom neu eingerichteten Ärztezentrum mit Namen „Kompt" am Universitätsklinikum Eppendorf für den Zeitraum von März 2007 bis Januar 2008 rund 150 Verdachtsfälle auf Vernachlässigung, körperliche Misshandlung und sexuellen Missbrauch gemeldet. Bei 60 Prozent der Kinder, also in 90 Fällen, bestätigte sich der Verdacht. Die Hinweise kamen von den Jugendämtern, weshalb von einer weit höheren Dunkelziffer ausgegangen werden muss.

Bis der Staat in die Erziehungsrechte der Eltern eingreift, haben Kinder also zwangsläufig bereits viele schlimme Erfahrungen gemacht. Sie sind traumatisiert.

Ludwig Salgo ist promovierter Jurist, Professor im Fachbereich Soziale Arbeit und Gesundheit an der Fachhochschule Frankfurt am Main und außerplanmäßiger Professor im Fachbereich Rechtswissenschaft der Johann Wolfgang Goethe-Universität Frankfurt am Main. Sein Forschungsschwerpunkt ist das Verhältnis Eltern-Kind-Staat. *Ludwig Salgo* schildert einen Fall, der verdeutlicht, wie stark das Elternrecht in der Praxis der Gerichte trotz erwiesener schwerster Kindesmisshandlung bleibt:

„Das ist ein Kleinkind, was in den ersten Lebensmonaten ganz viele Kno-
chenbrüche und andere innere Verletzungen hat. Aber nicht nur das. Es hat
sich auch gezeigt in den Untersuchungen, dass das Kind Verletzungen am
After und an der Scheide hat, was nur durch die Einführung eines „kantigen
Gegenstandes", wie es in der Bundesgerichtshofsentscheidung heißt, dem
Kind beigebracht worden sein kann. Die Eltern haben sich strafrechtlich
für ihr Verhalten vor einem Strafgericht verantworten müssen. Und da die
Eltern geschwiegen haben, glaubte das Gericht, die Eltern freisprechen
zu müssen. Der Bundesgerichtshof hat diesen Fall natürlich mit schal-
lenden Ohrfeigen an die Richter zurückverwiesen, weil selbstverständlich
Eltern gegenseitig Garantenpflichten dem Kind gegenüber haben. Also:
Ein Elternteil muss aufpassen, dass der andere Elternteil dem Kind keine
Verletzungen beibringt und umgekehrt. Wie dann im Einzelnen entschieden
worden ist in dem Strafverfahren, das weiß ich nicht. Aber mir ist bekannt
geworden, dass das Gericht und das Jugendamt nach dem Freispruch der
ersten Instanz das Kind kurzfristig aus dem Pflegeverhältnis sofort den
Eltern wieder zurückgegeben haben. Und das halte ich schlicht und einfach
für einen Skandal. "

Nicht einmal in einer Pflegefamilie, in der es ihnen endlich gut geht, können sich
misshandelte Kinder nach langen Leidenswegen sicher und geborgen fühlen.
Ludwig Salgo kommentiert, wie durch alle Gerichtsinstanzen hindurch bis hinauf
zum Europäischen Gerichtshof immer wieder entschieden wurde:

„dass Pflegeverhältnisse immer auf Abruf sind. Dass sie jederzeit beendet
werden können. Das stößt sich natürlich mit grundsätzlichen humanwis-
senschaftlichen Aussagen über Bindung, Bindungsforschung, Gehirnfor-
schung, Stressforschung und anderen Dingen. Da wird der Europäische
Gerichtshof für Menschenrechte sich auch vielleicht mal von Fachleuten
beraten lassen müssen. "

Ein solcher Fachmann ist *Karl-Heinz Brisch.* Der Kinderpsychiater arbeitet als
Oberarzt im Doktor-von-Haunerschen Kinderspital der Universität München und
leitet dort die Abteilung für Kinderpsychosomatik. Er behandelt Kinder, die nach
Traumatisierungen und mit körperlichen Symptomen wie zum Beispiel Kopf-
schmerzen, Bauchschmerzen, Übelkeit und Erbrechen ins Krankenhaus kommen.
Diese Kinder durften nicht erleben, was ihnen das Grundgesetz für eine gesunde
Persönlichkeitsentwicklung eigentlich garantiert: Zuwendung und Liebe – oder,
mit den Worten der Psychologie gesprochen: Sicherheit und Urvertrauen. Das
Stichwort dazu lautet „Bindung". Der Kinderpsychiater und Bindungsforscher
Karl-Heinz Brisch erläutert es:

„Bindung ist ein ganz wichtiges emotionales Gefühl, das sich im Laufe des ersten Lebensjahres bei einem kleinen Säugling entwickelt und ihm ein Gefühl von Urvertrauen oder Sicherheit gibt. Damit wird er nicht geboren, aber er bringt die Bereitschaft mit, die Suche nach einer „Bindungsperson", wie wir sagen, die ihm diese Sicherheit vermittelt. Und diese Bindung ist gravierend notwendig, absolut für das Überleben des Säuglings. Ohne emotionale Sicherheit und Bindung kann ein Säugling überhaupt nicht überleben."

Da ja nun in Deutschland die leiblichen Eltern ein besonders starkes Recht auf die Erziehung ihrer Kinder haben, stellt sich die Frage: Kommen denn nur sie als Bindungspersonen in Betracht? Dazu *Karl-Heinz Brisch*:

„Der Säugling bringt von Geburt eigentlich nur eine genetische Bereitschaft mit, sich zu binden. Aber diese Bindungsperson, an die er sich bindet, das muss nicht die Mutter oder der Vater sein. Im Prinzip kann für einen Säugling jeder eine Bindungsperson werden, wenn er bestimmte Voraussetzungen erfüllt. Was man immer wieder liest, dass Bindung etwas mit Blutsbande – und da spielt die Genetik, die Biologie oder die Verwandtschaft hinein – zu tun habe, das stimmt aus der Bindungsforschung so nicht. Bindung hat mit Blutsbande überhaupt nichts zu tun, sondern entsteht durch bestimmte Verhaltensweisen, die eine Person einem Säugling gegenüber ausübt, wie z. B. feinfühlige Beantwortung von Bindungssignalen."

Ein Kind füttern, wenn es Hunger und Durst hat; sich dem Kind zuwenden und mit ihm sprechen; es trösten, wenn es weint; es auf den Arm nehmen, wenn es Angst hat; Blickkontakt halten beim Füttern und Wickeln – so sehen beispielsweise Bindungssignale aus. Karl-Heinz Brisch hat das auf dem Familiengerichtstag 2007 in Brühl mit Video-Beispielen eindrucksvoll demonstriert.

„Eine sichere Bindung eines Kleinkindes sieht man daran, dass es bei Angst – zum Beispiel, weil es sich von seiner Bindungsperson getrennt fühlt, aber auch, wenn es einen Schreck bekommt, weil ein großer Hund vorbei läuft und laut bellt oder wenn es einen Albtraum hat und innere Ängste erlebt – seine Hauptbindungsperson aufsucht, dorthin läuft, Körperkontakt sucht, auf den Arm genommen werden möchte und protestiert, wenn es sie nicht erreichen kann, damit es gehalten, geschützt, getröstet wird und dadurch wieder dieses Gefühl von Sicherheit herstellen kann. Das zeichnet eine sichere Bindung aus."

Jeder Tag im Leben eines Neugeborenen zählt also, damit es heil und gesund an Körper, Seele und Geist aufwächst.

„Werden nämlich diese lebensnotwendigen Bedürfnisse eines Babys nicht befriedigt, kommt es zu Bindungsstörungen. Wenn Kinder frühen emotionalen Mangel erleiden, zum Beispiel weil sie mangelversorgt werden im Sinne von Verwahrlosung, Vernachlässigung, nicht nur körperlich, sondern auch emotional, dann werden ganz wichtige Hormone - sowohl das Körperwachstumshormon als auch das Wachstumshormon, das für die Vernetzung der Nervenzellen notwendig ist - nicht mehr ausreichend gebildet, und wir sehen klassischerweise, dass diese Kinder dann nicht gut wachsen und gedeihen. Ihr Kopfumfang ist geringer, weil eben das Gehirn nicht so wächst, und all diese Verschaltungsprozesse, die in einer großen Intensität im ersten und zweiten Lebensjahr vonstatten gehen, die funktionieren dann nicht gut, und die Kinder haben dann kleinere Gehirne."
(Karl-Heinz Brisch)

Die weiter gehenden Schädigungen, die verwahrloste und vernachlässigte Kinder für ihr ganzes Erwachsenenleben davon tragen, sind nicht anders als dramatisch zu nennen. *Karl-Heinz Brisch* berichtet aus seiner Praxis:

„Wir sehen dann Kinder, die mit zwei bis drei Jahren nicht nur körperlich, emotional und sozial nicht Gleichaltrigen entsprechen, sondern die zusätzlich autistische Störungen haben, die Bindungsstörungen haben, z. B. jedem auf den Schoß springen, mit jedem Kontakt haben, vollkommen wahllos sind, die hyperaktive Störungen haben, sich auch von ihren kognitiven Fähigkeiten und Leistungen her nicht gesund entwickeln. Und besonders die Bereiche des Gehirns im Vorderhirn, die für Gefühlssteuerung, Affektkontrolle, Beziehungs- und Empathiefähigkeit zuständig sind, gerade die sind extrem betroffen, so dass wir dann später Erwachsene haben, die unter Umständen Persönlichkeitsstörungen entwickeln und große Stresssteuerungsschwierigkeiten haben. Aus einem solchen Entwicklungs-Erfahrungs-Kontext heraus später Beziehungen einzugehen und selber Kinder zu erziehen, fällt extrem schwer und wir werden Wiederholungen sehen. Das kann man sozusagen schon voraussagen."

Es liegt auf der Hand festzustellen, dass die staatliche Kinder- und Jugendhilfepraxis oftmals den entwicklungspsychologischen Bedürfnissen gefährdeter Kinder nicht Rechnung trägt.

Hildegard und Hans-Joachim Schütt haben neben René, ihrem „Jüngsten", mit Torsten, Simon und Sascha noch zwei weitere Adoptivkinder und einen Pflegesohn – alle vier sind inzwischen erwachsen – und in den letzten 30 Jahren etwa 50 Kinder in Kurzzeitpflege gehabt. Hildegard Schütt erinnert sich:

> *„Dann haben wir auch Kinder über Weihnachten gehabt, die kannten ja gar nichts. Die kannten nicht mal den Tannenbaum. Und dann haben wir ja Weihnachten genauso gefeiert, wie wir immer gefeiert haben, auch mit Geschenken für die Kinder, die waren dann im Gang: „Das ist alles für mich?! Das ist meins?!" Das erlebt man natürlich auch, wie die Kinder zu uns kamen, dass sie keine Schuhe hatten, dass wir erst Schuhe kaufen gegangen sind, und da kann man schon ein Buch drüber schreiben, was wir an Kindern schon erlebt haben. Es tut manchmal so weh, wenn man so ein Kind wieder abgeben muss."*

Das vitale Lebensinteresse von Kindern aus problematischen Elternhäusern besteht darin, endlich in sichere und geborgene Familienverhältnisse zu kommen, endlich Ruhe zu finden, neues Vertrauen zu fassen, nicht mehr von Albträumen geplagt zu werden aus Angst, auch aus dieser Familie wieder herausgerissen zu werden und gar zu den misshandelnden Eltern zurückzumüssen.

Zu seinen leiblichen Eltern hatte René Schütt, wie er sagte, nie Kontakt. Als er noch ein Baby war, kam einmal sein Vater zu Besuch. Hildegard Schütt:

> *„Und dann krabbelte René vom Flur ins Wohnzimmer 'rein und er sagte auf einmal zu mir: „Was iss'n das für ein Kind?! Und ich sagte: „Das ist Ihr's."*

Besonders in den Pflegekinderdiensten der Jugendämter und bei etlichen FamilienrichterInnen ist in den letzten Jahren ein erfreulicher Zuwachs an Fachwissen über die besonderen Bedürfnisse von Pflegekindern zu beobachten – und das Bemühen, zu ihrem Wohl kreative Lösungen zu finden.

Gleichzeitig gibt es stark gegenläufige Tendenzen: Aushandlungsprozesse und gerichtliche Verfahren um das Sorge- und Bleiberecht von Pflegekindern dauern nicht selten bis zu zwei Jahren. Zu den Folgen dieser langen Zeiträume sagt Jugendrichter *Dr. Stefan Heilmann:*

> *„Ein Pflegekind wird durch ein gerichtliches Verfahren grundsätzlich belastet, weil das gerichtliche Verfahren ein Zeichen dafür ist, dass seine Rechtsverhältnisse nicht geklärt sind und auch seine tatsächlichen Bindungen nicht abschließend geklärt sind. Das führt zu Unsicherheiten bei Pflegekindern und diese Unsicherheiten erlebt es zum einen unmittelbar*

in dem Kontakt zum Gericht, zu Sachverständigen, zum Jugendamt. Es erlebt diese Unsicherheiten und Belastungen aber auch mittelbar, indem die Unsicherheiten der Pflegefamilie über den weiteren Aufenthalt des Kindes sich bei dem Kind dann auch bemerkbar machen."

Und noch eine weitere entwicklungspsychologische Besonderheit kommt für die Kinder erschwerend hinzu: Sie haben ein anderes Zeitgefühl als Erwachsene. *Stefan Heilmann:*

„Ein Erwachsener ist dazu in der Lage, mittels eines Kalenders festzustellen, wann bestimmte Situationen eintreten werden und kann sein Verhalten darauf ausrichten. Ein Kind ist hierzu nicht in der Lage. Ein kleines Kind möchte eine unmittelbare Befriedigung seiner Wünsche haben. Insbesondere ein Pflegekind hat einen Anspruch auf Sicherheit und Kontinuität und muss darüber zügig Klarheit haben."

Nach Rechtsanwältin *Ingeborg Eiseles* Eindruck wird diesem kindlichen Bedürfnis in der Praxis des Pflegekinderwesens oftmals nicht Rechnung getragen:

„Nach meiner Erfahrung ist es immer noch so, dass trotz aller Appelle auf zügige Verfahrensdurchführung die Gerichtsverfahren immer noch viel zu lang dauern gemessen am kindlichen Zeitbegriff. Bezogen darauf sind die Gerichtsverfahren viel zu sehr erwachsenenorientiert; es werden lange Stellungnahmefristen eingeräumt; Jugendämter brauchen manchmal vier bis sechs Wochen, bis eine Stellungnahme kommt, manchmal werden noch Fristverlängerungsanträge gestellt, weil jemand im Urlaub ist; Kinder werden viel zu spät vom Gericht angehört; Verfahrenspfleger werden zu spät eingesetzt, manchmal erst dann, wenn schon ein Gutachten vorliegt. Die Kindesinteressen sind nicht ausreichend präsent in den Gerichtsverfahren."

Und die Pflegeeltern sitzen zwischen allen Stühlen. Als gäbe es nicht schon genug Schwierigkeiten, hat ihnen das Kindschaftsrechtsreformgesetz, das am 1. Juli 1998 in Kraft getreten ist, auch noch gegenüber dem davor geltenden Recht Verschlechterungen gebracht. Verschlechterungen insofern, so *Ingeborg Eisele:*

„dass sie nun nicht mehr das Beschwerderecht hatten gegen alle Entscheidungen, die die Person des Pflegekindes betrafen. Vorher konnten sie sich beschweren gegen Entscheidungen zum Sorgerecht der leiblichen Eltern, der biologischen Eltern. Sie konnten sich beschweren gegen Entscheidungen zum Umgangsrecht. Das alles wurde abgeschafft. Sie haben nur noch

das Beschwerderecht, wenn es darum geht, ob das Kind die Pflegefamilie verlassen muss oder nicht. Das bedeutet, dass die Entscheidungen der Amtsgerichte massiv in die Pflegefamilie einwirken, zum Beispiel beim Umgangsrecht der biologischen Eltern. Die Familiengerichte orientieren sich inzwischen daran, dass in Fällen von Trennung und Scheidung es für die Kinder im Grundsatz immer gut ist, mit dem anderen Elternteil Umgang zu haben. Für Pflegekinder stellt sich das anders dar. Sie können nicht in der Herkunftsfamilie leben, weil die biologischen Eltern im Grunde nicht erziehungsgeeignet sind, die Kinder misshandelt, gequält, missbraucht haben, seelisch verletzt haben. Durch Besuchskontakte können diese Verletzungen immer wieder reaktiviert werden."

Vom Gericht zwangsweise angeordneter Kontakt mit den leiblichen Eltern wird von der Fachwelt, hier vertreten durch *Karl-Heinz Brisch*, scharf kritisiert:

„Das ist eine relativ paradoxe oder verrückte Situation, weil immer dann, wenn Zwang in eine Beziehung hereinkommt, Angst auftaucht. Wir würden ein solches zwanghaft durchgesetztes Umgangrecht nie und nimmer im Erwachsenenbereich oder unter Erwachsenen beschließen oder handhaben. So würde man z. B. einer Frau, die vergewaltigt wurde, in gar keiner Weise zumuten, alle 14 Tage für eine Stunde, vielleicht in Begleitung durch eine dritte Person, mit dem Vergewaltiger eine Tasse Kaffee zu trinken oder ein nettes Gespräch zu führen. Oder man würde einem Richter, der von einem Menschen, den er verurteilt hat, aufgelauert und übelst zusammengeschlagen wurde, nicht zumuten, dass er den alle vier Wochen einmal im Gefängnis besucht, um mit ihm eine Stunde Schach zu spielen. Wir muten es aber Kindern zu, die von ihrer psychischen Entwicklung her viel weniger Möglichkeiten haben, damit umzugehen und das in irgendeiner Weise einzuordnen."

Pflegeeltern müssen nicht nur mit der ständigen Unsicherheit leben, ein Kind zurückgeben zu müssen, sie müssen dieses Kind auch wieder auffangen, wenn es nach einem solchen Zwangskontakt aufgewühlt und verstört zu ihnen zurückkommt.

Pflegeeltern stehen also immer vor vielfältigen Herausforderungen, insbesondere dann, wenn aus der Kurzzeitpflege eine längerfristige Pflege wird. Viele Pflegekinder bringen innere Verletzungen, Bindungsstörungen mit, die sie zunächst nicht zeigen. Wird nämlich ein Kind regelmäßig zum Beispiel bedroht, geschlagen, in einen Schrank eingesperrt, sexuell missbraucht, dann hat das Gehirn die Fähigkeit, in solchen extremen Stresssituationen einfach abzuschalten und nichts mehr wahrzunehmen, was Gefühle, Affekte und Erregungen angeht. Es „dissoziiert", wie es in der Fachsprache heißt. Der Kinderpsychiater *Karl-Heinz Brisch*:

„Ein besonderes Problem besteht darin, wenn die Pflegeeltern nicht wissen und gesagt bekommen, welche schwere Bindungsstörung nach Traumatisierung ein Kind mitbringt, das ihnen zur Pflege übergeben wird. Dass sich die Kinder ganz am Anfang so gut sie es eben können, pseudonormal verhalten, weil sie all das, was sie erlebt haben, gut abspalten, – dissoziieren, wie wir sagen – um sich vor all den schmerzlichen Gefühlen zu schützen. Die Pflegeeltern erleben dann ein Kind, das sich drei, vier, fünf Monate an sich ganz pflegeleicht, normal verhält. "

Obwohl es seine neue Familie gar nicht kennt, verhält es sich überraschend unkompliziert: Es ist zutraulich, es schmust und setzt sich auf den Schoß. *Karl-Heinz Brisch:*

„Wenn dann das Kind ein bisschen ein Gefühl bekommt, dass es eine Schutzsicherheit bei diesen Pflegeeltern erlebt, dann fängt es an, seine Psychopathologie zu zeigen. Dann fängt es plötzlich an bockig zu werden, aggressiv zu werden, sich zu beißen, sich und auch andere zu schlagen, reagiert mit psychosomatischen Symptomen von Schlafstörungen, von Einnässen, Einkoten, bis dahin, dass es plötzlich die Schule verweigert. In dieser Situation brauchen Pflegeeltern eine Hilfestellung, sonst besteht die Gefahr, dass die Pflegeeltern und auch Adoptiveltern vollkommen überfordert sind damit und sie dann nach wenigen Monaten sagen „wir können nicht mehr " und das Kind wieder abgeben. Eine Abgabe bedeutet eine erneute Trennungserfahrung; wieder mit Schmerz und hoher Erregung verbunden und ist unter Umständen eine weitere Traumatisierung für das Kind. Und das wäre eigentlich das Furchtbarste, was passieren kann. "

In anderen Ländern stellen sich vergleichbare Probleme. Wie das Ausland fortgesetzter Traumatisierung von Pflegekindern vorbeugt, erläutert Jugendrichter *Stefan Heilmann* am Beispiel der USA:

„Diese tatsächliche Folge für Pflegekinder hat sich in anderen Rechtsordnungen so gezeigt, dass zum Beispiel in den Vereinigten Staaten von Amerika eine automatische Adoption nach einer gewissen Zeit eintritt. Es gibt Bundesstaaten, in denen von Gesetzes wegen ein Kind als adoptiert gilt, wenn es sich für einen Zeitraum von zwei Jahren in einer Pflegefamilie befindet. "

Adoptionen steht in Deutschland das starke Recht der biologischen Eltern im Weg. *Ingeborg Eisele:*

„Adoptionen könnten in vielen Fällen den Kindern helfen. Sie hätten dann Eltern, die auch rechtliche Eltern sind. Es gibt für jedes Kind, das zur Adoption freigegeben wird, 10 Elternpaare. Viele Kinder, die hier gestorben sind im Elternhaus, hätten durch eine Adoption die Überlebenschance gehabt. Gerade heutzutage, wo immer wieder Kinderleichen gefunden werden und andererseits Adoptionswillige zur Verfügung stehen, die den Kindern das geben können, was sie brauchen, finde ich persönlich die Verhältnisse skandalös. "

Zum Wohl und im Interesse der Kinder ist die Adoption eine angemessene Lösung; denn die Wahrscheinlichkeit, dass Pflegekinder zu den leiblichen Eltern auf Dauer zurückkehren, ist sehr gering. *Ludwig Salgo* nennt dazu eine Zahl:

„In den Befragungen von Jugendamtsmitarbeiterinnen und -mitarbeitern kommt man zu der Einschätzung, dass sie das so sehen, dass vielleicht für zwischen 6–15 Prozent wirklich realistische Rückkehroptionen bestehen. "

Die sehr geringe Rückführungsquote wirft als Letztes die Frage auf: „Was sind das für Mütter und Väter, die ihre Neugeborenen grausam vernachlässigen – bis dahin, sie verhungern und verdursten zu lassen?" Mit dieser Frage ist auch *Karl-Heinz Brisch* immer wieder konfrontiert:

„Die Eltern, die wir sehen, sind alle keine Monster, vor allen Dingen da nicht, wo sie ihre Kinder traumatisiert haben, sondern wir sehen Eltern, die selber oft in Not sind, und die uns auch von ihrer Not und ihrer Kindheit berichten, dass sie selbst verschiedenste Arten von Traumata, Misshandlungen, Verwahrlosung, sexuellen Missbrauch – all dies selbst erlebt haben, und eigentlich haben sich diese Eltern vorgenommen, nie und nimmer das, was sie selbst erlebt haben, an ihre Kinder weiterzugeben. Und es ist ein tragisches Schicksal, wenn man dann sieht, dass diese Eltern durch ihre Kinder an alte Gefühle herangeführt und erinnert werden: an selbst erlebtes Weinen, Gewaltsituationen, wenn ein Säugling weint. Dann werden sie überflutet von eigenen Gefühlen und alten Bildern und Geschichten und können sich dann plötzlich nicht mehr steuern, fangen an, ihr Kind anzuschreien bis hin dazu, dass sie es schlagen, schütteln, ihm ein Kissen aufs Gesicht drücken und sagen: „Hör auf damit, ich kann es nicht mehr hören, " aber eigentlich weinen sie selbst – das eigene Kind in ihnen weint, erinnert an Situationen von Schmerz und Gewalt und Verlassensein und Bedrohung. "

Viele ungünstige Faktoren wirken in diesen Familien zusammen: soziale Benachteiligung, psychische Erkrankung und Sucht. Das Unglück der Kindesmisshandlung tradiert sich und wird von einer Generation an die nächste weiter gegeben. Mit der geplanten und in manchen Bundesländern schon eingeführten Pflichtuntersuchung für Kleinkinder ist es nicht getan, solche gefährdeten Kinder zu schützen. Sie greift viel zu kurz. Um selbst zu gesunden und erziehungsfähig zu werden, müssten solche Eltern einen Jahre dauernden therapeutischen Behandlungsprozess durchlaufen. Theoretisch wäre das möglich – realistisch ist es eher nicht. Hier muss ein Teufelskreis durchbrochen werden. *Karl-Heinz Brisch:*

„Da wir in der Kinderklinik oft mit Fällen von Gewalt gegen das Kind beschäftigt sind und dann aber auch sehen, wie Eltern, die sich eigentlich Kinder wünschten und nie das, was sie selbst erlebt haben, mit ihrem Kind wiederholen wollten und es doch passiert ist, haben wir uns gefragt, ob wir das nicht verhindern können, ob wir Eltern nicht eine Hilfestellung geben können, bevor sie eigene Kindheitsgeschichten von Gewalt mit ihren Kindern wiederholen. Und wir haben ein Programm begonnen, das heißt SAFE „Sichere Ausbildung für Eltern". In diesem Programm sehen wir schwangere Eltern – schon ab der 20. Schwangerschaftswoche – in Gruppen. Und wir erzählen ihnen alles über Bindung, Entwicklung des Kindes, Wahrnehmung von kindlichen Signalen. Wir machen ein Feinfühligkeitstraining mit ihnen mit Hilfe von Videos und begleiten sie dann bis zum Ende des ersten Lebensjahres. Wir finden gemeinsam mit ihnen heraus, welche traumatischen Erfahrungen, vor allem unverarbeitete traumatische Erfahrungen, sie mitbringen und wir bieten ihnen dann an, dass sie schon während der Schwangerschaft beginnen mit Stabilisierung, einer eigener traumaorientierten Psychotherapie, damit sich eben das beruhigen kann, was sie selber erlebt haben, bevor sich das mit dem eigenen Kind in irgendeiner Weise völlig ungewollt wieder „reinszeniert", wie wir sagen."

Eines kann sich der Kinderpsychiater angesichts seiner praktischen Erfahrungen nicht erlauben: falsche Vorstellungen von biologisch bedingter gelingender Elternschaft nachzuhängen.

Solche falschen Vorstellungen sind es aber, die die Gerichte und die staatlichen Behörden beherrschen. Rechtsanwältin *Ingeborg Eisele* kämpft seit mehr als 30 Jahren für Pflegefamilien und deren Pflegekinder:

„Aus meiner praktischen Erfahrung muss ich sagen: Das Elternrecht ist eine Leerformel – es wird auch teilweise zum Kampfbegriff gegen Kinder. Was ist der Hintergrund? Wenn ich das in der gerichtlichen Praxis erlebe, denken zu viele Richter an ihre eigene Kindheit, dass sie behütet aufge-

wachsen sind und insofern hängen sie einer Romantik der Blutsbande an,
die mit realen Verhältnissen nicht in Übereinstimmung steht."

Eine behütete Kindheit setzt keine biologische Elternschaft voraus. Den Beweis dafür liefern zum Beispiel – so *Ingeborg Eisele* – Hildegard und Hans-Joachim Schütt:

„Aus meiner Sicht war hier das Entscheidende Liebe; Liebe zu den Kindern
und bedingungslose Akzeptanz ihrer Geschichte."

Annette Mingels

Eine entfernte Bekannte

Die Schriftstellerin Annette Mingels hat mit dreißig Jahren ihre biologische Mutter kennengelernt. Sie schildert, warum Elternschaft ein sozialer Begriff ist. Und was wirklich zählt.

Ich bin sechs Jahre alt. Wir haben zu Abend gegessen, ich trage bereits meinen Pyjama und klettere auf den Schoß meiner Mutter. Ich muss sie etwas fragen, über das ich schon den ganzen Tag und die letzte Nacht nachgedacht habe. „Wie war das, als ich zur Welt kam?" Meine Mutter sieht kurz meinen Vater an, beide scheinen verlegen, dann lächelt sie und sagt: „Es tat ziemlich weh." „Wie groß war ich?", frage ich. Meine Mutter hält die Hände im Abstand einer Heftlänge auseinander, „so etwa". Und ich nicke und lehne meinen Kopf gegen ihre Brust und lausche auf das Geräusch ihres Atems.

Mein Vater hat grüne Augen, er ist schlaksig und blond, ich sehe aus wie er, nachts knirschen wir beide mit den Zähnen, Heuschnupfen bekamen wir erst im Erwachsenenalter, wir haben niedrigen Blutdruck, sind kurzsichtig und bekommen schnell Sonnenbrand, wir sind aufbrausend und versöhnen uns sofort wieder, man sieht die Ähnlichkeit, sagen die Leute. Wir schauen uns dann an und grinsen: Wem sieht man nicht alles ähnlich.

Vielleicht hat mich das am meisten gewundert, als meine Eltern mir die Unterlagen zeigten: dass ich anders hieß. Dass nicht nur der Nachname ein anderer war, sondern auch der Vorname. Mein zweiter Vorname, Aliana, war der erste und einzige. Ich war zwölf und las: „Ich bin damit einverstanden, dass mein Kind, Aliana Berger,* geboren am 18. August 1971, durch das Jugendamt in eine Inkognito-Adoption vermittelt wird." Ich las: „Der Bestätigungsbeschluss ist unanfechtbar. Das Kind führt nunmehr den Familiennamen: Mingels." Ich las: „Die Eltern des Kindes, die geschiedenen Eheleute Georg Berger,* Einkäufer, und Frau Andrea Berger,* Hausfrau, geb. Peterson,* haben ihre unwiderrufliche Einwilligung zur Kindesannahme erteilt. Die Eheleute Mingels nehmen die minderjährige Aliana Berger an Kindes statt an." Die Urkundenrolle trug die Nummer 656 und hatte

* Namen geändert

ein rotes Siegel in Form eines dicken, vielzackigen Sterns. Andrea Berger lebte in Köln und kam aus Ostfriesland. Ich weiß noch, dass ich dachte: ab jetzt keine Ostfriesenwitze mehr.

Jahre später wollte eine Freundin von mir wissen: „Was hast du damals gefühlt?" „Es war ein Schreck", sagte ich, „und im nächsten Moment aufregend; ich fühlte mich wie die Heldin in einem der Romane, die ich las." Zu keinem Zeitpunkt war ich verzweifelt, es brach keine Welt für mich zusammen, ich war verstört und weinte ein bisschen, und dann war das vorbei. Ich fragte, „wie lange musstet ihr auf mich warten?", und meine Eltern sagten: „Lange. Sieben Jahre." Vermutlich war auch dieses Gespräch ein Grund dafür, dass ich nie das Gefühl hatte, nicht erwünscht gewesen zu sein. Auf andere Kinder, dachte ich, wartet man nur neun Monate, auf mich jahrelang.

Es gibt ein Schwarz-Weiß-Foto, auf dem ist meine junge, schöne Mutter zu sehen, wie sie ein Flugzeug verlässt, eine Baby-Tragetasche in der Hand. Sie hatte mich im Kölner Krankenhaus abgeholt, wir waren nach Madrid geflogen, wo meine Eltern damals lebten. Am nächsten Tag gaben sie eine große Feier: mein Geburtsfest. Ich war zwei Wochen alt. „Du warst ein ruhiges Baby", sagt meine Mutter. „Du hast geschlafen und getrunken und selten geschrien", sagt mein Vater. „Du warst der Star des Abends."

Ich habe nie viel über meine Herkunft nachgedacht. Wenn ich es tat, dann mit einer Mischung aus Neugierde und Aufregung. Ich wusste, dass der Ehemann nur formell als Vater angeführt war. Dass ich außerehelich entstanden war. Eine Liebesaffäre, dachte ich. Leidenschaft, Romantik, Unglück, all das. Wenn ich mir Andrea vorzustellen versuchte, dann als eine entfernte Bekannte, nicht als Mutter. Ich hatte eine Mutter, ich wollte keine zweite.

In Deutschland ist es nicht schwer, die leibliche Mutter ausfindig zu machen. Das Jugendamt hilft dabei, oft genügt ein Anruf. Irgendwann, so dachte ich, werde ich das tun. Um eine Klammer zu schließen, eine Klammer, die bei meiner Geburt geöffnet wurde und nun wieder geschlossen werden sollte. „Bevor sie tot ist", sagte ich zu meiner Freundin. Manchmal dachte ich, viele sterben früh, warum sollte sie noch leben, ich war dreißig, sie musste fünfundfünfzig sein.

Der erste Brief

Doch bevor ich mit der Suche beginnen konnte, erreichte mich in Neuenburg ein Brief vom Jugendamt. „Sehr geehrte Frau Mingels", stand da, „Ihre leibliche Mutter, Andrea Berger, hat in all den Jahren Kontakt zum Jugendamt gehalten. Sie würde Sie gerne kennenlernen. Sie ist Autorin, Übersetzerin und Schauspielerin. Jahrelang lebte sie in Los Angeles und nun in Australien; mehrmals im Jahr ist sie in Deutschland. Sie haben drei Halbgeschwister." Wenn ich Kontakt zu ihr aufnehmen wolle, solle ich mich beim Jugendamt in Köln melden, die zuständige

Sachbearbeiterin, Frau Graf*, könne mir die E-Mail-Adresse von Andrea Berger geben. Ich hatte vor Kurzem meine Doktorarbeit beendet und unterrichtete an der Universität, daneben schrieb ich an meinem ersten Roman. Frau Graf sagte, „da sind Sie ja beide Schriftsteller", sie lachte und sprach von Genen, ich sagte, „na ja". Doch, sagte sie, das solle man nicht unterschätzen. Dann telefonierte ich mit meinem Freund: „Die biologische Mutter hat sich gemeldet." „Und jetzt?", fragte er. „Jetzt schreibe ich ihr", sagte ich.

> *„Liebe Andrea. Seit ein paar Jahren ist es mir immer wieder durch den Kopf gegangen, mich bei dir zu melden. Warum ich es dann doch nie tat, weiß ich nicht so genau. Wahrscheinlich war der Wunsch zu wenig stark. Dabei wollte ich dich schon einmal kennenlernen, sehen, wie du aussiehst, mit dir sprechen, von dir hören – wer du bist und was du machst. Und ich wollte mich bei dir melden, weil ich dachte, dass du Schuldgefühle haben könntest. Glaubst du mir, wenn ich dir sage, dass ich nie, kein einziges Mal wütend auf dich war? Ich fand deine Entscheidung großherzig: Du, die du das Kind nicht haben wolltest, nicht haben konntest, gabst es Menschen, die sich ein Kind wünschten. Die bereit waren, das Kind zu lieben, egal, ob Haarfarbe, Nase und Talente nach ihnen geraten würden. Oder alles ganz anders rauskäme. Vielleicht hatte ich auch einfach Glück mit meinen Eltern: Nie gaben sie mir das Gefühl, nicht ihr richtiges Kind zu sein. Sie und meine Schwester sind die Menschen, die mir am meisten bedeuten. Ich möchte gerne etwas von dir hören. Über dich, über deine Kinder, über meinen leiblichen Vater. Ich möchte aber auf keinen Fall eine zweite Mutter. Auch nicht notwendig eine Freundin. Aber das hast du dir ja sicher gedacht. Herzlich, Annette"*

Andrea reagierte prompt, ihre Antwort kam aus Brisbane. „Liebe Annette", schrieb sie, „beinahe hätte ich Aliana geschrieben, da ich dich immer so genannt habe, wenn ich an dich gedacht oder über dich gesprochen habe." Sie habe in Köln gelebt damals, sie sei ein Hippie gewesen, sei es eigentlich immer noch, sie habe diesen Amerikaner kennengelernt und sich stürmisch verliebt, er sei Musiker gewesen und sie Schauspielerin, sie hätten sich nach ein, zwei Wochen wieder aus den Augen verloren, er sei zurück nach Amerika gegangen – und sie habe gemerkt, dass sie schwanger war. „Das gefiel mir sehr; auch der Gedanke, ein Kind alleine großzuziehen", in einer Kommune habe sie leben wollen, das Kind als gemeinsames Projekt. Und dann doch nicht. „Im sechsten Monat wurde mir plötzlich klar, dass ich nicht in der Lage war, ein Kind alleine großzuziehen. Ein Moment der Wahrheit, das wusste ich."

---

* Name geändert

Einige Tage später sah ich sie zum ersten Mal. Mein Freund hatte den Fellini-Film besorgt, in dem sie mitspielte. Im Film ist sie so alt wie ich. Das Haar, glatt und braun, reicht ihr bis auf die Schultern. Schmale Taille, starke Hüften. Sie geht langsam, fast schlendernd, manchmal gestikuliert sie energisch, dann lacht sie, sie spricht Italienisch, sie schreit, wird Teil des Chaos um sie herum, treibt es voran, bei all dem wirkt sie nie, als vergesse sie die Kamera und sich selbst. „Meinst du, die ist es?", fragte mein Freund. Er zeigte auf den Bildschirm. „Oder die da?" Dann aß sie ein Stück Schokolade, und mein Freund sagte: „Jetzt", er lachte, „jetzt sieht sie genau aus wie du." Ich betrachtete sie, wie sie kaute, schluckte, ihre Blicke, sehr aufmerksam, lauernd fast, ich spulte zurück, betrachtete die Szene noch einmal und danach noch einmal. Es war, als ob man seine Stimme auf Tonband hört: seltsam vertraut und ein wenig peinlich. Ich sagte abwehrend: „Es könnte jede dieser Frauen sein." „Nein", sagte mein Freund, „schau sie dir doch an." Andreas Kauen, Sprechen, Lachen. „Komisch ist das", sagte mein Freund und schaute von ihr zu mir. Sie war hübsch. Die andere Schauspielerin war hübscher.

Im Buchladen fand ich eines ihrer Bücher. Es stand in der Esoterik-Ecke, es ging um indianische Spiritualität. Nun bin ich jemand, der kein Bedürfnis nach Esoterik hat: Tarotkarten, Schamanismus, Horoskope – alles nichts für mich. Ich blätterte in dem Buch, überflog die Seiten: Von einem „Seelenfreund" war die Rede, von der „Mondin", von Mythen und Mysterien. Ich stellte das Buch zurück ins Regal.

Diese ganze Gefühlsseligkeit

Bis wir uns das erste Mal trafen, sollten noch einige Monate vergehen, Monate, in denen ich heiratete, nach Zürich zog, in denen mein erstes Buch erschien und ich die Universität verließ, um eine Stelle als Kommunikationsbeauftragte anzunehmen, die ich gleich wieder kündigte.

An einem Montagabend rief Andrea an. Sie könne am Wochenende kommen, ihre Tochter Jana* werde ihr einen preiswerten Flug besorgen, sie sei Pilotin. „Wie siehst du aus?", fragte sie. „Blond", sagte ich, „glatte Haare. Einsfünfundsiebzig groß." „Blond?", fragte sie verwundert. „Deine Schwester hat dunkle Locken", sie lachte. „Und sie ist zierlich. Eher klein." Sie sagte: „Ich werde dich erkennen."

Natürlich kenne ich diese Szenen aus dem Fernsehen: das Umklammern, die Tränen, die Fassungslosigkeit, diese ganze Gefühlsseligkeit, die uns suggeriert, dass der Mensch, mag er auch noch so sehr sozial geprägt sein, doch vor allem instinktiv funktioniert. Als sei Mutterschaft nur etwas Biologisches – und wir nicht viel mehr als Hunde, die sich am Geruch wiedererkennen. Es schüttelt mich immer, wenn ich so etwas sehe: Es erscheint mir wie eine einzige törichte Lüge.

Ich wusste: Ich würde nie Mutter zu Andrea sagen. Alles, was ich mit diesem Begriff verband, war vergeben.

* Name geändert

52

Um halb sieben landete ihr Flugzeug, ich stand am Gate, ich war nervös und sah jeder Frau ins Gesicht.

Sie war kleiner als erwartet. Ihr Haar war kurz geschnitten, ihr Gesicht zart mit feinen Zügen und einer langen, schmalen Nase. Ein wasserheller Zirkonia auf ihrer Stirn funkelte, wenn das Licht ihn traf. Sie trug eine bunte Samtjacke, enge schwarze Hosen und roch nach etwas Süßem. Wir gaben uns die Hand. „Ich habe dich sofort erkannt", sagte sie. Im Auto betrachtete sie mich von der Seite. „Du erinnerst mich an Jeff." Sie lachte leise. „He was God for me. Zumindest zwei Wochen lang."

Im Lokal bestellten wir Fisch und Wein, sie erzählte von ihrem Leben in den USA und Australien, von ihren Kindern, drei, von denen nur der jüngste Sohn bei ihr aufgewachsen ist, eine Tochter beim Vater, ein Sohn bei den Großeltern väterlicherseits. Sie sagte: „Sie sind toll."

Andrea flirtete mit dem Kellner, dem Mann am Nebentisch, vorbeigehenden Gästen, sie flirtete mit mir, mit den kleinen Töchtern des Kochs, sie erzählte von ihren Erfahrungen mit Heilern und Hippies, von den Männern in ihrem Leben, den Reisen, immer noch habe sie keinen festen Wohnsitz, halte es nirgends lange aus, oft sei sie in Indien, auf Gomera, in den USA, immer wieder in Australien. Sie schilderte das Haus eines Freundes, in dem sie dort lebte, die Holzveranda, über die, handtellergroß, die Spinnen liefen. Sie beschrieb die indischen Frauen, ihre bunten Gewänder, sie fragte, „warum bist du schwarz angezogen? Schwarz ist keine Farbe", manchmal hielt sie inne, betrachtete mich nachdenklich und trank einen Schluck Wein. Ständig habe sie Fernweh, gestand sie, und zuweilen ein diffuses Heimweh. Sie glaube an die große Liebe: Irgendwann, bald schon, werde sie ihr begegnen. Der Stein auf ihrer Stirn löste sich, sie drückte ihn wieder fest. Sie sagte: „The best is yet to come."

Sie war rhetorisch gewandt, lobte, um selbst gelobt zu werden, war freundlich und exaltiert, in all dem sehr fremd. Gleichzeitig hatte ich den Eindruck, Züge an ihr zu entdecken, die ich von mir selbst kannte. Äußerlich – in ihrer Mimik, ihrer Art zu sprechen und zu essen. Aber auch – und das war unangenehmer – in ihrem Charakter: Dieses Verlangen nach Bewunderung kannte ich, diese Eitelkeit, den unverhohlenen Egoismus, den ich – so hoffte ich – hinter mir gelassen hatte, im Kosmos meiner Kindheit, in dem ich alles auf mich bezog, sich alles auf wundersame Weise um mich zu drehen schien, jedes Ding ein Zeichen, jedes Zeichen ein Versprechen.

Ich war inzwischen ganz ruhig geworden: Was für ein Glück, dachte ich. Was für ein Glück, dass sie mich weggegeben hat.

Als ich sie ins Hotel brachte, holte sie eines ihrer Bücher aus der Tasche. „Meiner lieben Tochter Annette Aliana", schrieb sie auf die erste Seite, darunter setzte sie einen Kuss: der Abdruck ihrer Lippen auf dem Papier, die weit ausholende Schrift.

„Ich bin nicht deine Tochter", sagte ich. Sie schaute verblüfft auf, ein wenig beleidigt, dann sagte sie „okay". Wir verabredeten uns für den nächsten Morgen.

Wir gingen frühstücken, mein Mann kam mit. „Ist der Orangensaft frisch gepresst?", fragte Andrea. Die Kellnerin nickte. „Und könnte ich statt des Toastbrots Vollkornbrot haben?" „Ja", sagte die Kellnerin und machte eine Notiz auf ihren Block. „Und das Ei vier Minuten statt fünf." Andrea lachte der Kellnerin zu, die lächelte unsicher. „Und haben Sie Aprikosenmarmelade?" Das Mädchen sagte ergeben: „Glaub' schon." Dann wandte sich Andrea meinem Mann zu. „So ein schöner Mann", würde sie später sagen. „Oh je", sagte er, als sie zur Toilette ging.

Andrea und ich liefen durch Zürich. Ich lud sie zum Essen ein. Sie hatte es nicht gesagt, aber ich wusste, dass sie wenig Geld hatte. Sie erzählte von einem Arztbesuch: davon, wie sie mit dem Arzt vor der Untersuchung den Preis aushandelte, wie sie ihm eines ihrer Bücher mitbrachte, wie er sagte, er behandle sie so preiswert wie möglich. „Manchmal habe ich schon ein bisschen Angst vor der Zukunft." Kurz sah sie besorgt aus, dann lachte sie wieder. „Irgendetwas drängt mich, nach Südamerika zu gehen. Ich glaube, dort finde ich meine letzte große Liebe." In einem kleinen Bistro tranken wir einen Kaffee, und Andrea sprach einen älteren Herrn am Nebentisch an. Als er aufstand, um zu gehen, verbeugte er sich leicht in ihre Richtung. Sie lächelte zufrieden.

„Wie war es?", fragte mein Mann am Abend, und ich sagte: „Interessant. Auch anstrengend." Erschütternd war es nicht gewesen, nicht einmal besonders aufwühlend. Über den leiblichen Vater wusste Andrea so gut wie nichts. Manchmal meinte sie, er heiße Jack, manchmal nannte sie ihn Jeff. Er sei Gitarrist gewesen in einer Rockband, den Namen der Band hatte sie vergessen. Im Internet stieß ich auf das Bild eines Jeff Mayer: ein Gitarrist aus Kalifornien. Das Alter stimmte, die Beschreibung auch. „Ist er das?", fragte ich sie einige Wochen später am Telefon. Sie war sich nicht sicher.

Begegnung mit den Brüdern

Wiederum vergingen einige Monate, bis Andrea sich meldete. Sie werde nach München kommen, um ihren Agenten zu treffen. Und sie wolle mir meine Brüder vorstellen, Basil* und Christoph*. „Willst du sie kennenlernen?" Sie versuchte, Basil zu beschreiben, „attraktiv ist er, sehr groß". Als sie ihn das erste Mal angerufen habe, habe er sich gefreut, „wie nett, deine Stimme zu hören", achtzehn sei er da gewesen. Manchmal sei er ihr etwas fremd. Christoph sei bei ihr aufgewachsen, in Amerika, Australien, Europa, er arbeite als Kellner, „aber eigentlich ist er Künstler", sie musste Geld nachwerfen, sie rief aus Irland an. Sie sagte: „Du wirst die beiden mögen." Wir verabredeten Zeit und Ort, dann legten wir auf.

* Namen geändert

Ich saß im Biergarten und wartete auf meinen Bruder. Ich schaute jeden jungen Mann an, einer hielt meinem Blick stand, überlegte, blieb aber sitzen. Dann betrat ein Mann den Garten, Jeans, Turnschuhe, dunkles Hemd, schwarze Haare, die ihm bis auf die Wangen fielen. Er kam an meinen Tisch, er hielt mir seine Hand hin. Basil. Er hatte olivgrüne Augen, eine gerade Nase, helle Haut, schmale Lippen, ich wusste gleich, dass ich später versuchen würde, mir sein Gesicht vorzustellen und dass es mir nicht gelingen würde, gerade weil ich es so gern wollte.

Andrea kam und brachte Christoph mit, blond wie ich, sechs Jahre jünger. Während wir auf das Essen warteten, kritzelte er auf dem Papierset herum: einen Mann mit Hasenzähnen, über dem Kopf ein Ufo. Alles Außerirdische interessiere ihn, sagte er. Andrea erzählte von sich als Kind: Wie sie zwischen Sonnenblumen stand, die größer waren als sie selbst, wie sie plötzlich ahnte, dass der kranke Großvater stürbe, wie sie ihn tot vor sich sah, und als sie heimkam, war er tatsächlich gestorben. Und später dann, der Engel, der ihr sagte, es ist gut, alles ist gut, die Abtreibungen, die Kinder, die sie nicht behalten konnte, und wie sie das beruhigte.

Vor dem Lokal verabschiedeten wir uns von Andrea und Christoph, wir winkten ihnen hinterher, bis sie nicht mehr zu sehen waren. Ich sagte: „Er hätte ihr mal Verhütungsmittel empfehlen können, der Engel." Wir mussten lachen, „besser so", sagte Basil, „sonst wären wir nicht hier". Ich weiß nicht mehr, was ich darauf entgegnete, ich erinnere mich an den dunklen Biergarten und an einen Betrunkenen, der einen Frauennamen schrie, ich bin nicht sicher, ob das wirklich an diesem Abend war und in dieser Stadt. Ich weiß nur, dass wir lange so stehen blieben, dass es dunkel wurde und still, dass wir nicht aufhörten zu reden und dann doch irgendwann, dass er auf sein Auto zeigte und fragte, „Soll ich dich zu deinem Hotel bringen?", und dass ich auf mein Auto zeigte und sagte „Nein".

Ich fuhr am selben Abend noch nach Hause, fünf Stunden lang, und keine Minute konnte ich aufhören, an Basil zu denken. Ich wünschte mir damals, ich wäre in München geblieben. Die Vorstellung, dass ich ihn vielleicht nicht wieder sehen würde, machte mich beinahe panisch.

In meinem letzten Buch, einem Erzählband, schildere ich eine Begegnung zwischen Bruder und Schwester, die sich erst als Erwachsene kennenlernen und sich ineinander verlieben. Sich verlieben, eine Affäre haben, sich lieben – all das sind die falschen Bezeichnungen für das, was ich meine, aber ich finde keine anderen. Als ich Basil kennenlernte, traf mich die Zuneigung zu ihm vollkommen unerwartet. So entspannt die Begegnung mit Andrea verlaufen war, so harmlos erschien mir ein Treffen mit meinen Brüdern. Fakt aber ist, dass ich schon nach wenigen Minuten Lust hatte, mit Basil wegzufahren, irgendwohin, für unbestimmte Zeit. Ich wollte mit ihm allein sein. Ich wollte keine Affäre mit ihm haben. Aber was sonst wäre es geworden, wenn wir tatsächlich die Nähe zugelassen hätten, die ich mir wünschte? Es war absurd.

Ich habe später oft darüber nachgedacht, warum mich die Begegnung mit meinem Bruder so verwirrte. Einer der Gründe war sicher die Tatsache, dass ich nie einen Bruder hatte: Der fremde Mann, der mir gegenübersaß, war mir mit dreißigjähriger Verspätung als jüngerer Bruder zugefallen. Ich fand ihn sympathisch und intelligent, wir verstanden uns auf Anhieb gut, lachten über dieselben Dinge, nahmen unbewusst eine Gegenposition zu Andrea ein. Aber war es das? Reicht das als Grund für diese seltsame Anziehung? Oder mystifizierte ich etwas, das in seiner Bedeutung eigentlich viel kleiner, viel gewöhnlicher war? War es nicht einfach so, dass ich mich zu einem Mann hingezogen fühlte – und dass dieses Gefühl durch die geschwisterliche Beziehung zwar einerseits unmöglich, gleichzeitig aber auch erlaubt war? Möglich, dass er das überhaupt nicht so wahrnahm. Dass ich für ihn nur eine weitere Halbschwester war. Dass er diese Verwirrung schon kannte. Ich weiß es bis heute nicht.

In der folgenden Woche kam ich einmal spät in der Nacht nach Hause und schaltete den Fernseher an. In einem der Regionalprogramme war ein Interview zu sehen: Andrea erzählte von ihrem Leben, eloquent, charmant, ohne Angst vor der Kamera. Vom Moderator gefragt, erzählte sie von ihren Kindern: Künstler, Mathematiker, Pilotin seien sie. „Und das vierte Kind?", fragte der Moderator. Sie lächelte, sie warf sich den Samtschal über die Schulter, sie stützte ihr Kinn in die Hand. „Meine zweitälteste Tochter", sagte Andrea, „ist Dozentin für Germanistik an einer Schweizer Universität."

Ich schrieb ihr: „Wie kommst du dazu, dich mit uns zu brüsten?" Sie schrieb: „Ich bin mir keines Fehlers bewusst."

Normalität als Kokon

All das liegt einige Jahre zurück. Nach wie vor habe ich sporadisch Kontakt zu Andrea, sie meldet sich zwei-, dreimal im Jahr, sie erzählt von einem Traum, in dem ich vorkam, oder von dem Mann, den sie gerade liebt: einen tibetischen Mönch, einen australischen Farmer, einen Schotten. Dem Südamerikaner, von dem sie ahnt, dass er kommen wird, ist sie noch nicht begegnet. Immer, wenn ich in München bin, treffe ich Basil. Wir sind uns nah, wenn wir uns sehen, aber wir schreiben uns selten, telefonieren nie. Christoph habe ich nicht mehr gesehen. Die Schwester „Jana" kenne ich noch nicht.

Andrea ist mir fremd, und sie wird es bleiben. Es gab Situationen, in denen ich sie eindeutig nicht mochte. Und doch ist sie liebenswürdig, auf ihre Art. Hätte ich eine Erwartung an Andrea gehabt, eine Vorstellung, wie sie sein würde – ich wäre wohl beides gewesen: erfreut und enttäuscht. Ich weiß inzwischen, dass sie bereits vor langer Zeit versucht hat, Kontakt zu mir aufzunehmen, und dass meine Eltern das ablehnten. Man muss kein Psychologe sein, um zu ahnen, dass es mich verwirrt hätte, Andrea zu früh zu begegnen. Es gibt Experten, die anders darüber denken: Sie befürworten die offene Adoption, in der zwischen Kind, leiblichen und sozialen Eltern Kontakt besteht. Ich glaube nicht an dieses Konzept. Die Normalität, in der ich meine Kindheit verbrachte, empfinde ich als Kokon, in dem ich seelische Stabilität aufbauen, eine eigene Identität entwickeln konnte. Als ich Andrea schließlich kennenlernte, war ich selbstsicher genug, um zu wissen: Was sie auch tut, was auch aus ihr geworden ist – es betrifft nur sie, nicht mich.

Jede Familie hat ihre guten und schlechten Dynamiken, jede Kindheit ist mit ganz eigenen, kleinen Grausamkeiten und Glücksmomenten bestückt. Es gibt Erfahrungen aus meiner Kindheit, die ich lieber nicht gemacht hätte: manche Demütigung in der Schule, mancher Streit, manche Gefühlsverwirrung. Was mich jedoch nie belastete, war der Umstand, adoptiert zu sein. Dass mich Andrea weggegeben hat, habe ich nie gegen mich bezogen, sondern immer den Umständen zugeschrieben. Wie diese Umstände auch ausgesehen haben – indem Andrea eine frühestmögliche Entscheidung getroffen hat, hat sie mir eine Odyssee durch Heime und Pflegefamilien erspart. Und auch meine Eltern trafen eine Entscheidung: ein Kind, dessen genetische Disposition sie nicht kannten, bedingungslos als ihres anzunehmen.

Dass mir aus dieser Unvorhersehbarkeit auch Freiheiten erwachsen sind, wurde mir in einem Gespräch mit einem Jugendfreund deutlich. Er ist Lehrer wie sein Vater und Großvater. Niemand hat ihn gezwungen, diesen Beruf zu wählen. Das war auch gar nicht nötig: Schon mit acht stand sein Berufswunsch fest. Doch manchmal hadert er heute damit. „Du hattest viel mehr Freiheiten", sagt er. „Es gab weniger klare Erwartungen."

„Wir mussten abwarten, in welche Richtung du dich entwickeln würdest", bestätigt mein Vater, als ich ihn frage. „Wir konnten nicht vorhersagen, welche Talente du haben würdest; konnten nichts voraussetzen", erklärt meine Mutter. Manchmal sei das schwierig gewesen. Sie sagt: „Wir mussten einfach an dich glauben. Und an uns."

Eine meiner frühesten Erinnerungen ist die an eine Trennung. Es war mein erster Besuch im Kindergarten, ein strahlender Vormittag, ein Junge riss mich von der Kindergärtnerin los und verschleppte mich in eine Holzhütte, ich schrie und weinte vor Angst, meine Eltern nie wieder zu sehen. Ich erinnere mich, wie erleichtert ich war, als mich meine Mutter mittags abholte. Auf ihrem Fahrrad fuhren wir nach Hause. Ich saß auf dem metallenen Sitz, der am Lenker befestigt war, den Fahrtwind auf der sonnenheißen Stirn, ihre Arme rechts und links meines Körpers, wie die Flügel einer Glucke.

Das ist es, was zählt.

II Vernachlässigte und misshandelte Kinder im Blickfeld helfender Instanzen

Gina Graichen[1]

Die alltägliche Lebenssituation vernachlässigter und misshandelter Kinder aus der Sicht der Kriminalpolizei

1 Einleitung

Im Jahre 2005 wurden in Berlin 472 Kinder misshandelt, 2006 waren es 563 Kinder – in der Regel misshandelt von ihren Bezugspersonen, d. h. von ihren Müttern, ihren Vätern, den Lebensgefährten der Mütter oder anderen engen Bezugspersonen.

Die Zahl 563 steht für 563 Fälle von Kindesmisshandlung, die bei der Polizei zur Anzeige gebracht wurden. Sie steht für 563 Kinder, die aus einem teilweise jahrelangen Martyrium gerettet wurden.

Diese Zahl hat sich in den vergangenen zehn Jahren mehr als verdoppelt.

Vernachlässigt durch ihre Eltern (und in einigen Ausnahmefällen durch andere Bezugspersonen), wurden im Jahre 2005 in Berlin 314 Kinder. 2006 waren es 582 Kinder. Das ist eine Steigerung von 85,35 %.

Es ist davon auszugehen, dass die Dunkelziffer um ein Vielfaches höher liegt.

Dieses vermutlich immens große Dunkelfeld noch weiter aufzuhellen, ist eine meiner Aufgaben als Leiterin des Deliktsbereiches „Misshandlung von Schutzbefohlenen" beim Landeskriminalamt Berlin, des in der Bundesrepublik einzigen Fachkommissariats in Landeskriminalämtern mit dieser Aufgabenstellung.

---

1 Vortrag auf dem 18. Tag des Kindeswohls „Vernachlässigte und misshandelte Kinder im Blickfeld helfender Instanzen: Kriminalpolizei, Justiz, Jugendhilfe und Beratung für Pflegeeltern" am 4. Juni 2007 in Hamburg. Veranstalterin: Stiftung zum Wohl des Pflegekindes

2 Erscheinungsformen von Misshandlung und Vernachlässigung

2.1 Die körperliche Misshandlung

Im Gesetz werden als Tatbestandsmerkmal die Begriffe „quälen" und „roh misshandeln" genannt. Beides geht oftmals fließend ineinander über. Die rohe Misshandlung ist immer nach außen hin sichtbar. Sie ist das, was sich in Spuren am Körper eines Kindes zeigt; Spuren, die als Beweismittel für die Polizei ungeheuer wichtig sind, da sie die Härte, die Häufigkeit, das unterschiedliche Alter sowie die Art und Form der Verletzung meist eindeutig zeigen.

Eltern, die ihre Kinder mit Gewalt „erziehen", steigern sich oftmals in ihren Strafmaßnahmen. Die Anlässe für derartige Strafen sind meist nichtig: Kinder sind zum Beispiel ungeschickt, erfüllen nicht die Erwartungen ihrer Eltern, kommen zu spät, werden beim Lügen ertappt, beim Klauen erwischt, oder sie sind einfach nur da. Die Kinder werden von den Eltern bei – nur aus deren Sicht – „strafwürdigen" Anlässen auf vielfältige unvorstellbare Art misshandelt.

Es beginnt meist mit Schimpfen oder lautem Anschreien. Fruchten diese „Erziehungsmaßnahmen" nicht, folgen körperliche Gewaltattacken, wie z. B.:

- Ohrfeigen mit der flachen Hand
- Schläge mit der Faust
- Katzenköpfe, d.h. Schlagen mit den Fingerknöcheln gegen den Hinterkopf
- Ziehen und Zerren an den Ohren
- Ausreißen von Haarbüscheln
- Kneifen, kratzen, beißen
- Schubsen oder treten und damit verbundene Verletzungen, die durch den Aufprall entstehen können
- Hemmungsloses Schütteln mit den Folgen eines Schütteltraumas (s. S. 65 in diesem Jahrbuch)
- Das Brechen von Armen und Beinen, das Zufügen von Rippenserienfrakturen
- Kaltes oder heißes Abduschen als Strafe, weil das Kind ins Bett gemacht hat
- Verbrühen mit heißem Wasser
- Setzen auf die heiße Herdplatte oder in die mit kochend heißem Wasser gefüllte Badewanne
- Auflegen von Bügeleisen oder Heißluftgebläsen,
- Ausdrücken von Zigaretten.

In der Folgezeit der Misshandlungen werden nicht selten Gegenstände benutzt. Zum einen, um den Schlägen mehr Nachdruck zu verleihen, zum anderen, weil der

Einsatz der bloßen Hand, mit voller Wucht ausgeführt, bei dem Täter erhebliche Schmerzen verursacht.

Aus meiner über 20-jährigen Erfahrung in diesem Bereich kann ich sagen, dass es kaum einen Gegenstand im Haushalt gibt, der nicht zu Misshandlungen benutzt wurde. Entweder wird ein zufällig vorhandenes oder ein extra dafür bestimmtes Utensil verwendet, das seinen festen Platz hat und oftmals vom Kind selbst herbeigeholt werden muss.

Das können sein: Besenstiele, Handfeger, Ausklopfer, Bambusstöcke, Hundeleinen, Peitschen, Kochlöffel, Regenschirme, Gürtel, Schuhe, Kabel, Fleischklopfer, Bratpfannen, Nudelholz, Vogelkäfig usw.

Diese Gegenstände hinterlassen typische Spuren. Es entstehen dabei Hämatome, Striemen, offene oder verschorfte Wunden, Verbrennungen und Brüche, die von den von der Polizei herbeigerufenen Rechtsmedizinern erkannt und deren Entstehungszeitraum und Verletzungsmuster genau beschrieben, zeitlich bestimmt und später im Gerichtsverfahren verwendet werden können.

Im schlimmsten Fall werden sie nach endloser Leidenszeit von den eigenen Eltern zu Tode geprügelt.

2.2 Die seelische Misshandlung

Ganz anders stellt sich die seelische Misshandlung dar, die nach außen hin bei den Kindern keine offensichtlich sichtbaren Spuren hinterlässt, d.h. Unbeteiligte erkennen sie nicht, wenn die Kinder sich nicht von selbst öffnen.

Das Kind wird vielleicht Verhaltensauffälligkeiten zeigen, im Kindergarten oder in der Schule nicht gruppenfähig sein oder (auto-) aggressiv reagieren.

Die verheerendste Folge ist jedoch, dass das Grundvertrauen zu anderen Menschen massiv und auf Dauer gestört ist.

Für geschädigte Kinder ist oftmals körperliche Gewalt leichter zu ertragen und zu offenbaren, als über verbale Erniedrigungen und Gemeinheiten zu erzählen.

Formen seelischer Misshandlung sind Mobbing, Bedrohung, Erzeugung von Angst und Gewalt gegen lieb gewonnene Haustiere oder Spielsachen.

- Kinder werden in dunkle Kammern, Keller und auf Dachböden gesperrt und somit systematisch in Angst versetzt.
- Es wird mit der Trennung von der Familie, der Unterbringung in einem Heim gedroht.
- Die Schuld an der vorhandenen Situation wird dem Kind zugeschoben.
- Das Kind wird in der Familie oder im Freundeskreis lächerlich gemacht, Schwächen und Ungeschicktheit werden vor anderen bewusst herausgestellt.
- Kuscheltiere werden zerstört, der Teddy vor den Augen des Kindes verbrannt, der Barbiepuppe wird der Arm abgebrochen.

- Haustiere werden gequält; der Hamster wird rasiert und anschließend in der Toilette heruntergespült, das Zwergkaninchen wird aus dem Fenster im vierten Obergeschoss geworfen.
- Kinder werden gezwungen, verschmutzte Unterwäsche mit der Hand so lange hin und her zu schwenken, bis sie getrocknet ist.
- Kinder werden mit unflätigen Schimpfworten tituliert.
- Sie werden angespuckt.

2.2.1 Die Misshandelnden

Eine geschlechtsspezifische Zuordnung von Tätern/Täterinnen bei Misshandlungen gibt es nicht. Sowohl Mütter als auch Väter misshandeln gleichermaßen. Häufig sind sogenannte Patchwork-Familien betroffen, in die ein neuer Lebenspartner einzieht und damit meist zwangsläufig Probleme produziert.

Der Mann bekommt – aus seiner Sicht – wegen der vorhandenen Kinder nicht die genügende Aufmerksamkeit der Partnerin. Die Mutter macht die Kinder dafür verantwortlich, wenn Probleme entstehen. Aus Angst, den Partner zu verlieren, verschließt sie die Augen. Sie geht bewusst aus dem Zimmer, um Misshandlungen nicht mitzuerleben; sie stellt sich nicht schützend vor ihre Kinder.

Kindesmisshandlung zieht sich durch alle Bereiche der Bevölkerung, ist aber erfahrungsgemäß eher in der mittleren bis unteren Schicht zu finden, also dort, wo es Probleme gibt, die teilweise aufgrund mangelnder mentaler Fähigkeiten verbal nicht gelöst werden können.

Dass nur wenige Anzeigen die sogenannte Oberschicht betreffen, heißt für mich jedoch nicht, dass dort nicht misshandelt wird. Es ist zu vermuten, dass intelligentere Menschen intelligentere Verschleierungsmechanismen einsetzen, um nicht aufzufallen, d.h. bei vorhandenen Verletzungsspuren wird das Kind nicht in die Schule geschickt, um unangenehme Fragen von vornherein zu umgehen. Oder es wird nicht geschlagen, sondern mit psychischer Gewalt operiert, um keine offensichtlichen Spuren zu hinterlassen.

Kindesmisshandlung durchzieht bei den kleinen Opfern alle Altersstufen.

Besonders sind Kinder der Altersgruppe zwischen fünf und zwölf Jahren betroffen. Jedoch ist davon auszugehen, dass bei den kleineren Kindern, die keiner öffentlichen Kontrolle unterliegen, – also bei Säuglingen und Kindern bis zum Kindergarten- bzw. Schuleintritt – die Misshandlung oft nicht aufgedeckt wird.

Die Familie ist gerade heute in Zeiten der Orientierungslosigkeit für viele Menschen die einzig erstrebenswerte Form des Zusammenlebens. Die Vorstellung ist: Man ist füreinander da, Probleme werden gemeinsam gelöst, man hat einen Partner, Kinder, Hund und Katze, und schon ist die Welt in Ordnung.

Dass das wirkliche Leben oft ganz anders aussieht, wird nicht wahrgenommen. Es gibt zunehmend eine große Anzahl von meist relativ jungen Eltern, die sich offenbar keinerlei Gedanken darüber machen, was es bedeutet, ein Kind auf die Welt zu bringen.

Ist das Kind dann da, gehen die Probleme richtig los. Eigentlich müsste das Glück doch jetzt vollkommen sein, aber das ersehnte Baby stellt von Anfang an nur Forderungen und Ansprüche. Es schreit, obwohl es gerade gefüttert oder gewickelt wurde. Der Partner ist genervt, denn die junge Mutter ist permanent mit dem Kind beschäftigt.

Die Mutter ist genervt, denn der Partner zieht aus den genannten Gründen lieber mit den Kumpels „um die Häuser".

Unzufriedenheit macht sich breit, denn das ist nicht das, was man sich vorgestellt hat. Zeit, mit Freundinnen und Freunden in die Disco zu gehen oder ungestört „Vera am Mittag" zu genießen, ist auch nicht mehr vorhanden.

Und dann schreit das Baby schon wieder ... Die Eltern denken, dass das Baby sie mit dem Schreien einfach nur ärgern will.

In solchen Momenten packen Mütter oder Väter das Baby und schütteln es, um **endlich** Ruhe zu haben. Schütteln heißt, so fest zuzupacken, dass teilweise Rippenserienfrakturen und damit verbundene Hämatome entstehen, dass der Kopf des Säuglings wie bei einer Marionette ruckartig vor-, zurück- und hin- und hergeschleudert wird, so dass die zarten Brückenvenen an- oder abreißen und nicht selten den Tod des Kindes, meist aber schwere bleibende Schäden verursachen (Schütteltrauma = Shaken-Baby-Syndrom).

Werden solche Taten aufgedeckt, geben die Eltern meist an, nicht gewusst zu haben, was sie mit diesem Tun anrichten.

Wenn das Baby dann apathisch wird, nicht mehr trinken will, wird ein Arzt gerufen oder aufgesucht, oftmals mit dem Hinweis, das Kind sei „auf einmal schlaff geworden" und habe die Flasche nicht nehmen wollen. Es wird selten eingeräumt, dass man wie von Sinnen ausgerastet ist; denn das hieße ja, versagt zu haben.

2.3   Erscheinungsformen von Vernachlässigung

In den leichteren Fällen wurde einfach nicht sorgsam genug aufgepasst.

Kinder konnten sich unbemerkt aus der Wohnung entfernen und irrten allein, teilweise unzureichend bekleidet, auf Hauptverkehrsstraßen umher, Säuglinge wurden allein in Fahrzeugen „abgeparkt", um die Eltern beim Einkauf nicht zu stören. Kinder blieben mit Wissen der Eltern unentschuldigt vom Schulunterricht fern.

Bei der Verletzung der Fürsorgepflicht, der Kindesvernachlässigung, sind wieder die kleinen Kinder diejenigen, die am meisten leiden müssen.

Von den Eltern in die Welt gesetzt, weil Kinder nun einmal dazugehören, werden sie in verschlossenen Räumen gehalten, Räumen, die zwar als Kinderzimmer betitelt werden, als solche aber nicht zu erkennen sind.

Die Kinder werden dort weggeschlossen, „aufbewahrt", ohne ausreichend ernährt zu werden, ohne Pflegemittel, ohne kindgerechte Kleidung oder Spielzeug, ohne ein eigenes Bett.

Viel schlimmer und gravierender ist jedoch, dass sie ohne liebevolle Zuwendung, ohne Ansprache und ohne Gefühle leben und aufwachsen müssen.

Am aussichtslosesten ist es für die ganz kleinen Opfer, wenige Tage, Wochen oder Monate alten Säuglinge, die aufgrund ihres Alters und der damit verbundenen Hilflosigkeit keinerlei Außenkontakt haben oder eben gezielt unter „Verschluss" gehalten werden können, ohne dass es jemandem auffällt.

Die Eltern, die die Wohnräume, die Küche, das Badezimmer und speziell das Kinderzimmer verdrecken und verkommen lassen, stellen ihre eigenen Interessen in den Vordergrund, sind haltlos, bequem und phlegmatisch.

Oftmals erscheint es ihnen wichtiger, ungestört im Nebenraum Videofilme anzuschauen oder am Imbissstand mit Gleichgesinnten Alkohol zu konsumieren.

Sie sind in der Regel einfach strukturiert, alkohol- und/oder drogenabhängig, Sozialhilfeempfänger und gesellschaftlich orientierungslos.

Die Kinder wachsen in einem verdreckten, völlig desolaten Chaos auf. Vernachlässigte Kleinkinder empfinden es zwangsläufig als normal, dass sich ihr Dasein in einem von außen abgeschlossenen Raum abspielt, nur selten die Jalousien hochgezogen oder Bretter zur Seite geräumt werden, um ggf. spärliche Sonnenstrahlen eindringen zu lassen, weil sie in ihrem kurzen Leben nichts anderes kennengelernt haben.

Diese Kinder sind, so klein sie sind, auf sich selbst gestellt. Als Spielzeug dienen zerbrochene Gebrauchsgegenstände, die wenig kindgerecht sind und Verletzungsquellen darstellen.

Geregelte Mahlzeiten lernen sie nicht kennen. Wenn ihnen überhaupt etwas angeboten wird, so sind es sporadisch trockene Brotscheiben, die lieblos in den Raum geworfen werden.

Sie lernen nicht, dass man sich die Hände wäscht, dass man baden und dabei Spaß haben kann, dass man sich, um gesund zu bleiben, pflegen und die Zähne putzen muss.

Die einzigen Ansprechpartner für diese Kinder sind oftmals die recht gut gepflegten Haustiere, meist mehrere Katzen, Hunde, Meerschweinchen oder Kaninchen, die frei in der Wohnung herumlaufen und deren Kadaver nicht selten dort liegen gelassen werden, wo sie gerade verenden.

Vernachlässigte Wohnungen sind vergleichbar mit Müllhalden.

Es türmen sich Wäscheberge mit teils schmutziger, teils sauberer Wäsche. Es finden sich keinerlei Ablageflächen, da jeder freie Platz mit Geschirr oder anderen Haushaltutensilien voll gestellt ist. Herausgerissene Stromkabel hängen in für Kinder greifbarer Nähe. Glasscherben oder Messer können ohne Aufwand von den Kindern erreicht werden und stellen somit eine große Gefahrenquelle dar. Alkoholreste und/oder Massen von Zigarettenkippen stehen oder liegen herum, so dass die Kinder sie ohne großen Aufwand erreichen und zu sich nehmen können. Auch hier kann für die Kinder Lebensgefahr bestehen. Es wird nichts weggeräumt, nichts sauber gemacht, so dass durch Schmutz und liegen gelassene Lebensmittelreste Fliegen angelockt werden. Maden, Käfer und andere Insekten tun das Übrige, so dass die Gefahr einer gesundheitlichen Schädigung auf der Hand liegt.

Vernachlässigte Kinder sind emotional für ihr ganzes weiteres Leben geschädigt.

Sie sind die Erwachsenen und somit auch die Eltern von morgen. Es werden aus ihnen Eltern, die ihren Kindern kein Rüstzeug für die Entwicklung vermitteln können, weil sie es selbst nie gelernt haben; die nicht zurückblicken können auf positive Kindheitserinnerungen wie Kindergeburtstage, Ostereiersuchen, Weihnachtsbäckerei oder einfach das Kuscheln im Arm der Mutter; die sich nicht erinnern an positive Erfahrungen, die man gemacht hat und weitergeben möchte und kann als Traditionen und Ausdruck eines positiven Lebensgefühls.

3 Die strafrechtliche Verfolgung bei Misshandlung und Vernachlässigung

3.1. Die relevanten rechtlichen Vorgaben

Die rechtlichen Grundlagen meiner Arbeit sind

- Artikel 1 Absatz 1 Grundgesetz (GG)
„Die Würde des Menschen ist unantastbar. Sie zu achten und zu schützen, ist Verpflichtung aller staatlichen Gewalt."

- Artikel 2 Absatz 1 und 2 Grundgesetz
„Jeder hat das Recht auf die freie Entfaltung seiner Persönlichkeit ..."
„Jeder hat das Recht auf Leben und körperliche Unversehrtheit..."

- § 1631 Bürgerliches Gesetzbuch (BGB) Inhalt und Grenzen der Personensorge
„Kinder haben das Recht auf eine gewaltfreie Erziehung. Auf entwürdigende Erziehungsmaßnahmen ist zu verzichten."

- § 225 Strafgesetzbuch (StGB) Misshandlung von Schutzbefohlenen
(1) „Wer eine Person unter 18 Jahren, die ... seiner Fürsorge oder Obhut untersteht ... quält oder roh misshandelt, oder wer durch böswillige Vernachlässigung

seiner Pflicht, für sie zu sorgen, sie an der Gesundheit schädigt, wird mit einer Freiheitsstrafe von sechs Monaten bis zu zehn Jahren bestraft.

(3) Auf Freiheitsstrafe nicht unter einem Jahr ist zu erkennen, wenn der Täter die schutzbefohlene Person durch die Tat in die Gefahr
1. des Todes oder einer schweren Gesundheitsschädigung oder
2. einer erheblichen Schädigung der körperlichen oder seelischen Entwicklung bringt."

- § 171 Strafgesetzbuch Verletzung der Fürsorge- oder Erziehungspflicht
  „Wer seine Fürsorge- oder Erziehungspflicht gegenüber einer Person unter sechzehn Jahren gröblich verletzt und dadurch den Schutzbefohlenen in die Gefahr bringt, in seiner körperlichen oder psychischen Entwicklung erheblich geschädigt zu werden ... wird mit Freiheitsstrafe bis zu drei Jahren oder mit Geldstrafe bestraft."

3.2 Straftatbestand „Misshandlung von Schutzbefohlenen" (§ 225 StGB)

Das Spezialdelikt „Misshandlung von Schutzbefohlenen" ist im Strafgesetzbuch im Bereich der Körperverletzungsdelikte zu finden. Es handelt sich um eine spezielle Form der Körperverletzung, die vom Gesetz her bestimmte Voraussetzungen erfüllen muss: Die betroffene Person muss – von Ausnahmen abgesehen – unter 18 Jahre alt sein. Zwischen dem, der misshandelt, und dem, der misshandelt wird, muss eine enge Beziehung, ein Schutzbefohlenenverhältnis, bestehen, d. h., beide müssen einen großen Teil des Tages miteinander verbringen.

Dieses Schutzbefohlenenverhältnis besteht in der Regel zwischen Kindern und Eltern/Pflegeeltern/Adoptiveltern oder Personen, denen Erziehungsrechte übertragen wurden.

Misshandlung von Schutzbefohlenen stellt ein Offizialdelikt dar. Das bedeutet, dass die strafrechtliche Verfolgung in öffentlichem Interesse erfolgt. Der bei Privatklagedelikten erforderliche Strafantrag muss demzufolge nicht gestellt werden. Ein glücklicher Umstand für die geschädigten Kinder! Denn wenn Misshandlung nur auf Strafantrag verfolgt werden würde, der für Kinder bekanntermaßen ausschließlich durch die Erziehungsberechtigten gestellt werden darf, würde die Kriminalstatistik wohl gar keine Zahlen mehr aufweisen.

Die Misshandlung ist ein Dauerdelikt, d.h., es wird regelmäßig, meist über einen längeren Zeitraum geschlagen. Das kann über Jahre einmal wöchentlich, täglich oder mehrmals täglich erfolgen – bis das Martyrium ein Ende findet.

Es kann sich aber auch um eine Misshandlung im Sinne des Gesetzes handeln, wenn die Tat zwar einmalig, dafür aber besonders schwerwiegend ist, z. B., wenn sie sich gegen ein sehr kleines Kind richtet.

Herausragend bei Misshandlungen im Sinne des Gesetzes ist, dass die TäterInnen vorsätzlich, also bewusst und gewollt, handeln. Sie missachten die Leiden des Kindes, d.h., wenn andere bestürzt über ihr Tun das weinende, verletzte Kind in den Arm nehmen und trösten würden, schlagen oder treten sie nochmals zu und nehmen die Leiden des Kindes absichtlich nicht wahr.

3.3 Straftatbestand „Verletzung der Fürsorge- oder Erziehungspflicht (§ 171 StGB)"

Wer gegenüber einem Kind die Pflicht zur Erziehung und Fürsorge innehat und dieses ihm anvertraute Kind (auch durch bewusstes und/oder gewolltes Unterlassen) in die Gefahr bringt, einen erheblichen körperlichen oder seelischen Schaden zu erleiden, macht sich strafbar.

TäterIn nach dieser Gesetzesvorschrift kann nur sein, wer die Pflicht zur Erziehung und Fürsorge für das betroffene Kind hat. Es muss zwischen TäterIn und Opfer ein „Schutzbefohlenenverhältnis" bestehen. Entweder betrifft es die Eltern selbst oder eine dritte Person, der die Fürsorge für das Kind übertragen worden ist.

Das Rechtsgut ist die gesunde körperliche und psychische Entwicklung von Kindern.

Tathandlung ist die Verletzung der genannten Pflichten oder eine dieser Pflichten. Die Verletzung muss gröblich sein, d. h., subjektiv und objektiv schwerwiegend. Das kann bei einer einmaligen Handlung möglich sein, ist in der Regel aber durch Wiederholung und Dauer gekennzeichnet.

Die Gefahr muss konkret sein, d. h. dass die Wahrscheinlichkeit besteht, dass der Schutzbefohlene in seiner körperlichen und/oder psychischen Entwicklung erheblich, in deutlicher Abweichung von seiner voraussichtlichen Normalentwicklung, geschädigt wird. Hierbei muss der Schaden noch nicht eingetreten sein.

Ein Vorsatz, zumindest ein bedingter, ist erforderlich. Dieser muss nicht nur das Schutzverhältnis und die gröbliche Pflichtverletzung umfassen, sondern auch die konkrete Gefährdung.

Es handelt sich wie das Delikt „Misshandlung von Schutzbefohlenen" um ein Offizialdelikt.

3.4 Wer zeigt an?

Eine Vielzahl von Anzeigen wird immer noch im Rahmen von Polizeieinsätzen, die oftmals aus einem ganz anderen Grund stattfinden, von Amts wegen erstattet.

Das geschieht zum Beispiel bei Einsätzen zu häuslicher Gewalt, wenn die Polizei gerufen wird, um Körperverletzungen in Beziehungen zu schlichten und dann feststellt, dass auch die Kinder misshandelt oder vernachlässigt werden.

Inzwischen werden aber vermehrt Anzeigen von Nachbarn, teils auch von Familienangehörigen erstattet, die die Misshandlung oder mangelnde Versorgung von Enkeln, Nichten oder Neffen nicht mehr hinnehmen wollen.

Andere Personen, die Einblicke in die jeweilige Familiensituation oder Kontakt zu den Kindern haben, wie zum Beispiel ErzieherInnen, LehrerInnen, SozialarbeiterInnen und ÄrztInnen tun sich teilweise immer noch schwer damit, Datenschutz und Schweigepflicht in den Hintergrund zu stellen und die teils ausweglose Situation durch einen Anruf bei der Polizei zu beenden.

Mit Blick auf jugendamtliches Handeln ist anzumerken, dass familienerhaltende Maßnahmen die eine Seite der Medaille sind, das manchmal jahrelange Leiden eines Kindes zu beenden, die andere.

Bei unseren kriminalpolizeilichen Ermittlungen wurde immer wieder festgestellt, dass Nachbarn und Angehörige durchaus mitbekommen, dass Kinder geschlagen, gedemütigt, allein gelassen werden. Sie hören das Anschreien der Eltern und die darauf folgenden Schläge, sie hören das herzzerreißende Wimmern und Weinen der Kinder.

Und dann haben sie ein schlechtes Gefühl. Der zaghafte Versuch, ihr Wissen einer öffentlichen Stelle mitzuteilen, ließ sie an Personen geraten, die „nicht zuständig" waren, die sie weiter vermittelten, die nicht anwesend waren und per Computerstimme darum baten, auf einem Anrufbeantworter kurz und prägnant ihr Problem zu schildern.

Am Ende beruhigten sie ihr schlechtes Gefühl damit, „dass sich schon ein anderer darum kümmern wird".

4   Öffentlichkeitsarbeit

Um die Bevölkerung für diese Thematik zu sensibilisieren, wurden im August 2004 von der zuständigen Fachdienststelle meines Kommissariates Plakate zu den Themenbereichen Misshandlung, Vernachlässigung und Tötung von Kindern entwickelt, die an öffentlichen Stellen, wie zum Beispiel Bürgerämtern, Polizeidienststellen, inzwischen in den Wartehäuschen der öffentlichen Verkehrsmittel, in Schulen und mittlerweile sogar in Krankenhäusern und bei Jugendämtern zu sehen sind. Zu den genannten Plakaten sind Flyer erhältlich, die helfen sollen, Misshandlungen und Vernachlässigungen von Kindern zu erkennen.

Mit den Plakaten wurde eine Hinweistelefonnummer des Landeskriminalamtes, LKA 125, veröffentlicht, unter der man eine Anzeige erstatten oder sich beraten lassen kann. Selbstverständlich werden auch anonyme Anzeigen entgegengenommen.

Sowohl die Plakataktion als auch das Hinweistelefon sind bei der Bevölkerung so gut angekommen, dass bis heute ca. 1.500 Anrufe eingegangen sind, die zu 80 % zu einer Anzeige geführt haben.

Es ist damit gelungen, das vorhandene Dunkelfeld zu einem nicht geringen Teil aufzuhellen.

Die statistischen Erhebungen zeigen einen deutlichen Anstieg, was aber nicht heißen soll, dass Berlin die Stadt der Kindesmisshandlungen und Kindesvernachlässigungen ist.

Höhere Zahlen schreiben heißt, immer mehr Kinder aus ihrem häuslichen Abseits heraus in das Licht der Öffentlichkeit zu holen.

Wir alle können es uns nicht leisten, dass immer noch Kinder mit Gewalt und Demütigung erzogen werden.

Kinder sind unsere Zukunft und bilden unsere Gesellschaft von morgen.

Jedes Kind, das Gewalt erlebt und lernt, Probleme mit Gewalt zu lösen, wird auch Gewalt an die eigenen Kinder weiter geben.

Bitte zögern Sie nicht, denn Ihr Anruf kann entscheidend für das Leben eines Kindes sein!

Christiane Ludwig-Körner

Defizitäre Lebensverhältnisse im Erleben von Säuglingen und Kleinkindern und Interventionen der Jugendhilfe*

Einleitung

Im Widerspruch zur gegenwärtigen Strömung innerhalb der Sozialen Arbeit wird hier nicht der Begriff „ressourcenorientiert" in den Vordergrund gestellt, sondern der mittlerweile fast verpönte Begriff „defizitär" benutzt. Wie „hell" und „dunkel" einander bedingen, so ist Ressourcenorientierung ohne den Gegenpol eines Defizits nicht denkbar. Im Bereich Kinderschutz kommen wir in die Situation, für Kinder – und zwar möglichst früh – entscheiden zu müssen, ob die Lebensbedingungen, in denen sie aufwachsen, für sie defizitär sind oder nicht. Dabei wird natürlich geschaut, ob Eltern über genügend Ressourcen verfügen, um für ihre Kinder „hinreichend gute" Eltern sein zu können (Winnicott, 1978), was meist nur mittels eines Einsatzes von Hilfesystemen möglich ist. Aufgabe der Jugendhilfe ist es, abzuwägen, ob die von ihnen angebotenen Hilfen zu unter Kindeswohlaspekten ausreichenden Veränderungen der elterlichen Kompetenzen führen können. Gerade in der frühen Kindheit, in der die Entwicklungsprozesse sehr schnell verlaufen, die Grundmuster des Denkens, Fühlens und Handelns aufgebaut werden, d. h. die Struktur der Persönlichkeit gelegt wird, darf jedoch nicht zu lange abgewartet werden, ob Eltern sich bezüglich ihrer Erziehungskompetenzen vielleicht verändern. Pointiert gesagt: Was nutzt es einem Kind, wenn sich im Laufe von Jahren zwar infolge einer Psychotherapie z. B. eine schwere Persönlichkeitsstörung der Mutter/des Vaters verbessert, das Kind jedoch in der Zwischenzeit traumatisierenden Erfahrungen seitens der Eltern ausgesetzt ist und infolge dessen selbst eine eigene Persönlichkeitsstörung und/oder Lernstörungen bzw. eine geistige Minderentwicklung erwirbt?

Vielleicht retten wir uns an dieser Stelle oft in eine „ressourcenorientierte Sicht", weil die Entscheidung, ein Kind aus einer Familie herauszunehmen, so außeror-

---

* Vortrag auf dem 19. Tag des Kindeswohls „Elternschaft im Pflegekinderwesen. Soziale Beheimatung für Kinder aus defizitären Lebensverhältnissen" am 31. Mai 2008 in Potsdam. Veranstalterin: Stiftung zum Wohl des Pflegekindes.

dentlich schwierig ist und natürlich auch eine sehr hohe fachliche Kompetenz voraussetzt; genauso wie die höchst komplizierte Einschätzung einer prognostischen Veränderung von Persönlichkeitsstrukturen. Beides sind zudem „aggressive Akte"; und wir wissen um die Schwierigkeiten innerhalb der helfenden Berufe, wenn wir aggressiv handelnd eingreifen müssen.

Aber wir kommen bei diesem Thema auch an die Grenzen der Profession der Sozialarbeit, zumindest solange die Ausbildung generalistisch ist und damit nicht sichergestellt wird, dass vertiefte Kenntnisse vorausgesetzt sein können. Nicht von ungefähr wird in anderen Studiengängen, z. B. der Psychologie, eine Entscheidung für einen Schwerpunktbereich verlangt.

Die bisherige allgemeine Ausbildung zur/zum Sozialarbeiterin/Sozialpädagogin, Sozialarbeiter/Sozialpädagogen reicht für derart weit reichende Entscheidungen überhaupt nicht aus. Selbst die Einführung von Qualifizierungen zur Kinderschutzfachkraft nach § 8a SGB VIII und die Benennung von Kinderschutzbeauftragten lösen dieses Dilemma nur bedingt; eine Zusammenarbeit von Experten erscheint unabdingbar.

Bei defizitären Lebensverhältnissen im kindlichen Erleben steht nicht das politisch aktuelle Thema „Kinderarmut", d. h. eine materielle Sicht, im Vordergrund, sondern die sozio-emotionale Kinderarmut.

Handelt es sich bei den Studien zur „materiellen Kinderarmut" auch um eine Verschiebung, da es natürlich so viel einfacher ist, materielle Bedingungen zu vergleichen, als sich mit der so unglaublich komplizierten Materie einer emotionalen Armut auseinanderzusetzen?

2 Lebensverhältnisse und Erleben in verschiedenen kindlichen Altersphasen

2.1 Vorgeburtliche Zeit

Wenn in diesem Aufsatz von defizitären Lebensverhältnissen im Säuglings- und Kleinkindalter gesprochen wird, so muss auch schon die fötale Zeit berücksichtigt werden. In welch hohem Maße bereits intrauterin Weichen für das spätere Leben gestellt werden, zeigen neuropsychologische und -biologische Untersuchungen (vgl. Birnbaumer, 2006; Hüther 2003; Parens, 2002; Nelson/Bosquet, 2000; Pally 1998), in denen z. B. auf den Einfluss traumatischer Erfahrungen auf die kindliche Hirnentwicklung verwiesen wird. Garbarino et al. konnten schon 1996 zeigen, wie emotionale Traumata der Mütter neurologische Schädigungen des Ungeborenen bewirken, die zu Hirnschädigungen und eingeschränkten kognitiven Fähigkeiten, aber auch zu psychosozialen Problemen führten.

Auf einen Zusammenhang von psychosozialen Stressoren während der Schwangerschaft und Geburt und der Art der frühen Eltern-Kind-Beziehung verweisen Papousek (2007) Papoušek/v. Hofacker (1998) mit ihren langjährigen Erfahrungen aus der Münchener Schreibabysprechstunde. Auch in der seit 1997 bestehenden Eltern-Säuglings-/Kleinkindberatungsstelle in Potsdam, die an die Fachhochschule angebunden ist (Ludwig-Körner et al. 2001), stellten wir fest, dass über 60 % der Mütter, die wegen Regulationsstörungen ihrer Säuglinge zu uns kamen (exzessives Schreien, Ein-, Durchschlafstörungen, Fütter- oder Gedeihstörungen, Schwierigkeiten bei der Affektregulation und Bindungsstörungen etc.) bereits während der Schwangerschaft und/oder während der Geburt Komplikationen zeigten. Gehäuft gab es psychosoziale Probleme und reale oder drohende Verluste naher Angehöriger. Field et al. (1995, 1996) konnten in einer Prospektivstudie Zusammenhänge zwischen der mütterlichen Angst während der Schwangerschaft und erhöhter kindlicher Erregbarkeit und geringerer Selbstregulation feststellen.

Obwohl inzwischen viele Untersuchungen auf den Zusammenhang von Stressoren während der Schwangerschaft (z. B. Hüther, 2007; Dunkel-Schetter, 1998, Schieche et al. 2007), Mangelernährung, Drogen, z. B. die bleibenden Schäden bei einer Alkoholembryopathie und der kindlichen Entwicklung verweisen, gibt es keinen ausreichenden gesetzlichen Schutz von Embryonen und Föten, sieht man vom Paragrafen 218 zum Schwangerschaftsabbruch ab. Der Fötus, d. h., die Leibesfrucht ist nach dem Gesetz noch kein Subjekt mit eigenen Rechten. Zwar wird im Embryonenschutzgesetz festgeschrieben, was mit den Embryonen innerhalb der Reproduktionsmedizin geschehen darf, aber es gibt keine gesetzliche Regelung, wie bezüglich der inkorporierten Embryonen umzugehen ist oder wie ein werdendes Leben vor den (selbst) destruktiven mütterlichen Impulsen und Handlungen geschützt werden kann. Erst nach der Geburt kann bei einem Gefährdungspotenzial das Jugendamt seiner Wächterfunktion nachkommen und z. B. das Sorgerecht einschränken. Dies bedeutet: Trotz offensichtlicher Gefahren einer Schädigung des Ungeborenen, z. B. durch Drogenmissbrauch, kann niemand die Mutter zwingen, sich behandeln zu lassen, um das Gefährdungspotenzial für das Kind zu verringern. Schädigungen des Ungeborenen müssen derzeit hingenommen werden, da während der Schwangerschaft Hilfsangebote nur auf einer freiwilligen Basis seitens der Mutter greifen.

2.2 Frühgeborene

Ein weiterer, bisher in Deutschland nicht genügend beachteter Bereich frühkindlicher psycho-sozial defizitärer Lebensbedingungen, ist die Situation von Frühgeburten. Fleisher et al. (1995) und Cromie (2004) haben in ihren Untersuchungen zeigen können, dass Frühgeborene, die ein von ihnen entwickeltes individuelles, auf das jeweilige Kind zugeschnittenes Behandlungskonzept erhielten („Newborn

Individualized Developmental Care and Assessment Program" – NIDCAP), weniger medizinische Komplikationen, v. a. weniger Hirnblutungen aufwiesen. Es verbesserten sich die Lungenfunktionen, das Essverhalten (dadurch eine stärkere Gewichtszunahme) sowie die neurologische und psychische Entwicklung des Kindes. Außerdem verringerten sich die Aufenthaltsdauer in der Klinik und somit die Kosten. Die so behandelten Frühgeborenen zeigten später signifikant bessere Werte hinsichtlich ihrer psycho-motorischen, sozial-kognitiven und sprachlichen Fähigkeiten und hatten weniger Verhaltensprobleme als Frühgeborene, die dem üblichen Klinikalltag ausgeliefert waren. Trotz dieser sehr guten Ergebnisse – Porz (1997) hat sie in seiner Augsburger Studie verifiziert – wird dieses kindzentrierte Vorgehen in fast keiner Klinik in Deutschland praktiziert. Frühgeborene und Eltern müssen sich weiterhin den vorhandenen Klinikstrukturen unterordnen.

2.3 Säuglings- und Kleinkindzeit

Der Aufbau einer sicheren Bindung des Säuglings in den ersten Lebensjahren ist die Grundvoraussetzung für eine gesunde körperliche und soziale und emotionale Entwicklung im Kindesalter. (Siehe hierzu auch den Beitrag von Karin Grossmann, S. 15 ff. in diesem Jahrbuch). Dieses Wissen hat mittlerweile auch in den UN-Kinderrechtskonventionen Einzug gefunden, wo eine sehr gute Auflistung der Lebensbedingungen zu finden ist, wie Säuglinge und Kleinkinder sie für eine gesunde Entwicklung benötigen.

Weshalb setzt sich dieses Wissen nicht in „Windeseile" um? Warum wurden die Erkenntnisse z. B. von René Spitz (1945) aus den 1940er-Jahren, die Erfahrungen, die Anna Freud und ihre Mitarbeiterinnen in den Kriegskinderheimen in England sammelten (Ludwig-Körner, 2000) bzw. die Ergebnisse der Bindungsforschung von Bowlby, die seit über 60 Jahren existieren, so zögerlich aufgegriffen? Stork (1995) äußert den Verdacht, dass sich die Wissenschaft deshalb so lange nicht um die psychische Situation des Säuglings gekümmert habe, weil wir Angst hätten, uns mit dem Zustand dieser absoluten Hilflosigkeit wieder zu konfrontieren, die wir selbst einmal durchleben mussten.

Gehen wir von den kindlichen Grundbedürfnissen des Kleinkindes aus, so steht neben dem Grundbedürfnis überleben zu können, der Wunsch nach einer Ordnung der gemachten Erfahrungen anstelle von Verwirrung, nach einer sicheren, emotional feinfühligen Beziehung an erster Stelle. Lichtenberg (1989) beschreibt in seiner Theorie strukturierter Motivationen, dass sich das Selbst entwickelt aus dem Bedürfnis nach psychischer Regulation physiologischer Bedingungen (Hilfe beim Aufbau einer Selbstregulation), dem Bedürfnis nach Bindung und einer späteren Verbundenheit, d. h. dem Wunsch nach einer sicheren Bindung. Dies trifft in Deutschland nach den 13 Studien, die auch das desorganisierte Bindungsmuster mitberücksichtigten, nur auf 49 % der Kinder zu. 27,7 % zeigten ein unsicher-vermeidendes, 6,9 % ein ambivalentes und 19,9 % ein desorganisiertes Bindungsmuster (Gloger-Tippelt, 2000). Diese Zahlen sollten nicht nur Experten alarmieren, bedeutet es doch, dass nur die Hälfte der untersuchten Kinder unter emotional guten Bedingungen aufwachsen.

Zur Selbstentwicklung gehören nach Lichtenberg weiterhin das Bedürfnis nach Selbstbehauptung und Exploration, das Bedürfnis nach einer aversiven Reaktion durch Antagonismus oder Rückzug und das Bedürfnis nach sinnlichem Vergnügen und sexueller Erregung.

Bereits im Alter von 6 Monaten eines Säuglings kann man einen Zusammenhang nachweisen zwischen dem mütterlichen Interaktionsstil und der frühen Fähigkeit, menschliche Handlungen als zielgerichtet zu interpretieren (Aschersleben, 2008). Erfahren Säuglinge eine sensitive, responsive Interaktion mit ihrer Mutter/Bezugsperson, so schlägt sich dieses später positiv in ihren sozial-kognitiven, aber auch rein kognitiven Leistungen nieder. Säuglinge/Kleinkinder teilen die Aufmerksamkeit und vor allem die Emotionen mit ihren Bezugspersonen (Grossmann/Grossmann, 2004). Säuglinge und Kleinkinder von Müttern mit Alkohol- oder anderen Drogenproblemen sind (Lowe et al., 2006, Pajulo et al., 2006) irritabler, benötigen größere Unterstützung in ihrer Selbstregulation, obwohl sie anfänglich sogar oft einen positiven Affekt zeigten, vermutlich im Sinne einer frühen Rollenverkehrung, eines „care-takers" für die Mutter, oder wie Crittenden (1988, 1995) es beschreibt, eines „false affects". Diese Mütter brauchen Hilfen, rechtzeitig die Stressanzeichen ihres Säuglings zu erkennen, sie richtig zu verstehen und angemessen und prompt darauf zu reagieren, d. h. Hilfen beim Aufbau ihrer Feinfühligkeit im Umgang mit dem Kind.

Pflegeverhalten wird von Affekten begleitet: Der bei den Eltern vorherrschende Affekt spiegelt die Qualität des Umfeldes wider, in dem das Kind aufwächst. Chronischer negativer Affekt der Eltern ist ein Zeichen einer dysfunktionalen Familie. Kinder spüren den Ärger und die Spannungen zwischen den Eltern, und deren Unzufriedenheit zeigt sich später gehäuft in unsicheren Mutter-Kind-Bindungen (Cummings, 1990; Crockenberg et al., 1993). Die Wahrnehmung eines Affektes bei einer anderen Person ruft im Betrachter zudem ein entsprechendes Gefühl hervor. Spiegelneuronen („Nachahmerzellen") können vermutlich menschliche Emotionen imitieren (Ramachandran, 2005). Kinder können dem Gesicht, der Stimmung ihrer Eltern nicht entweichen.

Um die negativen Auswirkungen postnataler Depressionen auf die psychische Entwicklung von Kindern weiß man seitens der Forschungen bereits seit über zwanzig Jahren (Nylen et al., 2006, Cummings/Davies, 1994; Field, 1995; Lyons-Ruth et al., 1986; Mattejat, 2002; Murray/Cooper, 1997; Papoušek, 2002; Radke-Yarrow et al., 1992; Rutter/Quinton, 1984; Sameroff/Emde, 1989; Weissman et al., 1987). Diese Kenntnisse sind jedoch immer noch nicht ausreichend bei ÄrztInnen bzw. im Jugendhilfesystem angekommen.

Wochenbettdepressionen, die überwiegend innerhalb der ersten drei bis fünf Wochen nach der Geburt auftreten und in der Regel mehrere Wochen andauern, klingen bei der Hälfte der Erkrankten nach ein bis drei Monaten wieder ab, bei je einem Viertel jedoch erst nach drei bis sechs Monaten, in einigen Fällen noch sehr viel später. Auch bei den rascher gesundeten Müttern kann man in 40 % der Fälle noch nach zwölf Monaten depressive Symptome feststellen. Mütter mit Wochenbettdepressionen können ihren Säuglingen kaum Hilfen beim Aufbau ihrer selbstregulatorischen Fähigkeiten geben. In den alltäglichen interaktiven Pflegehandlungen reagieren sie verzögert, nehmen weniger Blickkontakt auf, sind emotional weniger verfügbar, weniger empathisch, geben ihrem Säugling keine angemessene Stimulation (also eine Unter- oder Überstimulation) und es fehlen die phasentypischen Anregungen und Modelle zum Vokalisieren und Nachahmen, den Grundbedingungen des Spracherwerbs (vgl. Papoušek, 2002).

Es fehlen die aufhellenden Vitalitätsaffekte eines gelungenen Eltern-Kind-Dialogs, durch die der Säugling – wenn er sich selbst in einem quengeligen, weinerlichen Zustand befindet – von seinem Gegenüber in eine andere positivere Stimmung hinübergezogen wird. Die erschwerten interaktiven Ausgangsbedingungen zwischen Säugling und depressiver Mutter führen zu Regulationsstörungen, die sich in exzessivem Schreien, Klammern, Ein- und Durchschlaf-, Ess- sowie Gedeihstörungen und im späteren Alter in erhöhtem Trotzverhalten ausdrücken. Säuglinge und Kleinkinder depressiver Mütter haben eine niedrigere Reizschwelle. Sie sind passiver, zeigen geringere Eigeninitiative, Explorationsbereitschaft und wenig selbst initiiertes Spielen. Sie können nicht aus ihrer „eigenen Mitte" heraus handeln. Ihre Aufmerksamkeit wechselt sehr stark und sie sind leicht ablenkbar. Einige suchen ständig nach neuen Reizen, wirken dann aber auch wieder schnell gelangweilt, können nicht in sich ruhend bei einer Sache bleiben. Sie wirken wie emotional ausgehungert und brauchen in hohem Maße die Aufmerksamkeit und emotionale Wärme der Bezugsperson, die ihnen diese jedoch aufgrund des eigenen inneren Rückzugs oft nicht geben kann, sondern stark verzögert und/oder genervt reagiert. Die Forderungen des Kindes nach Aufmerksamkeit verstärken wiederum die mütterliche Depression, da sie das schwache mütterliche Selbstwertgefühl zusätzlich labilisieren, ihre Schuldgefühle erhöhen und ihre eigenen schwachen Selbstregulationsfähigkeiten überbeanspruchen.

Kommen noch weitere Risikofaktoren hinzu, wie ein jugendliches Alter der Mütter, ein schwaches psycho-soziales Netzwerk, ungünstige ökonomische Lebensbedingungen und/oder Transmission pathologischer Familienmuster, so steigt die Gefahr einer Vernachlässigung und Misshandlung in starkem Maße an (Field/Tronick 1996; Laucht et al., 1997; Lyons-Ruth et al., 1986; Murray/Cooper, 1997).

Säuglinge finden erschwerende Bedingungen für die eigene Selbstentwicklung vor, wenn sie bei psychisch hoch belasteten Eltern aufwachsen, denen es aufgrund ihrer Ich-Schwäche schwer fällt, ihrem eigenen Leben einen klaren Rhythmus zu geben, und die ihren Kindern oft nicht die nötigen Hilfen beim Aufbau eines nach und nach vorausschaubaren Tagesablaufs geben können (Borderline-Symptomatik). Diese Eltern werden beherrscht von ihren eigenen rasch wechselnden Gefühlszuständen, die ihnen zudem nicht in einer fein abgestuften Bandbreite zur Verfügung stehen. Unvorhersehbar werden diese Kinder mit krassen Gefühlswechseln ihrer Eltern konfrontiert und je nach „Laune" des Erwachsenen über- oder unterstimuliert. Sie lernen, sich vorsichtig und angespannt auf das von außen Kommende auszurichten. Derart fremdbestimmt haben sie Schwierigkeiten, ihr eigenes Wollen wahrzunehmen und eine eigene innere Welt aufzubauen.

Bei Menschen mit einer Borderlinestörung sind die Mentalisierungsfähigkeit und Fähigkeit zur Selbstreflexion stark eingeschränkt, die beides psychische Schutzfaktoren sind. Die Fähigkeit zur Mentalisierung ist eine Art Puffer, die hilft, Interaktionen mit dem Kind abzufedern.

Es scheint ein enger Zusammenhang zwischen dem Ausmaß an Einschränkung der reflexiven Funktion und der Disposition von neurotischen Erkrankungen zu bestehen. So ist es auch nicht verwunderlich, dass Kinder persönlichkeitsgestörter Eltern seltener ein sicheres Bindungsmuster haben, vielmehr – wie ihre eigenen Eltern – häufig unsicher-ambivalent gebunden sind oder sogar ein desorganisiertes Bindungsmuster zeigen, d. h. eine Bindungsstörung haben. 15 % der Kinder mit einem desorganisierten Bindungsmuster entstammen „unauffälligen Mittelklasse-Stichproben", 25–34 % einer niedrigen sozio-ökonomischen Schicht, 40 % haben drogenabhängige Mütter oder wurden misshandelt. Längsschnittstudien zeigen, dass kindliche Desorganisation in bindungsrelevanten Situationen mit späterer dissoziativen Störungen sowie mit kontrollierenden und aggressiven Verhaltensweisen korreliert (Carlson et al., 1989, Strauß et al., 2002).

2.4   Traumatische Erfahrungen im Säuglings- und Kleinkindalter

Was sind traumatisierende Erfahrungen von Kindern? Wenn kleine Kinder, die noch nicht über eine Zeitperspektive verfügen, von ihren Eltern stundenlang alleingelassen werden, wenn sie in ihren Erregungen durch Einsamkeit und/oder Hunger hilflos sich selbst überlassen werden. Eine Traumatisierung liegt auch vor, wenn Kinder von den Eltern misshandelt werden, sie ihre Eltern als überwältigend erleben, von mörderischer Wut und Aggression und/oder sexuellem Begehren durch die Eltern überwältigt werden.

Gefühle intensiver Angst, Hilflosigkeit, Kontrollverlust und drohender Vernichtung – weil sie gerade von den Personen als mörderisch überwältigend erlebt werden, zu denen sie üblicherweise fliehen würden, um Zuflucht und Trost zu finden – beherrschen das traumatisierte Kind. Gefühle von Todesangst, Ohnmacht und totaler Hilflosigkeit stehen im Zentrum traumatisierender Erfahrungen und das Fehlen emotionaler Annahme und positiver Bestätigung des Kindes.

3   Interventionen der Jugendhilfe

Um allen Kindern die Chance zu geben, gesund aufwachsen und sich bilden zu können, muss auch die Jugendhilfe eine noch größere Aufmerksamkeit auf die Familien richten, die nicht in der Lage sind, ihren Kindern gute „Startmöglichkeiten" zu geben. Dazu gehören sowohl ein rechtzeitiges Erkennen möglicher Kindesgefährdung als auch über gut wirkende Interventionsmöglichkeiten zu verfügen.

Zur Erkennung von Kindeswohlgefährdungen wird ExpertenInnenwissen benötigt, das über Erkennungshinweise von sogenannten harten Fakten wie Armut, jugendliche Eltern, alleinerziehend, Kriminalität, „Familie bereits beim Jugendamt bekannt" etc. hinausgeht.

Dies betrifft vor allem diagnostische Fähigkeiten, psychische Erkrankungen und schwere Persönlichkeitsstörungen frühzeitig erkennen zu können. Fachkräfte müssen z. B. unterscheiden können, ob es sich bei einer Mutter/einem Vater um jemanden handelt, der lediglich geringe Intelligenz aufweist, aber durchaus emotional warm und bezogen auf ein Kind reagieren kann oder ob sich hinter der Lern-/Intelligenzstörung eine Borderline-Persönlichkeitsstörung verbirgt. Es wird von ihnen auch eine schwer zu fällende Entscheidung erwartet, inwieweit die Mutter / der Vater willens und in der Lage ist, eine angebotene Hilfe anzunehmen und mit welcher Wahrscheinlichkeit ein zur Verfügung gestelltes Hilfeverfahren eine baldige Veränderung bei den Eltern bewirkt.

Letztendlich muss geprüft werden, ob es sinnvoll ist, ein Kind kurzzeitig aus der Familie herauszunehmen, in der Hoffnung, dass durch eine Hilfemaßnahme die elterliche Kompetenz in kurzer Zeit gestärkt werden kann. Oder ob eine langfristige Herausnahme notwendig ist, weil es sich um Menschen handelt, die nicht in der Lage und/oder willens sind – trotz Hilfsangeboten – an sich zu arbeiten und sich so zu ändern, dass sie ihren Kindern „hinreichend gute" Eltern sein können.

Um den „Drehtüreffekt" zu unterbrechen, in dem sich Kinder oft befinden, womöglich sogar bei wechselnden Pflegeeltern oder Einrichtungen untergebracht zu werden, da sich die familiären Bedingungen doch nicht gebessert haben, fordern Experten wie Nienstedt und Westermann (2007) zurecht, Kinder rechtzeitig von ihren Eltern endgültig zu trennen, um ihnen die Chance des Aufwachsens in einer dauerhaften geeigneten Ersatzfamilie zu ermöglichen. Kindler et al. (2007) konnten in ihren Metastudien nachweisen, dass bei Befragungen kurz nach der Geburt bereits in 80 % der Fälle festgestellt werden konnte, wo eine „high risk" Gefährdung besteht.

Aus der Kempe Family Stress Checklist (KFSC) unter Hinzuziehung des Postpartum Parkyn Screening Tool (PPST) hat Kindler vom Deutschen Jugendinstitut (2007) folgende Merkmale zusammengestellt, um eine Gefährdung des Kindeswohls rechtzeitig erkennen zu können:

Merkmale der Familiensituation:
- Soziale Isolation bzw. fehlende Unterstützung,
- wiederholte Krisen, Partnerschaftsgewalt und mehrfache soziale Belastungen,
- ernsthafte finanzielle Notlage

Merkmale der Eltern:
- Eltern sind sehr jung,
- Beeinträchtigung durch psychische Erkrankung,
- Sucht, Intelligenzminderung, Kriminalität;
- Eltern haben in der eigenen Kindheit Misshandlung, Vernachlässigung oder wiederholte Beziehungsabbrüche erlebt

Schwangerschaft, Geburt und Merkmale des Kindes:
- Kaum Vorsorgeuntersuchungen während der Schwangerschaft,
- Kind stellt aufgrund chronischer Krankheit, Behinderung oder Verhaltensstörung deutlich erhöhte Anforderungen

Merkmale der Eltern-Kind Beziehung
- Hinweise auf elterliche Ablehnung oder Desinteresse gegenüber dem Kind,
- Beziehungsaufbau durch Trennungen erschwert

Aber auch für die Auswahl geeigneter Pflegeeltern ist Expertenwissen nötig, worauf schon Bowlby (1951, 1976), Anna Freud und Dorothy Burlingham (1934) hinwiesen. Gerade Kinder, die schon vielfältige Enttäuschungen und sogar Traumen erleben mussten, brauchen verlässliche Pflegeeltern, möglichst mit einem eigenen sicheren Bindungshintergrund. Pflegekinder müssen die Erfahrung machen können, dass ihre Pflegeeltern in der Lage sind, die immer wiederkehrenden Spannungen aufzulösen, in die sie (und auch die Pflegeeltern sowie leiblichen Eltern) geraten, wenn sie ihre Eltern wieder treffen bzw. weil keine klaren Perspektiven geschaffen werden und immer wieder neue Verletzungen und Verunsicherungen entstehen.

Nur wenn die neuen elterlichen Bezugspersonen feinfühlig sind, sie den Kummer des Kindes wahrnehmen können, seine Schmerzen, seine Verzweiflung, sein Bemühen verstehen, keine Verletzungen mehr an sich herankommen zu lassen, indem sie sich z. B. abkapseln, dissoziieren und/oder sich selbst und andere verletzen, sie die Signale verstehen, was es bedeutet, auf eine frühkindliche Stufe zu regredieren oder sich in eine Traumwelt zu flüchten und die Fähigkeiten haben, damit professionell umzugehen, haben diese Kinder eine reale Chance, psychisch gesund aufzuwachsen.

Vielleicht würden sich mehr, von ihrer Persönlichkeit her, geeignete Pflegeeltern finden lassen, wenn sie wüssten, dass sie eine dauerhafte Ersatzfamilie für das Kind werden könnten. Gerade sensible, feinfühlige Menschen wären bereit, ein Pflegekind in ihre Familie aufzunehmen oder sich als Einzelperson um sie zu kümmern, scheuen aber davor zurück, weil sie befürchten, dieses Kind, dem sie Liebe und Geborgenheit gegeben haben, wieder in für sie nicht ertragbare Verhältnisse weggeben zu müssen.

Pflegeeltern benötigen für ihre oft schwere Aufgabe Professionelle, an die sie sich jederzeit wenden können, um in Beratungen und Supervision frühzeitig Hilfe zu bekommen. Es muss und darf von der Jugendhilfe eine Professionalität hinsichtlich von Schulungen und Begleitungen der Pflegeeltern erwartet werden.

4   Prophylaktische Interventionsmöglichkeiten der Jugendhilfe

MitarbeiterInnen von Jugendämtern und freien Trägern verfügen in der Regel leider nicht über umfassende und vor allem evaluierte Hilfsangebote. Diesem bundesweit bestehenden Mangel sowohl eines frühzeitigen Erkennens von Kindeswohlgefährdungen als auch von geeigneten Maßnahmen und Vernetzungen versucht das Bundesministerium für Familie, Senioren, Frauen und Jugend im Rahmen eines Aktionsprogramms „Frühe Hilfen für Eltern und Kinder und soziale Frühwarnsysteme" durch länderübergreifende Modellprojekte zu begegnen. Im „Nationalen Zentrum Frühe Hilfen (NZFH)", einer gemeinsamen Trägerschaft der Bundeszentrale für gesundheitliche Aufklärung (BzgA) und des Deutschen Jugendinstituts (DJI), werden bundesweit verschiedene Projekte „Frühe Hilfen" erprobt und evaluiert. An dieser Stelle kann nicht auf die Vielzahl der sehr unterschiedlichen Projekte im Ganzen eingegangen werden, sondern können exemplarisch nur einige herausgegriffen werden. Ziel aller Projekte ist das rechtzeitige Erkennen von Störungen in der Eltern-Kind-Beziehung und die Prävention von Vernachlässigungen und Misshandlungen von Kindern.

Rückgreifend auf Erfahrungen aus dem angelsächsischen Sprachraum wurden schon vor einigen Jahren unterschiedliche Konzepte der „Familienhebammen" in einigen Bundesländern Deutschlands angewandt. In groß angelegten Studien wird nun das in den USA von Olds (1997) erprobte Konzept der Familienhebammen auch in Deutschland in verschiedenen Projekten und Bundesländern durchgeführt und evaluiert. Das Projekt „Keiner fällt durchs Netz" (Projektleitung Prof. Dr. Czierpka, Universitätsklinikum Heidelberg) wendet sich an besonders belastete werdende Eltern sowie an Eltern von Neugeborenen in einigen Landkreisen Hessens und des Saarlandes. Sie erhalten Unterstützung durch Familienhebammen, Elternkurse („Das Baby verstehen") und den Aufbau von „Netzwerken für Eltern".

In weiteren Projekten wie: „Familienhebammen: Frühe Unterstützung – frühe Stärkung?" geleitet von Prof. Dr. Beate Schücking an der Universität Osnabrück und dem Modellprojekt „FrühStart" (Leitung Prof. Dr. Johann Behrens an der Universität Halle-Wittenberg) stehen ebenfalls die Leistungen und die Wirksamkeit der Familienhebammen und deren Einbettung in vorhandene Versorgungsstrukturen im Mittelpunkt. In Niedersachsen und Bremen werden in dem groß angelegten Projekt „Pro Kind" (Prof. Dr. Christian Pfeiffer, Universität Hannover) Frauen, die sich in einer psycho-sozialen Problemlage befinden und einer Unterstützung bedürfen, von einer Hebamme und anschließend von einer Sozialpädagogin über zwei Jahre betreut. Das Betreuungskonzept basiert auf dem von Olds in den USA bereits evaluierten Nurse-Family-Partnership (NFP)-Programm.

In dem Projekt „Guter Start ins Kinderleben", das in Baden-Württemberg, Bayern, Rheinland-Pfalz und Thüringen durchgeführt wird (Projektleitung Prof. Dr. Fegert und PD Dr. Ziegenhain, Universität Ulm), steht ebenfalls die frühe Förderung elterlicher Beziehungs- und Erziehungskompetenzen im Mittelpunkt.

Bereits in der Schwangerschaft startet das STEEP™-Programm (Steps Toward Effective, Enjoyable Parenting), das von Erickson und Egeland (2006) in den USA auf der Grundlage der Ergebnisse der Bindungsforschung entwickelt und evaluiert wurde. Es richtet sich an Mütter, die ihr erstes Kind erwarten und hohen psycho-sozialen Risiken ausgesetzt sind (Armut, hohe Stressbelastung, jugendliches Alter, psychische Erkrankungen, Drogen etc.). Ziel ist es, werdende Mütter auf ihr Kind vorzubereiten, die Eltern-Kind-Beziehung von Anfang an zu fördern und die Mütter darin zu unterstützen, die Signale ihres Kindes besser zu verstehen. Die wesentlichen Bausteine des Programms sind die STEEP™-Gruppe und die Hausbesuche (jeweils 14-tägig). Dieses Programm konnte in den letzten Jahren in einigen Städten Deutschlands (z. B. Hamburg, Potsdam, Köln, Berlin) erprobt werden. Die Erfahrungen zeigten (Ludwig-Körner, Suess 2007), dass es sich bei STEEP™ um ein Verfahren handelt, das sehr gut in Mutter-Kind-Einrichtungen, aber auch in der sozialpädagogischen Einzelfallhilfe angewandt werden könnte.

Die bisher im Jugendhilfebereich in Deutschland am häufigsten angewandte familienunterstützende Maßnahme ist die der sozialpädagogischen Einzelfallhilfe. Experten beklagen seit Langem, dass in der Regel in der sozialpädagogischen Einzelfallhilfe weder familiäre Ausgangsbedingungen differenziert berücksichtigt werden, indem z. B. theoriegeleitet und methodisch begründet, unterschiedlich – entsprechend der familiären Probleme – gearbeitet wird, sondern es der zufälligen Kompetenz überlassen wird, über die Jugendämter und freie Träger verfügen. Hinzu kommt, dass es fast gar keine Evaluationen über die Wirkung sozialpädagogischer Einzelfallhilfe gibt. Innerhalb des Forschungsprojekts, „Wie Elternschaft gelingt", eines der „Frühen Hilfe"-Projekte des Nationalen Zentrum für Frühe Hilfen in Brandenburg und Hamburg (Projektleitungen Prof. Dr. Ludwig-Körner und Prof. Dr. Suess) soll untersucht werden, ob STEEP™ ein geeignetes Verfahren ist, in der sozialpädagogischen Einzelfallhilfe bei Schwangeren oder jungen Eltern angewandt zu werden bzw. sich auch für den Einsatz in Mutter-Kind-Einrichtungen eignet; worauf erste Erfahrungen hinweisen (Ludwig-Körner, Suess 2007). STEEP™ ist ein komplexes Frühinterventionsprogramm, das auf unterschiedlichen Ebenen ansetzt und die Eltern-Kind-Beziehung zum Fokus hat. Auf der Verhaltensebene werden mittels Videoaufnahmen („seeing is believing") mit den Eltern ihr Umgang mit dem Kind angeschaut und ein feinfühligeres Verhalten aufgebaut. Auf der Repräsentationsebene werden Modelle der Eltern, die meist aus der eigenen Familiengeschichte stammen, in ihrer Auswirkung auf den konkreten Umgang mit dem Kind „aufgespürt" (looking back, moving forward") und eine soziale Unterstützung erfolgt durch professionelle Helfer sowie Gruppenangebote (andere Eltern). In der beratenden Beziehung muss eine gute Balance gefunden werden zwischen stimmiger Zugewandtheit und gebotener Distanz.

Die begonnene bundesweite Initiative des „Nationalen Zentrums Frühe Hilfen", möglichst früh Kinder durch eine möglichst wirksame Vernetzung von Hilfen des Gesundheitswesens und der Kinder- und Jugendhilfe früher und besser vor Gefährdungen zu schützen, wäre sicher noch wirkungsvoller, wenn auch die Bereiche Bildung und Erziehung eingeschlossen werden könnten.

Nötig sind aufeinander abgestimmte und sich ergänzende Maßnahmen der Prävention und Frühintervention, die eine Qualifizierung der Fachkräfte, aber auch der elterlichen Kompetenzen einschließen und die sich nicht nur an potenzielle Risikogruppen richten, sondern auf einer generell veränderten Einstellung der Gesellschaft zur Bedeutung der frühen Kindheit beruhen.

Literatur

Aschersleben, G. (2008): Der Einfluss der frühen Mutter-Kind-Interaktion auf die sozial-kognitive Entwicklung. In: Brisch, K. H., Hellbrügge, T. (Hrsg.): Der Säugling – Bindung, Neurobiologie und Gene. Stuttgart: Klett-Cotta, 2008, S. 298-312

Birnbaumer, N. (2006): Fetales Lernen und Hirnplastizität. Vortrag Internationales und Interdisziplinäres Symposium vom 1.-4. Dezember 2006 in München anlässlich der Verleihung des Arnold-Lucius-Gesell-Preises 2006 an Prof. Dr. T. Berry Brazelton, Harvard Universität, Boston

Bowlby, J. (1976): Trennung. Psychische Schäden als Folge der Trennung von Mutter und Kind. München: Kindler

Bowlby, J. (1951): Mental Care and mental health. Geneva: WHO.

Braun, A.K., Bock, J., Gruss, M., Helmeke, C., Ovtscharoff jr., W., Schnabel, R., Ziabreva, I., Poeggel, G. (2002): Frühe emotionale Erfahrungen und ihre Relevanz für die Entstehung und Therapie psychischer Erkrankungen. In: Strauß, B., Buchheim, A., Kächele, H.

(Hrsg.). Klinische Bindungsforschung. (2002) Theorien-Methoden-Ergebnisse. Stuttgart, New York: Schattauer, S. 121-128

Carlson, V., Ciccheti, V., Barnett, D., Braunwald, K.G. (1989): Finding orders in disorganization: Lessons from research on maltreated infants attacments to the caregiver. In: Chicceti, D., Carlson V. (ed.) Child maltreatment. Cambridge, MA, Cambridge University Press, S. 494-528

Crittenden, P. M. (1988): Relationships at risk. In: Belsky J., Nezworski T. (ed.) Clinical implications of attachment. Hillsdale, NJ: Erlbaum, S. 136-176

Crittenden, P.M. (1995): Attachment and psychopaothology. In: Goldberg S., Muir R., Kerr J. (eds.) Attachment theory: Social, developmental, and clinical perspectives. Hillsdale, NJ: The Analytic Press, S. 367-406

Crockenberg, S., Lyon-Ruth, K., Dickstein S. (1993): The family context of infant mental health, vol. II: Infant development in multiple family relationships. In: Zeanah, C.H. (d) Handbook of infant mental health, New York, Guilford

Cromie, W.J. (2004): Early experiences alter the baby's brain. Harvard University Gazette

Cummings, E.M. (1990): Classification of attachment on a continuum of felt security: Illustrations from the study of children of depressed parents. In: Greenberg, M.T., Cicceti, D., Cummings, E.D. (ed.) Attachment in the preschool years. Chicago. The University of Chicago Press, S. 311-338

Cummings, E. M., Davis, P.T. (1994): Maternal depression and child development. Journal of Child Psychology and Psychiatry 35, S. 73-112

Dunkel-Schetter, C. (1998): Maternal Stress and Preterm delivery. Prenatal and Neonatale Medicine, 3, S. 39-42

Erickson, M.F., Egeland, B. (2006): Die Stärkung der Eltern-Kind-Bindung. Stuttgart: Klett-Cotta

Field, T. (1995): Infants of depressed mothers. Infant Behavior and Development. 18, S. 1-13

Field, T., Tronick, E.Z. (ed.) (1996): Maternal depression and child disturbance. New Directions for child development. San Francisco: Jossey-Bass.

Fleisher, B., Vandenberg, K., Constantenou, J. et al. (1995): Individualized developmental Care for low birth weight premature infants. Clinical Pediatrics, 34, S. 523-529

Freud, A., Burlingham, D. (1934): Heimatlose Kinder. Fischer: Frankfurt (1971)

Garbarino, J., Garbarino, N., Kesleby, K. (1996): Children in Danger. San Francisco: Jossey-Bass Publications.

Gloger-Tippelt, G. (Hrsg.) (2000): Bindung im Erwachsenenalter. Ein Handbuch für Forschung und Praxis. Bern: Huber

Grossmann K., Grossmann K. (2004) Bindungen – das Gefüge psychischer Sicherheit. Stuttgart: Klett-Cotta

Hüther, G. (2003): Die Auswirkungen traumatischer Erfahrungen im Kindesalter auf die Hirnentwicklung. In: Brisch K.H., Hellbrügge T. (Hg.): Bindung und Trauma. Risiken und Schutzfaktoren für die Entwicklung von Kindern. 2008, Stuttgart: Klett-Cotta, S. 94-104

Hüther, G. (2007): Biologie der Angst, Göttingen: Vandenhoeck & Ruprecht

Kindler, Heinz, Lillig, S., Blüml, H., Meysen, T., Werner, A. (2007): Handbuch der Kindeswohlgefährdung, Deutsches Jugendinstitut

Laucht, M., Esser, G., Schmidt, M.H. (1997): Developmental outcome of infants born with Biological and psychosocial risks. Journal of Child Psychology and Psychiatry, 38, S. 843-854

Lichtenberg, J.D. (1989): Psychoanalysis and Motivation. Hillsdale NJ, The Analytic Press

Lowe, J., Handmaker N., Aragón C. (2006): Impact of mother interactive style on infant affect among babies exposed to alcohol in utero. Infant Mental Health Journal Vol. 27, 4, S. 371-382

Ludwig-Körner, C. (2000): Wegbereiter der Kinderanalyse. Die Arbeit in der „Jackson Kinderkrippe" und den „Kriegskinderheimen". Luzifer-Amor. Zeitschrift zur Geschichte der Psychoanalyse 25, S. 78-104

Ludwig-Körner, C., Derksen, B., Koch, G., Wedler, D., Fröhlich, M., Schneider, L. (2001): Primäre Prävention und Intervention im Bereich der frühen Eltern-Kind-Beziehung, Arbeitsmaterialien des Fachbereiches Sozialwesen der Fachhochschule Potsdam, Nr. 15.

Ludwig-Körner, C., Suess G., Derksen B., Mali A., Bohlen U.: Frühe Hilfen für Kinder und ihre Familien. Langzeitstudie zur Effektivität und Indikation früher Hilfen bei drohender Kindeswohlgefährdung in Risikofamilien im Rahmen der sozialen Arbeit. Veröffentlichungsreihe der Fachhochschule Potsdam (in Vorbereitung)

Lyons-Ruth, K., Zoll, D., Connell, D., Grunebaum, H.U. (1986): The depressed mother and her one-year-old infant: Environment, interaction, attachment, and infant development. In: Tronick, E.Z., Field T. (ed): Maternal depression and infant disturbances. New directions For child development. No. 34, S. 61-83, 1986, San Francisco: Jossey-Bass

Mattejat, F. (2002): Kinder depressiver Eltern. In: Braun-Scharm, H. (Hrsg.): Depressionen und komorbide Störungen bei Kindern und Jugendlichen. Stuttgart: Wissenschaftliche Verlagsgesellschaft, S. 230-245

Murray L., Cooper, P.J. (1997): Postpartum depression and child development. New York: Guilford Press

Nelson, C. A., Bosquet, M. (2000): Neurobiology of fetal infant development: implications for infant mental health. In: Zeanah, C. (ed.) (2000): Handbook of Mental Health. 2nd edition. New York: Guilford Press, S. 37-59

Nienstedt, M., Westermann A. (2007): Pflegekinder und ihre Entwicklungschancen nach frühen traumatischen Erfahrungen. Stuttgart: Klett-Cotta

Nylen, K.J., Moran, T.E., Franklin C.L, O'Hara M. (2006): Maternal Depression: A Review of relevant treatment approaches for mothers and infants. Infant Mental Health Journal Vol. 27, 4, S. 327-343

Olds, D.L., Eckenrode, J., Henderson, C.R., Kitzman, H. et al. (1997): Long-term effects of home visitation on maternal life course and child abuse and neglect: Fifteen-year follow-up of a randomized trial. JAMA, 278, S. 637-643

Pajulo, M., Suchman, N., Kalland, M., Mayes, L. (2006): Enhancing the effectiveness of residential treatment for substance abusing pregnant and parenting women: Focus on maternal reflective Functioning and mother-child relationship. Infant Mental Health Journal, Vol. 27, 5, S. 448-465

Pally, R. (1998): Emotional Processing: The mind-body-connection. International Journal of Psychoanalysis, 79, S. 349-362

Papoušek, M. (1997): Frühe Störungen der frühsprachlichen Kommunikation und Eltern-Kind-Beziehung: Ein Indikationsfeld für Prävention und interaktionszentrierte Säuglings-Eltern-Psychotherapie: Vorlesung während der 47. Lindauer Psychotherapiewochen

Papoušek, M., v. Hofacker (1998): Das Münchener Modell einer interaktionszentrierten Säuglings-Elternberatung und Psychotherapie. In: v. Klitzing, K. (Hrsg.): Psychotherapie in der frühen Kindheit. Göttingen: Vandenhoek&Ruprecht

Papoušek, M. (2002): Wochenbettdepression und ihre Auswirkung auf die kindliche Entwicklung. In: Braun-Scharm H. (Hrsg.): Depressionen und komorbide Störungen bei Kindern und Jugendlichen. Stuttgart: Wissenschaftliche Verlagsgesellschaft, S. 201-229

Papoušek, M., Schieche, M., Wurmser (2007[2]): Regulationsstörungen der frühen Kindheit. Frühe Risiken und Hilfen im Entwicklungskontext der Eltern-Kind-Beziehung. Huber: Berlin

Parens, H. (2002): Konzepte und Erfahrungen zur Prävention auf dem Gebiet der seelischen Gesundheit. In: Frühe Kindheit. Zeitschrift der Deutschen Liga für das Kind, S. 11-15

Porz, F. (1997): Konzept der „sanften Pflege" bei kleinen Frühgeborenen. In: Rinnhofer, H. (Hrsg): Hoffnung für eine Handvoll Leben. Eltern von Frühgeborenen berichten. 2. Aufl. Erlangen: Fischer, S. 187-196.

Radke-Yarrow, M., Nottelmann, E., Martinez, P., Fox, M.B., Blemont, B. (1992): Young Children of affective ill parents: A longitudinal study of psychosocial development. Journal of the American Academy of Child and Adolescent Psychiatry 31, S. 68-77.

Ramachandran, V. (2005): Eine kurze Reise durch Geist und Gehirn. Reinbek: rororo

Rutter, M., Quinton, D. (1984): Parental psychiatric disorder: Effects on children. Psychol Med 14, S. 853-880

Sameroff, A.J., Emde, R. (1989): Relationship disturbances in early childhood. New York: Basic Books

Schieche, M., Wurmser, H., Papoušek, M. (2007): Regulationsstörungen der frühen Kindheit. Frühe Risiken und Hilfen im Entwicklungskontext der Eltern-Kind-Beziehung, Bern: Huber

Spitz, Rene, A. (1945): Hospitalism. Psychoanalytic Study of the Child, I, New York: Int. Univ. Press

Stork, J. (1995): Kinderanalyse: Wegbereiter und Stiefkind der Psychoanalyse. Zeitschrift für Kinderanalyse, 2, S. 69-85

Strauß, B., Buchheim, A. & Kächele, H. (2002): Klinische Bindungsforschung. Stuttgart: Schattauer

Weissman, M.M., Gammon, G.D., John, K, Merikangas, K. R., Warner, V., Prusoff, B.A., Sholomskas, D. (1987): Children of depressed parents. Archives in Genetic Psychiatry, 44, S. 847-853

Winnicott, D.W. (1978): Familien und individuelle Entwicklung. München: Kindler

Christine Köckeritz

Defizitäre Lebensverhältnisse im Erleben von älteren Kindern und Jugendlichen und notwendige Interventionen der Jugendhilfe*

1 Einführung

Jugendhilfe ist ein anspruchsvolles Unternehmen mit vielen, manchmal sogar konkurrierenden Zielsetzungen.

Eltern bietet sie Hilfe zur Erziehung, d. h. Unterstützung zur Verbesserung ihrer Erziehungsfähigkeit durch vielfältige Beratungsformen, damit verbunden sehr oft auch Unterstützung zur Verbesserung der alltäglichen Lebenssituation, ggf. auch die Entlastung von der Ausübung der Elternrolle.

Kindern und Jugendlichen will die Jugendhilfe Hilfe zur Entwicklung bieten, d. h. Hilfe zur Überwindung von Entwicklungsdefiziten und zur Entfaltung des persönlichen Potenzials. Dazu bedarf es psychotherapeutischer und pädagogischer Angebote, vor allem aber kontinuierlicher entwicklungsförderlicher Bindungsbeziehungen zu erwachsenen Personen.

Das Ziel aller Bemühungen liegt selbstverständlich in der auf das zukünftige Leben des Kindes gerichteten umfassenden Förderung seiner Entwicklung, aber auch in der Sicherung eines guten Kinderlebens hier und heute.

Dabei versteht sich Jugendhilfe nicht nur als Hilfe für die Anspruchsberechtigten, sondern immer auch als ein Unterfangen mit ihnen: Die Kooperation mit Eltern wird immer wieder betont – gelegentlich sogar unter Vernachlässigung ihrer problematischen Aspekte, die z. B. dann in Erscheinung treten, wenn elterliches Wollen dem Wohl des Kindes entgegensteht.

Wie steht es um die Kooperation der Jugendhilfe mit den Kindern?

Nicht immer entsprechen Kinder und Jugendliche der Vorstellung des Gesetzgebers vom einsichtsvollen Minderjährigen. Sie können sich z. B. der ihnen zugedachten Hilfe entziehen, um sich stattdessen im Bahnhofsmilieu aufzuhal-

---

* Vortrag auf dem 19. Tag des Kindeswohls „Elternschaft im Pflegekinderwesen. Soziale Beheimatung für Kinder aus defizitären Lebensverhältnissen" am 31. Mai 2008 in Potsdam. Veranstalterin: Stiftung zum Wohl des Pflegekindes

89

ten. Sie können den Aufenthalt im Heim oder in einer Pflegefamilie abbrechen, Umgangskontakte zu Herkunftseltern verweigern oder auch eigenmächtig und absprachewidrig herbeiführen.

Bietet die Jugendhilfe auch den Kindern, die „nicht hören wollen", altersgemäße Aufklärung und Beteiligung? Wie verhält sie sich, wenn die Eigenwilligkeit der Kinder über die ihnen zu wünschende Einsicht obsiegt und Kinder nicht so wollen, wie sie sollen? Diese „Eigenwilligkeit" zwingt die Jugendhilfe immer wieder, ihr Handeln auf den Entwicklungsstand und die Erfahrungswelt der Kinder und Jugendlichen abzustimmen.

Vom *Entwicklungsstand* her zu denken heißt,

- die bereits vorhandenen Möglichkeiten des Verstehens und eigenständigen Handelns der Kinder zu erkennen und sie folglich in ihrer Subjektposition ernst zu nehmen und zu würdigen,
- die Entwicklungsbedürfnisse der jeweiligen Lebensphase zu erkennen, also etwa die Bedeutung von Bindungen auch dann richtig einzuschätzen, wenn im Konfliktfall das Bedürfnis nach Abgrenzung und Ablösung zu überwiegen scheint und
- zu berücksichtigen, dass Entwicklungsverläufe immer auch kulturellen Normierungen unterliegen: In jeder Lebensphase gibt es bestimmte Entwicklungsaufgaben, die erfolgreich bewältigt werden müssen, weil sie Weichen für die Zukunft stellen; so ist z. B. der Erwerb der Kulturtechniken eine wichtige Entwicklungsaufgabe.

Von der *Erfahrungswelt* her zu denken heißt,

- den alltagsweltlichen sowie den kultur- und milieuspezifischen Hintergrund der Kinder zu kennen und in die Überlegungen zur Hilfegestaltung einzubeziehen,
- vor allem aber müssen die persönlichen Belastungserfahrungen der Heranwachsenden, ihre seelischen Verstrickungen und ihre spezifischen Verletzungen besonders berücksichtigt werden.

Damit ist die Programmatik für diesen Aufsatz umrissen. Vor dem Hintergrund entwicklungspsychologischer Aspekte der mittleren Kindheit und des frühen Jugendalters soll erörtert werden, wie Kinder und Jugendliche aus defizitären Lebensverhältnissen ihre Welt erfahren. Im Anschluss daran werden einige Überlegungen zum Handeln der Jugendhilfe gegenüber Heranwachsenden dieser Altersgruppen dargestellt.

2 Wahrnehmungs- und Beurteilungsprozesse in der mittleren Kindheit

In der mittleren Kindheit differenzieren sich die personenbezogenen Wahrnehmungs- und Beurteilungsprozesse von Kindern soweit aus, dass die Kinder allmählich zu „naiven Psychologen" werden.[1]

Während Vorschulkinder und auch junge Schulkinder sich noch deutlich an Handlungsweisen von Personen orientieren, beschäftigen sich *Kinder zwischen acht und zehn Jahren* viel mehr mit eigenen Gefühlen und Motiven. Sie verstehen jetzt nicht nur, dass das Gegenüber aus seiner Sichtweise und seinen Erfahrungen heraus handelt, sondern erschließen sich aus Handlungen und Worten ihrer Mitmenschen deren Einstellungen, Gefühle und Motive und beziehen sie wiederum in ihr Handeln ein. „Ich weiß, dass du weißt...". Man spricht in diesem Zusammenhang von Perspektivenübernahme.

Kinder beginnen weiter, auch ihr eigenes Handeln aus der Perspektive des Gegenübers zu betrachten. Schließlich lernen sie auch zu verstehen, dass ihr Gegenüber sich seinerseits ebenfalls mit dem befasst, was das Kind denkt und fühlt: „Ich weiß, dass du weißt, dass ich weiß...". Bald danach werden in diese Perspektivenkoordination auch die Standpunkte sozialer Bezugsgruppen in dieses Verständnis einbezogen[2].

Wegen ihres wachsenden Verständnisses können Kinder in der mittleren Kindheit ihr Handeln mehr als bisher auf die Gefühle und Erwartungen anderer Menschen abstimmen: Sie können z. B. eigene Gefühle verbergen, um ihr Gegenüber nicht zu beunruhigen oder zu verletzen oder auch eigene Gefühle in dieser Absicht vortäuschen. Damit haben sie die Möglichkeit, sich in ihrem Verhalten den Erwartungen anderer Menschen leichter anzupassen. Zugleich können sie auch Täuschungsabsichten anderer bemerken, ggf. auch durchschauen[3].

All diese Entwicklungsfortschritte sind für das Bindungsverhalten von Kindern bedeutsam: In der mittleren Kindheit haben sie bereits sehr weit reichende Möglichkeiten, das auf sie bezogene Verhalten von Bindungspersonen zu deuten und mit ihren eigenen Verhaltensweisen auch bewusst auf die Bindungspersonen Einfluss zu nehmen, um ihnen bestimmte Reaktionen nahe zu legen.

Nach Selman[4] verstehen bereits ältere Schulkinder auch immer mehr von der Innenseite des Eltern-Kind-Verhältnisses: Sie wissen jetzt, dass Eltern ihren Kindern gegenüber emotionale Bedürfnisse haben. Und sie stellen diese Bedürfnisse zunehmend in Rechnung. Das bedeutet, dass sie z. B. ihren Kummer verbergen, um es den Eltern nicht noch schwerer zu machen – selbst wenn die Eltern so etwas

---

1 Im Überblick: Köckeritz, 2004
2 Silbereisen/Ahnert, 2002
3 Harris, 1992
4 Selman, 1984

gar nicht verlangt haben. Sie sind nun aber auch in der Lage, ihre Eltern an ihren empfindlichen Punkten gezielt treffen zu können, um sie zu verletzen.

Eltern sollten also nicht denken, dass ihre Bedürfnisse ihrem Kind nicht bekannt seien. Kinder ahnen nicht nur, sondern verstehen mehr, als Erwachsene glauben.

Gleichzeitig ist ihnen nun aber auch vielmehr bewusst, dass auch sie selbst ihre emotionalen Bedürfnisse gegenüber den Eltern haben: Sie wollen, dass sie ihnen zuhören, sie ernst nehmen, sie verstehen und bestätigen.

Sie beginnen, diese Seite des Elternverhaltens bewusst zu vermissen und beurteilen ihre Eltern strenger als bisher. Große, aber eben punktuelle Ereignisse, wie Unternehmungen und Geschenke sind jetzt in den Augen der Kinder kein Beweis mehr für elterliche Liebe. Sie durchschauen, wenn solche Dinge eher einem schlechten elterlichen Gewissen entstammen als dem tatsächlichen Interesse an ihrer Person. Auch kann ihnen ein Geschenk nicht die Erfahrung des Angenommenseins ersetzen: Das war zwar schon immer so – aber in diesem Alter können sie dieses Defizit bewusst erfahren.

Die Beziehung zu den Eltern hat bedeutsamen Einfluss auf die Selbstwertschätzung der Kinder. Gerade Schulkinder beginnen, die Erwartungen vor allem der Bindungspersonen zu verinnerlichen und dann Stolz zu empfinden, wenn durch ihr Handeln diese Erwartungen erfüllt werden[5]. Mit Beginn der Schulzeit erlangen deshalb solche Aspekte des elterlichen Verhaltens eine zunehmende Bedeutung, die Selbsterprobung und Selbstbehauptung ermöglichen und beim Erwerb sachlicher und sozialer Kompetenzen unterstützen.

2.1 Erleben von Vernachlässigung und Misshandlung in der mittleren Kindheit

2.1.1 Vernachlässigung

Vernachlässigung in der mittleren Kindheit umfasst das Fehlen einer angemessenen Versorgung, die Überforderung mit familiären Aufgaben, das Ausbleiben von Interesse am Alltagsleben des Kindes und das Fehlen von emotionaler Unterstützung.

Im Mittelpunkt des Erlebens von Vernachlässigung steht die Erfahrung des Sich-Selbst-Überlassen-Seins bei allen wichtigen Belangen des Kinderlebens.

Wenn fehlende elterliche Unterstützung oder gar übermäßige Beanspruchung der Kinder für familiäre Verpflichtungen dazu führen, dass das Lernen in der Schule misslingt – da in unserem Schulsystem immer noch stark die Unterstützung im Elternhaus zählt, ist dieses keine Seltenheit – lernen solche Kinder die Schule als einen schlimmen Ort der Niederlage und Demütigung kennen, den sie dann irgendwann zu meiden beginnen.

---

5   zusammenfassend Harris, 1992

Zugleich müssen sie ihre Problematik zu Hause verbergen – sei es, um Ärger und Strafen zu vermeiden oder um die ohnehin überlastete Mutter zu schonen.

2.1.2 Körperliche und psychische Misshandlungen

Neben den immer entwürdigenden körperlichen Misshandlungen erlangen die psychischen Misshandlungen immer mehr Bedeutung, weil Kinder dieser Altersgruppe in ihrer wachsenden Beziehungsbewusstheit gegen solche Angriffe immer verletzbarer werden. Insbesondere sind Vorwürfe und Schuldzuschreibungen geeignet, sie emotional unter Druck zu setzen und ihr Selbstwertgefühl zu untergraben. Weiter sind Demütigungen in der Öffentlichkeit verletzend, weil Kinder ja immer mehr von der Sichtweise anderer Menschen verstehen und sich immer mehr vorstellen können, dass andere schlecht von ihnen denken. Zugleich können sie sich freilich auch vorstellen, wie andere Menschen – z. B. Lehrerinnen oder Klassenkameraden – über eine tagsüber betrunkene Mutter und eine verwahrloste Wohnung denken würden; sie tun alles, um zu vermeiden, dass ihre Lebenssituation in dieser Form öffentlich wird.

Drohungen, mit denen man auch schon jüngeren Kindern massiv zusetzen kann, verlieren indessen auch bei Schulkindern kaum an Bedeutung: Inzwischen können Kinder ja sogar bestimmte sich wiederholende Entgleisungen der Eltern genauer vorhersehen – das Bedrohungsszenario wird also gleichsam verinnerlicht.

2.1.3 Sexueller Missbrauch

Sexuell missbrauchte Kinder werden oft vom Täter/von der Täterin in eine Sonderbeziehung zu ihm/ihr gebracht, die seine Kindheit beendet und es gleichsam verwaisen lässt[6]. Zugleich wird dem Kind die Verantwortung für die sexuellen Handlungen an ihm, für sein Wohlbefinden und für den Zusammenhalt in der Familie aufgebürdet. Werden solche Zuschreibungen von der Mutter/dem Vater übernommen, ist die Realitätswahrnehmung des Kindes nachhaltig bedroht.

2.2 Erlebniswelt der betroffenen Kinder und Anforderungen an die Jugendhilfe

Wie stehen solcherart belastete Kinder zu ihren Eltern und welche Bedürfnisse tragen sie an die Angebote der Jugendhilfe heran?

Wer sich dieser Frage nähert, muss feststellen, dass von der *Erlebenswelt* dieser Kinder nicht viel bekannt ist. Im Mittelpunkt des fachlichen Interesses stehen bisher vor allem die Entwicklungsdefizite und äußerlich sichtbaren Anpassungsprobleme der Kinder aus hochbelasteten Familien.

---

6   Fischer/Riedesser, 2003, S. 266

Fachleute aus der Jugendhilfepraxis betonen immer wieder, dass gerade misshandelte, vernachlässigte und missbrauchte Kinder ihren Eltern große Anhänglichkeit und Loyalität entgegenbringen, sie stark idealisieren und Kritik an ihnen nicht zulassen würden.

Heftige Weigerungen der Kinder, einer Trennung und Fremdunterbringung zuzustimmen oder das wiederholte Drängen fremd untergebrachter Kinder auf die Rückkehr ins Elternhaus werden hier häufig als Belege angeführt; ebenso die immer wieder hoffnungsvoll erwarteten Umgangskontakte an den Wochenenden und Feiertagen, die nicht selten in neuen Enttäuschungen enden.

Man kann die hier geschilderte Anhänglichkeit aus entwicklungspsychologischer Sicht als Anzeichen von Parentifikation deuten: Wenn die Eltern z. B. wegen psychischer Erkrankungen oder Suchtproblemen ihre Rollen nicht ausfüllen können, beginnen die Kinder, die inzwischen viel über die Bedürfnisse und Erwartungen ihrer Eltern wissen, Verantwortung für das Familienleben zu übernehmen und erbringen dabei erstaunliche Leistungen zur Aufrechterhaltung des Alltags durch die Beaufsichtigung jüngerer Geschwister, durch Hausarbeit und durch die Wahrung des Scheins gegenüber Außenstehenden.

Dieses ist für die Kinder eine permanente Überforderungssituation: Sie sind nicht so tüchtig, wie sie häufig wirken, sondern niedergeschlagen, altklug, übermäßig ernst und ständig besorgt und angespannt. Sie schwanken zwischen Größenfantasien und niederdrückenden Schuldgefühlen. Zugleich sind sie häufig ohne Gleichaltrigenkontakte und haben keine Chance, ein sorgloses Kinderleben zu führen[7].

Nicht alle Kinder halten die Situation im Elternhaus dauerhaft aus: Sie laufen von zu Hause weg, wenn es für sie bei den Eltern unerträglich wird und manche suchen sogar um eine Unterbringung außerhalb der Familie nach. Angesichts solch unterschiedlicher Verhaltenstendenzen – Parentifikation einerseits oder massive Distanzierung andererseits - ist zu fragen, ob nicht auch die Kinder selbst innerlich sehr zerrissen und zutiefst ambivalent gegenüber den Eltern empfinden, ohne diese Erfahrung überhaupt zur Sprache bringen zu können.

Die Kinderpsychotherapeutin Harter[8] hat beobachtet, dass Kinder unter 11 Jahren, die offensichtlich zwischen Wut und Zuneigung gegenüber ihren Eltern schwankten, nicht imstande waren, diesen Zustand einzuräumen. Sie bestritten ihn.

Erst ältere Kinder sind zu einer genaueren Selbstbeobachtung hinsichtlich eigener ambivalenter Gefühle fähig.

Ob und wieweit Kinder sich z. B. mit emotional relevanten Ereignissen in Bezug auf die Eltern und den dazugehörigen Beziehungen zu ihren Eltern sprachlich auseinandersetzen können, ist auch eine Frage ihrer Bindungsrepräsentanzen. In

---

7   Graf/Frank, 2001, S. 323
8   Harter/Buddin, 1987

einer Untersuchung von Scheuerer-Englisch[9] zeigte sich, dass 10-jährige Kinder mit unsicheren Bindungsmustern weniger klare Vorstellungen davon entwickeln konnten, wie sie sich in Kummer-, Angst- oder Ärgersituationen Hilfe und Unterstützung holen können. Wie wenig von der eigenen emotionalen Situation zur Sprache gebracht werden kann, mag folgender Bericht eines ehemaligen Pflegekindes verdeutlichen[10]:

„Meine Aggressionen und Ausbrüche waren weiterhin schlimm; wie mir meine Eltern später erzählten, waren sie oft am Rande der Verzweiflung. Zum Beispiel gab es ein wiederkehrendes Problem, das weder meine Eltern noch später die Fachkraft der Erziehungsberatungsstelle erklären oder in den Griff bekommen konnten: Ich wünschte mir sehnlichst einen richtigen Puppenwagen. Als das Geschenk für mich unter dem Weihnachtsbaum stand, machte ich vor Freude einen so hohen Luftsprung. Aber die folgenden zwei bis drei Monate waren schrecklich; meine Aggressionen brachen wieder besonders stark hervor. Das gleiche geschah jedesmal, wenn mir wieder ein ganz besonderer Wunsch erfüllt wurde."

Psychoanalytisch fundierte Deutungen stellen die bedrohte seelische Stabilität misshandelter und vernachlässigter Kinder in den Mittelpunkt ihrer Überlegungen. In ihrem Lichte sind Überanpassung und Idealisierung der Eltern, die oft mit geringer Selbstwertschätzung einhergehen, Anzeichen für eine elementare Abwehrstrategie des Kindes: Ferenczi[11] hat sie als „Identifikation mit dem Aggressor" bezeichnet. Durch die Identifikation mit dem bedrohlichen Elternteil – z. B. seinen Bedürfnissen, seinen Erwartungen, seinem Urteil - nimmt das Kind diese Figur gleichsam in sich hinein, macht sie zu einem Teil von sich selbst. So kann es nun glauben, selbst für das Verhalten der Eltern verantwortlich zu sein. Diese Abwehr schützt das Kind notdürftig vor der Angst, die durch die Angewiesenheit auf eine bedrohliche Elternfigur entsteht.

Die aggressive Zurückweisung eines alternativen Beziehungsangebots – so wie sie in dem Beispiel dieser jungen Frau auch rückblickend noch gegenwärtig ist – hat also vielfältige unbewusste Aspekte und wäre nicht richtig verstanden, wenn man es lediglich als Ausdruck der Loyalität gegenüber den Herkunftseltern betrachten würde.

Sehr treffend haben Fritz Redl und David Winemann[12] beschrieben, warum misshandelte und vernachlässigte Kinder oft so intensiv dagegen ankämpfen, eine Beziehung zu einem unterstützenden und verstehenden Erzieher einzugehen. Sie

---

9   Scheuerer-Englisch 1989
10   Mirijam 1995, S. 87 f.
11   Ferenczi, 1932
12   Redl/Wineman, 1984

wehren sich gegen die Beziehung aus der tiefsitzenden Angst heraus, auch diese Beziehung wieder zu verlieren. Ihr Antrieb wäre also eigentlich die Sehnsucht nach dem Zustandekommen einer tragfähigen Bindung, nicht die Verbundenheit gegenüber einer bestehenden hochproblematischen Beziehung. Für die Kinder selbst sind derartige Verstrickungen jedoch nicht direkt erfahrbar. Sie können deshalb allenfalls später im Leben von ihnen zur Sprache gebracht werden; gleichwohl sind sie relevant und für die Jugendhilfe in vielerlei Hinsicht beachtlich.

3 Pubertät und frühe Adoleszenz

Der Eintritt in die Pubertät ist durch regelrechte Entwicklungssprünge der Heranwachsenden gekennzeichnet. Es entsteht nun ein Zugang zur Welt, der alles in Frage stellt[13].

Vor allem aber verändert sich das Verhältnis zur eigenen Person: All die für die Pubertät typischen und schon seit alters her beklagten Verhaltensänderungen wie Stimmungsschwankungen, scheinbar unmotivierte Zurückgezogenheit, enorme Verletzbarkeit, Rüpeleien und Rücksichtslosigkeiten, die schier endlose Arbeit am eigenen Outfit und das ziellose Herumhängen mit der Clique sind Anzeichen einer intensiven experimentellen Auseinandersetzung mit sich selbst.

Handelndes und beobachtendes Ich treten zum ersten Male deutlich auseinander. Die eigene Person wird aus der eigenen Perspektive und der Perspektive anderer betrachtet[14]. Selbsterleben und die nun leicht vorstellbaren Wahrnehmungen, die andere von mir haben, können sich deutlich widersprechen. So begegnet Jugendlichen erstmals das Gefühl von Unverstandensein und Fremdheit selbst in bisher vertrauten sozialen Bezügen[15].

Gleichaltrigenbeziehungen machen nun einen wesentlichen Teil des sozialen Netzwerks von Heranwachsenden aus. Enge Freundschaften und erste Liebesbeziehungen weisen durchaus den Charakter von Bindungsbeziehungen auf.[16]

Verlieren dadurch die Eltern an Bedeutung für die Heranwachsenden? In jedem Falle verändert sich das Eltern-Kind-Verhältnis. Die Fähigkeit, eigene und fremde Perspektiven aufeinander zu beziehen und die eigenen Beziehungen mit anderen Personen von einem Außenstandpunkt zu betrachten, führen dazu, die Eltern distanzierter und auf sehr viel differenziertere Weise als bisher zu sehen.

---

13 Fend, 1990, S. 266ff.
14 Ebenda
15 Fend, 2005, S. 413
16 Zimmermann, 1997, S. 226 ff.

Aber selbst wenn die Eltern nicht mehr die Hauptrolle im Leben der erwachsen werdenden Kinder spielen, sind die Bindungen an sie auch in diesem Entwicklungsabschnitt von großer Bedeutung. Gerade in verunsichernden Lebenssituationen – wie etwa bei einem Schulwechsel – können in solchen Situationen elterlicher Rat und aktive Unterstützung neue Sicherheit vermitteln. Konflikthafte Auseinandersetzungen und Distanzierungsversuche sind also keine Anzeichen für eventuelle Wünsche von Heranwachsenden, ihre Bindungen an die Eltern zu lösen, im Gegenteil: Die Erfahrung, auch im Konfliktfall ertragen zu werden, stärkt das Vertrauen in die eigenen Bewältigungsfähigkeiten.

Heranwachsende in belasteten Elternbeziehungen beginnen nun oft, sich sehr heftig von den Eltern zu distanzieren. Konflikte können eskalieren und auch zu Gewalt gegenüber den Eltern führen bzw. dazu, dass sich Jugendliche dem elterlichen Einfluss durch Weglaufen völlig zu entziehen versuchen. Ihr Verhalten zu den Eltern kann von Zorn und Verachtung geprägt sein: Dennoch lehrt die Erfahrung, dass sich hinter der von den Jugendlichen aufgerichteten Fassade aus Entwertung und Ablehnung gegenüber den Eltern immer noch Hoffnungen auf Zeichen ihrer Zuneigung und Anerkennung verbergen.

Seit kurzer Zeit verfügen wir über einige systematisch erhobene Rückblicke von jungen Menschen, die an der Schwelle zur Pubertät im Jugendhilfekontext betreut wurden und uns etwas über ihre Erlebnisweisen gegenüber ihren schwierigen Herkunftseltern verraten. In einer Studie, in der Münder et al.[17] die Erfahrungen von Eltern und Kindern mit der Situation des Sorgerechtsentzugs erheben, zeigt sich, dass die Jugendlichen (es berichten Jugendliche zwischen dem 16. und 19. Lebensjahr im Rückblick) bereits während der mittleren Kindheit und vor allem auch in der Pubertät durchaus spürten, wie defizitär und unerträglich ihre Lebenssituation war – so sehr, dass sie selbst von sich aus die Trennung von den Eltern sogar als Erleichterung erfuhren. Rückblickend wurden die ambulanten Beratungs- und Therapieangebote im Vorfeld als wirkungslos und als teilweise die Situation verschlimmernd angesehen. Insbesondere wurde die fehlende Mitwirkungsbereitschaft der Eltern deutlich bemerkt und festgestellt, dass die Sozialarbeit diese elterliche Verweigerung offenbar nicht wahrnehmen wollte. So entstand der Eindruck, sich vor der Behörde rechtfertigen zu müssen für den Wunsch, nicht mehr im Elternhaus leben zu wollen.

---

17 Münder/Mutke/Schone, 2000, S. 328

4 Anforderungen an die Jugendhilfe

Einige Anforderungen an das Handeln der Jugendhilfe sollen abschließend thesenartig benannt und erläutert werden.

*I. Auch ältere Kinder und Jugendliche haben ein Anrecht auf **wirksame** Jugendhilfeangebote, selbst dann, wenn ihre Gefährdungen weniger akut erscheinen als die sehr kleiner Kinder und auch, wenn sie den Anschein erwecken, sich schon selbst helfen zu können.*

Ambulante Hilfen müssen spürbar zu einer Verbesserung der familiären Lebenssituation beitragen und die Kinder von problematischen familiären Aufgaben entlasten. Insbesondere sollten die Kinder spüren, dass die Jugendhilfe ihre Belange ernst nimmt und auch mit Nachdruck darauf hinwirkt, dass sich die Eltern wieder selbst ihrer Verantwortung stellen können. Hilfeangebote, die lediglich notdürftig die Familie zusammenhalten sollen und in erster Linie der Gefahrenabwehr für jüngere Geschwister dienen, signalisieren den größeren Kindern, dass es auf ihr Wohlbefinden scheinbar nicht ankomme.

Familiäre Konstellationen, in denen mehrere Belastungen kumulieren und in denen ambulante Hilfen keine ausreichende Unterstützung bieten, müssen dazu führen, die Kinder außerhalb der Herkunftsfamilie unterzubringen.

In einer Studie über Jugendhilfeleistungen[18] wird festgestellt, dass in fast 40 % der Fälle Jugendliche im Alter zwischen 15 und 18 Jahren selbst um Hilfe außerhalb der Herkunftsfamilie bitten. Im Zusammenhang mit Krisen-, Gewalt- und Ablehnungserfahrungen wenden sie sich – auch mit Unterstützung anderer Personen – an das Jugendamt oder direkt an Jugendhilfeeinrichtungen.

Selbstverständlich kommt auch eine Unterbringung in einer geeigneten Pflegefamilie in Frage. Dass bei der Unterbringung älterer Kinder nach § 33 SGB VIII[19] das Risiko des Abbruchs erhöht ist, hat vor allem etwas mit der Vorgeschichte der Kinder zu tun, nicht mit ihrem Lebensalter: Es sind eher unwirksame ambulante Hilfen, die die Verstrickung der Kinder in problematische Bindungen verlängern. Kurzfristige Notunterbringungen ohne Konzept und überhastete und auch unüberlegte Rückführungen jüngerer Kinder belasten die Kinder, statt sie zu stabilisieren und tragen dazu bei, dass ihre Entwicklungsauffälligkeiten im Laufe der Zeit schwerwiegender werden – was dazu führt, dass ältere Kinder nun kaum noch in der Lage sind, alternative Beziehungsangebote anzunehmen.[20]

---

18 Baur et al, 1998
19 Wortlaut siehe S. 279f in diesem Jahrbuch
20 Vgl. dazu die Studie von Baur/Finkel/Hamberger et al., 1998

II. Bei Unterbringungen außerhalb der Herkunftsfamilie brauchen die Kinder Gelegenheit, sich mit dem Erlebten im Elternhaus und auch mit der Trennung von den Eltern auseinanderzusetzen.

Wahrscheinlich können sie die Herausnahme aus ihren Lebensverhältnissen – seien sie auch noch so bedrohlich – nicht ohne Weiteres als Befreiung erleben, da sie bereits in die übernommene Verantwortung für die Eltern verstrickt sind.

Außerdem verlieren sie mit ihrer aus der Notsituation heraus entstandenen „Erwachsenenrolle" auch die Machtposition gegenüber einem Elternteil und/oder Geschwistern, was ihr Selbstwertgefühl zunächst beeinträchtigt.

Schließlich büßen Kinder/Jugendliche an der Schwelle der Pubertät Freiräume ein, die sie sich kraft ihrer Sonderrolle geschaffen haben: Dagegen wird in der Pflegefamilie oder im Heim erwartet, dass sie die Schule regelmäßig besuchen und die Nacht zu Hause verbringen[21].

Selbst wenn die Heranwachsenden die Hilfe außerhalb der Herkunftsfamilie selbst gewünscht haben: Eine Prognose für einen günstigen Verlauf einer stationären Hilfe/eines Pflegeverhältnisses lässt sich daraus nicht ableiten. Vielmehr kann man nicht ausschließen, dass im Wege der projektiven Identifikation[22] dem Handeln der ErzieherInnen oder Pflegeeltern bald schädigende und einengende Absichten unterstellt werden, was die Betreuungsbeziehungen massiv belasten kann.

In dieser Situation muss die Jugendhilfe für angemessene Aufklärung Sorge tragen: So müssen z. B. Hilfemöglichkeiten (neben denen im Heim eben auch die in einer Pflegefamilie) dargestellt und die Rolle eines Vormunds erläutert werden. Zitelmann[23] weist in ihrer Studie zu den Erfahrungen von Vormundschaftskindern darauf hin, dass solche Aufklärung offenbar noch immer nicht selbstverständlich ist.

Die Jugendhilfe muss weiter Unterstützung dabei leisten, dass Kinder und Jugendliche sich mit ihren Erfahrungen auseinandersetzen können. Sorgen, Befürchtungen, Enttäuschung, Schmerz und Wut, aber auch Wünsche und Hoffnungen müssen zur Sprache gebracht werden können.

Diese Forderung wirft weiterführende Fragen und Handlungsnotwendigkeiten auf:

a) Wie soll man mit den seelischen Verletzungen umgehen, die Eltern den Kindern gegenüber zu vertreten haben – und dabei die Eltern doch nicht schlecht machen?

---

21 Köckeritz, 2004
22 Resch/Parzer/Brunner et al. 1999, S. 241
23 Zitelmann/Scheppe/Zenz, 2004, S. 45, 56, 62,

Kinder wollen nicht, dass andere Personen ihre Eltern schlecht machen – weil sie sich damit auch selbst schlecht fühlen. Immerhin waren sie in ihrem Erleben ja bisher sogar für die Eltern und das Gelingen des Familienlebens verantwortlich. Aber Kinder wollen auch nicht, dass man die dunklen Seiten ihrer bisherigen Erfahrungen mit den Eltern übergeht und schön redet. Sie brauchen Signale dafür, dass man bereit ist, es auszuhalten, wenn sie Erlebtes erzählen wollen; dass man ihnen glauben wird; dass man ihre Verletzungen ernst nehmen und nicht etwa bagatellisieren wird.

Kinder und Jugendliche spüren oft genug, dass das Gegenüber lieber verschont bliebe und eigentlich ein loyales Kind erwartet hätte – und dann verzichten sie darauf, ihre Erfahrungen zur Sprache zu bringen.

Heranwachsende benötigen auch Hilfe, wenn sie Distanzierungswünsche den Eltern gegenüber verspüren, denn sie werden zugleich befürchten, dass sie sich selbst verlieren, wenn sie auf Abstand zu den Eltern gehen. Deshalb brauchen sie jemanden, der versteht, dass man Distanz braucht und dennoch wünscht, es könne mehr Nähe zu den Eltern geben.

b) Was soll man tun, wenn Kinder und Jugendliche Wünsche äußern, die ihrem eigenen Wohl widersprechen – also z. B. eine Rückkehr in die Herkunftsfamilie wollen, weil die Mutter es so will – obwohl sie psychisch so labil ist, dass sich die nächste Krise schon abzeichnet?

In solchen Situationen zeigt sich die tiefe emotionale Verstrickung mit den Eltern. Sicher ist es hier nicht hilfreich, im Zeichen von Partizipation dem Wunsch des Kindes nachzugeben. Vielmehr braucht das Kind/der Jugendliche hier ein Gegenüber, das ihm hilft, diese innere Verwirrung zu verstehen und mit ihm nach einem guten Weg zu suchen. Solche Beratungsprozesse sind gewiss aufwendig, aber sie generieren Lösungen, durch die letztlich doch oft das Einverständnis des Heranwachsenden gewonnen werden kann.

III. Wenn Heranwachsende außerhalb der Herkunftsfamilie untergebracht sind, muss es ihnen ermöglicht werden, Beziehungen zu unterstützenden Erwachsenen aufzubauen. Außerdem brauchen sie eine klare Zukunftsperspektive: sei es als realistische Rückkehroption oder als dauerhafte Perspektive in der Pflegefamilie oder im Heim.

Pflegeeltern/MitarbeiterInnen in Einrichtungen können Heranwachsenden in dieser Lebensphase die Chance bieten zu erfahren, dass erreichbare, verständnisvolle und zuverlässige Erwachsene sie in Stresssituationen, bei bevorstehenden Prüfungen oder in Konflikten mit Gleichaltrigen unterstützend begleiten, es im

Konfliktfall mit ihnen aushalten und ihnen bei der Auseinandersetzung mit der Realität beistehen[24].

Solche Personen bauen als verlässliche und zunehmend vertrauenswürdige Erwachsene eine wichtige Brücke in die Erwachsenenwelt. Sie haben eine schützende und entwicklungsförderliche Funktion.

Gleichwohl bleibt die Herkunftsfamilie für die Heranwachsenden von Bedeutung. Man sollte aber nicht meinen, dass Heranwachsende wegen der Fähigkeit, längere Trennungen von den Eltern zu verkraften, gut mit einer offenen und unstrukturierten Perspektive umgehen können. Auch die Unterbringung außerhalb der Herkunftsfamilie, die erst in der mittleren Kindheit und im frühen Jugendalter beginnt, muss hinsichtlich ihrer jeweiligen Perspektive sorgfältig geplant werden und zwar aus folgenden Gründen:

- Ältere Kinder können sich die Perspektiven ihrer Eltern jederzeit erschließen. Sie wissen um die Notlagen und die Sichtweisen der Eltern, um deren Hoffnungen und Ängste und verstehen, was die Eltern von ihnen erwarten – nämlich z. B. weitere Unterstützung, Loyalität, ggf. auch Wahrung von Familiengeheimnissen. Deshalb sind eindeutige, verständliche Erklärungen über die Gründe einer Fremdunterbringung und die gründliche Erörterung von Zukunftsaussichten für sie eine wichtige Bewältigungshilfe.

- Die Perspektivenplanung entlastet Kinder von der Verantwortung, in der sie sich den Eltern gegenüber sehen. Sie erfahren, dass ihre Eltern nun durch Fachleute angemessen unterstützt werden, so dass sie der Stabilisierung durch ihre Kinder nicht länger bedürfen.

- Ältere Kinder und Jugendliche können auch auf Distanzierung von den Eltern bestehen – etwa im Zusammenhang mit Traumatisierungserfahrungen oder sehr schwerwiegenden Zerwürfnissen. Ihr Widerstand gegen eine Rückführung ist zu respektieren. Sie brauchen die Sicherheit einer anderen Lebensform, selbst wenn damit zu rechnen ist, dass sie zu einem späteren Zeitpunkt doch einen Rückkehrwunsch entwickeln.

Was daraus folgen kann, wenn die Perspektive einer Fremdunterbringung offen gehalten wird, zeigt sich in einer Studie zu Leistungen und Wirkungen der Heimerziehung[25]. In ihr fand sich eine ganze Gruppe von Kindern, deren Betreuung durch wiederholte Fremdunterbringung ungünstig verlaufen war und daher oft als ungeplante und nicht beeinflussbare Rückkehr der Heranwachsenden in ihre noch immer problematischen Herkunftsfamilien endete. Die Unterbringungen waren in 2/3 der Fälle durch ambulant nicht mehr aufzufangende Vernachlässigungsprobleme veranlasst worden. Die Rückkehroption war in der Regel offen gehalten worden, obwohl es über mehrere Jahre nicht gelang, die Situation in den

24 Downes, 1992, S. 141 ff.
25 Baur/Finkel/Hamberger et al., 1998

Elternhäusern zu stabilisieren. Man kann vermuten, dass die Jugendlichen durch die fehlende Klarheit – vielleicht sogar die Verweigerung einer Auseinandersetzung mit dem Geschehenen seitens der Jugendhilfe – nicht zu einer Neuorientierung finden konnten und folglich in unrealistische Erwartungen verstrickt blieben.

Bei einer Unterbringung außerhalb der Herkunftsfamilie bis zur Verselbstständigung des jungen Menschen wird in der Jugendhilfe immer wieder die Frage aufgeworfen, ob dieses nicht zu Loyalitätsproblemen der/des Heranwachsenden führt.

Es ist nicht zwangsläufig so. Ältere Kinder bringen zwar die Beziehungen zu den Herkunftseltern immer mit, aber sie profitieren durchaus von einer auf Dauer angelegten Lebensperspektive in einem entwicklungsfördernden Umfeld – insbesondere dann, wenn diese auch von den Herkunftseltern akzeptiert wird.[26]

Loyalitätsprobleme verweisen hier eher auf die Schwierigkeiten der Herkunftseltern, die Lebenssituation der Kinder zu akzeptieren.

Auch bei Kindern und Jugendlichen, die schon als kleine Kinder in die Pflegefamilie kamen, wird immer wieder die Frage nach der Loyalitätsproblematik gestellt: Die Entwicklung ähnelt in diesen Fällen der von Adoptivkindern. Mit wachsendem sozialem Verstehen verstärkt sich das Interesse von Pflegekindern an ihrer Herkunft, an den Gründen für die Unterbringung in der Pflegefamilie und zunehmend auch daran, was sie den Herkunftseltern bedeuten[27]. Die Suche nach der eigenen Herkunft ist ein wesentlicher Teil der für jeden Menschen notwendigen eigenständigen Orientierung.

Sie führt aber nur dann zu Loyalitätskonflikten, wenn die Kinder/Jugendlichen entweder wegen ihrer Herkunft oder wegen ihres Lebens bei der Pflegefamilie von der jeweils anderen Seite unter psychischen Druck gesetzt werden oder sich Vorhaltungen machen lassen müssen. Das Interesse an der Herkunftsfamilie signalisiert keine irgendwie alterstypische Bereitschaft, jetzt andere Eltern zu akzeptieren oder zu den „richtigen Eltern" „zurückzukehren". Selbst wenn Pflegekinder während der Pubertät wieder zu den Herkunftseltern ziehen wollen, ist Vorsicht geboten: Man sollte hier nicht, sobald der Wunsch auftaucht, in erster Linie überprüfen, ob die Lebenssituation der Herkunftseltern dieses zulassen würde, sondern vor allem nach Motiven für diese Umorientierung im Leben des Pflegekindes suchen. Es können alte Verpflichtungsgefühle gegenüber den Herkunftseltern eine Rolle spielen, vielleicht auch Konflikte mit der Pflegefamilie, möglicherweise solche, die durch Übertragungen älterer Erfahrungen mit bedingt sind.

Das beste Mittel gegen Loyalitätsprobleme von Kindern ist eine gute Arbeit mit den Pflegeeltern und den Herkunftseltern. Letztere ist in jedem Falle Voraussetzung für eine erfolgreiche Rückführung. Selbst dann, wenn eine Rückführung nicht vorgesehen ist, können Hilfen eine Stabilisierung der Erwachsenen ermöglichen

---

26 Anderson, 1999
27 Swientek, 1993, S.89

und so die Heranwachsenden von der Verantwortung gegenüber der Herkunftsfamilie entlasten. Weiter können Beratungsangebote gegenüber der Herkunftsfamilie zum Gelingen des Umgangs mit der/dem Heranwachsenden beitragen,
insbesondere dann, wenn es den Eltern möglich wird, sie/ihn in ihrem Aufenthalt
in der Pflegefamilie zu bestärken und an ihrer/seiner Entwicklung mit Interesse
Anteil zu nehmen.

Pflegeeltern müssen wissen, dass gerade auch schwierige Verhaltensweisen von
Jugendlichen, wie z. B. das wiederholte Weglaufen oder destruktive Aktionen in der
Beziehung, Ausdruck desorganisierter Bindungen oder auch Bindungsstörungen
sein können[28]. Sie müssen um die Bedeutung, die sie für das Pflegekind haben
wissen und auch, welche Bedeutung es hat, der/dem Heranwachsenden auch durch
Konflikte hindurch verbunden zu bleiben und ihr/ihm immer wieder tatkräftige
Unterstützung zur Bewältigung des Alltags zu bieten. Damit gestalten sie in ihrer
Familie einen pädagogischen Ort, an dem sie existenzielle Notlagen aufheben,
Fehler ertragen und erträglich machen, Lernchancen bieten und im Idealfall das
Weggehen erlauben und das Wiederkommen ermöglichen[29].

Zusammenfassend: Kinder und Jugendliche sollen in der Jugendhilfe mitreden.
Ihre Erfahrungswelt ist auch dann beachtlich, wenn sie schwierig ist und ihre Wünsche sind auch dann bedeutsam, wenn die Heranwachsenden sich nicht gerade als
einsichtsvolle Minderjährige präsentieren. Sie sind vielmehr eigenwillige Akteure
im System der Jugendhilfe, deren differenziertes Erleben noch besser erforscht
werden muss, um es in der Praxis in allen Hilfen sensibel aufgreifen zu können.

Literatur

Andersson, G. (1999): Cildren in permanent foster care in Sweden. In: Journal Child and
family social work, 4, S. 175-186

Baur, D./Finkel, M./Hamberger, M./Kühn, A./Thiersch, H. (1998): Leistungen und Grenzen
von Heimerziehung. Ergebnisse einer Evaluationsstudie stationärer und teilstationärer
Erziehungshilfen. Kohlhammer, Stuttgart, Berlin, Köln

Downes, C. (1992): Separation Revisited. Ashgate, Aldershot

Fend, H. (1990): Vom Kind zum Jugendlichen. Der Übergang und seine Risiken. 1. Auflage.
Huber, Bern, Stuttgart, Toronto

Fend, H. (2005): Entwicklungspsychologie des Jugendalters, Leske + Budrich, Opladen

Ferenczi, S. (1932): Sprachverwirrung zwischen dem Erwachsenen und dem Kind. In:
Masson, J. M. (1984): Was hat man dir, du armes Kind, getan? Sigmund Freuds Un-

---

28 Downes, 1992, S. 71 ff., S. 120 ff
29 Winkler, 1999, S. 321 f.

terdrückung der Verführungstheorie. Anhang C, S. 317-330, Rowohlt Verlag GmbH, Reinbek bei Hamburg

Fischer, G./Riedesser, P. (2003): Lehrbuch der Psychotraumatologie. 3. Auflage. Ernst Reinhardt Verlag, München

Graf, J./Frank R. (2001): Parentifizierung: Die Last, als Kind die eigenen Eltern zu bemuttern. In: Walper, S./Pekrun R. (Hrsg.): Familie und Entwicklung. Aktuelle Perspektiven der Familienpsychologie. Hogrefe Verlag für Psychologie. Göttingen, Bern, Toronto, Seattle, S. 314-337

Harris, P. L. (1992): Das Kind und die Gefühle. Wie sich das Verständnis für die anderen Menschen entwickelt. Aus dem Englischen übersetzt von Matthias Wengenroth, 1. Auflage. Hans Huber Bern, Göttingen, Toronto

Harter, S./Buddin B. K. (1987): Children's understanding of the simoultaneity of two emotions: A five-stage developmental acquisition sequence. Developmental Psychology, 23. S. 388-399

Köckeritz, C. (2004): Entwicklungspsychologie für die Jugendhilfe. Eine Einführung in Entwicklungsprozesse, Risikofaktoren und Umsetzung in Praxisfeldern. Juventa, Weinheim, München

Mirijam M. (1995): Ich war ein Pflegekind. In: Textor, M.: Familienpflege: Forschung, Vermittlung, Beratung. Lambertus, Freiburg, S. 86-90

Münder, J./Mutke B./Schone R. (2000): Kindeswohl zwischen Jugendhilfe und Justiz: professionelles Handeln in Kindeswohlverfahren. Votum, Münster

Redl, F./Wineman D. 1984: Kinder, die hassen. Auflösung und Zusammenbruch der Selbstkontrolle. 2. Auflage. Piper, München

Resch, F./Parzer, P./Brunner, R. M./Haffner, J./Koch, E./Oelkers, R./Schuch, B./Strehlow, U. (1999): Entwicklungspsychopathologie des Kindes- und Jugendalters. Ein Lehrbuch. 2. überarbeitete und erweiterte Auflage. Beltz Psychologie Verlags-Union, Weinheim

Scheuerer-Englisch, H. (1989): Das Bild der Vertrauensbeziehung bei zehnjährigen Kindern und ihren Eltern: Bindungsbeziehungen in längsschnittlicher und aktueller Sicht. Dissertation Universität Regensburg

Selman, R. L. (1984): Die Entwicklung des sozialen Verstehens: Entwicklungspsychologie und klinische Untersuchungen. Übersetzt von C. von Essen und T. Habermas, 1. Auflage. Suhrkamp, Frankfurt am Main

Silbereisen, R./Ahnert K. L. (2002): Soziale Kognition. Entwicklung von sozialem Wissen und Verstehen. In: Oerter, R./Montada L.: Entwicklungspsychologie. 5. vollständig überarbeitete Auflage. Beltz, Weinheim, S. 590-618, S. 598 ff.

Swientek, Ch. (1993): Was Adoptivkinder wissen sollten und wie man es ihnen sagen kann. Herder, Freiburg, Basel, Wien

Winkler, M. (1999): „Ortshandeln" – die Pädagogik der Heimerziehung. In: Colla, H./ Gabriel T./Millham S./Müller-Treusler S./Winkler M. (Hrsg.): Handbuch Heimerziehung und Pflegekinderwesen in Europa. Hermann Luchterhand Verlag Neuwied, Kriftel, S. 307-324

Zimmermann, P. (1997) Bindungsentwicklung von der frühen Kindheit bis zum Jugendalter und ihre Bedeutung für den Umgang mit Freundschaftsbeziehungen. In: Spangler, G., Zimmermann P., (Hrsg.): Die Bindungstheorie: Grundlagen, Forschung und Anwendung. Klett-Cotta, Stuttgart

Zitelmann, M./Schweppe K./Zenz G. (2004): Vormundschaft und Kindeswohl. Forschung mit Folgen für Vormünder, Richter und Gesetzgeber. Bundesanzeiger Verlagsgesellschaft m.b.H., Köln

Gisela Zenz

Die Unterbringung misshandelter und vernachlässigter Kinder in Pflegefamilien – Anforderungen an den Pflegekinderdienst*

1 Zum Stellenwert der Familienpflege als Ressource der Jugendhilfe

Todesfälle von Kindern, die in Betreuung von Jugendämtern waren – „Skandalfälle" von Jessica, Benjamin Pascal und Dennis bis zu Kevin und Lea Sophie – haben in jüngerer Zeit intensive öffentliche Diskussionen ausgelöst und in der Folge auch Anlass zu manchen Überlegungen und Initiativen zur Verbesserung des Kinderschutzes gegeben – auf der Ebene von Verbänden, öffentlichen und freien Trägern der Jugendhilfe, aber auch der Gesetzgebung. Diese Aktivitäten konzentrieren sich im Wesentlichen auf die Prävention von Kindeswohlgefährdungen und ihre frühzeitige Wahrnehmung, weniger auf die Art der Intervention, also die Frage, welche Hilfen für Eltern und/oder Kinder geeignet und erforderlich sind zur „Abwehr" einer bereits erkannten akuten Gefahr. Dazu gibt es freilich eine anhaltende Diskussion in der Fachöffentlichkeit der Jugendhilfe – mit sehr unterschiedlichen Positionen[1], gerade auch zu Einsatz und Ausgestaltung der Familienpflege. Die Frage: „Warum wurde Kevin kein Pflegekind?" – gestellt von Bremer Pflegeeltern[2] – weist in diesem Zusammenhang auf dringend klärungsbedürftige Probleme hin.

Bevor ich aber zu Problemen in diesem Bereich komme, lassen Sie mich eins voranstellen:

Das Pflegekinderwesen ist eine der wichtigsten und wertvollsten Ressourcen der Jugendhilfe, wenn es um Hilfen für gravierend misshandelte und vernachlässigte Kinder geht. Es kann einem so geschädigten Kind, das in seiner Herkunftsfamilie

---

* Vortrag auf dem 18. Tag des Kindeswohls „Vernachlässigte und misshandelte Kinder im Blickfeld helfender Instanzen. Kriminalpolizei, Justiz, Jugendhilfe und Beratung für Pflegeeltern" am 4. Juni 2007 in Hamburg, Veranstalterin: Stiftung zum Wohl des Pflegekindes

1 Vgl. Überblick bei Zenz, Konfliktdynamik bei Kindesmisshandlung und Intervention der Jugendhilfe. In: Frühe Kindheit, 4, 2000, S.28-31

2 Hans-Wolfgang Reimers, Schriftführer des Vereins WIR Pflege- und Adoptivfamilien Bremen, in: Paten 2/2008, Hrsg.: PAN Pflege- und Adoptivfamilien NRW e.V., S. 36

weiterhin gefährdet wäre, nichts Besseres passieren, als dass es von fachkompetenten JugendamtsmitarbeiterInnen in eine Adoptiv- oder Pflegefamilie vermittelt wird und dort mit guter Begleitung aufwachsen kann. Zur Adoption kommt es freilich selten – aus guten und schlechten Gründen (das wäre ein eigenes Thema) – aber die Vermittlung in eine Pflegefamilie geschieht häufig, ja täglich in guter Weise, und davon profitieren sehr viele Kinder.

Möglich ist das deshalb, weil es fachlich kompetente und sensible MitarbeiterInnen in Jugendämtern gibt, sowohl im ASD als auch – speziell für diese Entscheidungen – in Pflegekinderdiensten, und weil es erstaunlicherweise immer wieder Menschen gibt, die sich bereitfinden, für fremde Kinder Eltern zu werden – nicht „Dienstleister" oder „Bezugspersonen" oder „Pflegepersonen", sondern *Eltern* mit allem, was dazugehört – für Kinder, die meist bereits geschädigt sind, oftmals schwere Gesundheitsschäden oder Behinderungen haben und schon dafür sehr, sehr viel Hilfe brauchen, Kinder, die in jedem Fall psychisch schwer belastet, vielfach traumatisiert sind – mit entsprechenden Konsequenzen für eine höchst anspruchsvolle elterliche Fürsorge.

Diesen Kindern bei der Bewältigung ihrer Schwierigkeiten zu helfen und ihnen einen Weg in eine gute, möglichst „normale" Entwicklung zu eröffnen, erfordert einen enormen Einsatz. *Wie* das gelingen kann, darüber gibt es eindrucksvolle Berichte von Pflegeeltern, die z. B. in den Fachzeitschriften der Pflegeelternverbände nachzulesen sind. Wissenschaftliche Dokumentation und Forschung gibt es dazu leider viel zu wenig. Dass es aber gelingen kann, dass also solche Erfolge möglich sind – auf dem Boden einer konsequent entwickelten Eltern-Kind-Beziehung – das wissen wir auch aus der Kinderpsychologie alter und neuer Prägung. So hat zuletzt wieder die Resilienzforschung die zuverlässige Zuwendung einer erwachsenen Person als den wichtigsten „Schutzfaktor" gegenüber allen Risikofaktoren im Leben eines Kindes herausgestellt.

Noch einmal also: Das Pflegekinderwesen ist eine der wichtigsten, wenn nicht die wichtigste Ressource der Jugendhilfe im Umgang mit misshandelten und vernachlässigten Kindern. Das muss hier auch deshalb besonders betont werden, weil Ressourcen auch verloren gehen können und weil diese gefährdet sind.

Zwar hat die Jugendhilfepolitik in jüngster Zeit die Familienpflege wieder „neu entdeckt" als kostengünstigere Alternative zur Heimerziehung. Eine rein fiskalisch motivierte, pauschale Präferenz gefährdet aber Sinn und Zweck, wenn sie die damit verbundenen Anforderungen übersieht: Pflegekinderdienste und Allgemeine Soziale Dienste brauchen sorgfältige Aus- und Fortbildung sowie Beratung in rechtlichen und sozialpädagogischen Fragen, um Pflegekinder fachkompetent vermitteln und begleiten zu können. Pflegeeltern brauchen Anerkennung, Förderung und (Rechts-)Schutz, und zwar weit mehr als sie heute bekommen.

Zur eindrucksvoll veröffentlichten Bestätigung dieser Ressource, aber auch zur Überleitung auf gravierende Defizite im Umgang der Jugendhilfe damit, sei hier auf die Erfahrungen der Psychologin Silke Schiemann verwiesen – zitiert nach einem Beitrag von Uta Rasche in der Frankfurter Allgemeinen Zeitung vom 26.5.2007 unter der Überschrift „Freiheit, Hilfe und Kontrolle":

> *„Die Psychologin Silke Schiemann, die an der Kinder- und Jugendpsychiatrie der Frankfurter Universitätsklinik arbeitet, kam in einer Untersuchung von 50 Kindern drogenabhängiger Mütter zu dem Schluss, dass jene Kinder, die kurz nach der Geburt zu Pflegeeltern kamen oder adoptiert wurden und in weitgehend stabilen Verhältnissen lebten, am besten gediehen. Die anderen zwei Drittel, die bei ihren leiblichen Müttern blieben oder bis zu fünf Betreuungswechsel verkraften mussten, hatten das höchste Risiko, Verhaltensauffälligkeiten zu entwickeln. Ihre Empfehlung an die Jugendämter, Kindern nach Möglichkeit das Aufwachsen bei süchtigen Eltern zu ersparen, wird selten befolgt. Der Alltag zeigt, wie begrenzt therapeutische Einflussmöglichkeiten sind."*

Diese Mahnung an die Adresse der Jugendämter und die Warnung vor einer Überschätzung therapeutischer Einflussmöglichkeiten sind auch auf andere Eltern auszudehnen, die aus den verschiedensten Gründen als erziehungsunfähig eingeschätzt werden müssen. Viele – zu viele – misshandelte oder vernachlässigte Kinder profitieren gar nicht oder nicht in bestmöglicher Weise von der Familienpflege, weil JugendamtsmitarbeiterInnen insoweit Fehlentscheidungen treffen, die auch von FamilienrichterInnen oft nicht korrigiert werden.

2 Fehlentscheidungen zu Interventionen im Kinderschutz

Zahlen, Daten, Forschung zu den Folgen solcher falschen Weichenstellungen gibt es in Deutschland kaum. Dass sie nicht erfunden sind, auch nicht als seltene Ausnahmeerscheinungen gelten können, ergibt sich nicht nur aus der Diskussion um die genannten „Extrem-Fälle", in denen Kinder zu Tode kamen, sondern ist eine in der Praxis seit Langem bekannte und kaum bestrittene Tatsache. Gestritten wird allerdings – ebenfalls seit Langem – über die Ursachen falscher Entscheidungen und die Möglichkeiten zu ihrer Vermeidung.

Eine in der fachöffentlichen Literatur zeitweise dominante Argumentation ging dahin, dass Risiken deshalb nicht zu vermeiden seien, weil zum einen Elternrechte den Kinderschutz deutlich begrenzen würden und zum andern diagnostische und prognostische Möglichkeiten nicht ausreichten, um zuverlässigere Entscheidungen zu treffen. Gern werden dann beide Argumente zusammengeführt, indem erklärt wird: Kinderschutz sei am besten (oder sogar „nur") durch Hilfe für die Eltern zu gewährleisten.[3]

Im Folgenden will ich Fehlentscheidungen in drei zentralen Punkten, die allzu häufig zu falschen Weichenstellungen für die Zukunft von Kindern führen, kurz skizzieren[4] und anschließend einige Thesen zu Ursachen auf rechtlicher und psychologischer Ebene formulieren.

1. Zu viele misshandelte oder vernachlässigte Kinder werden in ihrer Familie belassen oder nach vorübergehender Fremdplatzierung dahin zurückgeführt, obwohl sie dort nicht vor weiterer Gefährdung sicher sind – oft bei Eltern, die sich mehr oder weniger freiwillig bereit erklären, Hilfen zur Erziehung anzunehmen, deren gravierende Erziehungsdefizite aber mit diesen Hilfen kaum beeinflusst werden können[5].

Dies, obwohl

a) das Gesetz ausdrücklich auch die Trennung eines gefährdeten Kindes von seinen Eltern vorsieht, wenn sie zur Abwehr einer Gefahr erforderlich ist und der Gefahr „nicht auf andere Weise, auch nicht durch öffentliche Hilfen", begegnet werden kann. Die gesamte Personensorge darf entzogen werden, „wenn andere Maßnahmen erfolglos geblieben sind" oder wenn (von vornherein) „anzunehmen ist, dass sie zur Abwendung der Gefahr nicht ausreichen" (§§ 1666, 1666a BGB)[6].

b) kinderärztliches, psychologisches und psychiatrisches Fachwissen zur Risiko-Diagnostik und zur Einschätzung der Erfolgsaussichten von unterstützenden oder therapeutischen Familienhilfen reichlich zur Verfügung steht[7].

2. Zu viele Kinder werden in eine Pflegefamilie mit Rückkehrversprechen oder ohne jede Perspektive für ihren Verbleib vermittelt, obwohl erkennbar keine Chance für die gefahrlose Rückkehr besteht.[8]

---

3 Vgl. in diesem Sinne: T. Mörsberger/J. Restemeier, Helfen mit Risiko 1997 (zum „Osnabrücker Fall")

4 Genauer dazu: G. Zenz, in: Stiftung zum Wohl des Pflegekindes (Hg.), 2. Jahrbuch des Pflegekinderwesens. Pflegekinder in Deutschland – Bestandsaufnahme und Ausblick zur Jahrtausendwende. Idstein 2001. S. 22 ff.

5 Wie viele gefährdete Kinder schutzlos in ihren Familien bleiben, ist nicht exakt erfassbar. In den „Skandalfällen" sind durchweg Kinder zu Tode oder zu schwerem Schaden gekommen, deren Eltern mit einer erfolglosen Hilfe nach der anderen bedacht wurden. Wie es den Kindern geht, die in einer solchen Familie überleben, wird nirgends dokumentiert. Gewisse Aufschlüsse gibt die Studie von J. Münder/B. Mutke/R. Schone: Kindeswohl zwischen Jugendhilfe und Justiz 2000. Danach hatten gerichtliche Entscheidungen zum Sorgerechtsentzug fast immer eine lange Vorgeschichte gescheiterter „Hilfen".

6 Wortlaut der Gesetzestexte siehe Seite 270ff. in diesem Jahrbuch

7 Vgl. dazu die Literaturauswahl am Ende des Textes.

8 Statistisch werden Rückführungen nicht erfasst. Dass die meisten Pflegekinder dauerhaft in den Pflegefamilien bleiben, ist aus Schätzungen aller Fachleute und aus kleineren Studien (z.B.

Dies, obwohl

a) das Gesetz eine klare Entscheidung verlangt:

- für eine zeitlich befristete Unterbringung, wenn die Erziehungsbedingungen in der Herkunftsfamilie „innerhalb eines im Hinblick auf die Entwicklung des Kindes oder Jugendlichen vertretbaren Zeitraums" so weit verbessert werden können, dass sie das Kind oder den Jugendlichen wieder selbst erziehen kann[9] oder aber

- für eine „dem Wohl des Kindes oder Jugendlichen förderliche und auf Dauer angelegte Lebensperspektive", wenn „eine nachhaltige Verbesserung der Erziehungsbedingungen in der Herkunftsfamilie innerhalb dieses Zeitraums nicht erreichbar" ist (§§ 33, 37 SGB VIII).

b) auch das erforderliche Erfahrungswissen – nicht zuletzt aus der sozialpädagogischen Praxis der Jugendhilfe vorhanden ist.

3. In allzu vielen Fällen werden Umgangskontakte von Pflegekindern zur leiblichen Familie aufrechterhalten und auch gegen den Willen der Kinder durchgesetzt, obwohl die Kinder dadurch teils unmittelbar retraumatisiert, teils in pathologischen (Angst-)Bindungen oder entwicklungsschädigenden Helferrollen, z. B. für suchtabhängige Eltern, festgehalten werden, die ihre Integration in die Pflegefamilie behindern und den – insbesondere bei kleinen Kindern – oft noch möglichen und notwendigen Aufbau einer sicheren Eltern-Kind-Bindung verhindern oder zumindest schwerwiegend behindern.[10]

Dies, obwohl

a) das Gesetz vorsieht, dass das Gericht den Umgang einschränken oder ausschließen kann – sogar auf Dauer – „wenn andernfalls das Wohl des Kindes gefährdet wäre" (§ 1684 Abs. 4 BGB).[11]

Eckert-Schirmer: Einbahnstraße Pflegefamilie? Zur (Un)Bedeutung fachlicher Konzepte in der Pflegekinderarbeit. Arbeitspapier Nr. 25.1. Universität Konstanz, Sozialwissenschaftliche Fakultät 1997) bekannt. Inzwischen liegen auch aus einer repräsentativ angelegten Studie „Pflegekinderhilfe: Forster Care Service" des Deutschen Jugendinstitutes (DJI) und des Deutschen Institutes für Jugendhilfe und Familienrecht (DIJuF) erste Zahlen über geplante und realisierte Rückführungen vor – es sind weit weniger als von manchen gehofft: 11 bzw. 6 % (noch unveröffentlichter Bericht). Dennoch ist die „Offenhaltung" der Rückkehr-Option gängige Praxis.

9 Es gibt auch Fälle, in denen eine Rückführung misshandelter oder vernachlässigter Kinder möglich und dann auch geboten ist, wenn nämlich akute Krisen oder eine Überforderung (z.B. sehr junger Mütter) durch entsprechende Hilfen zu beheben sind. Aber: Dies sind Ausnahmen. In den meisten Fällen schwerwiegender Misshandlung oder Vernachlässigung liegen vielfältige Störungen der Einfühlungs-, Beziehungs- und Erziehungsfähigkeit vor, auf dem Hintergrund unzulänglicher eigener Eltern-Erfahrungen, auch mit Folgen wie Sucht oder psychischer Erkrankung.

10 Statistische Daten gibt es auch hierzu nicht. Umgangsausschlüsse sind in der Praxis jedoch kaum zu finden.

11 Allerdings ist hier ein besonderer Begründungsaufwand gefordert, weil § 1626 Abs. 3 BGB

b) neben reichlich vorhandenen Praxiserfahrungen aus dem Pflegekinderwesen auch Erkenntnisse aus der Scheidungsfolgenforschung zu nutzen wären, die übereinstimmend auf schädliche Konsequenzen von erzwungenen Umgangskontakten – insbesondere nach Gewalterfahrungen in der Familie – hinweisen.

Wenn also rechtliche und diagnostische Möglichkeiten im Kinderschutz nicht ausgeschöpft werden – woran liegt es? Wer ist schuld? Wer verantwortlich? Welche Bedingungszusammenhänge, welche System-Defizite lassen sich als Ursachen von solch gravierenden Fehlentscheidungen ausmachen?

3 Die Frage nach Schuld und Verantwortung

Fehlentscheidungen mit dramatischen Folgen, insbesondere wenn Kinder zu Tode kommen, lösen immer häufiger nicht nur Entsetzen über die Eltern, sondern auch Empörung über die „Verantwortlichen" in der Jugendhilfe – seltener in der Justiz – aus. Diese Reaktionen sind oft nachvollziehbar, aber selten hilfreich und bleiben meist ohne Konsequenzen.

Nach individueller Schuld aufseiten der Jugendhilfe ist neuerdings freilich – zu Recht – auch in aufwendigen Strafverfahren gesucht und geurteilt worden. Im „Osnabrücker Fall" etwa, in dem ebenfalls ein Kleinkind trotz ständiger sozialarbeiterischer Betreuung der Mutter verhungert war, hat eine Strafrichterin außerordentlich sorgfältige und verdienstvolle Arbeit geleistet, insbesondere mit Hinweisen auf strafmildernde Umstände für die Sozialarbeiterin, die sich – so das Urteil – aus ideologisch bedingten Ausbildungsdefiziten ergäben, wie sie aus den Gutachten eines Hochschullehrers und eines Spitzenfunktionärs der Jugendhilfe im Verfahren selbst erkennbar geworden seien. Weitere Strafverfahren sind inzwischen anhängig gemacht worden, so u. a. in Bremen und in Schwerin.

Zu kurz greift die Strafverfolgung allerdings zwangsläufig deshalb, weil sie lediglich einzelne BehördenmitarbeiterInnen zur Verantwortung ziehen kann, nicht aber diejenigen, die die Rahmenbedingungen der Entscheidungspraxis (mit-)bestimmen. Und dabei ist nicht nur und nicht in erster Linie an die zu Recht beklagte unzureichende materielle Ausstattung – also Zeit- und Personalmangel – zu denken. Vielmehr geht es vor allem um Mentalitäten, um ein Arbeitsklima, in dem

erklärt, dass der Umgang mit beiden Elternteilen „in der Regel zum Wohl des Kindes" gehört. Das ist von Scheidungskindern – und deren durchschnittlich guten Eltern-Kind-Beziehungen her gedacht, passt aber nicht für Pflegekinder mit ganz anderen – eben meist traumatisierenden – Familienerfahrungen.

ideologisch bedingte Machbarkeitsfantasien zu uneinlösbaren Anforderungen an die fallverantwortlichen SozialarbeiterInnen führen; unbequemes Fachwissen, das eingefahrenen Jugendhilfestrategien widerspricht, nicht vermittelt wird und eklatante Wissens- und Beratungsdefizite an der Basis in Kauf genommen werden..

Immerhin – in jüngster Zeit mehren sich die Stimmen in Medien und Politik, die nach eben solchen Zusammenhängen fragen und auf Aufklärung drängen. Im Fall des kleinen Kevin in Bremen ist zum ersten Mal eine systemorientierte Untersuchung veranlasst worden, die inzwischen auch veröffentlicht ist.[12] Mit ungewöhnlicher Sorgfalt werden hier auf 360 Seiten Bedingungen offengelegt, die letztlich die Katastrophe verursacht haben. Die Auswertung dieses Berichts ergibt Verantwortlichkeiten, die jenseits von individueller Schuldzuweisung im Bereich der Jugendhilfepolitik und der Ausbildungspolitik zu suchen sind. Der Bericht sollte verbindlicher Bestandteil der Aus- und Fortbildung von SozialarbeiterInnen, insbesondere aber Diskussionsstoff auf der Leitungsebene sein[13].

4   Überlegungen zu Fehlorientierungen im System der Jugendhilfe

Ich will im Folgenden versuchen, den hier nur beispielhaft aus dem Osnabrücker Urteil und dem Bremer Untersuchungsbericht zum Fall „Kevin" aufgegriffenen Hinweisen auf System-Defizite nachzugehen, die mir umso wichtiger erscheinen, als sich nirgends in diesen Berichten Anhaltspunkte für „böse Absichten", „kriminelle Energie" oder auch nur die bewusste Inkaufnahme einer schwerwiegenden Schädigung der betroffenen Kinder – geschweige denn ihres Todes bei den verantwortlichen Jugendamtsmitarbeiterinnen und -mitarbeitern finden lassen. Und dies gilt genauso für die Vielzahl der Fälle, in denen die genannten Fehlentscheidungen – wie oben ausgeführt – in der alltäglichen Jugendhilfepraxis vorkommen. Mit aller Vorsicht will ich deshalb Überlegungen dazu anzustellen, wie es trotz „guten Willens" dazu kommen kann, und stütze mich dabei auf Eindrücke, die ich bei einschlägigen Fachtagungen und Fortbildungsveranstaltungen, vor allem aber in Supervisions- und Beratungsgesprächen mit Pflegeeltern, JugendamtsmitarbeiterInnen und FamilienberaterInnen gewonnen habe. Ich formuliere im Folgenden zwei Thesen und erläutere ihre Konsequenzen.

---

12 Vgl. Bericht Kevin: Bremische Bürgerschaft, Drucks. 16/1381 v. 18.4.2007 und den Kommentar dazu von Ludwig Salgo unter www.agsp.de und in diesem Jahrbuch S. 185ff

13 An einigen Fachhochschulen ist dies bereits der Fall, z.B. an der FH Frankfurt in Kursen der Professoren Salgo und Zitelmann

These 1 zu Defiziten im Wissenstransfer

Rechtskenntnisse und psychologisch-pädagogisches Fachwissen sind in Jugendämtern weithin nicht in ausreichendem Maß vorhanden. Fortbildungen bzw. „Schulungen" vermitteln häufig nicht den kritischen Zugang zu wissenschaftlichen Erkenntnissen anhand entsprechender Literatur, sondern Meinungen, in die Vorurteile der oben skizzierten Art mehr oder weniger ungeprüft eingehen. Oft ist auch im Einzelfall der Zugang zu ExpertInnenwissen – vor allem als psychologisch-psychiatrische Beratung – versperrt oder unüblich.

Fehlende Rechtsberatung ist durchweg zu registrieren, vor allem deshalb kommt es vonseiten der Jugendhilfe so gut wie nie zu Beschwerden gegen Entscheidungen der Familiengerichte, was bei diesen wiederum ein bedauerliches Defizit an kritischer Überprüfung ihrer eigenen Sachkompetenz bedingt.

In der Meinungsbildung von JugendamtsmitarbeiterInnen ist infolgedessen viel juristisches und psychologisches „Falschgeld" im Umlauf, d. h. es kursieren falsche oder umstrittene Rechtsvorstellungen und widerlegte oder umstrittene psychologische Annahmen, die nicht als solche erkannt und diskutiert werden, sondern mit Wahrheitsanspruch strikt dogmatisch verwandt, eben „für bare Münze genommen" werden.

Rechtliche „Mythenbildung" dieser Art ist mir etwa in folgender Form begegnet:

- Ein Kind dürfe erst dann aus der Familie herausgenommen werden, wenn den Eltern alle denkbaren Hilfen angeboten worden seien und sich als erfolglos erwiesen hätten.
- Familienpflege sei grundsätzlich eine Institution auf Zeit, deshalb stets mit Rückkehroption zu versehen.
- Pflegeeltern müssten jederzeit bereit sein, ein Kind herauszugeben – dies könne mit ihnen auch vertraglich vereinbart werden.
- Ein Amtsvormund habe jederzeit – auch ohne besonderen Anlass – bei Tag und bei Nacht Zutritt zu seinem Mündel.
- Die Rechtsprechung des Europäischen Gerichtshofs für Menschenrechte verlange, dass fremd untergebrachte Kinder immer zu ihren leiblichen Eltern zurückgeführt werden.
- Der EuGHMR verlange, dass immer Umgangskontakte stattfinden müssten.
- Die Entscheidungen des EuGHMR seien für die deutschen Familiengerichte „rechtsverbindlich" – wie die Entscheidungen des Bundesverfassungsgerichts.

Die psychologische bzw. sozialpädagogische „Mythenbildung" bezieht sich vor allem auf Potenziale von Eltern und Kindern sowie auf die Wirksamkeit von Familienhilfen. So heißt es etwa:

- Kinder vergäßen frühe Erfahrungen.
- Kinder könnten in jedem Alter und zu jeder Zeit durch „sanfte Umgewöhnung" eine sichere Eltern-Kind-Bindung durch eine andere ersetzen.
- Jede Eltern-Kind-Bindung sei erhaltenswert, denn: „Eltern bleiben Eltern".
- Der Umgang mit den leiblichen Eltern sei immer im Interesse des Kindes.
- Ein Kind dürfe den Kontakt mit seinen leiblichen Eltern nicht aufgeben, weil es sonst von seinen Wurzeln abgeschnitten würde.
- Der Wille eines Kindes habe – weil immer beeinflusst – keine Bedeutung im Fall der Umgangsverweigerung.
- Eine gesunde Identität könne ein Kind nur im realen Kontakt mit seinen leiblichen Eltern entwickeln – wie und wer auch immer diese Eltern seien.
- Man könne Kindern nur über und durch ihre (leiblichen) Eltern helfen.

In all diesen pseudowissenschaftlichen Meinungen ist – wie mir scheint – eine Tendenz erkennbar, die einem weit über die Jugendhilfe hinaus sich ausbreitenden Zeitgeist entspricht: Danach kommt unveränderlichen biologischen Tatsachen ein absoluter Wert und stets Vorrang bei der Bewältigung menschlicher Konflikte zu, während psychologische Zusammenhänge beliebig herstellbar sind, dem sozialen Management zugänglich.

Wenn man von einer solchen Wertung ausgehen wollte, würde sich das staatliche Wächteramt über die Wahrnehmung von Elternrechten (nach Art. 6 Grundgesetz) etwa folgendermaßen darstellen:
- Eltern und die von ihnen gezeugten und geborenen Kinder gehören in jedem Fall zusammen.
- Ihre Erziehungsfähigkeit ist in jedem Falle – notfalls mit Mitteln der Jugendhilfe – herstellbar.
- Die positive psychische Eltern-Kind-Bindung ist ebenfalls in jedem Falle herstellbar.
- Nicht biologisch begründete, im Zusammenleben (z.B. der Pflegefamilie) entstandene Eltern-Kind-Bindungen sind nur zeitweise zu tolerieren und sind baldmöglichst aufzulösen.
- Die „sozial-familiär" gebundenen (Pflege-)Kinder können und müssen in jedem Falle in ihre Herkunftsfamilien zurückgeführt werden – notfalls mithilfe von Jugendhilfe und Justiz auch gegen den Willen der Beteiligten (Pflegeeltern und Pflegekinder).
- Durch die Rückführung bedingte psychische Belastungen sind in jedem Falle durch „sanfte Umgewöhnung" auf ein unschädliches Maß zu reduzieren.

Eine solche Auslegung des Art. 6 Grundgesetz entspricht jedenfalls nicht der in Jahrzehnten seit 1949 entwickelten hochdifferenzierten Interpretation des Spannungsverhältnisses von Eltern- und Kindesrechten durch das Bundesverfassungsgericht und durch die Rechtswissenschaft, die stets den Primat des Kindeswohls betont und Erkenntnisse der Bindungsforschung für eine angemessene Berücksichtigung faktischer Eltern-Kind-Verhältnisse einbezogen haben. Dennoch lassen sich in jüngster Zeit Elemente einer solchen Grundgesetz-Interpretation auch in gerichtlichen, sogar in höchstrichterlichen Entscheidungen ausmachen – vereinzelte Rückfälle hoffentlich und keine Trendsetter…

These 2 zu Defiziten in der professionellen Empathie-Balance
Den MitarbeiterInnen des Jugendamts sitzen, wenn es um die Intervention bei Vernachlässigung oder Misshandlung eines Kindes geht, meist die Eltern gegenüber, nicht das Kind. Auch Eltern, die ihre Kinder misshandeln oder vernachlässigen, sind aber keine „Monster", sondern eher unglückliche, sozial und psychologisch vielfältig benachteiligte oder auch geschädigte Menschen, die sichtbar „an ihren Kindern hängen" und glaubhaft beteuern, alles tun zu wollen, um ihr Kind nicht zu verlieren.

Einfühlung und ein soziales Gewissen legen dann den Gedanken nahe: Steht es mir als SozialarbeiterIn (oder auch als FamilienrichterIn) mit einem vergleichsweise privilegierten Schicksal zu, diesen Menschen das Wertvollste zu nehmen, was sie haben? Habe ich nicht Mittel in der Hand, um Ihnen zu guter Elternschaft zu verhelfen? Natürlich: ein Kita-Platz für das Kind, Erziehungsberatung für die Eltern oder eine Familientherapie, vielleicht eine sozialpädagogische Familienhilfe?

JugendamtsmitarbeiterInnen sind außerdem fast durchweg selbst Mütter und Väter (und wiederum: RichterInnen auch), und sie wissen, dass sie auch Fehler machen, vermutlich nicht die gleichen wie die vor ihnen sitzenden Eltern, aber vielleicht doch solche, die schwer wiegen. Da liegt auch der Gedanke nahe: Könnte man mir auch mein Kind wegnehmen? Ein unerträglicher Gedanke! Also: Es muss eine andere Lösung geben! Und wieder: Ich habe ja andere Möglichkeiten, die Eltern zu kontrollieren, dann passiert dem Kind schon nichts mehr: Kindertagesstätte, Beratung, Familienhilfe …

Beide Tendenzen sind Ergebnis einer unkontrollierten Empathie – sozusagen einer Überwältigung durch Mitgefühl, das alle anderen Erwägungen verdrängt. Es entwickelt sich ein starker Sog zur Identifikation mit den Eltern, und das sprachlose und unsichtbare Elend der Kinder gerät aus dem Blick oder verliert an Gewicht [14]. Wunschdenken lässt dann Hilfen für die Eltern als geeigneten Ausweg aus dem Dilemma erscheinen, auch wenn alles Erfahrungswissen dagegen spricht. Und wenn es dann doch zur Fremdplatzierung des Kindes kommt, werden Trostpflaster – auch gegen jede Erfahrung – verteilt: Die vage Hoffnung auf Rückkehr des Kindes wird unterstützt, ein großzügiges Umgangsrecht zugesichert.

Aus dem Blick gerät damit freilich auch, dass mit solchen Ausweichstrategien nicht nur das Kind oft dem gleichen Schicksal ausgeliefert wird, an dem seine

14   Vgl. dazu Niestroj, in diesem Jahrbuch, S. 121ff

Eltern gescheitert sind, sondern dass auch die Eltern durch unrealistische Erwartungen und Zumutungen in weitere Enttäuschungen, weitere Scheiterns- und Versagenserfahrungen hineingetrieben werden. Wenn man der drogenabhängigen Mutter, die schon mehrfach den Entzug nicht durchgestanden hat, im blinden Vertrauen auf einen erneuten Versuch ihr schwer vernachlässigtes Kind lässt oder zurückgibt mit der (erfahrungsgemäß unzureichenden) Unterstützung durch eine sozialpädagogische Familienhelferin oder auch mit einer Tagesbetreuung für das Kind, ist sie immer wieder „selbst schuld" und als Mutter gescheitert, wenn sie es trotz solcher Unterstützung nicht schafft, das Kind zuverlässig zu versorgen. Ebenso muss sie sich schuldig fühlen, wenn sie vereinbarte Umgangskontakte immer wieder versäumt, mit dem Kind nichts Rechtes anzufangen weiß oder aber bei ihm immer wieder Hoffnungen auf baldige Rückkehr weckt und enttäuscht.

Dagegen kann es durchaus gelingen, bei dieser Mutter Einsicht in die Notwendigkeit einer Trennung von ihrem Kind zu wecken, als Respekt gebietende Leistung, mit der sie dem Kind ein besseres Leben ermöglicht als sie selbst es hatte. Das erfordert allerdings in Gesprächen aufseiten der SozialarbeiterInnen oder BeraterInnen eine klare Haltung – Einfühlung in die Mutter ebenso wie in das gefährdete Kind und eine realistische Einschätzung der Entwicklungsmöglichkeiten von beiden. Diese Balance der Gefühle stellt immer wieder hohe Anforderungen und bedarf nicht nur einer besonderen Bewusstmachung schon im Rahmen der Ausbildung, sondern auch der mindestens zeitweise wiederholten Nutzung von persönlicher Supervision als Form der Selbstreflexion, die auch eigene biografisch geprägte Tendenzen kontrollieren hilft.

5   Bilanz

Im Ergebnis dieser Überlegungen wären demnach den allgemeinen Reformbemühungen im Kinderschutz zwei zentrale Forderungen zur Seite zu stellen, um Fehlentscheidungen in der Jugendhilfe entgegenzuwirken:

- Zum einen muss eine wissenschaftlich fundierte Aus- und Fortbildung sowie eine kompetente Einzelfallberatung auf rechtlichem wie psychologisch-pädagogischem Gebiet gewährleistet werden.
- Zum anderen ist die frühe Anleitung und wiederholte Unterstützung einer professionellen Empathie-Kontrolle durch Supervision unverzichtbar.

Literatur-Auswahl
zur Bedeutung der Erkenntnisse von Entwicklungspsychologie, Bindungs-
und Traumaforschung für Interventionen bei Kindeswohlgefährdung

A. Übersichten zum aktuellen Stand der einschlägigen psychologischen Forschung

Brisch, Karl-Heinz/Grossmann, Klaus E./Grossmann, Karin/Köhler, Lotte (Hg.): Bindung und seelische Entwicklungswege, Klett-Cotta, 2002

Dornes, Martin: Die frühe Kindheit, Entwicklungspsychologie der ersten Lebensjahre, Fischer TB, 1997

Köckeritz, Christine: Entwicklungspsychologie für die Jugendhilfe, Juventa Verlag, 2004

Sachsse, Ulrich/Özkan, Ibrahim/Streeck-Fischer, Annette, (Hg.): Traumatherapie – Was ist erfolgreich? Vandenhoeck & Ruprecht, 2002

B. Literatur zu Misshandlung, Missbrauch, Vernachlässigung

Bender, Doris/Lösel, Friedrich: Risiko- und Schutzfaktoren in der Genese und Bewältigung von Misshandlung und Vernachlässigung. In: Egle U./Hoffmann S./Joraschky P. (Hg.): Sexueller Missbrauch, Misshandlung, Vernachlässigung, 2. Aufl., Schattauer Verlag, 2000. S. 58 ff.

Engfer, Anette: Kindesmisshandlung und Vernachlässigung. In: Oerter, R./Montada, L. (Hg.): Entwicklungspsychologie. Ein Lehrbuch. 3. vollständig überarbeitete und erweiterte Auflage. Weinheim 1995. S. 960-966.

Fegert, Jörg M.: Die Auswirkungen traumatischer Erfahrungen in der Vorgeschichte von Pflegekindern. In: Stiftung um Wohl des Pflegekindes (Hg.). 1. Jahrbuch des Pflegekinderwesens. Schulz-Kirchner Verlag, 1998. S. 20 - 31.

Fegert, Jörg M.: Kommunikation mit Kindern und Konstrukte, die unser Verständnis von Kindern in der professionellen Wahrnehmung erleichtern. In: Evangelische Akademie Bad Boll (Hg.): Protokolldienst 4/99. Anwalt des Kindes: Qualitätsanforderungen eines neuen Arbeitsfeldes. Interessenvertretung für Kinder in gerichtlichen und in behördlichen Verfahren. Fachtagung vom 3. bis 5. Februar 1999 in der Evangelischen Akademie Bad Boll. 2. erweiterte Auflage. S. 1-15.

Fegert, Jörg M.: Sexuell missbrauchte Kinder und das Recht. Ein Handbuch zu Fragen der kinder- und jugendpsychiatrischen und psychologischen Untersuchung und Beurteilung. Bd. 2., Volksblatt Verlag, 1993

Harnach-Beck, Viola: Ohne Prozessqualität keine Ergebnisqualität. Sorgfältige Diagnostik als Voraussetzung für erfolgreiche Hilfe zur Erziehung. In: Peters, Friedhelm (Hg.): Diagnosen, Gutachten – hermeneutisches Fallverstehen: rekonstruktive Verfahren zur Qualifizierung individueller Hilfeplanung, Internationale Gesellschaft für erzieherische Hilfen, 1999. S. 27-48.

Heilmann, Stefan: Kindliches Zeitempfinden und Verfahrensrecht. Neuwied 1998

Herman, Judith Lewis: Die Narben der Gewalt: Traumatische Erfahrungen verstehen und überwinden. Jungfermann Verlag, 1994

Hirsch, Mathias: Realer Inzest: Psychodynamik des sexuellen Missbrauchs in der Familie. 2. überarbeitete Auflage. Psychosozial Verlag, 1990

Löser, Hermann: Kinder alkoholtrinkender Mütter: Folgen, Pflege und Erfahrungen zur Hilfe. In: Stiftung zum Wohl des Pflegekindes (Hg.) 1. Jahrbuch des Pflegekinderwesens. Schulz-Kirchner Verlag, 1998. S. 91-105.

Marquardt, Claudia; Lossen, Jutta: Sexuell missbrauchte Kinder in Gerichtsverfahren: Juristische Möglichkeiten zum Schutz sexuell missbrauchter Kinder in Gerichtsverfahren. Votum Verlag, 1999.

Nienstedt, Monika: Zur Verarbeitung traumatischer Erfahrungen: Einfühlendes Verstehen im Umgang mit Anpassung, Übertragung und Regression. In: Stiftung zum Wohl des Pflegekindes (Hg.): 1. Jahrbuch des Pflegekinderwesens. Schulz-Kirchner Verlag, 1998, S. 52 ff.

Schone, Reinhold u. a.: Kinder in Not. Vernachlässigung im frühen Kindesalter, Votum Verlag, 1997

Schone, Reinhold/Wagenblass, Sabine: Wenn Eltern psychisch krank sind. Kindliche Lebenswelten und institutionelle Handlungsmuster. Juventa Verlag, 2002

Dettenborn, Harry: Kindeswohl und Kindeswille. Ernst-Reinhardt Verlag, 2001

Zenz, Gisela: Sekundärtraumatisierungen von misshandelten und missbrauchten Kindern im gerichtlichen Verfahren. In: Klosinski, Gunther (Hg.): Macht, Machtmissbrauch und Machtverzicht im Umgang mit Kindern und Jugendlichen. Huber Verlag, 1995. S. 91-108.

Zitelmann, Maud: Kindeswohl und Kindeswille im Spannungsfeld von Pädagogik und Recht. Beltz Verlag, 2001

C. Literatur mit spezifischem Bezug zur Fremdunterbringung

Doukkani-Bördner, Astrid: Umgangskontakte und Kindeswohl von Pflegekindern. Ein Beitrag aus der anwaltlichen und gerichtlichen Praxis. In: Bundesverband der Pflege- und Adoptivfamilien (Hg.): Kindeswohl 02/2000, S. 9 ff.

Goldstein, Joseph/Freud, Anna/Solnit, Albert: Jenseits des Kindeswohls: Weitere Bemerkungen zur Anwendung des Standards der am wenigsten schädlichen Alternative. Suhrkamp TB, 1991

Hédervári, Éva: Implikationen der Bindungsforschung in Bezug auf die stationäre Fremdunterbringung von kleinen Kindern. In: Deutsche Liga für das Kind in Familie und Gesellschaft (Hg.): Neue Erkenntnisse der Bindungsforschung, 1996. S. 68-98.

Hopp, Henrike/Lambeck, Susanne/Hüther, Gerald/Siefert, Steffen: Traumatisierte Kinder in Pflegefamilien und Adoptivfamilien 2002

Kindler, Heinz: Umgangskontakte bei Kindern, die nach einer Kindeswohlgefährdung in einer Pflegefamilie untergebracht werden: Eine Forschungsübersicht. In: Das Jugendamt 12/2005, S. 541 ff.

Kindler, Heinz/Lillig, Susanne/Küfner, Marion: Rückführung von Pflegekindern nach Misshandlung bzw. Vernachlässigung in der Vorgeschichte: Forschungsübersicht zu Entscheidungskriterien. In: Das Jugendamt 1/2006, S. 9 ff.

Klußmann, Rudolf/Stötzel, Berthold: Das Kind im Rechtsstreit der Erwachsenen, 2. Auflage, Ernst Reinhardt Verlag, 1995

Nienstedt, Monika/Westermann, Arnim: Pflegekinder und ihre Entwicklungschancen nach frühen traumatischen Erfahrungen. Völlig überarbeitete Neuauflage, Klett-Cotta, 2007

Salgo, Ludwig: Umgang mit Kindern in Familienpflege – Voraussetzungen und Grenzen. In: FuR 8/2004, S. 419.

Stiftung zum Wohl des Pflegekindes (Hg.): 3. Jahrbuch des Pflegekinderwesens. Kontakte zwischen Pflegekind und Herkunftsfamilie. Schulz-Kirchner Verlag, 2004. Mit Beiträgen von Ludwig Salgo, Helma Hassenstein/Bernhard Hassenstein, Martina Cappenberg, Annette Streeck-Fischer, Sunke Himpel/Gerald Hüther, Monika Nienstedt, Arnim Westermann, Mériem Diouani, Jörg M. Fegert, Henrike Hopp, Heinzjürgen Ertmer und Paula Zwernemann.

Stiftung zum Wohl des Pflegekindes (Hg.): Traumatische Erfahrungen in der Kindheit – langfristige Folgen und Chancen der Verarbeitung in der Pflegefamilie. Schulz-Kirchner Verlag, 2005. Mit Beiträgen von Gert Jacobi, Ulrich T. Egle, Martin Dornes und Hildegard Niestroj.

Stiftung zum Wohl des Pflegekindes (Hg.): Bindung und Trauma – Konsequenzen in der Arbeit für Pflegekinder. Schulz-Kirchner Verlag, 2006. Mit Beiträgen von Karl-Heinz Brisch, Lore Maria Peschel-Gutzeit, Christine Köckeritz und Oliver Hardenberg.

Stiftung zum Wohl des Pflegekindes (Hg.): 4. Jahrbuch des Pflegekinderwesens. Verbleib oder Rückkehr?! – Perspektiven für Pflegekinder aus psychologischer und rechtlicher Sicht. Schulz-Kirchner Verlag, 2007. Mit Beiträgen von Roland Schleiffer, Ludwig Salgo, Claudia Marquardt, Arnim Westermann, Helga Mikuszeit, Heinzjürgen Ertmer, Christoph Malter/Birgit Nabert, Ricarda Wilhelm und 10 Gerichtsbeschlüsse zum Thema „Verbleib oder Rückkehr".

Zenz, Gisela, Konflikte um Pflegekinder, in: Salgo, Ludwig u. a. (Hg.): Handbuch Verfahrenspflegschaft für Kinder und Jugendliche, Bundesanzeiger Verlag 2002, S. 217-236.

Hildegard Niestroj

Indikatoren von Kindeswohlgefährdung – Risikoeinschätzung in der Fallarbeit *

1 Vorrang des Kindeswohls bei einer Interessenkollision zwischen Kindeswohl und Elternrecht

Ein Kind ist darauf angewiesen, dass Eltern ihre eigenen Belange in Einklang bringen mit den Bedürfnissen des Kindes, so dass dieses in seiner Entwicklung keinen Schaden nimmt. Die allgemein anerkannten Werte, wie Achtung vor dem Leben, Integrität, Recht und Gerechtigkeit, gelten auch und insbesondere für das Kind und sind ihm rechtlich zugesichert. Es ist vollwertiger Träger eigener Menschenwürde und hat als Grundrechtsträger Anspruch auf den Schutz des Staates.[1] Ist das körperliche, geistige oder seelische Wohl eines Kindes gefährdet – insbesondere sein Leben, seine Gesundheit oder seine psychische Integrität – so ist alles daran zu setzen, die Gefährdungslage dieses Kindes durch geeignete Maßnahmen abzuwenden und ihm den erforderlichen Schutz zu gewähren.

Es liegt in der Natur der Sache, dass ein Kind, das beispielsweise nachts ins Bett gemacht hat, nicht grausam verprügelt, mit Fußtritten traktiert und dann stundenlang in einem Zimmer einsperrt werden darf. Oder dass ein 2 ½-jähriges Mädchen, welches mit schweren vaginalen Blutungen ins Krankenhaus eingeliefert wird, nicht denjenigen Menschen überlassen und mit nach Hause gegeben werden kann, die für diese Misshandlung zur Rechenschaft zu ziehen sind. Auch darf ein hilfloser Säugling nicht einer Person in Obhut gegeben werden, die – rauschgiftabhängig – sich bereits seit Jahren in der Drogenszene aufhält und unfähig ist, sich um die eigenen Belange, geschweige denn um die eines Kindes, zu kümmern. Denn es gibt Wertmaßstäbe, die sowohl für den einzelnen Menschen als auch für das soziale Miteinander unverzichtbar sind und auf die sich jeder verlassen können will und muss. Dazu gehört, dass man ein Kind nicht an Leib und Leben schädigt.

---

* Dies ist eine erweiterte Fassung meines Vortrags „Indikatoren von Kindeswohlgefährdung – Risikoeinschätzung in der Fallarbeit", der am 24.11.2006 auf der Jahrestagung der Landesarbeitsgemeinschaft für Erziehungsberatung in Hessen e.V. zum Themenschwerpunkt „Gefährdete Kinder in der Beratung. Der § 8a in der Erziehungsberatung" gehalten wurde und in verkürzter Form im EB-Kurier 2007 veröffentlicht ist.

1 Zur Bindung des Elternrechts an das Kindeswohl siehe BVerfGE 24, 119, 144, FamRZ 1968, 578; Jestaedt, Art. 6 Rn 35, 146 ff.; Zum Menschenbild des Grundgesetzes siehe Staudinger-Coester § 1666, Rz. 111.

Diese klare Übereinkunft gerät jedoch ins Wanken, sobald es um ein innerhalb der familialen Bindung geschädigtes Kind geht.[2] Wird plötzlich deutlich, dass ein Kind nicht vor einer Schädigung durch *irgendjemanden* geschützt werden muss, sondern vor den realen lebensbedrohlichen Erfahrungen durch die eigenen Eltern oder einen Elternteil, bauen sich scheinbar unüberbrückbare Hindernisse gegen die realistische Wahrnehmung dieser schwer zu ertragenden Wirklichkeit auf, die zu massiver Verdrängung, Verleugnung oder Verharmlosung führen können.

Traumatologen weisen auf die besonders intensiven Vorurteile und Abwehrprozesse hin, mit denen bei familialer Traumatisierung besonders dann zu rechnen ist, wenn zusätzlich noch Tabuthemen angesprochen sind, wie z. B. Kindesmissbrauch.[3] Die extremen Erfahrungen des Kindes werden übergangen, in ihrer schwerwiegenden Bedeutung unterschätzt oder völlig ausgeblendet, so dass von Seelenblindheit gegenüber den Opfern gesprochen werden muss.[4]

2 Traumatische Erfahrungen des Kindes innerhalb der familialen Bindung

Ist ein Kind traumatischen Erfahrungen innerhalb der familialen Bindung preisgegeben und in extremer Weise Hilflosigkeit und Angst ausgesetzt, nimmt es gerade durch diejenigen Erwachsenen Schaden, auf deren Schutz und Hilfe es sich in seiner Abhängigkeit absolut verlassen muss, also in der Regel durch die Eltern. Für das Kind bedeutet dies eine innere Katastrophe. Hilflos ist es in solch einer Situation diesen ausgeliefert, obwohl es doch gerade in dem Moment das drängende Bedürfnis hat, von sorgenden Eltern gehalten und gerade von ihnen vor dieser schlimmen Erfahrung geschützt zu werden. Sein Vertrauen in die Eltern wird dadurch zerstört, so dass es sich in ihrer Gegenwart kaum mehr wird sicher fühlen können.

Warum reagiert ein geschädigtes Kind seinen Eltern gegenüber oftmals nicht mit Entsetzen, Empörung, Ablehnung, Wut oder Hass, sondern sucht stattdessen ängstlich deren Nähe? Zu erinnern sei hier beispielsweise an den Fall Kevin aus Bremen. Hier entschied der zuständige Sozialarbeiter, das Kind trotz seiner offensichtlichen Gefährdung durch den Vater bei diesem zu belassen. In einem Aktenvermerk notierte der Jugendamtsmitarbeiter in seiner Funktion als Casema-

---

2   Achtet man in solch einem Interessenkonflikt nicht mit Akribie darauf, um **welche Interessen** es geht, hebelt die Frage, wessen Interessen auf dem Spiel stehen, erstere leicht aus. Dies insbesondere dann, wenn widerstreitende erwachsene Personen in den Interessenkonflikt involviert sind. Siehe hierzu Niestroj (2002), Rn. 1081, 1116.

3   Fischer u. Riedesser (1999), S. 184, S. 180 ff., S. 339 f.

4   Streeck-Fischer (1999), S. 13 ff.

nager, dass eine Inobhutnahme nicht nötig sei, da „eine gute Beziehung zwischen dem Jungen und dem Vater existiere."[5] Im Falle des von seinen Eltern schwer vernachlässigten und an Unterernährung zu Tode gekommenen 2-jährigen Benjamin-Pascal aus Stresow war die Familienrichterin trotz der insgesamt sieben Anträge des Jugendamtes nicht zu einem Entzug bzw. zur Einschränkung der elterlichen Sorge zu bewegen mit der Begründung, die Kinder – d. h. Benjamin-Pascal und seine Geschwister – würden doch ihre Eltern lieben.[6] Bei Lydia aus Osnabrück hatte ein Arzt des Krankenhauses, in welchem sie mit 5 Monaten zwischenzeitig untergebracht war, als Zeuge bekundet, das Kind habe sich über das regelmäßige Erscheinen seiner Mutter gefreut.[7]

Was bewirkt eine familiale Traumatisierung beim Kind? In der traumatischen Situation versagen seine individuellen Bewältigungsmöglichkeiten. Die normalen Anpassungsstrategien sind in dieser extremen Belastungssituation völlig überfordert: Handeln hat keinen Sinn mehr, Widerstand oder Flucht sind in solch einer Situation unmöglich. Das Kind kann weder dagegen ankämpfen, denn dazu ist es zu schwach, noch aus der Gefahr fliehen. Ihm bleiben nur noch Fluchtwege nach innen: Es verdrängt die beängstigenden Erfahrungen, idealisiert die misshandelnden oder vernachlässigenden Eltern und identifiziert sich mit ihnen als Aggressor.[8]

5 Wiegand und Moreno, S. 9; dieselben halten in dem Artikel (Süddeutsche Zeitung vom 21.10.2006) fest, der zuständige Sozialarbeiter habe der Staatsanwaltschaft auf deren Anfrage hin mitgeteilt, dass die Eltern sehr um das Wohl des Kindes bemüht seien. In der FAZ vom 17.10.2006 heißt es, dass das Jugendamt das Kind bei seinem Vater gelassen habe, da dieser ein „inniges Verhältnis" zu Kevin gehabt habe. Siehe auch Hellwig und Jeska, S. 17: Der Arzt, der Kevins vermeintlichem Vater seit drei Jahren Methadon verabreichte, kannte sowohl die Mutter als auch Kevin. „Die Eltern gingen immer liebevoll mit ihm um", sagte er, und dass „der Bernd" verzweifelt gewesen sei, als seine Freundin starb. Er habe sie geliebt. Er habe seinen Sohn geliebt. Die aktuellen Darstellungen der Presse wurden im Nachhinein bestätigt: a) in der vom Staatsrat Ulrich Mäurer erstellten Dokumentation über die Abläufe und Zusammenhänge im Todesfall Kevin K. vom 31. Oktober 2006; b) im „Bericht des Untersuchungsausschusses zur Aufklärung von mutmaßlichen Vernachlässigungen der Amtsvormundschaft und Kindeswohlsicherung durch das Amt für Soziale Dienste" vom 18. April 2007.

6 Mündliche Mitteilung des Jugendamtsleiters vom Jerichower Land – am 20. März 2006 in Halle bei einer Informationsveranstaltung des Landesverwaltungsamtes Sachsen-Anhalt – im Anschluss an mein Referat zum Thema: Sicherung des Kindeswohls – Wie behalte ich das Kind im Mittelpunkt? Hier erfuhr ich auch, dass die Geschwister Benjamin-Pascals erst über ihre schlimme Lage zu sprechen begannen, nachdem sie erfahren hatten, dass ihre Eltern in Haft sind. Siehe Niestroj 2007.

7 Bringewat (1997), S. 129. Ebenso in Mörsberger und Restemeier (1997), S. 113: „Dem Arzt war bekannt, dass die Mutter dem Kind liebevoll zugetan war und das Kind seinerseits diese Zuneigung erwiderte."

8 Nienstedt u. Westermann (2007) S. 70; Shengold (1995), S. 2. Den Vorgang der Introjektion, d. h. das In-sich-Aufnehmen der Gewalt durch das Opfer, den Ferenczi als Internalisierungsprozess beschrieben hat, ergänzt der Traumatologe Hirsch durch den der gewaltsamen Ich-Grenzen überschreitenden Implantation durch den Täter, welcher der Introjektion und (partiellen) Identifikation vorangestellt ist. Siehe hierzu Hirsch (2000), S. 126 ff. Wie Säuglinge die Misshandlung als Opfer

Zu erinnern sei hier an den Begriff „Stockholm-Syndrom", entstanden durch die Solidarisierung der bei einem schweren Banküberfall genommenen Geiseln mit ihrem eigenen Peiniger. Abwehrmechanismen wie: Identifikation mit dem Aggressor, Leugnung, Spaltung und Formen der Dissoziation[9] sind psychologische Notfallmaßnahmen, die dem Kind kurzfristig helfen, in einer unbewältigbaren Situation psychisch zu überleben. Doch der Preis dafür ist hoch: Die psychische Integrität wird mitsamt der eigenen Lebendigkeit preisgegeben. Stattdessen entwickelt das Kind ein gefügiges falsches Selbst,[10] hinter dem es seine innere Realität verbirgt.

Bei länger andauernden Erfahrungen durch schwerwiegende Vernachlässigung, Misshandlung oder Missbrauch ist in der Regel von chronischen und komplexen Traumatisierungen auszugehen. Sie führen zu einer dauerhaften Erschütterung des Selbst- und Weltverständnisses des betroffenen Kindes, d. h. zu schweren Entwicklungs-, Bindungs- und Persönlichkeitsstörungen[11] sowohl im Hinblick auf das Selbst, die Umwelt wie auch auf die soziale Beziehungsfähigkeit.[12] Alle Bereiche der kindlichen Entwicklung können schwerwiegend beeinträchtigt sein.[13] Im Inneren hinterlassen die überwältigenden Erfahrungen tief greifende Spuren und beschädigen bzw. zerstören den Selbstschutzmechanismus. Konfrontationen mit der früheren Umwelt führen dabei nach allem, was wir unterdessen aus der Traumaforschung wissen, immer wieder von Neuem zu unerträglichen Stresssi-

---

erfahren und gleichzeitig gezwungen sind, sich als Teilnehmer der misshandelnden und verletzenden Aktivität zu fühlen und so Misshandlung lernen, dazu die interessante Ausführung von Dornes 2006, S. 99 ff.

9   Siehe Eckers (2003), S. 121 ff.; Julius u. Stolz (2003), S. 53; van der Kolk (1998), S. 27 f.; Overkamp (2002), S. 14 f.; Hirsch (2000) führt hierzu aus: „In der traumatischen Situation selbst kommt ein Spaltungsmechanismus vor, der als „Abschalten" von Affekten, aber auch des Körper-Selbst zu verstehen ist, da das Erleben der eigentlich dem Trauma entsprechenden überwältigenden Affekte nicht auszuhalten wäre...Die Dissoziation hat die Funktion, das Böse, die Gewalt des Traumas auf die abgespalteten Anteile zu projizieren, um „gute" Teile des Selbst zu erhalten (ähnlich wie bei der Spaltung von Objektbildern, bei denen ein Objekt alles Negative auf sich vereinigt, damit das positive Objekt erhalten bleiben kann)"; ders., S 131 f.

10 Zum Konzept Winnicotts (1984) vom wahren und vom falschen Selbst siehe S. 191 ff.; Fischer u. Riedesser (1999) weisen auf die Veränderung der Ich- und Identitätsentwicklung als regelmäßige Folge schwerer Traumatisierung hin, wozu narzisstische Wut und Verletzlichkeit, geringe Selbstachtung, Entfremdungsgefühle, paranoide Vorstellungen, Fantasien von Rache und Vergeltung sowie hohe Sensibilität gegenüber unempathischem Verhalten gehören; S. 193 f. Herman (1993), S. 150: „Bei chronischem Missbrauch in der Kindheit wird deshalb Spaltung zum zentralen Merkmal der Persönlichkeitsstruktur. Bewusstseinsspaltung verhindert die übliche Integration von Wissen, Gedächtnis, Gefühlen und körperlichen Erfahrungen. Eine Spaltung der inneren Selbstbilder verhindert die Integration der Identität." Siehe auch Steele (2002), S. 137 ff.; Bürgin u. Rost (2000), S. 172; Nienstedt u. Westermann (2007), S. 71 f., S. 244 ff.

11 Hierzu insbesondere Brisch (1999), S. 75 ff.

12 Streeck-Fischer, Kepper, Lehmann, Schrader-Mosbach (2002), S. 54.

13 Siehe Bürgin u. Rost (2000), S. 171; Hüther (2002), S. 30 f.

tuationen mit Angstüberschwemmung, so dass das Kind nicht zur Ruhe kommen kann und die Narben der seelischen Verletzung immer wieder aufbrechen.[14]

Für die jedem Kind zustehende Entwicklung zu einer selbstbestimmungsfähigen Persönlichkeit mit dem Recht auf Entfaltung der eigenen Wirksamkeit innerhalb der sozialen Gemeinschaft bedeutet diese schwere Beschädigung eine lebenslange Hypothek. Ist ein Kind unerträglichen Erfahrungen von schwerer Bedrohung mit Angst vor Vernichtung und damit einer andauernden Kindeswohlgefährdung durch die eigenen Eltern ausgesetzt, so müssen wegen seiner Gefährdungslage die schädigenden Lebensbedingungen beendet[15] und das Kind vor weiterer Traumatisierung dauerhaft geschützt werden.[16]

3   Zur realistischen Wahrnehmung von Kindeswohlgefährdung

Je jünger ein Kind ist, desto stärker benötigt es die unmittelbare Befriedigung seiner elementaren Bedürfnisse nach Versorgung, Ernährung und Gesundheitsfürsorge. Säuglingsalter und frühe Kindheit sind Lebensabschnitte, in welchen das Kind absolut auf das fürsorgliche Handeln erwachsener Pflegepersonen angewiesen ist. Von daher ist das Vorhandensein einer emotional nahen und verlässlichen Bezugsperson der beste Schutz. Hingegen ist wegen seiner existenziellen Abhängigkeit bei chronischer Unterversorgung mit schwersten Folgewirkungen zu rechnen.[17] Diese können zu Schädigungen sowohl der körperlichen, geistigen als auch seelischen Entwicklung führen, und darüber hinaus akut zu lebensbedrohlichen Situationen,[18] oder wie bei Lydia, Benjamin-Pascal und Kevin zum Tod.

Nach Dettenborn ist Kindeswohlgefährdung „die Überforderung der Kompetenzen eines Kindes, vor allem der Kompetenzen, die ungenügende Berücksichtigung seiner Bedürfnisse in seinen Lebensbedingungen ohne negative körperliche

---

14   Zu den psychobiologischen Auswirkungen von Angst und Stress des Kindes auf sein Gehirn, siehe: Egle et al., S. 417 ff.; van der Kolk, S. 30-33; Hüther (2003), S. 94 ff.; Was im Kopf eines Pflegekindes los ist beim Besuchskontakt, beschreibt eindrucksvoll: Lambeck, S. 65 ff.

15   Fegert (1998) stellt fest, dass „die häufig gefürchteten Trennungseinschnitte insgesamt eine geringere Bedeutung als die jahrelangen negativen Einwirkungen von Misshandlung, Vernachlässigung, Missbrauch oder der Kombination dieser Belastung haben." S. 22.

16   ‚Zum Schutz des Kindes durch das Recht' siehe: Heilmann u. Salgo (2002), S. 957 ff.

17   Vernachlässigung wird nach Dornes (2005, S. 99, in Anlehnung an Engfer 1986 und Wetzels 1997) verstanden „als schwere und dauerhafte Vernachlässigung der grundlegenden körperlichen und seelischen Bedürfnisse des Kindes nach Schutz, Nahrung, Sauberkeit, bedarfsgerechter alltäglicher und medizinischer Versorgung und affektiver Kommunikation." Die verschiedenen Formen von Kindesmisshandlung haben – nach Cantwell (2002), S. 516 – langfristig (und kurzfristig) erhebliche negative Auswirkungen auf die weitere seelische Entwicklung des Kindes.

18   Fegert, in Salgo et al (2002) Handbuch Verfahrenspflegschaft, Rn 425.

und/oder psychische Folgen zu bewältigen."[19] Durch die Mängellage wird die Bedürfnislage ignoriert.

Probleme bei der Wahrnehmung des persönlichen Wohls eines Kindes[20] können dazu führen, dass selbst im Falle einer Kindeswohlgefährdung seine existenzielle Notlage ausschließlich als Sache der Eltern angesehen[21] und die bestehende Interessenkollision übergangen wird. Dann kreisen trotz des erforderlichen Kinderschutzes alle Gedanken weiterhin rund um die bedürftigen Eltern.[22]

Ist man gewillt, sich ein realistisches Bild von der Mängellage des Kindes zu verschaffen, gehört in der Folge auch dazu, dass die Sachverhalte nicht beschönigend dargestellt werden, sondern die Wortwahl der Gefährdungssituation des Kindes angemessen ist. Leider sucht man in Fallkonferenzen, schriftlichen Berichten, gutachterlichen Stellungnahmen oder auch Aktenvermerken oftmals vergeblich danach, dass die Dinge klar beim Namen genannt sind.

- Der lieblose Umgang von Eltern mit ihrem 5-jährigen Sohn – wozu auch Prügel auf offener Straße zählen – ist kaum realistisch zu umschreiben mit den Worten: „Die Eltern bemühen sich nach Kräften, den Erziehungsanforderungen gerecht zu werden."

- Die Tatsache, dass ein vernachlässigtes Mädchen weiterhin ohne Frühstücksbrot hungrig in den Kindergarten kommt und darauf angewiesen ist, dass andere ihm etwas abgeben, findet kaum seine Entsprechung in der Formulierung: „Die Mutter ist im Laufe der Zeit schon viel selbstbewusster geworden und traut sich unterdessen auch, offen ihre Meinung zu sagen."

- Die panikartigen Ängste eines kleinen Pflegekindes bei einem gerichtlich angeordneten Besuchskontakt mit seiner – laut Untersuchungsergebnis – erziehungsunfähigen Mutter finden kaum Ausdruck, wenn es im Bericht heißt: „Die Mutter wirkt noch recht unsicher bei allem, was sie tut, und ist von daher weiterhin auf die Unterstützung der Umgangsbegleiterin angewiesen."

---

19 Dettenborn (2001), S. 51, S. 55.
20 Vernachlässigung ist wahrscheinlich die häufigste Form der Kindesmisshandlung, aber auch die in der Öffentlichkeit am wenigsten wahrgenommene, Dornes, 1997, S. 232.
21 Jacobi (2008) stellt fest, dass Kindesmisshandlung und Neglect praktisch als Privatsache der Eltern bzw. Familie aufgefasst werden, wenn beispielsweise Mitarbeiter von Jugendämtern, familienbetreuende Kinderkrankenschwestern oder Hebammen zwar mit den Müttern sprechen, die Kinder selbst aber oft überhaupt nicht zu sehen bekommen. Den gesamten Problemkreis Kindesmisshandlung versucht man, allein aus der Perspektive der Erwachsenen zu beleuchten und nicht aus der des Kindes, das sich häufig noch nicht artikulieren könne und das unser aller Hilfe bedarf. S. 73.
22 Fazit des Sonderermittlers Ulrich Mäurer in seinem Untersuchungsbericht über Kevin aus Bremen: „Die Wünsche und Interessen der Eltern seien Richtschnur des Handelns gewesen, nicht das Kindeswohl." Siehe Hellwig (2006). Vgl. hierzu den „Fall Sabine", wo bis zur Installation einer Verfahrenspflegerin ebenfalls die Wünsche und Interessen der Eltern im Vordergrund standen, Niestroj (1996), S. 503 ff.

Um sich ein wirklichkeitsnahes Bild von der Gefährdungssituation eines Kindes zu verschaffen, reicht die elterliche Perspektive nicht aus, – einschließlich harmonisierender Bekundungen über deren gute Absichten, welche an der bitteren Realität nichts ändern, sondern im Gegenteil einer Veränderung zum Schutz des Kindes entgegenstehen.[23]

Den Schilderungen von Eltern, welche ausschließlich mit sich und ihren eigenen Problemen beschäftigt sind, ist stets mit innerem Vorbehalt zu begegnen. In Bezug auf das Wohl des Kindes wird seine Situation verharmlost, die Behörde gezielt irregeführt[24] oder auch gelogen, dass sich die Balken biegen. Auch muss man gefasst darauf sein, dass Eltern unter Tränen beteuern, von nun an alles nur Erdenkliche zu tun, um den Erwartungen ihres Gegenübers zu entsprechen, dann aber ihr Wort nicht halten (können). Um eine Rückführung Kevins zu erreichen, versprach der vermeintliche Vater, mit dem Jungen zu seiner Mutter zu ziehen. Er machte der Behörde weiß, dass dies unterdessen ginge, da der Ehemann seiner Mutter, mit dem es immer Streit gegeben hatte, nach einer Krankheit gestorben sei. Zu spät – d. h. erst nach dem Tod Kevins – stellte sich heraus, dass der Ehemann der Mutter lebt und der Vater mit Kevin dort gar nicht war, da die Mutter wegen der schweren Gewalttätigkeiten ihres Sohnes den Kontakt abgebrochen hatte.[25] Im „Fall Benjamin-Pascal" war das „Verschwinden" des Jungen den Behörden zwar aufgefallen, doch wurden diese von den Eltern immer wieder abgespeist mit so genannten „Informationen", wie: Benjamin-Pascal sei bei den Großeltern bzw. der Tante, obwohl der Junge längst tot war.[26]

Es bedarf der wachen Aufmerksamkeit, um sich von mitleiderregenden Eltern nicht hineinziehen zu lassen in Bagatellisierungs- oder Leugnungstendenzen, bzw. Aggressivität oder auch Gleichgültigkeit gegenüber einem Kind.[27] Kinder,

---

23 Zur Verkennung von verfassungsrechtlich verankerten Schutzpflichten in der Kinder- und Jugendhilfe mit der Forderung einer schonungslosen Aufarbeitung der Fehlentwicklungen siehe insbesondere Salgo (2006), S. 533.

24 Dass die Angaben der Eltern über deren Umgang mit ihrem Kind kaum überprüft wurden, stellte im „Fall Kevin" auch der Sonderermittler Mäurer (S. 52) fest. Siehe Hellwig (2006), a.a.O.

25 Siehe hierzu Frankfurter Allgemeine Sonntagszeitung vom 05.11.2006, Nr. 44, Politik 5.

26 Am 17. Sept. 04 war Benjamin-Pascal das letzte Mal lebend von einer Amtsperson gesehen worden. Im März 2005 starb er an Unterernährung und wies bei der Obduktion deutliche Spuren von Vernachlässigung auf. Benjamin-Pascal war bereits ein Jahr lang tot, als im psychologischen Gutachten die Erziehungsunfähigkeit der Eltern verneint wurde (am 17. Feb. 2006), auch wenn der Fall laut Gutachter als „grenzwertig" anzusehen sei. Erst am 28. Feb. 2006 wurde die Leiche des Jungen gefunden, nachdem auf Betreiben einer aufmerksamen Ärztin die Polizei wegen der Vernachlässigung und Misshandlung des kleinen Bruders eingeschaltet wurde und die Polizeibeamten bemerkten, dass von den sechs Kindern eines fehlte. Siehe hierzu Niestroj (2007). Dass es in der Kinder- und Jugendhilfe bei Kindeswohlgefährdung keine kinderschutzfreie Zone geben darf, darauf weist Salgo ausdrücklich hin. Ein Datenaustausch sei bei Gefährdung des Kindeswohls auch bei internem und externem Zuständigkeitswechsel zulässig und u. U. zwingend, etwa bei einem Umzug der Familie. Salgo in Ziegenhain u. Fegert (2007), S. 23.

27 Hierzu Niestroj (2002) in HB-VP, Rn 1091 ff.

deren Eltern ihre Impulse nicht steuern können (bei Alkohol- oder Drogenabusus, schwerer psychischer Erkrankung, Langzeitarbeitslosigkeit oder häuslicher Gewalt), leben riskant und gehören somit zur Risikogruppe.[28] Auch hat ein Kind nicht die Funktion, die psychisch kranken oder suchtmittelabhängigen Eltern zu stabilisieren. Dies ist ausschließlich die Aufgabe professioneller Helfer. Bei Kindern, die physische Schädigungen durch Misshandlung in der Familie erleiden müssen, kommt Jacobi zu der ernüchternden Feststellung, dass die ziemlich verbreitete Vorstellung einer Veränderbarkeit der Erziehungsbedingungen durch Erziehungshilfen, eine fürsorgerische oder psychotherapeutische Betreuung in der Regel reines Wunschdenken ist.[29] Misshandelnde Eltern, insbesondere die Gruppe der vernachlässigenden, sind Therapien oder anderen Formen der Einflussnahme und Beratung nur schwer zugänglich.[30] Gezielte Studien zum Therapieerfolg bei Eltern misshandelter, missbrauchter oder vernachlässigter Kinder haben ergeben, dass, selbst wenn sich in der Therapie deutliche Veränderungen in der Persönlichkeit und den Lebensumständen der Eltern abzeichnen, sich in einer großen Zahl der Fälle Misshandlungen, Missbrauch oder Vernachlässigung der Kinder noch über Jahre fortsetzen.[31]

Die sozialpsychologischen Abwehrstrategien[32] „Elternschonung", „Elternanklage", „Neutralitätslösung" und „Opferbeschuldigung" verhindern oder erschweren zumindest die realistische Wahrnehmung von Kindeswohlgefährdung. Die „Neutralitätslösung" als eine dem Therapeuten oftmals anempfohlene Haltung in Viktimisierungssituationen suggeriert, dass man sich in einer Täter-Opfer-Konstellation „neutral" verhalten könne, obwohl man dadurch Partei nimmt für die Täterin/den Täter und gegen das Opfer (nicht zu verwechseln mit Abstinenz, was bedeutet, seine Eigeninteressen völlig zurückzustellen). „Hat sich das reduzierte Wahrnehmungsmuster erst einmal eingestellt", so ist der „hedonistische Gewinn"

28 Seagull (2002), S. 252 ff.
29 Jacobi, S. 18 f. Prof. Dr. Jacobi war 30 Jahre lang Leiter der Abteilung für pädiatrische Neurologie am Zentrum für Kinderheilkunde und Jugendmedizin der Johann Wolfgang Goethe-Universität Frankfurt am Main. Zu dieser speziellen Thematik siehe auch Jacobi (2008) mit umfassenden Forschungsergebnissen. Seagull weist darauf hin, dass Kinder, die von ihren Eltern physisch misshandelt werden, auch in ihren emotionalen Bedürfnissen ungesättigt bleiben, S. 255.
30 Zu den ernüchternden Forschungsergebnissen siehe Dornes, 1997, S. 235 ff.; Zenz, in Salgo et al (2002), Rn 547; Kindler, S. 104; siehe auch Fischer u. Riedesser, S. 285 f. zur transgenerationalen Weitergabe des Traumas an die nächste Generation.
31 Zenz, in Salgo et al (2002), Rn. 546 mit Hinweis auf Dornes, 1997, S. 235 ff.; vgl. hierzu auch Steele, S. 845 ff.
32 Siehe Fischer u. Riedesser (1999), S. 180-187, 342, 346. Elternschonung erspart eine Desillusionierung, Elternanklage eine Ablösung von den eigenen Eltern und das Erwachsenwerden. Zur Tendenz der Abwehrstrategie Elternschonung siehe Jacobi (2008) mit diversen Beispielen S. 51, 67, 71, 73, 89. Zur „Opferbeschuldigung" des Kindes seitens der Eltern erhellend Jacobi (2008): „Bei Kindern unter einem Jahr wird am häufigsten die Diagnose „vom Kind selbst verschuldeter Unfall"gestellt, fast immer aufgrund von falschen Angaben ihrer Eltern über das, was wirklich stattgefunden hat, nämlich eine Misshandlung." S. 50.

beträchtlich: die Beobachterin/der Beobachter ist der Verantwortung enthoben und kann sich narzisstisch als friedfertigen Menschen aufwerten, der sich den Niederungen des Kampfes fernhält."[33] Die Neutralitätslösung lässt sich nach Fischer und Riedesser nur bei großer Distanz von den Erlebnis- und Handlungsperspektiven der beteiligten Personen oder Gruppen aufrechterhalten. Nicht uninteressant ist in diesem Zusammenhang die Tatsache, dass im „Fall Kevin" der Casemanager den Jungen selbst nur ein einziges Mal auf einer Fallkonferenz gesehen hat.[34]

Hinweisen auf die Gefährdungssituation eines Kindes muss in jedem Fall nachgegangen und auf die Signale rasch reagiert werden. Der Datenschutz stellt hierbei keinen Hinderungsgrund dar, denn die Kindeswohlorientierung hat eindeutig Vorrang.[35] Im „Fall Kevin" aus Bremen (siehe hierzu auch Ludwig Salgo in diesem Jahrbuch S. 185ff.) fühlten sich folgende Personen und Institutionen zur Gefahrenabwehr verpflichtet und meldeten sich telefonisch oder schriftlich beim Jugendamt:

- die Ärzte aus Kevins Geburtsklinik,
- die Polizei wegen diverser gravierender Gefährdungssituationen bzw. Schädigungen des Kindes,
- die Fachklinik, in welcher die Eltern zusammen mit Kevin zur Entgiftung waren,
- Ärzte der Kinderklinik, als sie Kevins diverse Verletzungen – laut Vater hervorgerufen durch das Gitterbettchen und eine betrunkene Nachbarin, die ihn zu fest gedrückt hätte – zweifelsfrei als Misshandlungsfolgen diagnostizierten;
- Kevins Kinderarzt wegen Kindeswohlgefährdung durch auffällige Gewichtsabnahme des Säuglings und seiner Blutarmut,
- der Anwalt des Vaters, da er sich Sorgen um Kevin machte, weil sein Mandant zur Aggressivität neige und er die gesamte Situation als sehr kritisch einschätzte,
- die Familienhebamme, nachdem sie gesehen hatte, wie die Eltern vor dem Gesundheitsamt vergeblich versucht hatten, Kevin zu füttern, was nicht gelang, weil sie so stark Drogen konsumiert hatten; dieselbe, um sich nach dem Tod der Mutter über Kevin zu erkundigen, wobei sie vom Sozialarbeiter aggressiv angegangen wurde, was sie denn für ein Interesse an diesem Fall habe,
- die Familienrichterin, welche nachfragte, inwieweit erkennbar sei, ob und dass Bernd K. als verantwortliche Beziehungsperson in Betracht käme, wobei die Gefahr eines erheblichen Beigebrauchs von Drogen bei einer Substitution mit Methadon von ihr thematisiert wurde,

---

33 Fischer u. Riedesser (1999), S. 184, 346.
34 Otto in: Berliner Zeitung (DEU) vom 01.11.2006.
35 Wiegand und Moreno in der SZ vom 21.10.06; FAZ vom 1.11.2006.

- die Staatsanwaltschaft, welche wegen Verletzung der Fürsorgepflicht und fahrlässiger Körperverletzung ermittelte und eine schriftliche Stellungnahme des Jugendamts erbat,[36]
- der Leiter des Kinderheimes – in welchem sich der Junge aufhielt – bei beabsichtigter Rückführung Kevins zum Vater durch das Jugendamt. Gleichzeitig dokumentierte er den Fall Kevin zur Vorlage beim Vorstand des Vereins und nannte ihn aus Datenschutzgründen „Patrick",
- die Tagesmutter, welche das Jugendamt über die blauen Flecken Kevins am ganzen Körper und einer Wunde am Fuß informierte,
- Kevins Großmutter, die dem Sozialamt schrieb, sie habe Kevin seit dem 4. Juli 2006 nicht mehr gesehen.

Kann eine Gefährdungslage des Kindes nicht ausgeschlossen werden, ist mit ganzer Konzentration der Blick auf das Kind selbst zu richten. Es empfiehlt sich, dessen gesamte Lebens- und Entwicklungsgeschichte mitsamt der zu befürchtenden Schädigungen und langfristigen Auswirkungen genau zu erfassen, wobei eine tabellarisch geordnete Erfassung der Lebensgeschichte des Kindes die Strukturierung des Zeitgefühls wirksam unterstützt. Zudem kann dadurch der Prozesscharakter des Geschehens transparent werden. Das Wissen von „Wann?", „Woher?", „Wohin?", „Wie lange?" ist hier von grundlegender Bedeutung, zumal schwer traumatisierte Menschen oft nicht in zeitlichen Zusammenhängen denken können.[37] Weiterhin ist eine sorgfältige kinderpsychologische Diagnostik[38] wichtig, wobei auf Symptome einer posttraumatischen Belastungsstörung besonders zu achten ist, wie: nächtliche Albträume, Panikattacken, unerträgliche wiederkehrende Erinnerungen an das traumatische Geschehen, bewusstes Vermeiden von Orten oder Menschen, welche die Erinnerungen an die traumatisierenden Ereignisse wachrufen könnten, gestörte Affektregulierung mit erhöhter Reizbarkeit oder Wutausbrüchen.

Versucht man sich einzufühlen in die Lage des Kindes und fragt nach seinem subjektiven Erleben, schält sich allmählich ein realistischeres Bild über seine spezielle Konfliktlage heraus, die es ermöglicht, seine Perspektive gegen Gefährdungen, Schädigungen und Fehlentwicklungen einzunehmen. Die Anerkennung

---

36 Laut Wiegand und Moreno (SZ v. 21.10.06) teilt der Sozialarbeiter der Staatsanwaltschaft genau dasselbe mit, „was er ein paar Tage zuvor schon dem Anwalt Bernd K.s mitgeteilt hat: Die Eltern seien sehr um das Wohl des Kindes bemüht, und der Kinderarzt teile mit, dass der Junge gut versorgt werde." Dass der davor zurückgeschreckt wurde, selbst die Staatsanwaltschaft falsch zu informieren, geht aus einer späteren Gesprächsaufzeichnung hervor. Derselbe Kinderarzt sprach sich einige Monate später gegenüber dem Sozialarbeiter eindeutig gegen eine Rückführung Kevins zum Vater aus und erhärtete diese Einstellung, indem er äußerte, „er halte Bernd K. für die Knochenbrüche aus dem vergangenen Jahr für verantwortlich."

37 Siehe hierzu Besser (2002, S. 180.

38 Westermann (1998), S. 32 ff.

der schlimmen Realität ist auch deswegen unerlässlich, weil das Kind selbst leicht an der Realität des Vorgefallenen zweifelt. Seine realistische Wahrnehmung der Wirklichkeit ist jedoch zu bekräftigen, statt zu labilisieren. Denn, so sagt der Traumatologe Hirsch: „Nicht nur das Gewaltgeschehen selbst, sondern auch die vom Täter verunmöglichte Klärung, Auseinandersetzung und Realitätsanerkennung wirken traumatisch."[39]

Im Falle einer Kindeswohlgefährdung ist alles zu tun, damit eine Schädigung des Kindes verhindert wird. Um die Gefahr abwenden zu können, muss man sich aus ganzer Kraft mit dem betroffenen Kind – zumindest passager – identifizieren. Hierbei ist eine vorrangig elternzentrierte bzw. familientherapeutische Sicht mit Allparteilichkeit und gleich schwebender Aufmerksamkeit für das Familiensystem als Ganzes zu verlassen.[40] Die Wahl der Lösungsstrategien kann und darf nicht mehr dem betroffenen System überlassen bleiben. Dazu muss jedoch die Fantasie aufgegeben sein, dass dem gefährdeten Kind in jedem Fall über ein geändertes Verhalten der Eltern zu helfen sei, mit der Vorstellung: Wenn es den Eltern besser geht, geht es auch dem Kind besser. Denn dieser Grundsatz gilt nur so lange, wie das Kindeswohl nicht gefährdet ist. Im Konfliktfall tritt das Kindeswohl an vorderste Stelle.

4 Mangelnde Berücksichtigung kindlicher Bedürfnisse[41] und deren Folgen am Beispiel des Kindes Lydia T.

Was es für einen Säugling bedeuten kann, wenn seine Grundbedürfnisse unbefriedigt bleiben und er von Verlassenheitsgefühlen bis hin zu Angst vor Vernichtung bedroht ist, möchte ich am Beispiel von Lydia T.[42] darstellen. Es ist der Versuch,

---

39 Hirsch (2000), S. 133. Siehe hierzu auch Balint (1970), der betont, dass die Leugnung des Geschehens zur vollen Traumatisierung führt; derselbe, S. 353.

40 Siehe Salgo (2007), S. 16, der betont, dass die beim systemischen Ansatz geforderte Ressourcenorientierung keinesfalls als Verharmlosung oder Leugnung von Problemlagen verstanden werden darf.

41 Zu den grundlegenden Bedürfnissen des Kindes siehe: Fegert (1999), S. 326 f.; Dettenborn (2001), S. 51 ff; Diouani (2005), S. 38 ff. Das Vorenthalten der Befriedigung lebensnotwendiger Grundbedürfnisse durch die Eltern kann aktiv oder unbewusst erfolgen, oder aufgrund mangelnden Wissens bzw. mangelnder Verständnismöglichkeit. Mit Blick auf die Persönlichkeitsstruktur vernachlässigender Eltern wird das Phänomen des so genannten „Apathienutzlosigkeitssyndroms" beschrieben. Eltern, die in schweren sozialen Problemen stecken oder an einer Depression erkrankt sind, sind wenig in der Lage, die notwendige Empathie für die Bedürfnisse eines Säuglings zu entwickeln. Steele spricht davon, dass die mangelnde Einfühlung der Pflegepersonen daran hindert, das Hungergeschrei eines kleinen Kindes wirklich zu „hören" bzw. zu „sehen", dass das Kind nicht im erforderlichen Umfang zunimmt. Siehe hierzu Fegert, in Salgo et al (2002), Rn 424, 426 und 431; Steele, S. 128.

42 Dieser – hier gekürzte – Beitrag wurde von mir im Rahmen einer Podiumsdiskussion während einer

sich dem Erleben eines vernachlässigten Kindes anzunähern. Die Annäherung an seine Gefühle bedeutet auch, sich selbst ein Stück weit diesen unerträglichen Erfahrungen auszusetzen (d.h., ich mute Ihnen hier auch etwas zu!).

Der 6 Monate alte Säugling Lydia war verhungert und verdurstet in der völlig verwahrlosten Wohnung der Kindesmutter aufgefunden worden. Bei seiner Obduktion wurde festgestellt, dass er an Herz-Kreislaufversagen bei hochgradiger Auszehrung und Austrocknung auf nicht natürliche Weise gestorben ist.

4.1 Grundbedürfnis: Einen Platz im Leben und im Erleben einer sorgenden Person haben

Was hätte Lydia gebraucht?
Um einen sicheren Platz im Leben, d. h. in der Welt zu haben, hätte Lydia einen Menschen benötigt, der für sie da war, ihr die notwendigen Bedingungen für das Leben bereitstellte und ihr damit das Recht auf eine eigene Existenz einräumte. Lydia war darauf angewiesen, zu fühlen und zu erleben, dass sie am rechten Platz war.

Was erfuhr sie real?
Lydia blieb ein geschützter Platz in ihrem kurzen Leben vorenthalten. Bei ihrer Geburt konnte sie sich kaum erwartet fühlen. Sie war bereits geboren, als Nachbarn aus der Obdachlosenunterkunft die völlig verwahrloste Wohnung so herrichteten, dass ein Neugeborenes zumindest Obdach finden konnte. Bergeweise wurde von den Nachbarn Müll aus der unglaublich verdreckten Wohnung geschafft. Die Mutter hatte der zweiten Schwangerschaft mit Grauen entgegengesehen. Bereits während der pränatalen Zeit war Lydia starkem Stress ausgesetzt, denn ein Kind nimmt im Uterus an der Gefühlswelt der Mutter teil. Während Lydias pränataler Zeit kam es zu starken Familienzwistigkeiten mit Trennung der Eltern. Als Lydia geboren wurde, war bereits aufgefallen, dass dem Bruder die notwendige Aufmerksamkeit und Pflege vorenthalten wurde. Sein Po war stark gerötet und wund und an einigen Stellen sogar blutig.

4.2 Grundbedürfnis: Stabile Bindungen

Was hätte Lydia benötigt?
Zu Beginn des Lebens ist die psychische, körperliche und soziale Entwicklung des Säuglings noch eng miteinander verknüpft, so dass er bei der täglichen Nahrungsaufnahme und Pflege die enge seelische und körperliche Verbundenheit mit

---

Fortbildungsveranstaltung zum Thema „Kindeswohl, staatliches Wächteramt und Garantenpflicht des Jugendamtes" eingebracht. Siehe Niestroj (2001), S. 10-14.

der Mutter ersehnt. Das tägliche Miteinander bei der Pflege und Ernährung des Säuglings bildet den Hauptanteil seiner Lebenserfahrungen.

Was erlebte Lydia?
Der von Lydia schmerzhaft erlebte Mangel durch fehlende mütterliche Bindung signalisierte ihr Gefahr. Wenn das Baby in Stresssituationen ganz besonders der mütterlichen Nähe bedurfte, wenn es Schutz vor Hilflosigkeit und Ohnmacht erhoffte, so war diese häufig – weder emotional noch konkret – erreichbar. Weinend blieben Lydia und der nur ein Jahr ältere Bruder Peter oft allein in ihren Bettchen, während die Mutter nachts weg war. Den panikartig aufsteigenden Ängsten war Lydia allein ausgeliefert, hatte niemanden, an den sie sich wenden und der sie in ihren Verlassenheitsängsten hätte auffangen können.

4.3 Grundbedürfnis: Ernährung

Was hätte Lydia gebraucht?
Die Nahrungsaufnahme des Säuglings dient – neben der Sättigung – vom ersten Saugen an der Brust der Mutter auch einem kommunikativen Akt zwischen Mutter und Kind, bei dem in frühen Interaktionserfahrungen Nähe und Zärtlichkeit erlebt werden. Kann dieses Bedürfnis befriedigt werden, entsteht beim Säugling das Gefühl des Wohlbefindens, das zur Ausbildung des Urvertrauens führt. Es entsteht ein positives inneres Bild, das auch später in schwierigen Situationen trägt. In den ersten Lebensmonaten der frühkindlichen Entwicklung erfasst der Säugling seine Welt überwiegend durch den Mund. Ist die Nahrung gut, so ist die ganze Welt gut, ist sie schlecht, so ist auch die ganze Welt schlecht und der Säugling nimmt ein böses, unberechenbares Weltbild auf, das seine Grundstimmung prägt.

Was erlebte Lydia?
Lydia erlebte eine lieblose Umwelt mit hohem Gewaltpotenzial, menschenverachtende Destruktivität, Aggressivität und Streit. Die innere – und oftmals auch äußere – Abwesenheit der Mutter überforderte das Baby über das erträgliche Maß hinaus, setzte es unter Stress, der zu hoher Anspannung, Appetitlosigkeit bis hin zur Abwendung von seiner Umwelt führte. Lydia erkrankte an Brechdurchfall, ihre Nahrungsaufnahme war gestört. Sie litt an Hunger und Durst, konnte nichts bei sich behalten und hatte doch ein ungestilltes Verlangen nach einer gut verträglichen Nahrung. In ihrem seelischen Bedürfnis nach Sättigung war sie nicht gehalten.

Bereits ein Neugeborenes kann den Geruch der Mutter von dem einer anderen Person unterscheiden. Es reagiert auch auf das Gefühl von Ekel.

Was gehörte zum realen Erleben Lydias?

- ekelerregender starker Urin- und Kotgeruch in der völlig verdreckten Wohnung,
- das Babyfläschchen mit Milchrest und Maden,
- das schmutzige Geschirr, z.T. mit Schimmel bedeckt,
- am Boden: Müll, der Kot des Hundes, der Schnuller, das Babyfläschchen.

4.4 Grundbedürfnis: Pflege des Säuglings

Was hätte Lydia benötigt?

Damit Lydia sich hätte als Baby gesund entwickeln können, hätte zu ihrem Wohlbefinden die tägliche liebevolle Pflege gehört. Über die sensiblen Hautempfindungen werden von dem Baby sowohl die zärtlichen Berührungen als auch Schmerz, Wärme und Kälte wahrgenommen. Als Lydia an Windeldermatitis erkrankte, wäre sie auf eine besonders sorgfältige tägliche Pflege angewiesen gewesen. Scheuerten die Hautschichten aneinander, was gerade im Windelbereich besonders unangenehm ist, hätte eine vorsichtig aufgetragene Paste Linderung bringen können. Ein entzündungshemmender Badezusatz lindert zudem den unerträglichen Juckreiz. Wäre das Baby wesentlich öfter trockengelegt worden und hätte im frisch bezogenen Kinderbettchen auch zwischendurch einmal ohne Windel frei strampeln können, wären die entzündeten Stellen schnell abgeheilt. Zudem hätte der scharfe Urin nicht so schmerzlich auf der wunden Haut gebrannt, so dass Lydia nicht jedes Mal hätte weinen müssen, wenn sie musste. Unerlässlich wäre auch die peinliche Sauberkeit des Wickeltischs gewesen.

Was hat Lydia real erfahren müssen?

Schon als Säugling von 7 Wochen musste Lydia in verschmiertem Bettzeug liegen. Später waren Bettzeug und Matratze nicht einmal mehr bezogen und – wie auch das Kinderbettchen selbst – extrem mit Kot verschmiert. Gewickelt wurde sie auf der mit Kot und Urin verdreckten Wickelkommode, die in der Küche stand. Von hier aus begann sie mit ihren immer geschickter werdenden Händchen, die Welt begreifen zu wollen. Dabei steckte sie alles in den Mund, was für sie erreichbar war.

Statt mit Windeln gewickelt zu werden, welche auf ihre Größe und das Gewicht abgestimmt gewesen wären, wurde Lydia in die viel zu großen Windeln des 1-jährigen Peter gesteckt, die ihr bis unter die Arme gingen und nach unten hin fast bis an die Kniekehlen reichten. Wegen ihrer dünnen Beinchen floss an den Seiten leicht alles heraus, besonders wenn sie einmal aus ihrem Bettchen herausgehoben wurde. Die viel zu großen Windeln störten sie und schränkten ihre Bewegungsfreiheit ein, so dass das Strampeln zur Anstrengung wurde. Stundenlang lag sie in ihren eigenen Exkrementen. Die feuchte Kühle spürte sie unangenehm auf ihrer Haut.

Manchmal brannte die wunde Haut wie Feuer. Bei unerträglichem Juckreiz konnte sie sich nicht einmal durch Kratzen vorübergehend Linderung verschaffen. Denn in ihren Bewegungen war sie noch zu ungeschickt. Und später, als sie zunehmend schwächer wurde und beinahe schon wieder das Geburtsgewicht wog, während andere Säuglinge ihr Gewicht verdoppelt hatten, reichten ihre Kräfte nicht mehr aus, um selbst den Schmerz etwas zu lindern.

4.5   Grundbedürfnis: Schutz vor Reizüberflutung

Was hätte Lydia dringend benötigt?
Damit das Baby vor einer Reizüberflutung und damit vor einem frühen psychischen Trauma geschützt gewesen wäre, hätte alles zur Befriedigung seiner Grundbedürfnisse getan werden müssen. Das Verlassensein von einer haltenden Mutter und das Vorenthalten der Befriedigung lebensnotwendiger Grundbedürfnisse rufen im Säugling Todesangst hervor. Das unreife Ich kann die bedrohlichen Affektstürme nicht integrieren, so dass der Organismus gezwungen ist, Notfallmaßnahmen auszulösen, um den Säugling vor Vernichtung zu retten. Die primäre Depression ist ein Kompromiss zwischen Schock (Sterben) und Abwehr. Lydia hätte bei der Abfuhr der unerträglich werdenden Spannungszustände rechtzeitig den Halt und die einfühlsame Unterstützung durch eine tragfähige mütterliche Betreuungsperson gebraucht. Denn fühlt man sich geliebt, so steht das für Lebendigkeit, fühlt man sich verlassen, droht Vernichtung.

Was hat sie real erfahren?
Bei Lydia erwuchs durch das extrem ambivalente und feindselige Verhalten der Mutter Todesangst. Der schädigenden Reizüberflutung war sie schutzlos ausgeliefert. Die notwendige Unterstützung bei der Reizregulierung und das Gefühl des Gehaltenseins blieben ihr verwehrt.

4.6   Grundbedürfnis: Gesundheitsfürsorge

Worauf wäre Lydia dringend angewiesen gewesen?
Lydia war nicht in der Lage, die diffusen Angstzustände vor Vernichtung und Todesgrauen in ihrer Unerträglichkeit länger auszuhalten. Die tödliche Bedrohung des Babys konnte nur vorübergehend durch affektmotorische Stürme mit Strampeln und Schreien abgewehrt werden, bis es in eine Art Ruhezustand fiel oder im Schock ins Nichts abglitt. Es wäre auf jeden Tag, jede Stunde, jede Minute angekommen, in der Lydia ärztliche Hilfe noch hätte zuteilwerden können.

Was erfuhr Lydia?

Lydia fühlte sich verlassen, ausgeliefert und ohnmächtig. Die Welt muss für sie untergegangen sein. Langsam erlosch ihr Lebenslicht. Niemand war da, der die lebensbedrohliche Situation für sie noch einmal zum Guten wendete. Ihr Verhungern hatte bereits begonnen, was an ihrem greisenhaften und faltigen Gesicht und den eingefallenen Augäpfeln hätte erkannt werden können. Im Zustand der schockartigen Lähmung fielen die letzten vitalen Funktionen von ihr ab. Die brennenden Wunden auf der Haut spürte sie kaum noch, der quälende Hunger wurde nicht mehr erlebt. Ihre Lebensgefahr war von der unerfahrenen jungen Familienhelferin nicht erkannt worden. Ärztliche Hilfe blieb aus, denn in Lydias letzten Lebenstagen hatte die sozialpädagogische Familienhelferin zum vereinbarten Arztbesuch vergeblich mehrmals vor der Wohnungstür gestanden. Die Mutter hatte nicht geöffnet. Der herbeigerufene Notarzt konnte nur noch Lydias Tod feststellen.

Resümee

Bestehen vor einer Fallübernahme Zweifel in Bezug auf die Sicherung des Kindeswohls innerhalb der Familie, so ist diesen in jedem Fall nachzugehen und eine kritische Bestandsaufnahme mit realistischer Einschätzung der spezifischen Situation des Kindes vorzunehmen.

Bei einer Mängellage ist nur diejenige öffentliche Hilfe angebracht, die zur Abwehr der Gefährdungslage des Kindes geeignet ist.[43] Die Wiederherstellung bzw. Verbesserung der Erziehungsbedingungen hat in einem der kindlichen Entwicklung angemessenen Zeitraum zu geschehen. Kann dieses Ziel durch ambulante Maßnahmen nicht rechtzeitig erreicht werden oder sind Veränderungen in der Herkunftsfamilie von vornherein aussichtslos, ist eine auf Dauer angelegte Lebensperspektive zu erarbeiten.[44]

Gradmesser für eine genügend tragfähige Basis auch während eines Beratungs- und/oder Therapieprozesses ist und bleibt, dass das Kind bei den Bewältigungsversuchen seiner schwierigen Lebenssituation – auch langfristig – keinen Schaden nimmt.

Absolut überfordert sind die Kompetenzen eines Kindes, wenn es als therapeutisches Mittel wirken soll zur Gesundung der psychisch schwer kranken oder sucht-

43 Heilmann u. Salgo (2002), S. 967.
44 Heilmann, S. 126 ff. Hierzu auch Salgo (2000), Rz. 36: „Die Gefährdungslage des Kindes und die fundierte Einschätzung hinsichtlich der Veränderungspotentiale bei Eltern, insbesondere im Hinblick auf das Kindesalter und dessen Vorbelastungen, können es durchaus angezeigt erscheinen lassen, von vornherein die auf Dauer angezeigte Lebensform anzustreben (§ 37 Rz. 12; vgl. insbes. hierzu § 34 Rz. 11). Siehe hierzu auch Zenz, in Salgo et al (2002), Rn 684 f.

mittelabhängigen Eltern und dadurch abermals missbraucht wird.[45] Es sei daran erinnert: Der Drogentherapeut ist qualifiziert für die Behandlung der abhängigen Eltern, so dass zu erwarten ist, dass er primär deren Interessen im Blick hat.

Eine Schädigung des körperlichen, geistigen oder seelischen Wohls des Kindes darf auch nicht in Kauf genommen werden, um ihm die schmerzhafte Trennung von seinen Eltern zu ersparen. Denn Trennungseinschnitte haben insgesamt eine weniger schädigende Wirkung als die jahrelangen negativen Einwirkungen von Misshandlung, Vernachlässigung und Missbrauch.[46]

Bei chronischen und komplexen Traumatisierungen eines Kindes ist die Trennung von den Eltern unvermeidlich. Denn ein innerhalb der familialen Bindung schwer traumatisiertes Kind kann nicht in und mit seiner Herkunftsfamilie gesunden. Vielmehr fordert ein geistig-seelischer Gesundungsprozess die kritische Distanzierung von der traumatischen Erfahrungswelt.

Der Ausheilungsprozess braucht Jahre und ist für ein Kind ungeheuer schwer auszuhalten, – insbesondere die sich um das Trauma gruppierenden schweren Folgewirkungen. Kann ein schweres psychisches Trauma nicht ausheilen, besteht die Gefahr einer Chronifizierung.

Um sich ablösen zu können aus den pathogenen Bindungen dysfunktionaler Familienverhältnisse benötigt das Kind die sichere Distanz zu den angstauslösenden Bindungspersonen.[47]

Die Verarbeitung des Traumas kann erst erfolgen, wenn die Traumatisierung endgültig beendet und das Kind nicht weiterhin dem schädigenden Einfluss des Täters ausgesetzt ist.[48]

Das gilt auch und gerade für Umgangskontakte. Wenn das Kind durch diese hineingezogen ist in das Verleugnungssystem der Herkunftsfamilie, wenn eine realistische Verarbeitung des überwältigenden Geschehens dadurch verhindert[49] und der Gesundungsprozess zunichte gemacht wird,[50] so ist das Kind erneut einer Kindeswohlgefährdung ausgesetzt. In diesen Fällen ist in der Regel ein Ausschluss der Umgangskontakte unvermeidbar, um den erforderlichen sicheren Rahmen zu schaffen.[51]

---

45 Jacobi (2005), S. 19.
46 Fegert (1998), S. 22.
47 Zenz (2000), S. 325 ff.
48 Fischer u. Riedesser (1999) weisen auf die Unterbrechung des Gewaltzyklus in Familien mit einer mehrgenerationalen Tradition von Kindesmisshandlung und/oder sexuellem Missbrauch von Kindern hin, S. 227.
49 Herman (1993) betont: Erkennt das Opfer den traumatischen Ursprung seiner psychischen Schwierigkeiten, muss es diese nicht mehr auf einen angeborenen Persönlichkeitsdefekt zurückführen, womit der Weg frei werde für die Entstehung neuer Erfahrungen und einer neuen, nicht beeinträchtigten Identität. Dieselbe, S. 176. Diese Chance darf dem Kind nicht genommen werden.
50 Siehe hierzu Niestroj (2005) S. 144, mit weiterführenden Hinweisen.
51 Salgo (2004) S. 49, S. 17 ff.; Westermann (2004) S. 158 ff. Hierzu Diouani, S. 187: „Der aufrechterhaltene Umgang zwischen Pflegekind und Herkunftseltern ist in Fällen schwerer

Für ein geschädigtes Kind sind Schutz und Sicherheit existenziell. Die Herstellung der äußeren Sicherheit hat dabei oberste Priorität, denn ohne äußeren Schutz kann sich kaum ein Gefühl innerer Sicherheit einstellen.[52] Der Schutz des Kindes darf so lange nicht aufgehoben werden, wie das Kindeswohl dadurch erneut gefährdet wäre.

Literaturverzeichnis der verwendeten (und für Punkt 4 hinzugezogenen) Literatur

Balint, Michael: Trauma und Objektbeziehung. Psyche (Heft 5) 1970, S. 346-358.

Berliner Zeitung (DEU), Otto, Annett: Kevin – auf dem Amtsweg verstorben, vom 01.11.2006

Besser, Lutz-Ulrich: Vom Vergessen und Wiederholen medizinischer Traumata zum heilsamen Erinnern. Posttraumatische Belastungs- und Somatisierungsstörungen bei Frühgeborenen und Kleinkindern. In: Sachse, Özkan, Streeck-Fischer (Hg.) a.a.O. , S. 174-193.

Bremische Bürgerschaft, Landtag, 16. Wahlperiode, Drucksache 16/1381 vom 18. April 2007: Bericht des Untersuchungsausschusses „Kindeswohl" zur Aufklärung von mutmaßlichen Vernachlässigungen der Amtsvormundschaft und Kindeswohlsicherung durch das Amt für Soziale Dienste (Vorsitzender: Helmut Pflugradt).

Bringewat, Peter: Tod eines Kindes. Soziale Arbeit und strafrechtliche Risiken, Baden-Baden 1997.

Brisch, Karl Heinz: Bindungsstörungen, Von der Bindungstheorie zur Therapie, Stuttgart 1999.

Brisch, Karl Heinz/Hellbrügge, Theodor (Hrsg.): Bindung und Trauma, Risiken und Schutzfaktoren für die Entwicklung von Kindern, Stuttgart 2003.

Bürgin, Dieter/Rost, Barbara: Psychische und psychosomatische Erkrankungen bei Kindern und Jugendlichen. In: Egle/Hoffmann/Joraschky a.a.O., 2000, S. 157-178.

Cantwell, Hendrika B.: Kindesvernachlässigung – ein vernachlässigtes Thema, 2002, In: Helfer/Kempe/Krugmann a.a.O., S. 515-556.

Dettenborn, Harry: Kindeswohl und Kindeswille. Psychologische und rechtliche Aspekte, München 2001.

Diepold, Barbara: Schwere Traumatisierungen in den ersten Lebensjahren. Folgen für die Persönlichkeitsentwicklung und Möglichkeiten psychoanalytischer Behandlung. In: Endres/Biermann a.a.O., 1998, S. 131-141 (hinzugezogen für Kap. 4).

Bindungsstörungen in Folge von körperlicher oder psychischer Misshandlung, von Missbrauch oder Vernachlässigung als eine weitere Kindeswohlgefährdung anzusehen und deshalb auszuschließen."

52 Siehe Herman (1993), S. 12, S. 216 f.; Zenz (2000) zur Frage der Sicherheit bei geschütztem Umgang, S. 325.

Diouani, Meriem: Umgang bei Pflegekindschaft. In: Zenz, Gisela (Hrsg.): Traumatische Kindheiten. Beiträge zum Kinderschutz und zur Kinderschutzpolitik aus erziehungswissenschaftlicher und rechtswissenschaftlicher Perspektive, Frankfurt am Main 2005.

Dornes, Martin: Die frühe Kindheit. Entwicklungspsychologie der ersten Lebensjahre, Frankfurt am Main 1997.

Dornes, Martin: Seelische Folgen traumatischer Erfahrungen in der Kindheit. In: Stiftung zum Wohl des Pflegekindes (Hrsg.): Traumatische Erfahrungen in der Kindheit – langfristige Folgen und Chancen der Verarbeitung in der Pflegefamilie. Idstein 2005, S. 97-133.

Dornes, Martin: Die Seele des Kindes. Entstehung und Entwicklung, Frankfurt am Main 2006.

Eckers, Dagmar: Traumatisierung in der Kindheit und Möglichkeiten der Heilung. In: May, Angela/Remus, Norbert a.a.O., 2003, S. 117-150.

Egle, Ulrich Tiber/Hoffmann, Sven Olaf/Joraschky, Peter: Sexueller Missbrauch, Misshandlung, Vernachlässigung. Erkennung und Therapie psychischer und psychosomatischer Folgen früher Traumatisierung, Stuttgart, New York 2000.

Endres, M./Biermann, G. (Hrsg.): Traumatisierung in der Kindheit und Jugend. München, Basel 1998 (hinzugezogen für Kap. 4).

Fegert, Jörg M.: Die Auswirkungen traumatischer Erfahrungen in der Vorgeschichte von Pflegekindern. In: Stiftung zum Wohl des Pflegekindes (Hrsg.): 1. Jahrbuch des Pflegekinderwesens, Idstein 1998, S. 20-31.

Fegert, Jörg M.: Welches Wissen erleichtert dem Verfahrenspfleger die Kommunikation mit Kindern? In: Familie, Partnerschaft, Recht, interdisziplinäres Fachjournal für die Anwaltspraxis, 5. Jahrgang, Heft 6 1999, S. 321-327.

Fegert, Jörg M.: Das „Wohl des Kindes", Bedürfnis nach Versorgung, Ernährung und Gesundheitsfürsorge. In: Salgo et al (Hrsg.), Köln 2002, Rn. 424-447.

Fieseler, Gerhard/Schleicher, Hans: Kinder- und Jugendhilferecht, Gemeinschaftskommentar zum SGB VIII, Neuwied 2000.

Fischer, Gottfried/Riedesser, Peter: Lehrbuch der Psychotraumatologie, München, Basel 1999.

Frankfurter Allgemeine Zeitung/FAZ (DEU), Fall Kevin: Jugendamt wollte Polizeischutz, vom 17.10.2006, S. 4.

Frankfurter Allgemeine Zeitung/FAZ (DEU), Bericht des Bremer Senats: Gravierende Fehler der Behörden im Fall Kevin, vom 01.11.2006.

Frankfurter Allgemeine Sonntagszeitung: Das Kind weint lautlos, vom 05.11.2006, Nr. 44, Politik, S. 4.

Hellwig, Silke: Tödliche Schlamperei. Kevin wurde nur zwei Jahre alt. Nun erhebt ein Sonderermittler schwere Vorwürfe gegen die Bremer Behörden. Die habe den Fall verwaltet. Gehandelt habe niemand. In: Die Zeit – Online, 04/2006, http://zeus.zeit.de/text/online/2006/44/kevin-untersuchungsbericht.

Hellwig, Silke/Jeska, Andrea: Tod in Bremen. Vom Schicksal des zweijährigen Kevin wussten viele. Gerettet hat ihn niemand. Jetzt will keiner an seinem Martyrium schuld sein. Die Zeit (DEU) vom 19.10.2006.

Heilmann, Stefan/Salgo, Ludwig: Der Schutz des Kindes durch das Recht – Eine Betrachtung der deutschen Gesetzeslage. In: Helfer/Kempe/Krugmann a.a.O., 2002, S. 955-989.

Heilmann, Stefan: Kindliches Zeitempfinden und Verfahrensrecht, Neuwied 1998.

Helfer, Mary E./Kempe, Ruth S./Krugmann, Richard D.: Das misshandelte Kind. Körperliche und psychische Gewalt – Sexueller Missbrauch – Gedeihstörungen – Münchhausen-by-proxy-Syndrom – Vernachlässigung, Frankfurt am Main 2002.

Herman, Judith Lewis: Die Narben der Gewalt. Traumatische Erfahrungen verstehen und überwinden, München 1993.

Hirsch, Mathias: Vernachlässigung, Misshandlung, Missbrauch im Rahmen einer psychoanalytischen Traumatologie. In: Egle/Hoffmann/Joraschky a.a.O., 2000, S. 126-139.

Hopp, Henrike/Lambeck, Susanne/Hüther, Gerald/Siefert, Steffen. In: paten Extra 14, PAN Pflege- und Adoptivfamilien NRW e.V. (Hrsg.): Traumatisierte Kinder in Pflege- und Adoptivfamilien, 2002.

Hüther, Gerald: Und nichts wird fortan so sein wie bisher. Die Folgen traumatischer Kindheitserfahrungen für die weitere Hirnentwicklung. In: Hopp/Lambeck/Hüther/Siefert a.a.O., 2002, S. 20-34.

Hüther, Gerald: Die Auswirkungen traumatischer Erfahrungen im Kindesalter auf die Hirnentwicklung. In: Brisch/Hellbrügge a.a.O., Stuttgart 2003, S. 94-104.

Jacobi, Gert: Physische Schädigungen durch Vernachlässigung und Misshandlung in früher Kindheit. In: Stiftung zum Wohl des Pflegekindes (Hrsg.): Traumatische Erfahrungen in der Kindheit – langfristige Folgen und Chancen der Verarbeitung in der Pflegefamilie, Idstein 2005, S. 15-71.

Jacobi, Gert (Hrsg.): Kindesmisshandlung und Vernachlässigung. Epidemiologie, Diagnostik und Vorgehen, Bern 2008

Janus, Ludwig (Hrsg.): Erscheinungsweisen pränatalen und perinatalen Erlebens in den psychotherapeutischen Settings, Heidelberg 1991 (hinzugezogen für Kap. 4).

Jestaedt, Matthias: Bonner Kommentar zum Grundgesetz, Bearbeiter v. Art. 6 Abs. 2 und 3, 74. Lfg. Dezember 1995.

Julius, Henri/Stolz, Mike: Dissoziative Störungen bei sexuell missbrauchten Mädchen und Jungen. In: May, Angela/Remus Norbert a.a.O., Berlin 2003, S. 51-68.

Kindler, Heinz: Prävention von Vernachlässigung und Kindeswohlgefährdung im Säuglings- und Kleinkindalter, München 2007, S. 94-108.

Klein, Melanie: Theoretische Betrachtungen über das Gefühlsleben des Säuglings (1952). In: Gesammelte Schriften, Hrsg. von Ruth Cycon, Bd. III, Stuttgart 2000, S. 105-155 (hinzugezogen für Kap. 4).

Klein, Melanie: Zur Beobachtung des Säuglingsverhaltens (1952), in: Gesammelte Schriften, Hrsg. von Ruth Cycon, Bd. III, Stuttgart 2000, S.157-199 (hinzugezogen für Kap. 4).

van der Kolk, Bessel A.: Zur Psychologie und Psychobiologie von Kindheitstraumata. In: Praxis der Kinderpsychologie und Kinderpsychiatrie. Ergebnisse aus Psychoanalyse, Psychologie und Familientherapie, 47. Jahrgang, Heft 1, 1998, S.19-35.

Küchenhoff, Joachim: Die Repräsentation früher Traumata in der Übertragung. In: Forum der Psychoanalyse, Bd. 6, Heft 1, 1990, S. 15-31 (hinzugezogen für Kap. 4).

Lambeck, Susanne: ‚Nur' schwere Kindheit oder traumatisiert? In: Hopp/Lambeck/Hüther/ Siefert: Traumatisierte Kinder in Pflegefamilien und Adoptivfamilien 2002

Landesarbeitsgemeinschaft für Erziehungsberatung in Hessen e.V. - Gesellschaft für Beratung und Therapie von Kindern, Jugendlichen, Eltern und Familien: EB-Kurier 2007,

Gefährdete Kinder in der Beratung. Der § 8a in der Erziehungsberatung. Jahrestagung 2006. E-Mail: mail@erziehungsberatung-hessen.de.

May, Angela/Remus, Norbert: Traumatisierte Kinder. Bundesarbeitsgemeinschaft Prävention & Prophylaxe e.V., Berlin 2003.

Metzger, Hans-Geert: Der abhängige und der kompetente Säugling – Eine kritische Relativierung der Säuglingsforschung. In: Zeitschrift für psychoanalytische Theorie und Praxis, Jahrgang 14, Heft 4, 1999, S. 381-400 (hinzugezogen für Kap. 4).

Mörsberger, Thomas/Restemeier, Jürgen (Hrsg.): Helfen mit Risiko. Zur Pflichtenstellung des Jugendamtes bei Kindesvernachlässigung, Neuwied 1997 (als Beispiel für diverse Abwehrstrategien gegenüber Kindeswohlgefährdung).

Mäurer, Ulrich: Dokumentation über die Abläufe und Zusammenhänge im Todesfall Kevin K., Senatsbericht des Staatsrats Mäurer vom 31. Oktober 2006.

Nienstedt, Monika/Westermann, Arnim: Pflegekinder und ihre Entwicklungschancen nach frühen traumatischen Erfahrungen, Stuttgart 2007.

Niestroj, Hildegard: Erfahrungsbericht einer Verfahrenspflegerin, Die Vertretung von Kindesinteressen in einem Sorgerechtsverfahren. In: Salgo, Ludwig a.a.O., 1996, S. 503-540.

Niestroj, Hildegard: Frühkindliche Traumata – Annäherung an die nur schwer zu erkennenden sprachlosen Traumen der frühen Kindheit. Hrsg. von der Stiftung zum Wohl des Pflegekindes, Holzminden 1998.

Niestroj, Hildegard: Der Tod eines Kindes. Kindesvernachlässigung aus der Sicht von Lydia. Referat anlässlich der Fortbildungsveranstaltung „Kindeswohl, staatliches Wächteramt und Garantenpflicht des Jugendamtes" des Jugend- und Sozialamtes der Stadt Frankfurt a. M. in Kooperation mit der Fachhochschule Frankfurt a. M. (2001), zu beziehen über die Stiftung zum Wohl des Pflegekindes (Hrsg.).

Niestroj, Hildegard: Das Verhältnis zu Eltern und anderen Bezugspersonen des Kindes/ Jugendlichen. In: Salgo et al. (Hrsg.), Köln 2002, Rn. 1078-1124.

Niestroj, Hildegard: Chancen der Verarbeitung traumatischer Erfahrungen in Pflegefamilien – Notwendige Hilfen für das Kind in der neuen Eltern-Kind-Beziehung. In: Stiftung zum Wohl des Pflegekindes (Hrsg.): Traumatische Erfahrungen in der Kindheit – langfristige Folgen und Chancen der Verarbeitung in der Pflegefamilie, Idstein 2005, S. 135 – 163.

Niestroj, Hildegard: Vom Leidensweg des Benjamin-Pascal S. – Eine Dokumentation. In: Forum der AGSP (ArbeitsGemeinschaft für Sozialberatung und Psychotherapie), http://www.agsp.de/html/a83.html, 2007.

Otto, Annett: Kevin – auf dem Amtsweg verstorben. In: Berliner Zeitung (DEU), Ausgabe 255 vom 01.11.2006, S. 2.

Overkamp, Bettina: Erfolgreiche Diagnostik dissoziativer Symptome und Störungen. Ein Überblick. In: Sachsse u. a. (Hrsg.) a.a.O., 2002, S.13-27.

Robertson, Joyce: Mutter-Kind-Interaktionen im ersten Lebensjahr. Zwei Fallskizzen. In: Psyche 1977, S. 167 ff. (hinzugezogen für Kap. 4).

Sachsse, Ulrich/Özkan, Ibrahim/Streeck-Fischer, Annette: Traumatherapie – Was ist erfolgreich? Göttingen 2002.

Salgo, Ludwig: Der Anwalt des Kindes. Die Vertretung von Kindern in zivilrechtlichen Kindesschutzverfahren. Eine vergleichende Studie, Frankfurt am Main 1996.

Salgo, Ludwig: Kommentierung des § 33 Vollzeitpflege. In: Fieseler/Schleicher, 2000.

Salgo, Ludwig/Zenz, Gisela/Fegert, Jörg/Bauer, Axel/Weber, Corina/Zitelmann, Maud: Verfahrenspflegschaft für Kinder und Jugendliche. Ein Handbuch für die Praxis. Köln 2002.

Salgo, Ludwig: Gesetzliche Regelungen des Umgangs und deren kindgerechte Umsetzung in der Praxis des Pflegekinderwesens. In: Stiftung zum Wohl des Pflegekindes (Hrsg.): 3. Jahrbuch des Pflegekinderwesens- Kontakte zwischen Pflegekind und Herkunftsfamilie, Idstein 2004, S. 17-49.

Salgo, Ludwig: § 8a SGB VIII. Anmerkungen und Überlegungen zur Vorgeschichte und zu den Konsequenzen der Gesetzesänderung, Teil 1. In: Zeitschrift für Kindschaftsrecht und Jugendhilfe (ZKJ), Heft 12/2006, S. 531-535.

Salgo, Ludwig: Gesetzliche Voraussetzungen. § 8a SGB VIII – Anmerkungen und Überlegungen zur Vorgeschichte und den Konsequenzen der Gesetzesänderung. In: Ziegenhain/Fegert a.a.O., München 2007, S. 9-29.

Seagull, Elizabeth A. W.: Die Begutachtung der Familie. In: Helfer/Kempe/Krugmann (Hrsg.), Frankfurt am Main 2002, S. 231-268.

Shengold, Leonard: Soul Murder. Seelenmord – die Auswirkungen von Missbrauch und Vernachlässigung in der Kindheit, Frankfurt am Main 1995.

Spitz, Rene A.: Die Entstehung der ersten Objektbeziehungen. Direkte Beobachtungen an Säuglingen während des ersten Lebensjahres, Stuttgart 1973 (hinzugezogen für Kap. 4).

Staudinger, J. v.: Kommentar zum Bürgerlichen Gesetzbuch, Viertes Buch. Familienrecht, §§ 1638-1683, 13. Bearbeitung Berlin 2000.

Stern, Daniel N.: Die Lebenserfahrung des Säuglings, Stuttgart 1994 (hinzugezogen für Kap. 4).

Stern, Max M.: Trauma, Todesangst und Furcht vor dem Tod in psychoanalytischer Theorie und Praxis. In: 61 Psyche 12/ 72, S. 901-928 (hinzugezogen für Kap. 4)

Stern, Max M.: Das Problem der Aggression. Bemerkungen über Trieb, Trauma und Tod. In: Psyche 1973, S. 494-507 (hinzugezogen für Kap. 4).

Steele, Brandt F.: Psychodynamische und biologische Aspekte der Kindesmisshandlung. In: Helfer/Kempe/Krugmann, Frankfurt am Main 2002, S. 114-159.

Steele, Brandt F.: Weiterreichende Überlegungen zur Therapie der misshandelnden Person. In: Helfer/Kempe/Krugmann, Frankfurt am Main 2002, S. 841-858.

Stiftung zum Wohl des Pflegekindes (Hrsg.): 1. Jahrbuch des Pflegekinderwesens – Traumatisierte Kinder, Idstein 1998.

Stiftung zum Wohl des Pflegekindes (Hrsg.): 3. Jahrbuch des Pflegekinderwesens – Kontakte zwischen Pflegekind und Herkunftsfamilie, Idstein 2004.

Stiftung zum Wohl des Pflegekindes (Hrsg.): Traumatische Erfahrungen in der Kindheit – langfristige Folgen und Chancen der Verarbeitung in der Pflegefamilie. Tagungsdokumentation der 15. Jahrestagung der Stiftung zum Wohl des Pflegekindes, Idstein 2005.

Streeck-Fischer, Annette: Über die Seelenblindheit im Umgang mit schweren Traumatisierungen. In: derselben (Hrsg.): Adoleszenz und Trauma, 1999, S. 13-20.

Streeck-Fischer, Annette (Hrsg.): Adoleszenz und Trauma, Göttingen 1999.

Streeck-Fischer, Annette/Kepper, Iris/Lehmann, Ulrike/Schrader-Mosbach, Helga: Gezeichnet fürs Leben. Stationäre Psychotherapie am Beispiel eines schwer traumatisierten Kindes. In: Sachsse u. a., a.a.O., 2002, S. 54-71.

Velten, Heidi: Alles über Babys erstes Jahr, Ravensburg 1995 (hinzugezogen als allgemein zugängliche Informationsquelle für Eltern über die Entwicklung ihres Kindes im 1. Lebensjahr für Kap. 4).

Westermann, Arnim: Zur psychologischen Diagnostik der Kindesmisshandlung: Über die Todesangst des misshandelten Kindes. In: Stiftung zum Wohl des Pflegekindes (Hrsg.): 1. Jahrbuch des Pflegekinderwesens, Idstein 1998, S. 32-51.

Westermann, Arnim: Die Trennung des Kindes von den Eltern und die Verleugnung der Trennung durch aufrechterhaltene Besuchskontakte. In: Stiftung zum Wohl des Pflegekindes (Hrsg.): 3. Jahrbuch des Pflegekinderwesens – Kontakte zwischen Pflegekind und Herkunftsfamilie, Idstein 2004, S. 153-172.

Wiegand, Ralf/Moreno, Juan: Chronik einer verweigerten Rettung, Süddeutsche Zeitung (DEU) vom 21.10.2006, S. 8-9.

Winnicott, Donald Woods: Reifungsprozesse und fördernde Umwelt, Frankfurt am Main 1984.

Zenz, Gisela: Zur Bedeutung der Erkenntnisse von Entwicklungspsychologie und Bindungsforschung für die Arbeit mit Pflegekindern. In: ZfJ, 87. Jahrgang, Heft 9, 200, S. 321-360.

Zenz, Gisela: Konflikte um Pflegekinder. In: Salgo et al (Hrsg.), Köln 2002, Rn. 217-236, Rn. 646-705.

Zenz, Gisela: Interventionen bei Kindesmisshandlung und Vernachlässigung. In: Salgo et al. a.a.O. (Hrsg.), Köln 2002, Rn 530-556.

Ziegenhain, Ute/Fegert, Jörg M. (Hrsg.): Kindeswohlgefährdung und Vernachlässigung, München 2007.

Gerhard Fieseler/Anika Hannemann

Gefährdete Kinder – Staatliches Wächteramt versus Elternautonomie? Zur Umsetzung des Art. 6 Abs. 2 Grundgesetz in Rechtsprechung und Jugendhilfepraxis[*]

Vorwort

Die verbreitete Einschätzung, nach der das eingriffsorientierte Jugendwohlfahrtgesetz (JWG)[1] durch ein leistungsrechtlich strukturiertes und präventiv orientiertes Kinder- und Jugendhilfegesetz[2] abgelöst worden sei,[3] hat bei Jugendämtern vielfach zu der Auffassung geführt, dass ihnen nunmehr die rechtlichen Mittel fehlten, um in größerem Umfang und aus eigenem Recht Gefahrenabwehr zu betreiben. Daneben führten einige diskussionswürdige Urteile der Rechtsprechung dazu, dass Kinder fremdbestimmten Handlungsabläufen, die teilweise in eine Beeinträchtigung ihrer Persönlichkeitsentwicklung mündeten, hilflos und schutzlos ausgeliefert wurden.

1 Einleitung

Eine große Verunsicherung in der jugendhilferechtlichen Praxis[4], die sich mittelbar auf das Wohl des Kindes auswirkt, stellt die Frage in den Mittelpunkt, wie eine

---

* Dieser Aufsatz ist in der Zeitschrift „Kindschaftsrecht und Jugendhilfe (ZKJ); Ausgabe 3/2006, S.117-123 erschienen. Wir danken dem Bundesanzeiger Verlag für die Genehmigung zum Nachdruck in diesem Jahrbuch.
1 BGBl. 1961 I 1206
2 BGBl. 1990 I 1163
3 Fieseler/Herborth: Recht der Familie und Jugendhilfe, Arbeitsplatz Jugendamt/Sozialer Dienst, 6. Auflage, München (Luchterhand) 2005, S. 121; *Wiesner*: Rechtliche Grundlagen in: *Wiesner/ Zarbock* (Hrsg.): Das neue Kinder- und Jugendhilfegesetz (KJHG) und seine Umsetzung in die Praxis, Köln, Berlin, Bonn, München, 1991, S. 1-31; *Proksch*: Rettet die Kinder jetzt. Zum Spannungsverhältnis: Elternrecht – Kindeswohl – staatliches Wächteramt, Frankfurt am Main 1993, S. 39-53.
4 Heilmann: Hilfe oder Eingriff? – Verfassungsrechtliche Überlegungen zum Verhältnis von staatlichem Wächteramt und Jugendhilfe. In: ZfJ 2000, S. 41-50. Jetzt auch Fieseler, GK-SGB VIII § 8a

Balance zwischen dem Erziehungsprimat der Eltern und der Gefahrenabwehr durch den Staat zur Gewährleistung des Kindeswohls zu finden ist.

Vor diesem Hintergrund wird zunächst, von der verfassungsrechtlichen Ebene ausgehend, die einfachgesetzliche Konkretisierung des Verhältnisses Eltern-Kind-Staat dargestellt, bevor in einem zweiten Teil auf dieser Grundlage anhand von Beispielen aus der Jugendhilfe und Rechtsprechung auf die Umsetzung zu einer teilweise äußerst unbefriedigenden Praxis Bezug genommen wird.

2 Rechtliche Grundlagen

2.1 Verfassungsrechtliche Vorgaben *(Anika Hannemann)*

Nach Art. 6 Abs. 2 Satz 1 Grundgesetz[5] sind Pflege und Erziehung der Kinder das natürliche Recht der Eltern und die zuvörderst ihnen obliegende Pflicht. Ausschlaggebend für diese weitreichende Grundsatzentscheidung ist die Annahme, dass „in aller Regel den Eltern das Wohl des Kindes mehr am Herzen liegt, als irgendeiner anderen Person oder Institution"[6] und dass deswegen die Sicherung von Elternautonomie zugleich den Schutz des Kindeswohls gewährleistet.[7]

Durch die Bestimmung des Elternrechts zum einen als „natürliches Recht", zum anderen als „zuvörderst obliegende Pflicht" nimmt das Elternrecht in dem Grundrechtskatalog eine Sonderstellung ein,[8] da es als einziges Grundrecht eine Freiheit formuliert, deren Wahrnehmung den Berechtigten gleichzeitig als Pflicht auferlegt wird.

Zwar ist unstrittig, dass den Eltern ein Vorrang als Erziehungsträger garantiert wird[9] – abgesehen von einem parallelen Bildungs- und Erziehungsauftrag des Staates im schulischen Bereich aus Art. 7 GG[10] – aber trotz dieser generellen Annahme kann nicht in allen Fällen das Persönlichkeitsentfaltungsrecht, das mit der Kindesentwicklung auch das Kindeswohl umfasst, durch die Eltern gewährleistet

---

5 Die Texte aller in diesem Aussatz genannten gesetzlichen Bestimmungen finden Sie auf S. 270ff. in diesem Jahrbuch.

6 BVerfG 59, 360 (376); 61, 358 (371)

7 Münder: Jugendhilfe und Elternverantwortung – eine schwierige Balance? In: ZfJ, 2000, S. 81-85

8 Eichenhofer: Das neue Kinder- und Jugendhilferecht. In: JuS 1992, S. 279-282.

9 BverfG 72, S. 122 ff.. Coester: Elternautonomie und Staatsverantwortung bei der Pflege und Erziehung von Kindern. In: FamRZ 1996, S. 1181-1187. Fieseler: Staatliches Wächteramt und Garantenstellung von Mitarbeitern der Jugendhilfe. In: Sozialextra 2000, Heft 7/8, S. 14-23. Schrapper: Elternrecht, Kindeswohl und staatliches Wächteramt. In: Forum Erziehungshilfen, Heft 1, 1997, S. 4-8. Schleicher: Familie und Recht: Kindschafts-, Jugendhilfe-, Jugendstraf-, Ehe- und Scheidungsrecht, 2. Auflage Troisdorf, 2003. Münder/Mutke/Schone: Kindeswohl zwischen Jugendhilfe und Justiz: Professionelles Handeln in Kindeswohlverfahren, Münster 2000, S. 17

10 Dazu: Jestaedt: Staatliche Rollen in der Eltern-Kind-Beziehung. In: DVBl. 1997, S. 693-697

sein. Vielmehr kommen häufig gravierende Fehlentwicklungen in der Sozialisation der Kinder zum Tragen, die nachhaltige Störungen mit sich ziehen und das Kind somit in seinem Recht auf Förderung seiner Entwicklung und auf Erziehung zu einer eigenverantwortlichen gemeinschaftsfähigen Persönlichkeit beschneiden (§ 1 Abs. 1 SGB VIII).

Daher hat der Gesetzgeber die Betätigung der Eltern nach Art. 6 Abs. 2 GG unter die staatliche Überwachung gestellt; das bedeutet, in den jeweiligen Kompetenzbereich Bund, Land, Stadt einerseits sowie Legislative, Exekutive (insbesondere Jugendamt) und Judikative (insbesondere Familiengericht) andererseits (Art. 1 Abs. 3 GG).

Das Grundrecht der Eltern auf Pflege und Erziehung des Kindes untermauert Art. 6 Abs. 2 GG nochmals, indem er die staatliche Eingriffsbefugnis nur subsidiär aufführt, d. h., den Staat als Ausfallbürgen normiert. Andererseits legitimiert der Gesetzgeber auch gerade die staatliche Gemeinschaft, zum Schutz des Kindes tätig zu werden. Insofern verstärkt Art. 6 Abs. 2 GG das in Art. 2 Abs. 1 i.V.m. Art. 1 Abs. 1 GG festgeschriebene Recht auf die freie Entfaltung der Persönlichkeit jedes Menschen.[11]

Allerdings hat die Wächterpflicht des Staates nicht die Aufgabe, die optimalen Entwicklungsbedingungen in der Erziehung durch die Eltern zu gewährleisten, sondern einen Missbrauch des elterlichen Sorgerechts zu verhindern.

2.2 Familienrechtliche Umsetzung

2.2.1 Elternrecht

Das verfassungsmäßig geschützte Elternrecht findet seine einfachgesetzliche Ausprägung im BGB Buch 4, Familienrecht.

Nach § 1626 Abs. 1 Satz 1 BGB haben die Eltern die Pflicht und das Recht, für das minderjährige Kind zu sorgen (elterliche Sorge). Das Sorgerecht beginnt mit der Geburt und endet im Regelfall mit der Volljährigkeit des Mündels.[12] Weiterhin umfasst die elterliche Sorge gemäß § 1626 Abs. 2 S. 2 die Sorge für die Person des Kindes (Personensorge) und das Vermögen des Kindes (Vermögenssorge), wobei beide Bestandteile jeweils die tatsächliche Sorge[13] sowie die Vertretung des Kindes bei rechtsgeschäftlichen Handlungen beinhalten.

Bei der *Personensorge* handelt es sich um die zentralere Pflicht; worauf sie sich im Einzelnen bezieht, ergibt sich aus § 1631 Abs. 1 BGB. Einen abschließenden

---

11 Jean d'Heur: Kindeswohl, staatliches Wächteramt und die Reform des Kinder- und Jugendhilferechts. In: RdJB 1992, S. 165-175

12 Andere Beendigungsgründe können u. a. sein: Tod des Kindes (§ 1698b BGB); Entziehung des Sorgerechts (§§ 1666, 1666a BGB); Adoption des Kindes (§§ 1741, 1755 BGB); Übertragung der elterlichen Sorge auf den anderen Elternteil bei Trennung oder Scheidung (§ 1671, 1672 BGB); Tod eines Elternteils (§ 1680 BGB).

13 Die tatsächliche Sorge umfasst sämtliche Fürsorgehandlungen für das Kind.

Katalog der Bestimmungsrechte enthält das BGB allerdings nicht, es führt lediglich die wichtigsten Bereiche auf.[14]

Demnach wird die Personensorge als die Pflicht und das Recht definiert, das Kind zu pflegen, zu erziehen, zu beaufsichtigen und seinen Aufenthalt zu bestimmen. Zudem beinhaltet sie nach § 1632 Abs. 1 BGB den Anspruch, die Herausgabe des Kindes von jedem zu verlangen, der es den Eltern widerrechtlich vorenthält. Ferner umfasst das Personensorgerecht nach § 1632 Abs. 2 BGB das Recht, den Umgang des Kindes zu bestimmen. Bei der *Pflege* des Kindes wird vor allem die körperliche Betreuung hervorgehoben, das heißt insbesondere die Beköstigung, die Kleidung, das Verschaffen von Wohnraum sowie die Sicherstellung von Gesundheit und Hygiene.[15] Die *Erziehung* des Kindes bezieht sich demgegenüber auf die sittliche, geistige und seelische Entwicklung des Kindes, d.h., sie ist der Inbegriff aller pädagogischen Maßnahmen, durch die das Kind in die Mündigkeit zu einer selbstständigen verantwortungsbewussten Persönlichkeit hineinwächst.[16] Die *Aufsichtspflicht* soll zum einen dem Schutz des Kindes dienen, zum anderen aber auch Dritte vor Schäden durch das Kind bewahren. Die Notwendigkeit der Beaufsichtigung ist nach Alter und Verständigkeit des Kindes unterschiedlich.[17] Aus dieser Aufsichtspflicht kann eine Haftung der Eltern für Schäden folgen, die das Kind widerrechtlich einem Dritten zufügt (§ 832 Abs. 1 BGB). Das *Aufenthaltsbestimmungsrecht* befugt die Eltern festzulegen, an welchem Ort und in welcher Wohnstätte das minderjährige Kind dauernd oder vorübergehend weilen soll oder darf.[18] Der *Herausgabeanspruch*, der aus dem Aufenthaltsbestimmungsrecht folgt, richtet sich in der Regel gegen Dritte. Voraussetzung ist die widerrechtliche Vorenthaltung. Diese ist dann anzunehmen, wenn Vorenthaltungen weder auf der Einwilligung der Eltern (etwa bei Hilfen zur Erziehung gem. §§ 27 ff. SGB VIII) noch auf öffentlich-rechtlichen Vorschriften (Schulpflicht, Strafhaft, einstweilige Verfügung) beruhen.[19] Dagegen enthält das *Umgangsbestimmungsrecht*, resultierend aus dem Erziehungs- und Beaufsichtigungsrecht, die Befugnis, den Umgang des Kindes mit anderen Personen zu bestimmen. Hier kann festgelegt werden, mit wem das Kind in Kontakt (persönlich oder telefonisch) treten darf oder soll. Einschränkungen findet das Umgangsbestimmungsrecht allerdings dort, wo das Recht des Kindes oder Dritter auf Umgang beginnt (§§ 1684, 1685 BGB). Die *Vermögenssorge* wird demgegenüber in den §§ 1638 ff. definiert und beinhaltet

14 Fieseler/Herborth: (Fn. 3), S. 65. Kunkel/Röchling: Eltern-Kind. Baden-Baden 2004, S. 81 f.. Raddatz: Familienrecht, 12. Auflage, Münster 2003, S. 109. Schleicher: (Fn. 9), S. 90
15 Kunkel/Röchling: (Fn.13), S. 81
16 Gerhardt/Heintschel-Heinegg/Klein: Handbuch des Fachanwalts Familienrecht, 5. Aufl., München 2005, S. 294
17 Palandt/Diederichsen: Bürgerliches Gesetzbuch, 64. Aufl., München 2005, § 1631 Rdnr. 5-6
18 Schwab: Familienrecht. 12. Aufl., München 2003, S. 257
19 Palandt/Diederichsen: (Fn. 17), § 1632, Rdnr. 2

Schutzbestimmungen für die Anlage und die Verwaltung von Vermögenswerten des Kindes.[20]

2.2.2 Staatliches Wächteramt

Die Grenzen des Elternprimats sind in den §§ 1666, 1666a BGB als einfachgesetzliche Realisierung des staatlichen Wächteramtes niedergelegt. So wird bei Vorlage unter den dort genannten Voraussetzungen der Tatbestandsmerkmale dem Gericht eine Grundlage verschafft, Eingriffe in das Elternrecht vorzunehmen.

Die Wächterpflicht des Staates setzt also erst bei der Überschreitung dieser Gefährdungsschwelle ein. Zugewiesen ist die Aufgabe mittlerweile (seit Inkrafttreten des KindRG vom 16.12.1997[21]) dem Familiengericht.

Aufgrund der Unterschiedlichkeit der konkreten Fallsituationen, in denen eine Kindeswohlgefährdung vorliegen kann, bzw. die aufgrund gesellschaftlicher Veränderungen erst im Wandel der Zeit als solche beunruhigen, sind zur Erfassung *aller* Einzelfälle, die Tatbestandsmerkmale in einem gewissen Abstraktionsgrad ausgestaltet.

Das Gericht ist ermächtigt, in das Elternrecht einzugreifen, wenn das *körperliche, geistige oder seelische Wohl des Kindes* (oder sein Vermögen) gefährdet ist. Diese Gefahr muss durch ein bestimmtes Verhalten verursacht sein: durch *missbräuchliche Ausübung* der elterlichen Sorge, d. h. durch den falschen, rechts- und zweckwidrigen Gebrauch, der objektiv dem Kindeswohl entgegensteht.[22] Durch *Vernachlässigung* des Kindes: Dabei handelt es sich demgegenüber um ein passives Verhalten in Situationen, in denen die elterliche Sorgepflicht Handlungen und Entscheidungen gebietet,[23] typischerweise vornehmlich auf dem Gebiet der Pflege und Beaufsichtigung. Dies betrifft hauptsächlich jüngere Kinder. Beispiele sind mangelhafte Ernährung[24] Bekleidung und Hygiene[25] des Kindes.

Die Norm des § 1666 BGB greift zum Schutz des Kindes zudem bei *unverschuldetem Versagen* der Eltern. Hierunter werden die Fälle subsumiert, in denen die Voraussetzungen des Missbrauchs oder der Vernachlässigung zwar objektiv vorliegen, es jedoch wegen Ungeeignetheit, Überforderung und Unvermögen der Eltern an einer subjektiven Vorwerfbarkeit hinsichtlich des elterlichen Fehlverhaltens fehlt[26] (z. B. psychische Erkrankungen wie Depressionen, Schizophrenie,

---

20 Hierzu Schlüter: BGB-Familienrecht, 9. Aufl., Heidelberg 2001, S. 230 ff.

21 BGBl. I 2942

22 Münder: Verhältnis zwischen Hilfen nach dem SGB VIII und familiengerichtlichen Maßnahmen nach § 1666 BGB. In: FPR 2003, S. 280-285. Anders jetzt § 166 i.d.F. seit 12.Juli 2008, vgl. Hannemann, U.J. 2008, S. 337: auf elterliches Fehlverhalten kommt es nicht mehr an

23 Staudinger: Kommentar zum Bürgerlichen Gesetzbuch mit Einführungsgesetz und Nebengesetzen. Viertes Buch Familienrecht §§ 1638-1683, 13. Auflage. Berlin 2000. § 1666, Rdnr. 89 (Coester).

24 BayObLG, FamRZ, 1988, S. 746

25 OLG Hamm, FamRZ 2000, S. 691

26 Adelmann: Das Bürgerliche Gesetzbuch: mit besonderer Berücksichtigung der Rechtsprechung

Psychose, Fehlverhalten aus unbelehrbarem Starrsinn). Insofern fungiert die Versagensklausel als Auffangtatbestand, der es erlaubt, die Schuldfrage im Einzelnen offen zu lassen.

Der Eingriffstatbestand der *Gefährdung* des Kindeswohls *durch Dritte* unterscheidet sich in der Zielrichtung eindeutig von den anderen Tatbeständen darin, dass er sich nicht gegen die Eltern richtet. Vielmehr soll er dem Familiengericht die Möglichkeit zu einem unmittelbaren Vorgehen geben, um den nicht willigen oder nicht durchsetzungsfähigen Eltern diese Belastung abzunehmen.[27] Als gefährdendes Drittverhalten kommt z. B. Züchtigung durch Dritte oder schlechter Einfluss Krimineller, Drogenabhängiger usw. in Betracht.

Eine zusätzliche Bedingung für den gerichtlichen Eingriff muss sein, dass die *Eltern nicht gewillt oder in der Lage sind*, die Gefahr abzuwenden. Dabei steht die vom besten Willen getragene Hilflosigkeit der Eltern, deren Unwillen, ihrer fehlenden Einsicht oder bloßen Gleichgültigkeit gleich.[28]

Gegebenenfalls hat das Familiengericht erforderliche Maßnahmen zur Abwendung der Gefahr zu treffen. Wobei es sich am unabdingbaren *Grundsatz der Verhältnismäßigkeit* (Art. 20, 28 GG, § 1666a BGB) zu orientieren hat.

Demnach muss das vom Gesetzgeber eingesetzte Mittel geeignet und erforderlich sein, um den angestrebten Zweck zu erreichen.[29] D. h., jeder Eingriff in Grundrechte muss geeignet (zur Verfolgung des intendierten Zwecks), erforderlich (nicht mit milderen Mitteln gleichermaßen effektiv) und verhältnismäßig im engeren Sinne (zumutbar) sein. Der Staat muss also versuchen, durch helfende, unterstützende, auf Herstellung oder Wiederherstellung eines verantwortungsgerechten Verhaltens der natürlichen Eltern gerichtete Maßnahmen, sein Ziel zu erreichen.[30]

---

des Reichsgerichts und des Bundesgerichtshofes; Kommentar herausgegeben von Mitgliedern des Bundesgerichtshofes, Band 4, Teil 3, §§ 1589-1740g, bearbeitet von Adelmann u. a., 1999, § 1666, Rdnr. 45

27 Bindzus/Musset: Grundzüge des Jugendrechts. Lernbuch für Ausbildung und Praxis, München 1999, S. 92

28 Palandt/Diederichsen: (Fn 17), § 1666

29 Schmidt-Bleibtreu/Klein: Kommentar zum Grundgesetz, 9. Auflage, Neuwied 1999, Art. 20 Rdnr. 27

30 BVerfG 24, 145

3 Die Wahrnehmung des staatlichen Wächteramts in der Jugendhilfe

Diesem Ziel dienen insbesondere die sozialstaatlichen Leistungen (z. B. die Hilfen zur Erziehung; §§ 27-35 SGB VIII), sofern diese geeignet sind, Kinder und Jugendliche vor Gefahren für ihr Wohl zu schützen.[31]

Das staatliche Wächteramt beginnt also nicht erst bei der eigenständigen Erziehungsmaßnahme des Staates, sondern setzt durch präventive Maßnahmen schon früher ein. Erst wenn alle in Betracht zu ziehenden präventiven Maßnahmen ausgeschöpft sind, greift die eigenständige Erziehungsbefugnis und -pflicht des Staates.[32]

Mit dieser Pflicht korrespondiert eine strafrechtliche Garantenstellung der zuständigen JugendamtsmitarbeiterInnen.[33] Hierbei geht es um die Frage, ob strafbares Handeln durch Unterlassen (§ 13 StGB) vorliegt, wenn ein aktives Handeln zwar geboten ist, jedoch trotz Gefährdungslage zum Schutz der betroffenen Kinder ausbleibt.[34] Angesichts der etablierten Rechtsprechung kann eine Garantenpflicht angenommen werden, wenn auch unterschiedlich begründet. So resultiere sie laut OLG Oldenburg[35] aus § 1 Abs. 2 Satz 2 SGB VIII (der den Inhalt des Art. 6 Abs. 2 Satz 2 GG wörtlich übernommen hat) und greife für den Staat selbst dann noch, wenn Aufgaben gem. § 3 SGB VIII auf freie Träger übertragen wurden (§ 79 SGB VIII).

Laut OLG Stuttgart[36] übernehmen SozialarbeiterInnen im Rahmen eines Arbeitszusammenhangs tatsächlich den Schutz der betreuten Kinder. Ihnen erwachse daher aus der eigenen, von ihnen übernommenen Aufgabenerfüllung eine Garantenpflicht aus tatsächlicher Schutzübernahme.

Diese Rolle als Beschützergarant im Hinblick auf wichtige Rechtsgüter des Kindes, wie Leib oder Leben, Freiheit und sexuelle Integrität, sei das strafrechtliche Gegenstück des Gesetzesauftrages des Kinder- und Jugendhilfegesetzes, das Recht eines jeden jungen Menschen auf Förderung seiner Entwicklung und auf Erziehung (§ 1 Abs. 1 SGB VIII) zu verwirklichen und ihn vor Gefahren für sein Wohl zu schützen (§ 1 Abs. 3 Nr. 3 SGB VIII). Dabei ergebe sich aus Art. 6

---

31 Fieseler/Schleicher/Busch: Kinder- und Jugendhilferecht, Gemeinschaftskommentar zum SGB VIII (GK-SGB VIII) München 2005, § 1 Rdnr. 18

32 Steffan in Kunkel (Hrsg.): Kinder und Jugendhilfe, Lehr- und Praxiskommentar (LPK-SGB VIII), 2. Aufl. 2003, § 1 Rdnr. 10

33 Dazu Fieseler: Fachliche Leitlinien und Standards versus Garantenstellung und Wächteramt in der Jugendhilfe? In: AGJ (Hrsg.): Aufwachsen in öffentlicher Verantwortung. Dokumentation der Fachtagung zum 11. Kinder und Jugendbericht, Berlin 2003, S. 171-186. Kunkel: Jugendhilfe-Wächteramt-Garantenstellung. In: Kehler Diskussionspapiere 3/2000

34 Münder, u. a.: Frankfurter Kommentar zum SGB VIII: Kinder und Jugendhilfe. 4. Aufl., Weinheim, Berlin, Basel 2003, § 1 Rdnr. 38

35 OLG Oldenburg, ZfJ 1997, S. 56

36 OLG Stuttgart, ZfJ 1998, S. 383

Abs. 2 Satz 2 GG, § 1 Abs. 2 Satz 2 SGB VIII, dass trotz des Elternrechts (Art. 6 Abs. 2 Satz 1 GG) die öffentliche Jugendhilfe oder der von ihr beauftragte Träger der freien Jugendhilfe aufgrund des Wächteramtes des Staates verpflichtet ist, das körperliche, geistige und seelische Wohl von (mit-)betreuten Kindern auch vor rechtsgutsverletzendem Verhalten der Eltern oder eines Elternteils zu schützen. Aus der tatsächlichen Übernahme dieser Verpflichtung erwachse die Beschützergarantenpflicht der Betreuerin/des Betreuers im Sinne von § 13 StGB.

Fehlt im Falle der Kindeswohlgefährdung das Einverständnis der Eltern zur Durchführung präventiver, jugendhilferechtlicher Maßnahmen, greifen (zunächst) die repressiven Eingriffsnormen des Kinder- und Jugendhilferechts als Ausläufer des staatlichen Wächteramtes. Das Jugendamt hat allerdings keine eigenständige Befugnis, unmittelbar in das Elternrecht einzugreifen, vielmehr bedarf der Eingriff der Zustimmung des Personensorgeberechtigten. Wird die Zustimmung verweigert, so ist eine Eilentscheidung des Familiengerichts nach § 8a Abs. 3 SGB VIII erforderlich. *Peter-Christian Kunkel*[37] spricht in diesem Zusammenhang in einer adäquaten Metapher: Demnach ist das Jugendamt gleichsam Auge (§ 50 Abs. 3 SGB III) und Hand (§ 42 SGB VIII[38]) des staatlichen Wächters, das Familiengericht aber dessen Schwert (§§ 1666, 1666a BGB).

3.1 § 42 SGB VIII Inobhutnahme

Bei der Inobhutnahme handelt es sich um eine vorläufige Unterbringung des Kindes oder Jugendlichen bei einer geeigneten Person, in einer Einrichtung oder sonstigen betreuten Wohnform (Jugendschutzstellen, Aufnahmeheim, Kinder- und Jugendnotdienste und Bereitschaftspflegestellen[39]). Der Gesetzgeber hat insbesondere Ausreißer, Nichtsesshafte und Obdachlose im Blick. D. h., gedacht war in erster Linie an Minderjährige, die sich außerhalb des Elternhauses in der Öffentlichkeit aufhalten.[40]

Voraussetzung für die Inobhutnahme ist entweder die Bitte des Minderjährigen (Selbstmelder) oder das Bestehen einer dringenden Gefahr für das Wohl des Kindes. In letzteren Fällen wird das Kind dem Jugendamt meist durch Dritte (insbesondere die Polizei) zugeführt (Fremdmelder).

Im Falle der Kindeswohlgefährdung kann eine Inobhutnahme auch vorgenommen werden, wenn sich das Kind bei einer anderen, nicht sorgeberechtigten Person aufhält.[41]

---

37 Kunkel (Fn. 33), S. 7
38 Vor In-Kraft-Treten des KICK am 1.10.2005 handelte es sich um die §§ 50 Abs. 3 sowie §§ 42 und 43 SGB VIII
39 BT-Drs. 11/5948, S. 79
40 BT-Drs. 503/89, S. 76 f.
41 Durch diese Ausweitung des Anwendungsbereichs der Inobhutnahme konnte § 43 a.F. (Herausnahme) gestrichen werden.

Zudem ist das Jugendamt seit dem 01.10.2005 berechtigt und verpflichtet, ein ausländisches Kind/Jugendlichen in Obhut zu nehmen, das unbegleitet nach Deutschland kommt und sich weder Personensorge- noch Erziehungsberechtigte im Inland aufhalten.

Das Jugendamt ist während der Inobhutnahme berechtigt, alle Rechtshandlungen vorzunehmen, die zum Wohl des Kindes oder des Jugendlichen notwendig sind, wobei der mutmaßliche Wille der Sorgeberechtigten angemessen zu berücksichtigen ist. Im Rahmen dieser Rechtshandlungen erhält das Jugendamt – soweit erforderlich – die Befugnis zur Ausübung des Aufenthaltsbestimmungsrechts. Dies, weil die Inobhutnahmesituation u. a. dadurch gekennzeichnet ist, dass der Sorgeberechtigte seine Pflichten und Rechte nicht wahrnehmen kann und nicht, um den Sorgeberechtigten beispielsweise an der bevorstehenden Ausübung seines Aufenthaltsbestimmungsrechtes hindern zu können.[42] Das Jugendamt hat den Erziehungsberechtigten unverzüglich von der Inobhutnahme zu unterrichten. Widerspricht er der Inobhutnahme, hat das Jugendamt das Kind zu übergeben, sofern nach der Einschätzung des Jugendamtes eine Kindeswohlgefährdung nicht besteht oder der Erziehungsberechtigte bereit und in der Lage ist, die Gefährdung abzuwenden. Ansonsten hat das Jugendamt beim Familiengericht eine Entscheidung nach § 1666 BGB einzuholen. Weiterhin muss dem Kind unverzüglich Gelegenheit gegeben werden, eine (vermittelnde) Person seines Vertrauens zu benachrichtigen. Das können Nachbarn, Verwandte, Lehrer, Pfarrer oder Freunde sein, da der Konflikt mit den Eltern häufig der Grund für das Weglaufen der Kinder ist.[43]

Durch die neue Formulierung des § 42 SGB VIII erhält das Jugendamt nunmehr zweifelsfrei die Berechtigung, das gefährdete Kind im Rahmen der Inobhutnahme seinen sorgeberechtigten Eltern zu entziehen.

Diese Konkretisierung wurde insbesondere notwendig, weil die Bestimmung des § 42 SGB VIII a.F. zu einem Dissens in der Fachöffentlichkeit geführt hatte. So wurden unterschiedliche Positionen vertreten bezüglich der Berechtigung, die Kinder aus der elterlichen Familie herauszunehmen. *Fieseler* und *Münder*[44] vertreten die Auffassung, dass dies durchaus möglich war, und zwar nicht nur unter den engen Voraussetzungen des Notstandes gemäß § 34 StGB.

Die entgegengesetzte Stellung, vertreten durch *Kunkel*,[45] *Wiesner*[46], *Röchling*[47] und *Ollmann*,[48] sah demgegenüber keine Befugnis der Jugendämter als gegeben,

42 Ollmann: Zum Geltungsbereich des § 42 SGB VIII (Inobhutnahme) in: FamRZ 2000, S. 261-264
43 Kunkel: Grundlagen des Jugendhilferechts. Systematische Darstellung für Studium und Praxis. 4. Aufl., Baden-Baden 2001, S. 136
44 Münder, u. a., FK-SGB VIII, 2003, § 42 Rdnr. 14
45 Kunkel: Jugendhilfe-Wächteramt-Garantenstellung, Kehler Diskussionspapiere, 2000, S. 7
46 Wiesner, SGB VIII, 2000, § 43 Rdnr. 2f.
47 Röchling: In: LPK, 2003, § 42 Rdnr. 58
48 Ollmann: Zum Geltungsbereich des § 42 SGB VIII (Inobhutnahme). In: FamRZ 2000, S. 263

den Minderjährigen aus seiner eigenen Familie herauszunehmen. Drohte dem Kind eine Gefahr bei den eigenen Eltern, hatte das Jugendamt vielmehr nach § 50 Abs. 3 SGB VIII a.f. das Familiengericht anzurufen. Das Gericht hatte **somit** die Möglichkeit, im Rahmen des § 1666 BGB eine Herausgabe des Kindes an das Jugendamt anzuordnen.

Eine weitere Möglichkeit bzw. Verpflichtung ergibt sich darüber hinaus aus § 34 StGB. Hiernach handelt nicht rechtswidrig, wer in einer gegenwärtigen, nicht anders abwendbaren Gefahr für Leben, Leib, Freiheit, Ehre, Eigentum oder ein anderes Rechtsgut eine Tat begeht, um die Gefahr von sich oder einem anderen abzuwenden.

3.2   § 8a Abs. 3 SGB VIII[49]

Nach § 8a Abs. 3 SGB VIII hat das Jugendamt das Gericht anzurufen, wenn es das Tätigwerden des Gerichts zur Abwendung einer Gefährdung für das Wohl des Kindes für erforderlich hält.

Die Vorschrift dient gegenüber dem bisherigen § 50 Abs. 3 SGB VIII einem besseren Schutz von Kindern und Jugendlichen bei Gefahren für ihr Wohl, indem sie den Schutzauftrag des Jugendamtes bei Anhaltspunkten für eine Kindeswohlgefährdung durch Aussagen und Maßgaben zu dem Prozess der Informationsgewinnung und Risikoabwägung als Voraussetzung für die Anrufung des Gerichts konkretisiert.[50]

Die Anrufungspflicht des Jugendamtes gilt nur gegenüber dem Familiengericht, nicht gegenüber dem Strafgericht. Eine nähere Konkretisierung in Bezug auf den Zeitpunkt der Anrufung lässt sich § 8a Abs. 3 SGB VIII allerdings nicht entnehmen. Das Jugendamt muss das Gericht anrufen, wenn es das für erforderlich hält. Daraus folgt, dass dem Amt für diesen Fall eine Art Entscheidungsbefugnis eingeräumt wird; nach herrschender Meinung ein Beurteilungsspielraum,[51] nicht

---

49   Bei dieser Vorschrift handelt es sich um die Neufassung des ehemaligen § 50 Abs. 3 SGB VIII, daher wird in den Fußnoten zum größten Teil noch auf die Kommentierung des vorherigen Paragraphen verwiesen.

50   Fieseler: GK-SGB VIII (Fn. 31) § 8a Rdnr.3

51   Fieseler: GK-SGB VIII (Fn. 31) § 8a Rdnr. 3; Schellhorn: Sozialgesetzbuch Achtes Buch – Kinder und Jugendhilfe. SGB VIII, KJHG. Ein Kommentar für Ausbildung, Praxis, Rechtsprechung und Wissenschaft, 2. Auflage, Neuwied 2000, § 50, Rdnr. 23; Strick: In: Münchener Kommentar zum Bürgerlichen Gesetzbuch. Rebmann/Säcker/Rixecker (Hrsg.), Band 8, Familienrecht II §§ 1589-1921, SGB VIII § 50, Rdnr. 11. Wiesner/Mörsberger, SGB VIII (Fn. 43) § 50 Rdnr. 75; Münder u. a.: FK-SGB VIII (Fn. 34) § 50, Rdnr. 22. Kunkel: LPK-SGB VIII (Fn. 32) § 50 Rdnr. 13, der dem Jugendamt eine Einschätzungsprärogative zuweist, da ein Beurteilungsspielraum laut Rechtsprechung nur bei der Auslegung eines unbestimmten Rechtsbegriffes angenommen werden kann.

aber ein Ermessen (d.h. die Möglichkeit nach Gesichtspunkten der Zweckmä-ßigkeit auszuwählen).[52]

Dies bedeutet, das Jugendamt hat die Anrufung des Gerichts gegenüber anderen (milderen) Maßnahmen zur Abwendung der Kindeswohlgefährdung abzuwägen. Die Anrufung muss (also) geeignet sein, die Gefahr zu beseitigen, zudem dürfen keine anderen Mittel zur Verfügung stehen, um die Gefahr abzuwenden. Dies ist dann der Fall, wenn Leistungsangebote des Jugendamts nicht oder nicht mehr greifen (z.B. § 27 SGB VIII), also entweder von vornherein nicht in Betracht kamen, erfolglos waren oder abgelehnt wurden.

Ob eine Gefährdung vorliegt, muss das Jugendamt ermitteln. Dies ergibt sich aus dem staatlichen Wächteramt aus Art. 6 Abs. 2 Satz 2 GG und § 1 Abs. 2 Satz 2 SGB VIII. Diese Ermittlungspflicht bedeutet somit, dass das Wächteramt kein passives, sondern ein aktives Amt ist. Das Jugendamt darf also nicht erwarten, dass ihm eine Gefahr gemeldet wird, sondern muss Gefährdungstatsachen selbst ermitteln, wenn Anhaltspunkte für eine Gefährdung vorliegen.[53]

Allerdings bestehen viele Unsicherheiten darüber, wie mit Gefahren umzugehen ist, die dem Kind oder Jugendlichen in seiner eigenen Familie drohen. Somit stellt sich die Frage, wie die Gefahr zu beurteilen ist, d.h., wann auf „Dienstleistung" gesetzt werden kann und wann eine Einschaltung des Gerichts erforderlich ist.[54]Zu dieser Unsicherheit hat eine Reihe spektakulärer Fälle elterlicher Vernachlässigung beigetragen, in denen die Kinder bedingt durch Austrocknung und Auszehrung zu Tode gekommen sind, obwohl diese Familien den Jugendämtern im Vorfeld bekannt waren.[55]Diese Fälle führten – zu Recht – teilweise zu strafrechtlichen Verfahren gegen die MitarbeiterInnen des Allgemeinen Sozialen Dienstes (ASD), zumal diese ihre aus dem staatlichen Wächteramt erwachsene (Beschützer-) Garantenpflicht durch Unterlassen (§ 13 StGB) verletzt haben.

Ist das Jugendamt zu der fachlichen Erkenntnis gelangt, das die Anrufung des Gerichtes erforderlich ist, so verdichtet sich die Erforderlichkeit zu einer Anrufungspflicht des Familiengerichts. Dies insbesondere, weil das Kind einen Rechtsanspruch auf das Tätigwerden des Jugendamtes hat. Dies ergibt sich aus der Grundrechtsträgerschaft des Kindes aus Art. 1 Abs. 1 und Art. 2 Abs. 1 GG.

---

52 Münder u. a.: FK-SGB VIII (Fn. 34), § 50 Rdnr. 22
53 Kunkel: LPK-SGB VIII (Fn. 32) § 50 Rdnr. 12
54 Fieseler, GK-SGB VIII (Fn. 31) § 8a Abs. 3 Rdnr. 3
55 Hierzu ausführlich Hannemann: Pflicht und Recht des Jugendamtes in die elterliche Sorge ein-zugreifen. Dortmund 2002 (unveröffentlichte Dissertation)

4 Zur Umsetzung in Rechtsprechung und Jugendhilfepraxis
(Gerhard Fieseler)

4.1 Ausgangsthesen

In Rechtsprechung und Jugendhilfepraxis ist oft eine Überbetonung der Elterninteressen auf Kosten der Interessen und des Wohls der Kinder festzustellen. Elternrechte werden aber verkannt, wenn sie auch *den* Eltern zugestanden werden, die ihre Elternverantwortung nicht wahrnehmen bzw. die durch ihr Verhalten ihre Kinder sogar erheblich gefährden.

Die „Schwelle" für Eingriffe in das Elternrecht, (§ 1666 BGB) und für einen (zumindest) zeitlichen Ausschluss des Umgangsrechtes (§ 1684 BGB) wird von der Rechtsprechung in einer Weise hochgesetzt, dass der Eindruck eines „es möge Recht geschehen und wenn dabei die Welt (das Kind) untergeht", entsteht.

Die Jugendhilfe könnte ihren eigenständigen rechtlichen und ethischen Auftrag erfüllen und ihr fachliches Selbstverständnis (ihre „Eigenart") wahren, wenn sie Rechtstheorie und Rechtspraxis nicht allzu bereitwillig folgen, sondern sich auf ein besseres Recht, eine verständigere Rechtsauslegung besinnen würde und selbstbewusst („auf gleicher Augenhöhe") JuristInnen entgegenträte, die oft „nicht wissen, was sie tun". Von einer solchen Jugendhilfe, der durchaus bisher vernachlässigte Rechtsargumente zur Verfügung stehen, könnte – nicht zuletzt – die Rechtspraxis und überhaupt die Qualität der Rechtsordnung nur profitieren.

4.2 Zur „Einstimmung" – ein skandalöses Beispiel aus der Rechtsprechung

Mir schlechterdings unverständlich ist die Entscheidung des OLG Celle,[56] die – bei allem Respekt vor richterlicher Unabhängigkeit – zur Folge haben müsste, dass die beteiligten Richter straf- und zivilrechtlich zur Verantwortung gezogen werden müssten, wenn dem betroffenen Kind nach Rückgabe an seine leiblichen Eltern etwas passieren sollte. Es ist zu hoffen, dass solch unsinnige Entscheidungen Jugendämter nicht etwa darin bestärken, dass Kinderschutz mit den Familiengerichten oft nicht zu machen ist, und dass sie dann Familiengerichte gar nicht einschalten.

Dem Beschluss des OLG Celle vom 18.06.2002[57] lag folgender Sachverhalt zugrunde: Eltern hatten ihr Kind so schwer misshandelt, dass es noch im Geburtsjahr zweimal in lebensbedrohlichem Zustand in ein Krankenhaus aufgenommen werden musste. Nachdem das Kind in einer Pflegefamilie aufgenommen worden war, drängten die Eltern auf eine „Rückführung" des Kindes in ihren Haushalt.

---

56 OLG Celle, FamRZ 2003, S. 549
57 OLG Celle, FamRZ 2003, S. 549-551; Fieseler/Herborth (Fn. 4), S. 233, Fn. 52: „skandalös".

An Beratungsgesprächen eines Kinderschutzzentrums nahmen sie regelmäßig teil. Dennoch entzog ihnen das Amtsgericht die elterliche Sorge und übertrug sie auf das Jugendamt als Vormund. Diese Entscheidung hob das OLG Celle – gegen den Willen des Jugendamtes und der Pflegeeltern – auf, um so eine „langsam angebahnte Rückführung" bei vom Jugendamt überwachten Betreuungs- und Versorgungsmaßnahmen zu ermöglichen. „„Unmöglich" möchte ich mit allem Nachdruck sagen, und wenn hier nach einer Rückführung dem Kind an Leib und Seele wieder schwerer Schaden durch seine Eltern zugefügt werden sollte, so braucht man sich nicht einmal zu wundern, wenn der Unverstand (sic) der beteiligten Richter durch die Presse skandalisiert werden wird. Ein Schmerzensgeldanspruch dieses Kindes gegenüber der Justiz, sofern es den Aufenthalt im Elternhaus überhaupt überlebt, sollte außer Frage stehen.

Dass die Jugendhilfe solche Entscheidungen nicht schweigend hinnehmen sollte, dass sie ihr Handeln nicht daran ausrichten sollte, versteht sich doch wohl von selbst. Wenn das Kind erneut in der Familie verletzt wird, sollten die Richter hierfür auch strafrechtlich zur Verantwortung gezogen werden. Aus rechtlichen und berufsethischen Gründen[58] haben Jugendämter alles zu tun, dass solche Gerichtsentscheidungen nicht ergehen. Kinderschutz ist auch und gerade insofern offensiv und „mit gutem Gewissen" wahrzunehmen.

4.3 Überbewertung von leiblicher Abstammung und Elternrecht und Vernachlässigung des staatlichen Wächteramtes

Eine Überbewertung von leiblicher Abstammung und Elternrecht und damit eine Vernachlässigung des staatlichen Wächteramtes ist vor allem – in den letzten Jahren auch aufgrund mehr als fragwürdiger Aussagen von psychologischer Seite – zu verzeichnen

- bei der Leugnung der Voraussetzung des § 1666 BGB,
- bei versagter Anordnung eines Verbleibens von Pflegekindern in ihren Pflegefamilien nach § 1632 Abs. 4 BGB,
- in Umgangsangelegenheiten mit dem allzu zögerlichen Ausschluss von Umgangsrechten auf Zeit oder auch auf Dauer nach § 1684 Abs. 4 Satz 1 BGB,
- bei Anträgen auf Ersetzung elterlicher Einwilligung in die Adoption nach § 1748 Abs. 1 BGB.

4.4 Erläuterung der Ausgangsthesen

Um gegen Eltern und gegen Gerichte offensiv auftreten zu können, sind die Jugendämter auch dadurch zu stärken, dass ihren MitarbeiterInnen zu einem größeren

---

58 Dazu Fieseler: Garantenpflicht – Konsequenzen für sozialpädagogisches Handeln unter Berücksichtigung berufsrechtlicher und berufsethischer Gesichtspunkte. In: ZfJ 2004, S. 172-180.

Selbstbewusstsein gegenüber den JuristInnen verholfen wird, mit denen sie es zu tun haben. Das müsste schon in der Ausbildung (meist) an den Fachhochschulen einsetzen und den Rechtsunterricht bestimmen. Hierzu kann ich auf einen Beitrag von mir zum Thema „Recht und soziale Arbeit" hinweisen – zunächst als Buchbeitrag[59] aber auch in Heft 11/2004 von SOZIALEXTRA veröffentlicht. Angehende SozialpädagogInnen sollen wissen, dass das, was sie einmal in ihrer Praxis tun werden, zwar nicht so gut bezahlt wird wie die Tätigkeit als RichterIn oder Rechtsanwältin/Rechtsanwalt, dass es aber gesellschaftlich ebenso „wertvoll" ist und das gleiche Ansehen verdient. Wenn sie von Berufs wegen – und hoffentlich auch innerer Neigung entsprechend – eher auf der Seite der Schwächeren stehen und für bessere Lebensbedingungen von jungen Menschen und ihren Familien eintreten, so können sie darauf durchaus stolz sein, denn es macht die Würde ihrer Tätigkeit aus und rechtfertigt es unbedingt, dass sie JuristInnen „auf gleicher Augenhöhe" entgegentreten.

Sie haben allen Grund dazu, ihren Auftrag – etwa in der Mitwirkung in gerichtlichen Verfahren – offensiv wahrzunehmen und sich nicht, wie ich dieses leider manches Mal erlebt habe, JuristInnen gegenüber fast unterwürfig zu verhalten. Dazu hätte die Rechtswissenschaft die Kinder- und Jugendhilfe mit (Rechts-)Argumenten einer offensiven Auslegung des SGB VIII zu versorgen.

Dazu hier nur ein – freilich zentrales – Beispiel:
Wenn etwa bei JuristInnen das Individualrecht der Eltern – oft zulasten von Kindern – im Vordergrund steht, so ist von der Kinder- und Jugendhilfe der „Sprengsatz" zu zünden, den § 1 SGB VIII darstellt und nicht völlig unkritisch (konservativ-juristischer) Auslegung zu folgen, das Recht jedes jungen Menschen auf Förderung seiner Entwicklung und auf Erziehung zu einer eigenverantwortlichen und gemeinschaftsfähigen Persönlichkeit sei nur von symbolischer Bedeutung. Nein, es handelt sich – nach allen traditionellen juristischen Auslegungsmethoden übrigens[60] – um ein subjektiv-öffentliches Recht darauf, dass Kinder und Jugendliche in öffentlicher Verantwortung aufwachsen, und zwar so, dass den Erziehenden entweder dabei geholfen wird, ihre Erziehungsaufgabe so wahrzunehmen, dass das Recht auf Förderung und Erziehung zu einer eigenverantwortlichen und gemeinschaftsfähigen Persönlichkeit eingelöst wird oder dass interveniert (sich in familiäre Belange eingemischt) wird, wo immer dieses unerlässlich ist. Und dies ohne jedes schlechte Gewissen aus rechtlichen wie aus berufsethischen Gründen und als Wechsel auf die Zukunft der Gesellschaft.

---

59 In: Homfeldt/Schulz-Krüdener (Hrsg.): Handlungsfelder der Sozialen Arbeit, Hohengehren 2003, S. 109 ff
60 Vgl. Fieseler. In: GK-SGB VIII (Fn. 31), § 1 Rz. 5 ff.

Zwar hat laut Rechtsprechung ein Kind keinen Anspruch auf eine „optimale" Erziehung bzw. auf „bestmögliche" Eltern, wie verschiedene Gerichtsentscheidungen festgestellt haben[61], wo aber sein Recht(!), so aufzuwachsen, wie es § 1 SGB VIII verheißt, nicht anders gewährleistet ist, ist staatliche Hilfe unumgänglich. Anders wächst das Kind nicht in öffentlicher Verantwortung auf.[62]

Dass dies bei Misshandlung, Vernachlässigung, sexuellem Missbrauch der Fall ist, mag allen zwar einleuchten, aber selbst da gibt es unbegreifliche (Denk-) Hemmungen von RichterInnen, Eltern entschiedene Grenzen zu setzen.

Die Denkhemmungen, die gegenüber einer solchen Beschränkung elterlicher „Rechte" bestehen, und dann etwa zum „Teekränzchenspruch" bloß „symbolischer Bedeutung" des § 1 SGB VIII führen[63], gilt es sowohl im Wege der Einmischung generell wie in jedem Einzelfall zu benennen, zu „skandalisieren" und im „Kampf ums Recht" entschieden anzugehen. Eine Haltung der Art, „die haben Recht studiert, die müssen es besser wissen als wir" ist von vornherein verfehlt, spottet jeder sozialpädagogischen Fachlichkeit und – eben – dem (rechtlichen und berufsethischen) Auftrag der in der Kinder- und Jugendhilfe Tätigen.

Wenn es etwa im Fall Lydia[64] hieß, „was sollten wir tun, als die Mutter das Kind aus der Klinik mit nach Hause nehmen wollte, die hatte doch das Personensorgerecht", so ereignet sich (beispielhaft) das, was ich hier ansprechen möchte: Das müsste schon ein armseliges Recht sein, ein Recht, das diesen Namen nicht verdient, wenn dagegen kein Kraut gewachsen wäre, dass ein Kind aus dem sicheren Aufenthalt im Klinikum heraus einer total überforderten jungen Mutter mitgegeben und damit praktisch einer Gefahr für Leib und Leben ausgesetzt werden müsste. Dies anzunehmen und nicht zu erkennen, dass hiergegen durchaus von Rechts wegen nicht nur interveniert werden kann, ja sogar interveniert werden muss, ist das, was ich unter unterster Schublade sozialpädagogischer Fachlichkeit verstehe: Anscheinend sind die Rechtfertigungsgründe des Notstandes und der Nothilfe und die sogar strafbewehrte Pflicht zur Hilfeleistung (für jedermann bzw. aus Garantenpflicht) weitgehend unbekannt.

---

61 Z. B. OLG Frankfurt/Main, JAmt 2003, S. 39 und OLG Hamm, ZfJ 1983, S. 274 zum Wohl des Kindes unter Berücksichtigung des sog. sozio-kulturellen Milieus der Mutter; dazu Fieseler/ Herborth 2005 (Fn. 4), S. 232. In dieser Entscheidung, die ich immer wieder gerne im Unterricht bespreche und diskutiere, kommt sinngemäß in der Tat zum Ausdruck, dass Eltern Schicksal sind; wobei die Mutter nur vermeintlich „Schicksalsschlag" für den kleinen Roy war: Das gibt es eben auch immer wieder, dass bei Eltern vor allem aus der „Unterschicht" ohne viel Federlesens Elternrechte beschnitten werden.

62 Dazu: Elfter Kinder und Jugendbericht. Vgl. Wabnitz,. In: GK-SGB VIII (Fn. 31) § 84 Rz. 20 f.

63 So leider jetzt Münder u. a., FK-SGB VIII (Fn. 34) § 1 Rz. 7 in Abkehr von der früheren Auffassung.

64 Eingehend dokumentiert in Mörsberger/Restemeyer (Hrsg.): Helfen mit Risiko. Zur Pflichtenstellung des Jugendamtes bei Kindesvernachlässigung, Neuwied 1997 und siehe hierzu auch Hildegard Niestroj, S. 121ff. in diesem Jahrbuch

Doch zurück zu den öffentlichen Hilfen. Es wird oft verkannt, dass der Staat nicht etwa nur durch Eingriffe in elterliche Rechte sein Wächteramt wahrnimmt, sondern viel mehr noch, und zuvörderst eben durch Leistungen, die nach dem SGB VIII ausreichend bereitzustellen sind, um der Zielsetzung des § 1 SGB VIII für alle (!) jungen Menschen gerecht zu werden.[65] Tatsächliche oder angebliche finanzielle Engpässe dürfen dem nie im Wege stehen, die erforderlichen Mittel sind vielmehr zur Verfügung zu stellen. Dies folgt eindeutig aus § 79 Abs. 2 SGB VIII und zur Stärkung der Jugendämter: Soweit sie tätig werden oder tätig werden müssten, gehört eine ausreichende Ausstattung mit „einer dem Bedarf entsprechenden Zahl von Fachkräften dazu" (§ 79 Abs. 3 SGB VIII).

Dem staatlichen Wächteramt entspräche es auch, wenn nicht nur ein Anspruch auf einen Kindergartenplatz im SGB VIII vorgesehen wäre, sondern auch ein solcher auf eine Kinderkrippe bzw. im Schulalter auf einen Platz im Kinderhort. Dass auch das am 1. Januar 2005 in Kraft getretene Tagesbetreuungsausbaugesetz[66] entsprechende Kinderrechte nicht vorsieht, ist im höchsten Maße zu bedauern, und zwar nicht nur aus der Perspektive der Kinderrechte, sondern auch im Hinblick auf die künftige gesellschaftliche Entwicklung.

Umso mehr ist § 1 SGB VIII dafür wirksam zu machen, dass alle Kinder in Kindertageseinrichtungen gefördert werden können. Dass dies – wie für arme Kinder (Kinder armer Eltern) – gerade auch für Kinder mit „einengendem kulturellen Hintergrund" gilt, versteht sich. Es kann auch nicht hingenommen werden, dass Eltern mit anderem kulturellen Hintergrund einerseits ihren Töchtern jeden freundschaftlichen Umgang mit einem Jungen untersagen und andererseits bestimmen, wen sie zu heiraten haben. Ein Mindeststandard realer Menschenrechtsgeltung ist sicher genug erkämpft worden und gehört mittlerweile zum ordre public. Solange nicht etwa die jetzt vorgesehenen Integrationskurse greifen[67] und ausländische Eltern selber einsehen, was sie ihren Kindern schulden, ist staatliche Intervention in Fällen rigider Umgangsverbote, vorgesehener Zwangsheirat und Zwangsbeschneidung unerlässlich.

Das Kinderrecht geht jedenfalls (angeblichen) Elternrechten eindeutig vor. Ich sage bewusst angeblichen Elternrechten, weil Eltern*rechte* gar nicht wirklich berührt sind. Elternrechte gehen nach modernem Rechtsverständnis nur so weit, wie Eltern ihre Elternverantwortung auch wirklich wahrnehmen. Das Elternrecht ist längst kein Herrschaftsrecht mehr. Es ist „treuhänderisch" zum Wohl des Kindes auszuüben. Dass dieses spätestens seit dem ausdrücklichen Verbot von Gewalt in der Erziehung nicht der Fall ist, wenn Eltern ihr Kind züchtigen, um ihren Willen

---

65 Vgl. Fieseler/Herborth (Fn. 3), S. 70: „Gefahrenabwehr durch Erbringung von Sozialleistungen".
66 Dazu: Fieseler/Herborth (Fn. 3), S. 127 ff. und Gerstein in: GK-SGB VIII (Fn. 31), §§ 22 ff., sowie Grube in: Hauck/Noftz, Sozialgesetzbuch SGB VIII Kinder- und Jugendhilfe, §§ 22 ff.
67 Gerlach. In: GK-SGB VIII (Fn. 31) § 6 Rz. 15

durchzusetzen, darüber sind wir uns wohl ebenso wie in Fällen des sexuellen Missbrauchs einig, auch wenn vielleicht unterschiedliche Auffassungen darüber herrschen, ob sich Eltern mit solcher Züchtigung zugleich strafbar machen.[68]

5 Fazit

Die „Erziehung" der Kinder ist nach § 1631 Abs. 1 BGB Bestandteil der elterlichen Sorge und zwar der Personensorge. Für *Salgo*[69] ist die Erziehung sogar „das wichtigste Element" der Personensorge. Insofern wird den Eltern das „Erziehungsprimat" zugestanden. Das heißt, sie bestimmen die Erziehungsziele und den Erziehungsstil. Eine „staatlich verordnete Erziehungszielbestimmung" (wie etwa in der DDR) wird fast durchweg abgelehnt, was gewiss auch mit der unseligen Zeit des Nationalsozialismus zu tun hat. Wenn aber das Kind ein Recht auf eine Förderung seiner Entwicklung und Erziehung zu einer eigenverantwortlichen und gemeinschaftsfähigen Persönlichkeit hat, so ist dies auch und gerade ein Recht gegenüber den Eltern, deren Autonomie insofern als eingeschränkt erscheint. § 1626 Abs. 2 BGB ist Ausdruck dafür und bedeutet, dass das elterliche Bestimmungsrecht mit zunehmendem Alter sich „allmählich verflüchtigt", bis es mit Vollendung des 18. Lebensjahres gänzlich endet.

Auch kann das Erziehungsprimat nur so weit reichen, wie Eltern ihre elterliche Sorge gemäß § 1627 BGB zum Wohl des Kindes ausüben. Nur so weit reicht Elternautonomie. So wie sie ihrem Kind einen Namen ihrer Wahl geben können, der Name aber (beispielsweise) nicht geeignet sein darf, das Kind lächerlich zu machen und wie die Zahl der Vornamen, die sie geben dürfen (eng) begrenzt ist, gilt dies für alle Erziehungsmaßnahmen: Sie müssen geeignet sein, die Entwicklung des Kindes zu einer eigenverantwortlichen und gemeinschaftsfähigen Persönlichkeit zu fördern (positive Aussage) bzw. sie dürfen diese Entwicklung nicht gefährden (negative Aussage).

Das staatliche Wächteramt dient zum Schutz der Kinder der Kontrolle („Überwachung"), dass eine solche Erziehung stattfindet, wie sie § 1 SGB VIII vorsieht, und liegt damit zugleich im wohlverstandenen Interesse der Eltern. Es besteht nicht nur im staatlichen Eingriff nach § 1666 BGB, sondern – zuvörderst – in der Unterstützung der Eltern, sowohl finanziell (Familienlastenausgleich) wie auch in den Leistungen nach dem SGB VIII, vorab den Hilfen zur Erziehung. Damit wird oft genug die ideologisch von vornherein unterstellte Elternautonomie durch

---

68 Dazu Fieseler: Mutter ohrfeigt ihre zweijährige Tochter – macht sie sich dadurch strafbar? (Besprechung des Urteils des Amtsgerichts Burgwedel vom 10.1.2004). In: KiTa-Recht 1/2005 S. 37 f

69 Salgo. In: Staudinger (Fn. 23), § 1631 Rz. 22.

die Ausübung des staatlichen Wächteramtes (das angeblich die Elternautonomie beschränkt) überhaupt erst hergestellt. Zu nennen ist auch die Unterstützung der Eltern durch Familiengerichte (und Jugendämter) bei der Ausübung der Personensorge in geeigneten Fällen (§ 1631 Abs. 3 BGB).

Jugendämter haben in Fällen der Kindeswohlgefährdung eine schwierige Aufgabe. Handlungsempfehlungen (wie die des Deutschen Städtetages und verschiedener Städte; Beispiele: Hamburg und Kassel) und die von Bundestag und Bundesrat Anfang Juli 2005 beschlossene Änderung des § 8a SGB VIII erscheinen geeignet, den Schutz von Kindern und Jugendlichen bei Gefahren für ihr Wohl eher qualifiziert zu gewährleisten.

III Aus Fehlern lernen?
Drei kritische Fallberichte

Arnim Westermann

Die Geschichte von Lena diesseits und jenseits der Verleugnung[*]

Zusammenfassung: *Am Beispiel eines Kindes, das mit 3 Jahren und 9 Monaten in eine Pflegefamilie kam, wird gezeigt, dass der Versuch, Kinderschutz durch Hilfe für die Eltern zu verwirklichen, dazu führt, dass das Leiden des Kindes verleugnet und das Kind als ein behindertes Kind wahrgenommen wird. Aber erst dann, wenn die Verleugnung traumatischer Erfahrungen aufgegeben und nicht mehr an der Beziehung des Kindes zu seinen leiblichen Eltern festgehalten wird, kommt eine Entwicklung in Gang, die zeigt, dass das Kind kein behindertes, sondern ein misshandeltes Kind ist. Mithilfe seiner Pflegemutter, in einer quasi therapeutischen Beziehung, setzt sich das Kind noch einmal diesen schrecklichen Erfahrungen aus, so dass es schließlich in der Lage ist, neue Eltern-Kind-Beziehungen zu entwickeln. Davon handelt der Bericht der Pflegemutter.*

Solange die Sozialisation eines Kindes in einer Pflegefamilie nicht als Hilfe für das Kind, sondern nach dem Kinder- und Jugendhilfegesetz (SGB VIII) als Erziehungshilfe für die leiblichen Eltern definiert und verstanden wird, und solange fundiertes kinderpsychologisches Wissen Sozialarbeitern selten und Familienrichtern gar nicht vermittelt wird, besteht die Gefahr, dass professionelle Helfer sich mehr mit den sichtbar problembelasteten Eltern identifizieren als mit den weniger sichtbaren Leiden der Kinder. Auf diese Weise kommt es immer wieder dazu, dass traumatische Erfahrungen, die ein Kind bei den leiblichen Eltern erlitten hat, nicht gesehen, nicht ermittelt und also verleugnet werden. Aber erst dann, wenn die traumatischen Erfahrungen als Realität anerkannt werden und das Kind vor dem weiteren Einfluss der Eltern geschützt wird, sind Rahmenbedingungen geschaffen, die, wie es die Traumaforschung zeigt (Fischer, Riedesser 1999), für die Verarbeitung der traumatischen Erfahrungen unerlässlich sind.

---

[*]   Vortrag auf dem 18. Tag des Kindeswohls „Vernachlässigte und misshandelte Kinder im Blickfeld helfender Instanzen: Kriminalpolizei, Justiz, Jugendhilfe und Beratung für Pflegeeltern" am 4. Juni 2007 in Hamburg. Veranstalterin: Stiftung zum Wohl des Pflegekindes

Die Aufhebung der Verleugnung öffnet die durch Angst und Angstabwehr zuge-schlagene und verriegelte Tür zu den verletzenden Erfahrungen und den mit ihnen verbundenen Gefühlen und Affekten. Manchmal öffnet schon ein einziger Satz, wie die Ankündigung der Pflegemutter, dass die leiblichen Eltern nicht mehr zu Besuch kommen sollen, den Riegel der Verleugnung. Und dann wird auf einmal klar, dass das Kind nicht nur ein von überforderten Eltern vernachlässigtes und behindertes, sondern ein von den Eltern misshandeltes Kind ist, wenn es sagt: „Ich bin da rausgekommen (aus der Ursprungsfamilie), da war ich tot[1], da brauch ich nie wieder hin".

Von der Verleugnung der traumatischen Erfahrungen des Kindes Lena, von der Aufhebung der Verleugnung und den Folgen handelt der Bericht von Lenas Pflegemutter[2], aus dem ich ausführlich zitieren werde. Die Pflegeeltern wandten sich an uns, als Lenas verleugnete Vergangenheit das anfangs problemlose Pfle-geverhältnis massiv und für die Pflegeeltern unerklärlich belastete.

1 Diesseits der Verleugnung

Als Lena in Obhut genommen wurde, war sie 3 Jahre und 4 Monate alt, ein kleines Mädchen, das im Hausflur mit bloßen Füßen von einem Polizisten angetroffen und zum Jugendamt gebracht wurde, weil die Eltern nicht da waren[3]. Nachdem das Kind mit Nahrung versorgt war, wurde es in eine Bereitschaftspflegefamilie gebracht. Das war nicht der erste Kontakt mit dem Jugendamt. Trotzdem weiß man kaum etwas über die frühen Sozialisationsbedingungen. Bei der Geburt des Kindes war die Mutter 22 Jahre alt, habe eine Wochenbettdepression und Alko-holprobleme gehabt. Nach der Geburt des zweiten Kindes, als Lena 2;3 Jahre alt war, beabsichtigte der Vater die Scheidung und klagte, dass die Mutter die Kinder und den Haushalt vernachlässige. Das Jugendamt stellte in seiner Stellungnahme zur Sorgerechtsregelung fest, dass die Kinder vernachlässigt und oft ohne Aufsicht allein in der Wohnung gelassen worden seien, während die Eltern in einer Kneipe waren, auch habe der Vater die Kinder geschlagen. Daraufhin wurden die Kinder bei einer Tante der Mutter untergebracht, die die Mutter für erziehungsunfähig

---

1   Ein solcher Satz wie „Da war ich tot" scheint nur verständlich zu sein, wenn man berücksichtigt, dass bei schwer traumatisierten Kindern der Äquivalenzmodus des inneren Erlebens aufrecht-erhalten bleibt, was dazu führt, dass das Kind nicht zwischen Fantasie und Realität unterscheidet (Fonagy 2004, S. 184).

2   der ich für diesen Bericht sehr danke. Er wird hier in *kursiver* Schrift wiedergegeben.

3   Einen ganz ähnlichen Fall mit einer durch Verleugnung geprägten Interventionsstrategie schildert Brisch (2006, S. 244-250): Ein 4-jähriges Mädchen wird in einem verwahrlosten Zustand, auf dem Entwicklungsstand eines 2-jährigen Kindes, das nur wenige Worte sprach, von der Polizei in die Klinik gebracht.

hielt. Ohne dass sich an den Sozialisationsbedingungen irgendetwas geändert hatte, holten die Eltern die Kinder bald darauf wieder zu sich. Das Jugendamt beabsichtigte, der Mutter eine Sozialpädagogische Familienhilfe zu Verfügung zu stellen, da sie nicht für die Kinder kochen würde, Lena erst drei Worte spreche und bei ihr eine Scheidenentzündung festgestellt worden sei.

Die Unterbringung in der Bereitschaftspflege erfolgte dann zunächst auch nur für eine begrenzte Zeit mit dem Ziel der Rückgliederung nach anderthalb oder zwei Jahren und intensiven Kontakten zu den leiblichen Eltern. Man sah zwar beim Kind Symptome einer Fehlentwicklung, die aber nicht im Zusammenhang mit einer Störung der Mutter-Kind-Beziehung und erst recht nicht als Folge traumatischer Erfahrungen des Kindes in der Ursprungsfamilie gesehen wurden.

Lena wurde nach einer medizinischen Untersuchung als sozial depriviertes, allgemein retardiertes Mädchen mit einer ausgeprägten Sprachentwicklungsverzögerung und kognitiven Einschränkungen, mit mehr fein- als grobmotorischen Schwächen beschrieben. Nun versprach man sich Hilfe von der Unterbringung in einer Sonderpflegefamilie, die für die Aufnahme eines so behinderten Kindes geeignet erschien, und der Aufnahme in einen heilpädagogischen Kindergarten, wo das Kind, das kaum drei Worte sprach, gefördert werden sollte. Die Beziehung zur Mutter, die das Sorgerecht behielt und mit der Besuchskontakte im Abstand von drei Wochen vereinbart wurden, wurde nicht in Frage gestellt. Nach vier Monaten Bereitschaftspflege wurde Lena im Alter von 3;9 Jahren in die jetzige Pflegefamilie aufgenommen.

„Ich werde den Tag niemals vergessen, als ich mit dem Mitarbeiter des Jugendamtes Lena in der Bereitschaftspflegefamilie zum ersten Mal sah. Lena war völlig distanzlos, sprang sofort auf unseren Schoß, blieb jedoch nicht 10 Sekunden still, sondern war ununterbrochen in Bewegung. Sie konnte nur 2 Worte sprechen, nämlich „Mama", womit sie jedes weibliche Wesen bezeichnete und „da", wobei sie ununterbrochen irgendwelche Laute plapperte und mit begeistertem „da, da!" auf alle möglichen Dinge zeigte, die sie wohl nie zuvor gesehen hatte."

„Nach wenigen Kontakten kam Lena also zu uns, und fast gleichzeitig auch in den heilpädagogischen Kindergarten (mit Logopädie und Ergotherapie). Alle 3 Wochen kamen die leiblichen Eltern für 2 Stunden zu Besuch zu uns. Auf die Tatsache, dass solche Besuche zwingend erforderlich seien und Pflegeeltern sie möglichst stressfrei gestalten sollten, waren wir in den Vorbereitungskursen des Jugendamtes eindringlich hingewiesen worden."

Die Unterbringung eines Kindes in einer Pflegefamilie ist eine notwendige, aber keine hinreichende Bedingung für die Bewältigung traumatischer Erfahrungen und eine gesunde Entwicklung. Denn nach wie vor können professionelle Helfer, Sozialarbeiter ebenso wie Pflegeeltern an der bisherigen Verleugnungsstrategie festhalten. Symptomatisch für die Verleugnung traumatischer Erfahrungen sind regelmäßige Besuchskontakte, die als Selbstverständlichkeit gefordert, unterstützt oder hingenommen werden[4], um die Beziehungen des Kindes zu seinen leiblichen Eltern aufrechtzuerhalten. Ein weiteres Symptom der Verleugnung traumatischer Erfahrungen sind „medizinische" Erklärungen für das Verhalten des Kindes, die eine symptomorientierte Behandlung wie Logopädie oder Ergotherapie begründen sollen. Unter diesen Bedingungen bleiben die innere Welt des Kindes und seine Geschichte verschlossen und unentdeckt.

Und wenn ein Kind, kaum dass es in die Pflegefamilie gekommen ist, gleich in einen Kindergarten geschickt wird, tut man so, als wäre die Aufnahme eines Kindes bei Pflegeeltern nicht ein radikaler Bruch mit seiner bisherigen Lebensgeschichte, ein Neuanfang, in dem doch die Chance steckt, dass ein Kind noch einmal neue befriedigende Eltern-Kind-Beziehungen entwickeln könnte. Durch solche Verleugnungsstrategien verweigert man dem Kind die Chance eines Neuanfangs, die im Integrationsprozess liegt, den wir in drei Phasen beschrieben haben.

1.1 Anpassung

Wie nicht anders zu erwarten, passt sich das Kind zunächst den neuen Lebensbedingungen gehorsam an. Das Kind verhält sich so, als wären seine früheren Erfahrungen ohne jede Bedeutung. Diese Überanpassung an die vermeintlichen Wünsche und Erwartungen der Pflegeeltern entsteht aus der Notwendigkeit, die mit der neuen Situation verbundene Unsicherheit zu bewältigen, die zwangsläufig umso größer ist, wenn regelmäßige Besuchskontakte mit den leiblichen Eltern stattfinden. Denn das misshandelte Kind kann nicht einmal sicher sein, dass es nun vor dem Einfluss und der Macht der leiblichen Eltern durch die Pflegeeltern – die bei Besuchskontakten freundlich mit den leiblichen Eltern umgehen, als wäre nichts Schreckliches passiert – geschützt ist, und dass es bei den Pflegeeltern bleiben kann. Und es kann auch nicht sicher sein, dass sich in der Abhängigkeit von den Pflegeeltern nicht alles das wiederholt, was es bei den leiblichen Eltern erleben musste.

„Das Zusammenleben mit Lena war zunächst recht unproblematisch, denn ihre große Freude über alles Neue hielt an. Sie freute sich über jede Mahlzeit, egal was es zu essen gab, ließ sich problemlos abends ins Bett bringen und schlief die ganze Nacht durch (allerdings verkrampft und selbst ohne Decke nass geschwitzt). Ohne Schwierigkeiten ging sie in den Kindergarten und freute sich über jedes Spielangebot. Außerdem machte

4 Vgl. Salgo 2004

sie große Fortschritte, was Sprechen und Körperbeherrschung anging. Auffällig war eine ausgeprägte Schmerzunempfindlichkeit – selbst wenn sie hinfiel und sich blutige Wunden zuzog, stand sie einfach auf und lief weiter, als sei nichts geschehen –, sowie die völlige Distanzlosigkeit gegenüber Fremden. Selbst im Supermarkt musste man aufpassen, dass sie nicht bei irgendjemanden an der Hand mitging."

„Bei den Kontakten mit den leiblichen Eltern war nur auffällig, dass gar nichts auffällig war. Lena war sehr bemüht, sich völlig unauffällig zu verhalten. Ihr Gesicht war gänzlich emotionslos, weder zeigte sie Freude, noch Stress oder Angst, wenn die Eltern erschienen oder sich verabschiedeten. Damals waren wir darüber sehr überrascht."

1.2   Übertragungsbeziehungen

Wenn dann ein Kind in der Abhängigkeit von den Pflegeeltern größere Sicherheit gewonnen hat, kann es die angstmotivierte Überanpassung aufgeben. Es entstehen Beziehungen, die weniger durch die realen Erfahrungen in der Pflegefamilie, als vielmehr durch die früheren Beziehungen und die damit verbundenen Gefühle und Affekte geprägt sind. Diese Gefühle und Affekte gegenüber den Pflegeeltern, die durch Übertragungsbeziehungen bestimmt sind, können oft von den Reaktionen und Gefühlen, die aus der gegenwärtigen Situation verständlich sind, nicht gut unterschieden werden. Das ist natürlich erst recht so, wenn ein Jahr nach Aufnahme eines Pflegekindes ein Kind der Pflegeeltern geboren wird, mit dem das Pflegekind zwangsläufig in eine Konkurrenzbeziehung geraten muss. Und gleichzeitig war für Lena die Geburt ihrer Schwester auch eine Wiederholung frustrierender Erfahrungen, die sie mit der Geburt ihres leiblichen Bruders gemacht hatte.

„Nach knapp einem Jahr, als Lena 4;7 Jahre alt war, – wir waren inzwischen in eine andere Stadt umgezogen und unsere Tochter Anna war geboren – wurde es mit Lena sehr schwierig. Das Essen landete bald mehr auf dem Boden oder an der Wand als in ihrem Bauch, und wenn man mit ihr schimpfte, erbrach sie sich sofort. Zubettgehen war ein einziger Kampf, denn Lena blieb einfach nicht mehr in ihrem Bett, sondern erschien wie ein Stehaufmännchen immer wieder im Wohnzimmer, egal was wir machten, und unabhängig davon, wie müde sie war. Beim geringsten Druck ging sie aggressiv aus dem Ruder, schlug um sich, kratzte und biss. Wenn wir versuchten, sie daran zu hindern, steigerte sie sich in Schreiattacken bis zum Erbrechen. Am schlimmsten waren ihre autoaggressiven Stereotypien. Manchmal legte sie sich ins Bett, schlug rhythmisch mit dem Kopf an das hintere Bettende und sagte dazu: „Mama, du sollst mich hauen." Wenn ich

das ablehnte und fragte, warum ich sie denn hauen sollte, sagte sie: „Ich bin ein böses Mädchen und böse Mädchen muss man hauen."

„All diese Probleme hatten langsam angefangen, steigerten sich jedoch immer mehr und wir wussten einfach nicht mehr, was wir tun sollten. Als Lena anfing, bei jeder Gelegenheit nach dem Baby zu schlagen, wurde uns bewusst, dass wir mit der Situation völlig überfordert waren und dringend Hilfe brauchten. Solche zu finden, erwies sich jedoch als sehr schwierig. Die Bemühungen der Mitarbeiter des Jugendamtes sowie von verschiedenen Erziehungsberatungsstellen waren völlig unzulänglich. Niemand schien auch nur die geringste Ahnung zu haben, was man denn nun konkret mit einem derartig aggressiv agierenden Kind machen sollte. Sätze wie: „Sie brauchen einfach mehr Zeit für sich" oder „Sie sind die Mutter und nicht die Therapeutin, und wenn Sie sagen: ‚Jetzt ist Schlafenszeit!', dann muss auch Schlafenszeit sein!" erbittern mich heute noch in der Erinnerung."

2 Jenseits der Verleugnung

Vielleicht sind die unmittelbare Nähe zum Kind und die konkrete Verantwortung für das Kind die wesentlichsten Voraussetzungen für die Aufhebung der Verleugnung. Eine Pflegemutter, die es tagtäglich mit so heftigen Gefühlen wie Angst, Schmerz und Wut eines Kindes zu tun hat, denen sie sich kaum entziehen kann, die gleichzeitig dafür verantwortlich ist, wie das Kind schläft, wie es isst, wie es sich trösten lässt, wie es spielt, wie es spricht und lernt, kann ihre Aufgabe nur erfüllen, wenn sie sich nicht nur für das Verhalten und Verhaltensänderungen, sondern dafür interessiert, wie sich das Kind selbst in der Welt erlebt.

Die Einfühlung in das Kind und die Anerkennung der realen Erfahrungen, die das Erleben des Kindes bestimmen, wird durch nichts so gefördert wie durch die Veränderung der Beziehung zwischen Mutter und Kind, die sich aus der Einfühlung in das Kind ergibt. Allein schon die Tatsache, dass Pflegeeltern anders über das Kind denken, wenn sie es nicht mehr als ein behindertes oder verhaltensgestörtes Kind ansehen, sondern als ein Kind, das sich aus biografisch verständlichen Gründen so und nicht anders verhält, führt beim Kind manchmal zu dramatischen Veränderungen seiner Beziehungen und seines Verhaltens.

2.1 Anerkennung der Realität

Erst wenn wir versuchen, uns genau vorzustellen, wie das Kind in der Abhängigkeit von den leiblichen Eltern so geworden ist, wie es ist, und uns denken können, dass das Kind ein vernachlässigtes, misshandeltes Kind sein könnte, dessen Verhalten und Erleben in einem verständlichen Zusammenhang zu dem steht, was es in der Abhängigkeit von den leiblichen Eltern erlebt hat, kann die Strategie der Verleugnung beendet werden. Wenn man nicht nur davon spricht, dass das Kind von der überforderten Mutter vernachlässigt worden ist, sondern sich so genau wie möglich vorstellt, wie alle seine Signale ungehört und nicht beantwortet werden, weil die im Vordergrund stehenden Bedürfnisse der Mutter, der Alkoholismus, die aggressiven Auseinandersetzungen zwischen den Eltern einen realistischen und einfühlenden Blick auf das Kind verstellen, kann man sich in die verzweifelte Lage des Kindes einfühlen, die von Angst- und Ohnmachtsgefühlen und ungestilltem Verlangen beherrscht wird. Und damit, vielleicht zum ersten Mal, ist das Kind mit seinen Gefühlen nicht mehr allein. Das ist der erste Schritt zum Verständnis des Kindes, der sich aus der Analyse der Lebensgeschichte ergibt.

Wir untersuchten Lena anderthalb Jahre nach Aufnahme in die Pflegefamilie, als sie 5;6 Jahre alt war. Die psychologische Untersuchung mithilfe projektiver Untersuchungsverfahren wie dem Sceno-Test, dem Thematischen Apperzeptionstest (TAT), dem Spiel „Verzauberte Familie" oder den „Düss-Fabeln" (vgl. Rauchfleisch 1989,1993) ist eine Möglichkeit, etwas von der inneren Welt des Kindes zu erfahren (Westermann 1998) und die Kindesmisshandlung aus der Perspektive des Kindes zu sehen: als „eine Bedrohung mit Vernichtung... Eine Kindesmisshandlung liegt dann vor, wenn das Kind von seinen Eltern, zu denen es bei Gefahr und Angst schutzsuchend fliehen müsste, überwältigt wird, so dass es sie nicht nur als Schutzobjekte verliert, sondern auch als mörderisch-überwältigend erleben muss" (Nienstedt, Westermann 2007, S 53) und ohnmächtig Todesängsten ausgeliefert ist (vgl. Fischer, Riedesser 1999, S.71, Herman 1994, S.54).

Die Untersuchungsbefunde machten deutlich, dass Lena zweifellos ein durch Vernachlässigung, aggressive und möglicherweise auch sexuelle Überwältigung misshandeltes Kind war. Sie hatte noch kein Zugehörigkeitsgefühl[5] zu den Pflegeeltern entwickelt und wurde noch vollständig von schrecklichen Ohnmachtsgefühlen und Vernichtungsängsten beherrscht, die sie durch die Identifikation mit

---

5   Bei der Untersuchung von Kindern in Ersatzfamilien stellen wir oft fest, dass als Ergebnis der von uns beschriebenen Integrationsprozesse ein Kind zunächst so etwas wie ein „Zugehörigkeitsgefühl" (Lewin, 1943) entwickelt. Es kommt wohl durch das wechselseitige Hören und Rufen in der Interaktion zwischen Mutter und Kind zustande (Bilz 1956, Metzger 1982) und vermindert die Angst, Gefahren schutzlos ausgeliefert zu sein. Das ist ein wichtiger Schritt auf dem Weg, neue Eltern-Kind-Beziehungen zu entwickeln, erst recht wenn es ein in der Ursprungsfamilie vernachlässigtes und oft allein gelassenes, distanz- und beziehungsloses Kind war, das ein solches Zusammengehörigkeitsgefühl nicht erlebt hat. Für ein Kindergarten- oder ein Schulkind ist es dann wichtig, dass es den gleichen Hausnamen wie die Pflegeeltern hat.

dem Aggressor, durch Größen- und Allmachtsfantasien bis hin zur Rollenumkehr abzuwehren suchte, die beispielsweise im Sceno-Test zum Ausdruck kam:

Beim Sceno-Test, wo dem Kind 16 Menschenfiguren unterschiedlichen Alters, verschiedene Tierfiguren, Bäume, Möbel usw. zur Verfügung stehen, und es aufgefordert wird „etwas zu bauen", stellt sich für gewöhnlich ein Kind in seiner sozialen Welt dar. Lena baute eine chaotische Szene mit sich als einer erwachsenen Frau und einer Mutter in Gestalt eines Kindes, das 6 Jahre alt sei. Das ist eine verkehrte Welt, in der das Kind kein elterliches Schutzobjekt hat.

Angst und Ohnmachtsgefühle, die in der Beziehung eines Kindes zu seinen Eltern entstehen, denen es nicht entkommen kann, müssen abgewehrt werden. Gerade bei Eltern oder einer Mutter, die aufgrund ihres Alkoholismus nicht in der Lage ist, das Kind mit seinen elementaren Wünschen und Bedürfnissen einfühlend wahrzunehmen und für es da zu sein, befindet sich das Kind in einer ohnmächtigen Lage, der es durch eine Rollenumkehr zu entkommen sucht. Das Kind wird groß und die Mutter klein. Das Kind nimmt sich nicht als ein Kind wahr, sondern in der Rolle einer erwachsenen Person, und sieht die Mutter in der Rolle eines hilflosen Kindes. Manchmal fühlt sich dann ein kleines dreijähriges Kind für die Mutter verantwortlich und versucht, die Schnapsflaschen zu verstecken, und wird gleichzeitig von der Mutter zum Kiosk geschickt, um Nachschub zu holen. So verliert ein Kind seine Kindheit.

„Wir bekamen zum ersten Mal eine Ahnung von der inneren Welt unserer Pflegetochter. Tief betroffen begannen wir zu verstehen, welch entsetzlichen Ängsten sie sich ausgeliefert fühlte. Dass sie gar nicht ohne Weiteres in der Lage war, zwischen uns und den leiblichen Eltern einen Unterschied wahrzunehmen, war eine bittere Erkenntnis für uns. Daraus ergab sich die Konsequenz: Besuchskontakte der leiblichen Eltern mussten zwingend beendet werden, damit Lena sich endlich glaubhaft sicher fühlen konnte."

„Wir waren völlig geschockt. Auf der einen Seite fühlten wir uns entsetzlich schuldig, dass wir nichts von dem verstanden hatten, was in dem Kind vorging, und so mit unseren unbedarften Erziehungsversuchen die Traumatisierung weiter aufrechterhalten hatten. Auf der anderen Seite konnten wir uns auch nicht vorstellen, Lena wieder abzugeben. Zwar war das Leben mit ihr sehr schwierig, aber gerade jetzt, wo wir verstehen konnten, mit welcher Tapferkeit und Verzweiflung dieses Kind um sein Leben kämpfte, kam es uns völlig unmöglich vor, aufzugeben. Dann hätten wir sie endgültig im Stich gelassen. Es musste eine Lösung geben, die Elternkontakte zu beenden."

„Das war natürlich sehr problematisch! Vom Jugendamt wurde diese Forderung nach der psychologischen Diagnostik zwar als berechtigt anerkannt, man sah sich aber nicht in der Lage, sie juristisch durchzusetzen. Die leiblichen Eltern hätten sich seit Lenas Herausnahme offiziell nichts mehr zuschulden kommen lassen, wären pünktlich zu allen Terminen erschienen. Ein nachträglicher Sorgerechtsentzug mit Beendigung der Besuchskontakte würde nicht nur vom zuständigen Gericht abgewiesen, sondern hätte vielleicht sogar weitere nachteilige Folgen für Lena und uns."

„Ironischerweise kam uns nun zu Hilfe, dass wir stets höflichen und einigermaßen verständnisvollen Umgang mit den leiblichen Eltern gepflegt hatten. Als diesen das Ergebnis der psychologischen Untersuchung samt sich ergebender Forderung nach Beendigung der Besuchskontakte mitgeteilt wurde, waren sie zwar sehr betroffen, erklärten sich aber bereit, auf freiwilliger Basis die Besuchskontakte auszusetzen. Dafür baten sie um vierteljährliche Berichte über Lena und gelegentliche Fotos. Ein bisschen waren sie wohl auch erleichtert, aus der Verantwortung erst mal entlassen zu sein, denn sie waren inzwischen geschieden und konnten mit mehr Abstand zu Lena ihr eigenes Leben besser regeln."

2.2 Sich vom Kind an die Hand nehmen lassen

Ein Kind, das in eine Pflegefamilie kommt, ist für gewöhnlich weder ein unerzogenes Kind, das erzogen werden müsste, noch ein krankes Kind, das behandelt werden müsste, oder einfach nur ein in seiner Entwicklung zurückgebliebenes Kind, das gefördert werden müsste. In den meisten Fällen ist es ein Kind, das keine hinreichende Annahme seiner Bedürfnisse und keine narzisstische Bestätigung in dialogischen Beziehungen und kein Verständnis für seine Gefühle und Affekte erfahren hat. Und folglich kommt es darauf an, dass Pflegeeltern bereit und in der Lage sind, das Kind, so wie es ist, anzunehmen. Das kann aber nur der Anfang auf einem langen und mühseligen Weg sein, neue befriedigende Beziehungen zu entwickeln. Denn einfach nur das Verhalten des Kindes zu ertragen, überfordert nicht nur die Pflegeeltern, sondern lässt das Kind einsam zurück. Erst wenn Pflegeeltern sehen, dass das Verhalten des Kindes in einem verständlichen Zusammenhang zu dem steht, was es in der Abhängigkeit von den leiblichen Eltern erlitten und erfahren hat, können sie sich einfühlend auf das, was immer das Kind sagt oder tut, im alltäglichen Handeln und vor allem im Spiel, einlassen. Dann erschließt sich, wenn sich Pflegeeltern vom Kind an die Hand nehmen lassen, für die Eltern und für das Kind seine innere Welt, oft eine Welt voller Gefahren, Ängste und Ohnmachtsgefühle, die durch schweigsame Verschlossenheit und Misstrauen, Wut und Aggression oder Größenfantasien abgewehrt werden.

„So gab es jetzt eine Basis, dass die Integration Lenas in unsere Familie gelingen konnte. Nur reichte das allein natürlich nicht aus. Unsere Arbeit fing jetzt erst an: An die Stelle von „Verhaltenskorrektur" musste nun „einfühlendes Verstehen" (Nienstedt 1998)[6] treten, und das war wirklich nicht so einfach. In der Theorie fiel es uns noch ziemlich leicht, nachzuvollziehen, wie Lena die Welt und vor allen Dingen sich selbst und uns als Eltern erlebte. In der Praxis fehlte uns dann aber doch so einiges an Geschicklichkeit, vor allem, was gute Formulierungen anging, aber auch konkretes Verständnis mancher Alltagssituationen. Hier erwies sich nun aber neben den beratenden Psychologen – für uns ganz überraschend – Lena selbst als ein begeisterter und sehr geduldiger Lehrmeister[7]."

„Als wir mit höchst angeschlagenem Selbstvertrauen, aber der Bereitschaft, einiges zu ändern, aus der psychologischen Praxis zurückkamen, brauchte Lena nur wenige Stunden, um diese Veränderung zu erfassen. Zuerst zögerlich, aber dann drängend, fast überlaufend, trat sie einen spielerischen Erzählmarathon an. Sie spielte mit Puppen und Stofftieren oder auch in Rollenspielen mit mir ihre ganze Geschichte vor. So wurde das Baby von einer bösen Mama immer wieder angeschrien, geschlagen (z. B. mit dem Pantoffel) oder auch im Schrank eingesperrt. Böse Männer tauchten an allen Ecken auf und ein verängstigtes Baby versuchte, sich zu verstecken. Das Baby hatte oft Hunger, aber manchmal bekam es die Babyflasche auch in den Mund gezwungen. Es gab schreckliche Szenen, in denen Messer eine Rolle spielten, wo überall Blut war und ein Kind verzweifelt versuchte, den Notarzt zu rufen. Es war nicht schwierig, diese Geschichten zu verstehen, und Lenas Regieanweisungen waren ebenfalls sehr deutlich: „Also Mama, du bist jetzt das Baby und ich die böse Mama, und du hast ganz doll Angst und schreist ganz laut!" So lautete eine typische Anfangssequenz ihrer Spielgeschichten."[8]

„Eine Geschichte wiederholte sich immer und immer wieder: Ein böser Mann, ein böses Krokodil, ein böser Nikolaus kommen, und die böse Mama lässt das Baby mit diesem Ungeheuer allein. Auf die Frage, was dann ge-

---

6   Vgl. Nienstedt 1998.

7   Das ist gemeint, wenn wir davon sprechen, dass sich die Pflegeeltern vom Kind an die Hand nehmen lassen müssen.

8   Eine solche Regieanweisung ist in der Kindertherapie mit traumatisierten Kindern ganz gewöhnlich: Das Kind weist uns eine Rolle zu, oft zuerst die des Kindes, während es sich selbst in der Identifikation mit dem Aggressor die Rolle des Erwachsenen zuschreibt, bis es sich schließlich auf seine Angst- und Ohnmachtsgefühle als Kind einlassen kann, und die Rollenbeziehung umkehrt und den Therapeuten zum aggressiven Verfolger macht und sagt: „Du wärst wieder die böse Mutter..."

schehe, oder was denn der böse Mann dann mache, antwortete Lena stets ausweichend: „Der macht das Baby tot und schmeißt es in den Himmel." Dazu lachte sie in seltsam unangemessener Emotion und beendete das Spiel fürs Erste. Wir begriffen, dass sich hier ein schreckliches Erleben hinter Nichterinnern verbarg, es passte zu Lenas merkwürdigem Verhalten gegenüber Männern. Meistens zeigte sie große Zurückhaltung bis Angst, gelegentlich aber stürzte sie sich geradezu auf fremde Männer, sprang diesen auf den Schoß und erzählte ruhelos mit lauter Stimme Geschichten. Zu Hause hielt sie zum Pflegevater große Distanz und konnte Berührungen zwischen uns Erwachsenen schon kaum aushalten. Sie selbst ließ sich gar nicht anfassen. Das hatten wir glücklicherweise immer schon verstanden und respektiert."

„Dass ihre leiblichen Eltern nicht mehr zu uns kamen, teilten wir Lena zunächst noch nicht mit. Sie selbst verlor auch kein Wort darüber. 10 Wochen später jedoch fing sie mit mir folgendes Rollenspiel an: „Mama, eine böse andere Mama will dein Baby ärgern!" Als ich antwortete: „Das darf die aber nie mehr machen. Ich passe jetzt gut auf. Geh weg, andere Mama, das ist jetzt mein Baby, mein toller Schatz, und ich passe gut auf mein Baby auf!", war Lena sichtlich erleichtert, wechselte aber schnell das Thema. Aber schon 2 Wochen später fragte sie mich, in wessen Bauch ich denn gewesen sei. Als ich ihr das erklärte, fragte sie: „Und in welchem Bauch war ich, Mama?" Ich sagte: „Im Bauch von der anderen Mutter, ich glaube, das weißt du auch." Ganz leise geflüstert kam ihre Erwiderung: „Mama, dein Baby soll nicht zwei Mamas haben!" Ich erwiderte aus tiefstem Herzen: „Da hast du recht, du kannst nicht zwei Mamas haben." Nach kurzer Pause fragte Lena dann: „Mama, die andere Mama und der andere Papa waren schon mal hier zu Besuch?" „Ja" sagte ich, „die waren schon mal hier zu Besuch." „Mama, die wollen noch mal kommen?", fragte Lena ganz vorsichtig. „Nein," erwiderte ich, „die kommen jetzt nicht mehr." „Warum nicht?" Ich sagte vorsichtig: „Wir haben dir gut zugehört in den letzten Wochen. Du hast uns viel erzählt, und wir haben jetzt endlich verstanden, wie viel Angst Du bei den früheren Eltern gehabt hast, und dass es viel besser ist, wenn du sie nicht mehr sehen musst. Dann kannst du in Ruhe bei uns leben." Nach kurzer Pause fragte Lena: „Mama, wo ist die andere Mama jetzt?" „Ich weiß es nicht genau, aber ich glaube, bei sich zu Hause." „Mama, da soll die auch bleiben!" Das war Lenas sehr entschiedene und abschließende Bemerkung dazu."

„Hinsichtlich all der anderen problematischen Alltagsthemen wie Essen, Schlafengehen oder aggressives Agieren gab es vergleichsweise schnelle, *für alle befriedigende Lösungen. Nachdem wir nun begriffen hatten, wie wichtig es für ein vernachlässigtes Kind ist, dass es für sich selbst sorgen kann, ließen wir Lena ganz allein bestimmen, was und wie viel sie essen wollte. Stets machte sie sich selbst den Teller bis zum Rand voll, aß dann ungefähr ein Drittel und stand dann mit einem entschiedenen „Ich bin satt" auf. Offensichtlich reichte ihr das erst mal aus, um zu erfahren, dass es genug zu essen für sie gibt. "*

„Beim Zubettgehen war uns nun klar, wie sensibel diese Phase ist, wenn mit der Dunkelheit alle tagsüber zurückgedrängten Ängste riesengroß wiederkehren, während gleichzeitig mit der Erschöpfung die Ich-Funktionen nachlassen. Das Problem ließ sich einfach lösen. Ich legte mich neben sie und blieb bei ihr, bis sie eingeschlafen war, wobei ich ihr versicherte, dass sie sofort ins Elternbett rüberkommen dürfte, wenn sie nachts wach würde. Das Einschlafen wurde dadurch erleichtert, und nachdem Lena bald 2 Jahre jede Nacht von Angstträumen gequält zu uns kam, ist es heute die absolute Ausnahme. Statt dessen versucht sie jetzt – 3 Jahre später – immer mal wieder aus eigenem Antrieb, auch alleine einzuschlafen. "

2.3   Die Wut und Aggression des misshandelten Kindes

Immer wieder geraten Pflegeeltern angesichts der ungesteuerten Wut und Aggression des misshandelten Kindes an die Grenzen ihrer Toleranz und ihres Verständnisses. Darum ist die Versuchung groß, die heftigen aggressiven Gefühle, Affekte und Handlungen, die in keinem verständlichen Zusammenhang mit der gegenwärtigen Situation zu stehen scheinen, zurückzuweisen und zu bekämpfen. Die Aggression wird bestraft und das wütende Kind in sein Zimmer geschickt, oder es wird aufgefordert, seine Wut an einem Boxsack im Keller „auszulassen", oder es wird darauf hingewiesen, dass seine Wut und Aggression seinen früheren Eltern gilt. Aber so wird die Aggression nicht bewältigt.

Erst wenn die Pflegeeltern das Kind mit seiner Wut und Aggression annehmen und sich in das wütende Kind einfühlen, auch wenn sie selbst zum Objekt der kindlichen Aggression werden, kann es seine Aggression als berechtigt und richtig wahrnehmen und als zu ihm gehörig akzeptieren. Denn die Aggression ist immer gegen einen anderen Menschen gerichtet, den das Kind als überwältigend, verletzend und herabsetzend erlebt. Die Aggression gehört immer zu einer bestimmten Adresse. Aber das misshandelte Kind, das gezwungen war, die eigene Aggression abzuwehren, weil sie mit Aggression der Eltern beantwortet wurde, weiß oft gar nicht mehr, wo sie hingehört, als hätte es die Adresse verloren. Erst in der Beziehung zu den Pflegeeltern, im Alltag und vor allem im Spiel, kann es diese Adresse wieder entdecken, wenn sich die aggressiven Gefühle und Affekte des Kindes im gestischen, mimischen und sprachlichen Ausdruck der Mutter oder des Vaters spiegeln, so dass es sich mit seinen Gefühlen im Ausdruck des anderen erkennt (vgl. Fonagy et al. 2004, 350). Das ist die Voraussetzung dafür, dass die Aggression kultiviert werden kann, so dass es nicht mehr von seinen aggressiven Affekten getrieben wird, sondern lernt, seine Aggressionen selbst zu steuern und zu beherrschen.

Um das Kind vor schrecklichen Folgen seines ungekonnten und ungesteuerten aggressiven Verhaltens zu schützen, kommt es darauf an, dass die Eltern nicht auf den aggressiven Affekt und seine Motive, sondern nur auf die Form der handelnden oder verbalen Aggression steuernden Einfluss nehmen nach dem Motto: „Nicht so doll! Nicht so heftig! Nicht so laut! Nicht hier, sondern da!" Auf diese Weise erlauben sie dem Kind, ein wütendes Kind zu sein, das am liebsten alles kaputtmachen oder dem anderen wehtun möchte, übernehmen aber die Verantwortung dafür, dass nicht ein ernsthafter Schaden oder ein großer Schmerz entsteht.

> *„Beim aggressiven Agieren lernten wir, diese Aggression als völlig berechtigt zuzulassen, deutlich auf uns als Eltern in der Übertragung zu beziehen, und für das Kind sogar die Worte zu sprechen, die es selbst noch nicht hat. Am Anfang kam es mir ziemlich komisch vor, mich selbst zu beschimpfen („So eine doofe Mama, kann die nicht mal besser auf ihr Kind aufpassen, bei so einer Mama muss ein Kind ja stinkesauer werden, o. ä.").* *Aber schon nach der ersten Attacke, die wir in dieser Art mit dem Kind zusammen durchgemacht haben, gab es massive Veränderungen. Ab sofort verschonte Lena ihre Umwelt von Aggressionen und richtete diese nur noch gegen mich. Es war klar, dass sie sich verstanden fühlte, und Modifikationen ihrer Wutausbrüche wie „treten ohne Schuhe" oder „hauen, aber auf die Arme, nicht ins Gesicht," oder auch „beißen nur bis zum Stopp-Signal" nahm sie ohne jede Schwierigkeit an. War sie ihre Wut befriedigend losgeworden, warf sie sich in meine Arme, schmiegte sich an mich und kuschelte (die ersten Berührungen, die sie nicht nur zuließ, sondern wünschte und genießen konnte). In den ersten Tagen nach unserer „veränderten Weltsicht" verbrachte sie viel Zeit mit dem Ausagieren von Wut und Aggression, aber dann ließ die Häufigkeit solcher Attacken nach, und ihre Ausbrüche wurden sehr selten. Dafür kam sie immer häufiger mal eben schnell auf den Schoß zum Kuscheln oder schmiegte sich schnell mal zwischendurch in meine Arme und sagte mit tiefer Befriedigung: „Du bist meine Mama!"*

> *„Über Autoaggression brauchten wir uns überhaupt keine Gedanken mehr zu machen, sie verschwand von allein und tauchte nicht wieder auf. Aus dem Kindergarten wurde berichtet, dass Lena nun anfinge, auf ihre Basteleien*

oder Bilder stolz zu sein und sie aufhängen wollte, statt wie bisher alles unmittelbar nach Fertigstellung wieder zu zerstören. "

„Alle ihre Reaktionen und ihre gesamte Entwicklung zeigten uns deutlich, wie richtig es war, sich auf Lenas Sicht der Dinge einzulassen. Wir wurden sicherer in unserem Verhalten und lernten enorm dazu, und es fiel uns immer leichter, in vieler Hinsicht über unseren Schatten zu springen. Ganz einfach ist es eben nicht, nach jeder Mahlzeit halb volle Essensteller wegzuschmeißen, jede Nacht manchmal mehrfach für das Kind aufzustehen, oder, was mir am schwersten fiel, beim aggressiven Agieren die wahrhaft mörderische Wut in den Augen des Kindes auszuhalten und anzunehmen. "

„Ich lernte ganz genau zu erkennen, wann ich am Tag gerade ihre „böse andere Mama" war, und wann ich „ich" war, die liebevoll versorgende Mama. Die Tendenz, mit jedem mitzugehen, war radikal vorüber, und Lena zeigte eher Misstrauen in der Begegnung mit Fremden. Wie war ich glücklich, als sie sich zum ersten Mal an mich klammerte und rief: „Mama, ich will aber bei dir bleiben," wenn es morgens in den Kindergarten ging. Zum Glück fanden wir dort viel Verständnis, denn Lena blieb so manchen Tag lieber zu Hause. "

2.4 Das Zugehörigkeitsgefühl

Bei der Untersuchung von Kindern in Ersatzfamilien stellen wir oft fest, dass ein Kind im Verlauf der von uns beschriebenen Integrationsprozesse zunächst so etwas wie ein „Zugehörigkeitsgefühl" (Lewin 1943) entwickelt. Es kommt wohl durch das wechselseitige Hören und Rufen[9] in der Interaktion zwischen Mutter und Kind zustande (Bilz 1956, Metzger 1982) und vermindert die Angst, Gefahren schutzlos ausgeliefert zu sein. Das ist ein wichtiger Schritt auf dem Weg, neue Eltern-Kind-Beziehungen zu entwickeln, erst recht wenn es ein in der Ursprungs-familie vernachlässigtes und oft allein gelassenes, distanz- und beziehungsloses Kind war, das ein solches Zusammengehörigkeitsgefühl nicht erlebt hat. Für ein

---

9   Die Zugehörigkeit zu einer Gruppe wird nicht allein durch die räumliche Nähe gewährleistet, sondern nach Metzger (1982) durch eine Reihe weiterer Bedingungen. Aber auch er nennt als erste Bedingung „die laufende gegenseitige Verständigung, das Angesprochen- und Angehörtwerden". Dazu kommt das Bewusstsein, dass trotz aller Rangunterschiede jeder in einer solchen Gruppe „gleichwertig und gleichgeachtet" ist, jedem eine „bestimmte Rolle und Funktion" zukommt und die „Bereitschaft zu gegenseitiger Hilfe" (S. 194). Dies sind charakteristische Merkmale einer familialen Zugehörigkeit und die Basis für die Zusammengehörigkeit, die Alfred Adler beschrieben hat. Dass nicht die Stärke des unabhängigen Einzelnen, sondern die familiale Zusammengehörigkeit in Katastrophensituationen das Überleben ermöglicht, hat kürzlich Schirmer (2004) beschrieben.

Kindergarten- oder ein Schulkind ist dann als Ausdruck seines Zugehörigkeitsge-
fühls wichtig, dass es den gleichen Hausnamen wie die Pflegeeltern hat.

*„Nach einem Jahr stellten wir Lena, inzwischen 6-jährig, erneut in der
psychologischen Praxis vor, – und erfuhren diesmal ein weit erfreulicheres
Ergebnis der Untersuchung: Das im Vorjahr allgegenwärtige mörderische
Chaos hatte sich schon in klare Strukturen gewandelt. Lena hatte ein
deutliches Zugehörigkeitsgefühl zu uns entwickelt, und die Generations-
umkehr war aufgehoben. In dem Spiel „Verzauberte Familie" erzählte sie
von sich als kleinem Bär mit Mama-Bär, Papa-Bär und Anna-Baby-Bär.
Im Sceno-Test konnten aber auch wir Laien gut nachvollziehen, wie für
Lena trotz klarer Zugehörigkeit zu uns die leiblichen Eltern immer noch
allgegenwärtig waren und ihr Erleben mitbestimmten. In der weiteren
Diagnostik zeigte sich dann auch, dass Lena immer noch überwiegend
Geschichten mit schrecklichen Unfällen, tödlichem Ausgang und bösen
Männern allüberall erzählte. Immer noch gab es für sie keine verlässlich
beschützenden Personen, zu denen ein verängstigtes kleines Mädchen
fliehen könnte. Ganz gelegentlich gab es einen Schimmer von neuen
Elternbeziehungen, die zwar immer noch beängstigend, aber nicht mehr
zwingend mörderisch waren."*

2.5 Die Wiederbelebung traumatischer Erfahrungen

In der Interaktion von Pflegemutter und Kind kommen, wie in einer therapeutischen
Beziehung, die frühen traumatischen Erlebnisse und Erfahrungen zuerst handelnd
(agierend) im Alltag und dann im Spiel zum Ausdruck.[10] An die Stelle des Erinnerns
tritt das Agieren (Freud 1914) und schließlich das Spiel, in dem das Kind selbst
einen Zugang zu seinem Erleben herstellt. Spielend erzählt es von dem, was es
in der Abhängigkeit von den leiblichen Eltern erlebt hat. Damit setzt es sich noch
einmal diesen frühen traumatischen Erfahrungen existenzieller Bedrohung aus, im
Spiel oft zuerst in der Rolle des Täters und dann in der Rolle des Opfers.

*„Im Alltag konnten wir immer leichter die Übertragungsbeziehung nach-
vollziehen und akzeptieren. Lenas Angst abwehrendes Verhalten wurde
für uns jetzt auch als solches verständlich. In ihren Spielen kamen immer
wieder die gleichen Themen vor: Manchmal war Lena ein schrecklicher,*

---

10 Beim Agieren wird zum Zweck der Affektregulierung das innere Erleben vom Kind „als Teil seiner
faktischen äußeren Realität und nicht als etwas wahrgenommen, das zu seinem Selbst gehört."
(Fonagy, Gergely, Jurist, Target, 2004, 299) Beim „Als-ob-Spiel" (Fonagy) wird die Realitätsprü-
fung nicht beeinträchtigt, weil das Kind zwischen Fantasie und Wirklichkeit unterscheidet. Und
das bemerkt auch das Kind als einen bedeutenden Unterschied, indem es bewusst zwischen „im
Spiel" und „in echt" unterscheidet.

böser Mann, der mich mal als Mutter, mal als Kind, mal als Baby tötet, lebendig macht, wieder tötet, usw. Dann wiederum spielte sie, vor allem mit der kleinen Schwester, den übermächtigen, furchtlosen Beschützer („Anna, da kommen Gespenster, hast du Angst? Ich bin stark, ich mache die alle tot!"). Gerne spielte sie auch mit ihrer Puppe Mutter und Kind, wobei man gut beobachten konnte, wie das Puppenbaby dazu benutzt wurde, mütterliche Bedürfnisse zu stillen, und wie heftig es bestraft wurde, wenn es zum Beispiel weinte. "

Kurz vor ihrem 7. Geburtstag inszenierte Lena dann ein agierendes Spiel, in dem sich der bis dahin nur vage Verdacht auf sexuellen Missbrauch bestätigte und der Verarbeitung zugänglich wurde. Im Unterschied zu anderen Formen der Kindesmisshandlung ist die Verleugnung und Verdrängung der traumatischen Erfahrungen beim sexuellen Missbrauch weitreichender, weil die sexuelle Überwältigung noch viel weniger in die Erfahrungswelt integrierbar ist als andere Formen von Misshandlung, über die ein Kind leichter sprechen kann. Das vernachlässigte Kind spricht davon, dass die Eltern sich nicht gekümmert haben, das geschlagene Kind spricht davon, dass es gehauen wurde. Das sexuell missbrauchte Kind kann oft nur handelnd im Spiel darstellen, was es erfahren hat. In den TAT-Geschichten oder den Düss-Fabeln kann ein Kind davon erzählen, dass es geschlagen, eingesperrt, alleingelassen wurde. Aber nur selten wird in den TAT-Geschichten die sexuelle Überwältigung direkt thematisiert.

„Eine Fernsehsendung, in der es um ein verletztes Mädchen ging, versetzte Lena in große Unruhe. Ein ums andere Mal fragte sie mich: „Mama, willst du, dass ich auch mal am Kopf ganz doll blute und ins Krankenhaus muss? Oder will Papa das? Oder Anna?" Auf meine wiederholte Versicherung, dass wir das auf gar keinen Fall wollen und uns furchtbar um sie ängstigen würden, reagierte sie mit glücklichem Lächeln, wurde aber dennoch immer aufgeregter. Ganz unvermittelt begann sie mich zu hauen. Meine vorsichtige Interpretation „eine Mama soll mal besser aufpassen, dass ihrem Kind nichts passiert" beantwortete sie mit wilder Aggression und schrie: „Die Mama hat überhaupt nicht aufgepasst, die böse, blöde Mama!" Dabei attackierte sie mich mit Schlägen und Tritten. Auf meine Antwort „Da kann ein Kind ja nur wütend sein und hauen und treten" nickte sie. Dann wandte sie sich mir zu und sagte sehr energisch: „Pass mal auf, Mama, jetzt bin ich der böse Mann und du das kleine Mädchen." Ich zeigte entsprechend Angst und Entsetzen und fragte, was denn der böse Mann mache. „Du wirst jetzt gefesselt" schrie Lena, warf mich auf den

Rücken und fesselte mich mit imaginären Schnüren[11]. Dann sprang sie auf mich und schüttelte mich an Schultern und Hüften. „Jetzt rüttel ich dich so lange, bis du dich gar nicht mehr bewegst." Ich schrie um Hilfe und zeigte meine Angst. Zwischendurch fragte ich nach: „Und was macht der böse Mann jetzt?" Da sagte Lena: „So, und jetzt musst du die Augen ganz fest zumachen, denn jetzt holt der böse Mann seine Pistole raus." Dabei griff sie sich mit triumphierendem Gesichtsausdruck in den Schritt. „Da hat der die?" fragte ich entsetzt. „Ja, und guck mal, der kann die Pistole noch größer machen, dann ist die noch gefährlicher!" Diese Drohung wurde begleitet von eindeutig masturbierenden Handbewegungen. Ich bekundete – inzwischen völlig ungespielt – Angst und Abwehr, bekam aber die klare Regieanweisung „du bist doch gefesselt." „Und jetzt" – dabei wurde Lenas Stimme wieder sehr leise und drohend – „hält dir der böse Mann die Nase zu, weil, dann musst du den Mund aufmachen, und dann schiebt der böse Mann dir eine warme Matsche in den Mund!" „Was, eine warme Matsche?" „Ja, und die flutscht gleich durch in den Bauch und da hast du die jetzt drin!"

Diese Szene wurde fast wörtlich 5–6-mal wiederholt. Danach kam eine neue Sequenz: Lena gab mir die Regieanweisung „du musst dich jetzt auf die Seite drehen, pass mal auf, die Beine müssen an den Bauch, so." Sie veränderte meine Lage, bis ich mit angezogenen Knien auf der Seite lag. „Und jetzt musst du mit dem Popo immer an dem ganz harten Mauerstück vorbeischrappen (sie schob mich angestrengt schnell hin und her), bis der Popo ganz doll wehtut. Und jetzt hast du auch ganz viele blaue Flecken am Po."

Auch dieser Teil wurde mehrfach wiederholt, bis Lenas Gesichtsausdruck sich veränderte. Sie befreite mich von den Fesseln, und als ich fragte, sagte sie: „Jetzt bin ich doch die liebe neue Mama, die dich da weghol. O, du armes Kind, was hast du für blaue Flecken am Po, was ist passiert?" Ich wiederholte in ihren eigenen Worten, was geschehen war. „Dann fahren wir jetzt ins Krankenhaus, mein armes Baby." Sie umarmte mich und rief den Rettungswagen an. Als ich immer noch etwas zitterte, beruhigte sie mich: „Du brauchst keine Angst mehr zu haben, du bist doch jetzt bei der neuen Mama, die ist doch lieb. Und morgen spielen wir, ich bin die Polizei und stecke den bösen Mann ins Gefängnis, alle bösen Männer!" –

---

11 Indem das Kind die frühen traumatischen Erfahrungen reinszeniert, mit der Mutter spielt, indem es ihr Rollenanweisungen gibt, indem im Spiel imaginäre Objekte gebraucht werden wie die Schnüre, mit denen die Mutter als Kind gefesselt wird, wahrt das Kind den Als-ob-Charakter des Spiels (Fonagy, Gergely, Jurist, und Target, 2004, S 299).

Damit war das Spiel beendet, und Lena konnte ruhig ins Bett gehen und einschlafen. "

„Lena ist jetzt ein fast 9-jähriges Mädchen mit guter Entwicklung auf dem richtigen Weg. Sie macht uns große Freude, und allen, die mit ihr zu tun haben. Ihre schlimmen Entwicklungsdefizite sind fast vollständig aufgeholt. In der Schule, in der 3. Klasse einer normalen Grundschule verhält sie sich zur Überraschung aller völlig normal und regelt alles, was für sie schwierig ist, mit uns zu Hause. Wir sind darüber sehr glücklich, aber wir werden nicht vergessen, wie leicht es mit Lena auch ganz anders hätte kommen können. "

Die Verleugnung traumatischer Erfahrungen von Kindern aufzuheben, ist in unserer Gesellschaft geradezu eine Sisyphosarbeit, die oft vergeblich ist, wenn die Anerkennung der Realität tief verwurzelte Überzeugungen verletzt oder Ideologien in Frage stellt. Die Überzeugung, dass jede Mutter ihr Kind liebt, ist für viele Menschen durch nichts zu erschüttern. Der Psychoanalytiker Arno Gruen sagt: „Die Liebe von Eltern in Frage zu stellen, ist eines der großen Tabus in unserer Zivilisation" (2006, S. 25). Für die Liebe des Kindes gilt das Gleiche. In der Psychologie wird von vielen zäh an der Überzeugung festgehalten, dass auch ein misshandeltes Kind seine misshandelnden Eltern lieben würde. Können überhaupt solche Glaubenssätze erschüttert werden?

Literatur

Adler, A. (1920). Praxis und Theorie der Individualen Psychologie. München, Wiesbaden: Bergmann

Bilz, R. (1956). Die Kuckucksterz. Eine anthropologische Studie. In: P. Vogel (Hg). Viktor von Weizsäcker. Arzt im Irrsal der Zeit. Göttingen: Vandenhoek & Ruprecht, S. 96-119.

Fischer, G., Riedesser, P. (1999). Lehrbuch der Psychotraumatologie. München, Basel: Ernst Reinhardt.

Fonagy, P., Gergely, G., Jurist, E. L., Target, M. (2004). Affektregulierung, Mentalisierung und die Entwicklung des Selbst. Stuttgart: Klett-Cotta.

Freud, S. (1914). Erinnern, Wiederholen und Durcharbeiten. GW X (1946), 126-136.

Gruen, A. (2006). „Ich will eine Welt ohne Krieg". Stuttgart: Klett-Cotta

Herman, J. L. (1994). Die Narben der Gewalt. Traumatische Erfahrungen verstehen und überwinden (1992). München: Kindler.

Lewin, K., (1943) Feldtheorie in den Sozialwissenschaften. Bern: Huber

Metzger, W. (1986). Möglichkeiten der Verallgemeinerung des Prägnanzprinzips. In: Stadler, M. , Crabus, H. (Hrsg.) (1982) Wolfgang Metzger: Gestaltpsychologie. Ausgewählte Werke aus den Jahren 1950 bis 1982. Frankfurt a. M. : Verlag Waldemar Kramer.

Nienstedt, M. (1998). Zur Verarbeitung traumatischer Erfahrungen: Einfühlendes Verstehen im Umgang mit Anpassung, Übertragung und Regression. In: Stiftung zum Wohl des Pflegekindes (Hrsg.): 1. Jahrbuch des Pflegekinderwesens. Idstein: Schulz-Kirchner, S. 52-65.

Nienstedt, M., Westermann, A. (2007). Pflegekinder und ihre Entwicklungschancen nach frühen traumatischen Erfahrungen. Stuttgart: Klett-Cotta.

Rauchfleisch, U. (1989). Der Thematische Apperzeptionstest (TAT) in Diagnostik und Therapie. Stuttgart: Enke.

Rauchfleisch, U. (1993). Kinderpsychologische Tests. Stuttgart: Enke

Salgo, L. (2004). Gesetzliche Regelungen des Umgangs und deren kindgerechte Umsetzung in der Praxis des Pflegekinderwesens. In: Stiftung zum Wohl des Pflegekindes (Hrsg.). 3. Jahrbuch des Pflegekinderwesens. S. 17-49. Idstein: Schulz-Kirchner.

Westermann, A.(1998): Zur psychologischen Diagnostik der Kindesmisshandlung: Über die Todesangst des misshandelten Kindes. In: Stiftung zum Wohl des Pflegekindes (Hrsg.): 1. Jahrbuch des Pflegekinderwesens. Idstein: Schulz-Kirchner, S. 32-51.

Ludwig Salgo

Erste Eindrücke beim Lesen des Untersuchungsberichts der Bremischen Bürgerschaft zum Tode von Kevin

Der Tod des zweijährigen Kevin in Bremen, der am 10. Oktober 2006 tot in der Wohnung seines Ziehvaters gefunden wurde, hat in der Öffentlichkeit wie in der Jugendhilfe schockiert. Die Bremische Bürgerschaft setzte in der Folge einen Untersuchungsausschuss ein, der neben den Ursachen des mutmaßlichen Versagens der zuständigen Behörden auch

- den Umgang mit ähnlichen Fällen
- die Wahrnehmung der Steuerungs- und Kontrollfunktion durch die zuständigen Behörden
- die Auswirkungen der personellen Kürzungen und der Budgetierung der Leistungen im Jugendhilfebereich
- den Umgang mit Hinweisen und Anzeigen von Dritten und
- die Zusammenarbeit und den Informationsaustausch zwischen den beteiligten Behörden und Senatsressorts im „Fall Kevin" und grundsätzlich bei Inobhutnahme und amtlicher Vormundschaft in den Blick nehmen sollte.

Ein weiterer Auftrag des Ausschusses war, Konsequenzen aus den Untersuchungen zu ziehen und insbesondere Aussagen über die Verbesserung der Steuerung und Struktur des Amtes für Soziale Dienste zu machen.

In diesem Aufsatz werden erste Eindrücke und Folgerungen beim Lesen des Berichtes dargelegt.

Der Ende April 2007 veröffentlichte „Bericht des Untersuchungsausschusses zur Aufklärung von mutmaßlichen Vernachlässigungen der Amtsvormundschaft und Kindeswohlsicherung durch das Amt für Soziale Dienste"[1] stellt zunächst angesichts von 361 Seiten „Bericht" zuzüglich etlicher Anlagen eine zeitliche Herausforderung dar. Da ich mich bereits eingehend mit dem vom Bürgermeister von Bremen angeforderten Bericht von Staatsrat Mäurer[2] befasst hatte, hatte ich nicht viel Neues erwartet; dennoch war ich neugierig und skeptisch zugleich. Mei-

---

1 Im Internet unter http://www.bremische-buergerschaft.de (Gremien, Untersuchungsausschüsse)
2 Im Internet unter http://radiobremen.de/magazin/politik/fall_kevin/aktuell.html abrufbar

ne Skepsis rührte daher, dass ich mir von einem Bericht eines Parlamentarischen Untersuchungsausschusses nicht allzu viel versprach angesichts der Erfahrungen mit solchen Gremien. Ich wurde angenehm enttäuscht bei der Lektüre.

Der von der Bürgerschaft (= Landtag) eingesetzte Untersuchungsausschuss – bestehend aus Abgeordneten der Bürgerschaftsfraktionen der CDU, der SPD und BÜNDNIS 90/Die Grünen – verabschiedete diesen Bericht einstimmig.

Meines Wissens liegt zu keinem der vergleichbaren Todesfälle ein Bericht diesen Umfangs und dieser Qualität vor. Der Bericht des Kollegen Bringewat zum Osnabrücker[3] Fall ist sehr lehrreich, aber nicht vom Staat veranlasst worden. Die vorliegende schonungslose Aufarbeitung durch diesen Untersuchungsausschuss sollte nicht nur in Bremen Konsequenzen nach sich ziehen, sondern Pflichtlektüre der politisch für Jugendhilfestrukturen Verantwortlichen auf allen Ebenen werden. „Bremen ist überall". Es handelt sich längst nicht mehr um eine Bremische Angelegenheit.

Dieser Bericht muss Konsequenzen für die Aus- und Fortbildung nicht nur der Fachkräfte in Jugendämtern, sondern auch der an solchen Fällen zwangsläufig mitwirkenden Fachkräfte aus dem Gesundheits- und Justizsystem haben.

Neben anderem stellt der Bericht das an Fachhochschulen landläufig vermittelte Methodenspektrum bei der Arbeit im Zwangskontext in Frage, d. h. bei der Hilfe **und** Kontrolle in Risikofamilien. Der vernichtende Gesamtbefund ist nicht überraschend: Die Jugend- und Familienministerkonferenz kam bereits in ihrer Entschließung vom 24.11.2006[4] zu einer ernüchternden Einschätzung der Situation in Deutschland.

Defizite und Schwächen werden dort vor allem darin gesehen, dass

- manchmal eine erforderliche Intervention zu spät erfolgt,
- die professionelle Kompetenz der beteiligten Fachkräfte nicht selten an Grenzen stößt, was zu Unsicherheit im Umgang mit besonderen Risiko- und Gefährdungssituationen und zu Fehleinschätzungen der rechtlichen Möglichkeiten zur Sicherung des Kindeswohls im Verhältnis zum Elternrecht führt (hier macht sich bemerkbar, dass eine gezielte Unterstützung und Begleitung der Fachkräfte nicht in allen Fällen als Regel vorhanden ist),
- es in Einzelfällen an einem klaren Fehlermanagement fehlt, d. h., Prozesse, die nicht zufriedenstellend abgelaufen sind, werden nicht auf strukturelle Mängel bzw. auf Optimierungsnotwendigkeit hin untersucht,
- eine wirksame Vernetzung und systematische Zusammenarbeit zwischen den verantwortlichen Stellen – zu denen neben der Jugendhilfe vorrangig das Gesundheitswesen, die Polizei, die Justiz, die Sozialbehörden, die Schulen,

3 Bringewat, Peter: Tod eines Kindes. Soziale Arbeit und strafrechtliche Risiken. Baden-Baden 1997, siehe auch Hildegard Niestroj, S. 121ff. in diesem Jahrbuch
4 Im Internet unter http://www.agj.de/pdf/5/2007/Fruehe_Foerderung.pdf

die Frauenhäuser, die Suchthilfe und die Einrichtungen der Frühförderung gehören – nicht immer in ausreichendem Umfang vorhanden sind,

- frühzeitige präventive Hilfen in den Leistungsbereichen, in denen die öffentlichen Träger der Jugendhilfe große Gestaltungsspielräume haben, häufig nicht im erforderlichen Maße angeboten werden,

- bei einigen Fachkräften der Jugendhilfe kein ausreichendes Bild über den Lebensalltag von Kindern, die in familiären und sozialen Konfliktsituationen aufwachsen, vorhanden ist.

Wenn schon die Jugendministerkonferenz dieses Bild über die Gesamtlage vermittelt, dürfte der Fall Kevin sicherlich kein Einzelfall sein.

Der tragische Verlauf des „Falles Kevin" ist der größte anzunehmende Unfall in einer Kinder- und Jugendbehörde. **Wir können nicht einfach zur Tagesordnung übergehen**!

Bei der Schilderung der ersten Eindrücke bei der Lektüre des Berichtes des Untersuchungsausschusses kann ich nur einige mir wichtig erscheinende Punkte aufgreifen und hoffentlich ermuntern und motivieren, sich den Bericht selbst anzuschauen.

Die folgende – subjektive – Auswahl von Gesichtspunkten erfolgte aus dem Blickwinkel von § 8a SGB VIII[5], sowie aus der Diskussion um die Fachlichkeit bei „Frühen Hilfen" und der geforderten interdisziplinären Kooperation der Systeme von Jugendhilfe, Gesundheit, Polizei und Justiz:

- In Bremen wurde das Casemanagement und damit verbunden die zentrale Figur des Casemanagers eingeführt. Die künftigen Casemanager wurden in einem dreitägigen Crashkurs mit dieser neuen Figur vertraut gemacht. Ein solcher Casemanager spielt im Verlauf des Falles Kevin eine zentrale Rolle. Zur Unterstützung der Casemanager wurde die „Aufsuchende Familienberatung" mit acht Fachkräften gegründet. Die MitarbeiterInnen der „Aufsuchenden Familienberatung" sollten insbesondere in den Fällen, in denen eine intensivere Beschäftigung mit sogenannten Risikofamilien notwendig und aus Gründen der Kindeswohlgefährdung ein Handeln des Jugendamtes – gegebenenfalls auch gegen den Willen der Leistungsberechtigten – erforderlich sein würde, zum Einsatz kommen. Dieser Fachdienst wurde ohne Ersatz alsbald aufgelöst. (S. 37) Ob Casemanager selbst Hausbesuche durchführen sollen, blieb umstritten: „Unklar scheint geblieben zu sein, ob die Casemanager weiterhin persönlich Hausbesuche durchführen sollen. Der Leiter der Fachabteilung „Junge Menschen und Familie" soll dazu noch im Mai 2006 auf einer Teilper-

---

5   Vgl. hierzu L. Salgo „§ 8a SGB VIII: Anmerkungen und Überlegungen zur Vorgeschichte und zu den Konsequenzen der Gesetzesänderung". Im Internet abrufbar unter: http://agsp.de/html/a81.html

sonalversammlung des ambulanten Sozialdienstes „Junge Menschen" erklärt haben, Hausbesuche würden von Casemanagern nicht mehr durchgeführt. Demgegenüber hat er in seiner Aussage vor dem Untersuchungsausschuss bekundet, diese seien im Rahmen der Hilfebedarfsermittlung „natürlich auch erforderlich." (S. 223)

- Am 1. Januar 2005 wurde die Drogenberatung privatisiert. (S. 38)
- Von einer Senkung der Sozialausgaben im Bereich der Hilfen zur Erziehung kann auch für Bremen nicht gesprochen werden, nur von Steigerungen. (S. 42)
- Für den Bereich der Amtsvormundschaft mit insgesamt 2,75 Beschäftigten lag die Fallbelastung bei etwa 640 Fällen, somit war eine Fachkraft mit 240 Fällen betraut.
- Zahlreiche MitarbeiterInnen aus dem Bereich der ambulanten Hilfen hatten immer wieder sogenannte Überlastanzeigen geschrieben, was aber keinerlei Konsequenzen hatte und nur dazu führte, dass von solchen Überlastanzeigen Abstand genommen wurde.
- Mit dem „Fall Kevin" war eine Vielzahl von Personen aus dem System der Kinder- und Jugendhilfe in öffentlicher und freier Trägerschaft, aus dem Gesundheits- und Justizsystem, sowie der Polizei wiederholt und sehr intensiv befasst. Bereits vor der Geburt von Kevin war eine Familienhebamme des Gesundheitsamtes Bremen in der Familie tätig.
- Die von der Familienhebamme vermittelten Ärzte der ins Auge gefassten Entbindungsklinik regten angesichts des Umstandes, dass die Mutter HIV-positiv war, eine Retrovirbehandlung an, um die Viruslast für das Kind zum Zeitpunkt der Geburt so niedrig wie möglich zu halten. Die Mutter lehnte dieses ab. Kevin, der in einer anderen Klinik am 23. Januar 2004 zur Welt kam, litt unter einem Atemnotsyndrom und unter Entzugserscheinungen.
- Da sich die Eltern während des Klinikaufenthaltes kaum an der Versorgung des Säuglings beteiligt hatten und wegen anderer hochproblematischer Vorkommnisse (Gewalt, Hausverbot etc.), halten die Ärzte die Entlassung von Kevin zu seinen Eltern nur bei umfassender Unterstützung – verbunden mit entsprechenden Kontrollen – für vorstellbar: Entgiftung der Eltern, regelmäßiger Besuch einer Familienhebamme, Betreuung durch das Drogenhilfesystem und durch einen Arzt sowie Helferkonferenzen zwischen allen Beteiligten. Die Ärzte hatten größte Bedenken (S. 50) gegenüber dem Vorschlag des Jugendamtes, Kevin ohne Klärung und Sicherung dieser Bedingungen zu entlassen. Sie waren der Ansicht, dass eine Pflegefamilie die beste Lösung sei, sahen aber angesichts der Bereitschaft der Eltern, an einer Entgiftung teilzunehmen, von der Anrufung des Familiengerichtes ab. Für die Eltern hat sich neben einem Rechtsanwalt auch ein Methadon vergebender Arzt massiv eingesetzt.

- Ärztliche Untersuchungen im Oktober 2004 – Kevin war 9 Monate alt – haben mehrere Rippenbrüche, Unterschenkel- und Unterarmfrakturen sowie Schädelfrakturen diagnostiziert. Die Eltern konnten keine Erklärungen für diese Verletzungen geben. Weil sie während des Klinikaufenthaltes von Kevin als „sehr zugewandt und vorsichtig liebevoll im Umgang", „sehr kooperativ und besorgt um Kevin" beschrieben wurden, wurde Kevin in den elterlichen Haushalt entlassen, da ja eine Familienhebamme und Familienberatung eingesetzt werden sollten und wöchentliche Kontrollen in einer Kinderarztpraxis, sowie weitere regelmäßige Termine in der Klinik vorgesehen waren. Die Kooperation mit der bereits früher aktiven Familienhebamme hatte die Mutter beendet. Bereits kurz nach der Entlassung von Kevin aus dieser Klinik lehnte der Ziehvater von Kevin jegliche aufsuchende Form von Beratung ab.
- Mehrere Polizeieinsätze wegen Gewalt, Alkohol, Drogen und wegen Vernachlässigung bzw. Verletzung des Kindes durchziehen den Bericht. Eines dieser Ereignisse veranlasst die Polizei, Kevin in einem Notaufnahmeheim unterzubringen. Die Polizeibeamtin berichtete: Die Mutter habe unter Drogen und Alkohol gestanden; Kevin sei schmutzig, von unten bis oben verdreckt gewesen und habe für die Witterungsverhältnisse zu dünne Bekleidung angehabt; es sei ihr aufgefallen, dass das Kind für sein Alter zu klein und von seiner Motorik nicht altersgemäß entwickelt sei und wie entsetzt sie gewesen sei, als sie einige Tage später vom zuständigen Sachbearbeiter erfuhr, dass Kevin wieder in die Familie zurückkomme.
- Der Abschlussbericht der MitarbeiterInnen des involvierten freien Trägers der Jugendhilfe „FIM" (Familie im Mittelpunkt) lobte nach einem 6-wöchigen Einsatz die gute Zusammenarbeit mit den Eltern und deren umfassende Kenntnisse im Hinblick auf die Bedürfnisse des Säuglings. (S. 58) (FIM bietet kurzfristige Einsätze auch in extrem problembelasteten Familien mit dem Ziel an, Fremdplatzierungen zu vermeiden.)
- Ein Arzt des Gesundheitsamtes wies auf die Notwendigkeit enger Kontrollen hin und brachte seine Verwunderung darüber zum Ausdruck, „dass ein Kind mit dieser Vorgeschichte überhaupt noch in der Familie lebe." (S. 59)
- Selbst der Rechtsanwalt der Eltern bezeichnete gegenüber dem Casemanager die Situation der Familie als „sehr kritisch".
- Immer wieder zeigte sich, dass Hilfen nicht installiert wurden bzw. scheiterten.
- Massive Warnungen des Heimleiters einer Einrichtung, in der Kevin vorübergehend untergebracht war, ignorierte der Casemanager, obwohl diese Hinweise auf massive Gefährdungen Kevins hinwiesen.
- Verschiedene Warnungen der Familienrichterin an den Casemanager hinsichtlich der Zuverlässigkeit des (die Ersatzdrogen verabreichenden) Arztes sowie wegen des weitverbreiteten Beigebrauchs, zeigten keinerlei Wirkung.

- Die Einschaltung des Bürgermeisters (im Stadtstaat Bremen = Ministerpräsident) führte dazu, dass die Sozialsenatorin Berichte über den Fall anforderte. (S. 8)

- Die Tagesmutter von Kevin stellte einen gebrochenen und geschwollenen Fuß, am ganzen Körper blaue Flecken und einen geschwollenen Penis fest und teilte dies dem Casemanager mit. Von einem Kinderarzt wurde die Tagesmutter abgewiesen mit dem Hinweis, es sei unzulässig, mit einem fremden Kind ohne Einwilligung des Erziehungsberechtigten einen Kinderarzt aufzusuchen. Der Casemanager wies die Tagesmutter an, Kevin umgehend an den Ziehvater herauszugeben.

Ich breche hier diese kursorische Aufzählung ab. Der Untersuchungsbericht sieht zwar eindeutig die Verantwortlichkeit beim Casemanager, nennt aber eine Reihe weiterer Verantwortlicher und weist außerdem auf strukturelle Faktoren hin, die zum tragischen Ausgang beigetragen haben.

Darauf werde ich im Folgenden genauer eingehen. Soweit Personen dem Ausschuss gegenüber Zeugnisverweigerungsrechte geltend gemacht haben, bezog sich der Ausschuss in seinen Ausführungen auf deren Einlassungen bei der Staatsanwaltschaft.

Der Casemanager:

Zahlreiche Zeugen beschreiben den *Casemanager* als passiv, unengagiert, konzeptlos und Kontrollen den Eltern gegenüber grundsätzlich ablehnend. Er zeigte keine wirksamen Reaktionen auf eine kaum übersehbare Zahl von alarmierenden Meldungen. Der *Casemanager* gibt sich mit den Erklärungen der Eltern bzw. des Ziehvaters zufrieden. Die Ablehnung und das Scheitern von angedachten bzw. begonnenen Hilfen führen zu keinerlei Konsequenzen. Seine Aktivitäten steigern sich dagegen immer dann, wenn Kevin wieder in die Obhut des Ziehvaters zurückgeführt werden soll bzw. dann, wenn der Aufenthalt bei diesem in Frage gestellt wird, weil andere Beteiligte eine Herausnahme befürworten.

Der Untersuchungsausschuss stellt im Bericht wiederholt eine chaotische Aktenführung, eine unstrukturierte Fallbearbeitung und ein rein reaktives Vorgehen ohne erkennbaren roten Faden fest. Ein Wiedervorlagemanagement wird als „überflüssige, lediglich formalistische Anforderung" betrachtet. (S. 98) Es findet sich keine verschriftlichte Form der Fallsteuerung in den Akten. Hausbesuche sind in der Akte nicht dokumentiert. (S. 121)

Der *Casemanager* zieht über einen langen Zeitraum zur Risikoabschätzung keine Fachkräfte hinzu. Die ihm nicht genehmen Berichte Dritter nimmt er nicht zur Kenntnis, verniedlicht die Warnungen, beschwichtigt laufend und gibt entsprechende Berichte, wie auch die Polizeiberichte, nicht an Vorgesetzte weiter. Er erklärte bei seiner staatsanwaltlichen Vernehmung, dass es keine Möglichkeiten und keinen Anlass gab, die inakzeptable Verweigerungshaltung zu sanktionieren. (S. 107) Er erklärte dort: „Eine Fremdunterbringung haben wir bei Kevin nie konkret ins Auge gefasst, weil wir immer gedacht haben, die Konstellation ,Vater und Sohn' würde funktionieren." Kontrollen hat der *Casemanager* nicht für erforderlich gehalten, wobei „er mit dieser ablehnenden Einstellung zu staatlicher Kontrolle im Jugendamt bei weitem nicht alleine da steht" (S. 107), wie der Untersuchungsausschuss feststellen musste.

Die in zahlreichen Verwaltungsvorschriften des Senats verpflichtenden Vorgaben zum Abschluss von Vereinbarungen mit unmissverständlichen Auflagen an die Eltern – insbesondere in Fällen vorliegender Art – wurden durchweg missachtet. Hierzu führt der Bericht aus: „Auch der immer wieder ins Feld geführte „prozesshafte Charakter" der sozialpädagogischen Arbeit hindert keineswegs den Abschluss klarer Vereinbarungen, da diese bei „prozesshaften" Veränderungen auch angepasst werden können." (S. 108)

Der Bericht zählt eine Vielzahl gravierender Mängel der Sachbearbeitung durch den *Casemanager* auf, befasst sich neben der Verantwortlichkeit weiterer Beteiligter auch mit „Haltungen". Nichts konnte den *Casemanager* von seiner wohlmeinenden Haltung abbringen: „Vieles spricht dafür, dass er die Hoffnung der „Eltern", über das Kind Zugang zu einer erträumten heilen Welt zu bekommen, nicht nur unterstützt, sondern sogar geteilt hat ... Diese Instrumentalisierung des Kindes für die Zwecke der „Eltern" erscheint dem Ausschuss inakzeptabel und in keiner Weise mit dem Auftrag des Staates, das Kindeswohl zu sichern, in Einklang zu bringen." (S. 112 ff.)

Auffallend ist der fast völlige Ausfall von Kontrollen gegenüber dem *Casemanager*, obwohl trotz der mangelnden Information immer wieder gewichtige Anlässe bestanden hätten. Von einer Fachaufsicht kann nicht gesprochen werden. In einem Klima, welches Kontrollen den Eltern gegenüber für nicht angemessen hält, überrascht auch nicht, dass Kontrollen der MitarbeiterInnen nicht stattfinden. Es finden aus Zeitgründen lediglich „Mengenkontrollen" bzw. ein reines Verwaltungscontrolling, jedoch keine fachlichen Kontrollen, statt. Das Controlling ist auf die mögliche Vermeidung kostenträchtiger Fälle konzentriert; die aber hat der *Casemanager* im vorliegenden Fall ja vermieden. Bemerkenswert war bei der Lektüre, dass es nicht KollegInnen des Casemanagers, sondern eine Jahrespraktikantin war, der die Aggressivität des Ziehvaters aufgefallen war: Der Ziehvater habe bei einer Begegnung geäußert, er werde in Bremen Geschichte schreiben, wenn man ihm das Kind wegnehme. Dass er Geschichte geschrieben hat, das ist richtig. Die Sorge dieser Jahrespraktikantin, ob man das Kind bei einer so bedrohlich auftretenden Person lassen könne, sei weder vom *Casemanager* noch von ihrer Ausbilderin geteilt worden. (S. 139)

Akten werden nicht nur nicht geführt, sondern eine Lektüre der Akten vor Fallkonferenzen durch Vorgesetzte und andere mit dem Fall Befasste findet kaum oder nicht statt – wahrscheinlich kennen diese Insider die mangelhafte Aktenführung. Hinsichtlich des *Amtsleiters* stellte der Ausschuss fest: „Im Rahmen der Aufgabendelegation hat sich der Amtsleiter auf seine Mitarbeiter verlassen. Er hat insofern seiner Dienst- und Fachaufsicht nicht in ausreichendem Maße Genüge getan. Insofern trägt auch der Amtsleiter Mitverantwortung für den tragischen Verlauf des Falles Kevin." (S. 156)

Im verbleibenden Rahmen will ich mich zunächst mit der Rolle des *Vormundes*, seinen Aufgabe und deren Erfüllung im Fall Kevin, sodann den *Mitwirkenden aus dem Gesundheits- und Justizsystem* zuwenden.

Der Amtsvormund:

Der *Amtsvormund* gab in seiner staatsanwaltlichen Vernehmung an, weder über den Verdacht der Kindesmisshandlung noch über Bedenken hinsichtlich der Rückgabe des Kindes aus dem Heim informiert worden zu sein.

Zu Recht vertritt der Untersuchungsausschuss den Standpunkt, dass der *Amtsvormund* verpflichtet gewesen sei, sich umfassend über sein Mündel zu informieren. Es klingt beinahe zynisch, zu welchem Ergebnis der Ausschuss kommt: „Die Vermögenssorge betreffenden Angelegenheiten (z. B. Stellungnahme gegenüber dem Nachlassgericht) hat der Vormund auch ordnungsgemäß erledigt. Demgegenüber wurde die ihm ebenfalls obliegende Personensorge vernachlässigt. Das Nachlassgericht wie das Vormundschaftsgericht waren tätig geworden, weil Kevins Mutter am 25. November 2005 verstorben war; Todesursache unbekannt, Fremdverschulden nicht auszuschließen. Der Vormund hat sich wegen seiner hohen Arbeitsbelastungen darauf berufen, er könne keine eigenen Ermittlungen anstellen und müsse sich hundertprozentig auf die Angaben des Casemanagers verlassen." (S. 143) Bemerkenswert in diesem Zusammenhang ist, dass der *Amtsvormund* wiederholt die Zeit gefunden hat, sich um die Belange des Ziehvaters zu kümmern, „während er sich mit der an ihn ausdrücklich gerichteten Frage nach dem Gewaltrisiko für das Kind überhaupt nicht beschäftigt". (S. 144) So hat er zum Beispiel zu keinem Zeitpunkt Kontakt zum Kinderarzt aufgenommen. Ebenso wie der Casemanager hat der *Amtsvormund* den Darstellungen des Vaters Glauben geschenkt. Hinsichtlich der ungewöhnlich hohen Fallzahl als Ursache für ein Versagen des *Amtsvormundes* kommt der Untersuchungsausschuss zu folgendem Befund: „In diesem Fall hat sich weniger das knapp vorhandene Zeitkontingent, sondern mehr die von Anfang an festzustellende Parteilichkeit (des Vormundes) zugunsten des Ziehvaters ausgewirkt." (S. 148) Der Bericht stellt lapidar fest: „Es soll erneut darauf aufmerksam gemacht werden, dass an erster Stelle das Kindeswohl und nicht das Elternwohl zu stehen hat. Gerade in Fällen, in denen sich das Kind noch nicht selbst äußern kann, sollte der Vormund sich daher zwingend einen eigenen Eindruck vom Kind und der häuslichen Situation machen." (S. 149)

Das Gesundheitssystem:
Zunächst war eine sehr erfahrene und aktive *Familienhebamme* bereits vorgeburtlich beteiligt. Sie wurde jedoch von Kevins Mutter abgelehnt. Nachdem sie zufällig Mutter und Kind in einer für das Kind bedrohlichen Situation auf der Straße antraf, meldete sie dies dem Casemanager und wies darauf hin, dass ihrer Einschätzung nach das Kind nicht bei den Eltern leben könne. Der Untersuchungsausschuss schätzt die Rolle dieser *Familienhebamme* sehr hoch ein: Sie „hätte aufgrund ihrer eindeutig dem Kindeswohl verpflichteten Profession ein wertvolles Gegenstück zu dem verstärkt die Eltern fokussierenden Drogenhilfesystem und der konflikthaften Doppelrolle des Casemanagers zwischen Hilfe und Eingriff bieten können." (S. 168)

Der *Oberarzt der Entbindungsklinik* strebte aufgrund der Beobachtungen von Gewaltdrohungen seitens des Ziehvaters – die Klinik musste ein Hausverbot aussprechen – eine „familienrichterliche Anhörung" an. Bis zuletzt stand die Geburtsklinik der Entlassung des Kindes zu den Eltern kritisch gegenüber, weil sie eine alleinige Versorgung durch die Mutter für nicht möglich hielt. Trotz dieses Hintergrundes und ihrer Einschätzung, Kevin müsse in einer Pflegefamilie untergebracht werden, stimmte die Klinik schließlich dem Verbleib bei den Eltern zu. Die *Sozialdienstleiterin der Klinik* begründet dies damit, dass wohl auch das Familiengericht nicht anders entschieden hätte, da die Eltern sich freiwillig in die Entgiftung begeben wollten.

Der *Arzt der Klinik, in die Kevin im Alter von 9 Monaten vom Kinderarzt eingewiesen* worden war, sagte über die Röntgenbilder: „Verletzungen diesen Ausmaßes und dieser Konstellation habe er vorher noch nie gesehen." (S. 171) Seinen KollegInnen sei es ebenso ergangen. Es war klar, dass die Verletzungen nur durch äußerlich angewendete Gewalt entstanden sein konnten.
    „Da die Eltern vor dem Klinikpersonal vehement abstritten, Kevin körperlich misshandelt zu haben und sich nach Aussagen der *Stationsärztin* während des Klinikaufenthaltes im Umgang mit Kevin durchaus liebevoll zeigten, wurde der Verdacht, die Eltern könnten als Täter in Frage kommen, nicht weiter verfolgt und auch im Entlassungsbericht nicht angesprochen. Die *Stationsärztin* rechtfertigte dieses Verhalten damit, dass sie letztlich nur die Verletzungen habe diagnostizieren, nicht aber den Täter ermitteln können." (S. 172) Der Casemanager habe auf die Entlassung zu den Eltern gedrängt und die Ausweitung des Hilfs- und Kontrollsystems in Aussicht gestellt. Auf diese Aussage habe sich die *Stationsärztin* verlassen. Der Ausschuss kommt zu der Einschätzung hinsichtlich des Verhaltens der Klinik,

dass diese keine Veranlassung hatte, an den Aussagen des Casemanagers zu zweifeln. Allerdings kritisiert der Ausschuss, dass „angesichts der außergewöhnlichen Schwere der Verletzungen weitere Nachforschungen hinsichtlich des Verursachers der Verletzungen" unterblieben.

Obwohl der *Kinderarzt das Kind* wegen des Verdachts auf „battered child syndrom" *in die Klinik eingewiesen* hatte, in welcher die oben beschriebenen Verletzungen festgestellt worden waren, ist er im weiteren Verlauf des Falles vom Casemanager nicht zur Teilnahme an Fallkonferenzen eingeladen worden.

Der Einzige aus dem Gesundheitssystem, der meines Erachtens die Rechtslage völlig verkannt hat, war der *Kinderarzt, der die Tagesmutter*, die mit dem verletzten Kevin zu ihm kam, mit dem Hinweis *abgewiesen hat*, es sei unzulässig, mit einem fremden Kind ohne Einwilligung des Erziehungsberechtigten einen Kinderarzt aufzusuchen: Ihm war ein Akutfall eines Kindes mit erheblichen Schmerzen vorgestellt worden.

Zu dem *substituierenden Arzt* des Stiefvaters sagt der Untersuchungsbericht: „Der substituierende Arzt hat damit nach Auffassung des Untersuchungsausschusses einen erheblichen Beitrag zu der Entwicklung geleistet, die letztendlich zum Tod des Kindes führte." (S. 193) Er zeigte
- keinerlei kritische Distanz zu den Eltern, seinen Patienten,
- überengagierte sich laufend in hohem Maße zugunsten der Eltern,
- missachtete alle Richtlinien zum Verhalten bei Beigebrauch,
- bescheinigte dennoch Beigebrauchsfreiheit,
- stellte Diagnosen bezüglich des Kindes, ohne es gesehen zu haben und verschrieb für dieses Medikamente,
- drängte nicht auf Vorstellung des Kindes beim Kinderarzt.

Auch von ihm wurde Kevin offenbar zur Stabilisierung einer extrem schwierigen familiären Situation instrumentalisiert.

Abschließend zum Gesundheitssystem sei noch erwähnt, dass die *Drogenberaterin der Mutter* von der von den Ärzten empfohlenen vorgeburtlichen Retrovirenbehandlung abgeraten hatte. Ein anderer *Drogenberater* hielt es trotz seiner grundsätzlichen Überzeugung, dass „Elternschaft und aktiver Konsum nicht zusammenpassen" für verantwortbar, den Eltern zunächst die Verantwortung für das Kind zu übertragen. (S. 199)

Die Justiz:
Der Casemanager kennt offensichtlich nicht die Zuständigkeiten von *Familien- und Vormundschaftsgericht*. Wiederholt hat die *Familienrichterin* sich beim Casema-

nager nach dem Sachstand erkundigt und diesem Hinweise zur Unzuverlässigkeit des Drogenarztes der Eltern gegeben. Den Vormund musste die *Familienrichterin* dahin gehend belehren, dass dieser jederzeit Zugang zu seinem Mündel habe und er auch ohne Gerichtsbeschluss das Kind aus der Wohnung herausholen könne. „Statt sich … für den schnellsten möglichen Weg – also den Hausbesuch in Polizeibegleitung – zu entscheiden, baten (Vormund und Casemanager) um Bedenkzeit und teilten erst später mit, man habe sich für den zivilrechtlichen Herausgabeweg entschieden." (S. 205).

Dem *Vormundschaftsgericht* gegenüber gab es vonseiten des Vormundes nur positiv verfasste Berichte, so dass vonseiten des *Vormundschaftsgerichts* keine Veranlassungen bestanden anzunehmen, der Vormund würde seine Aufgaben nicht pflichtgemäß wahrnehmen. Der Untersuchungsausschuss schlägt vor, dass Erkenntnisse des Familiengerichts zwingend an das Vormundschaftsgericht weitergegeben werden müssten. Ein richtiger Vorschlag, der sich ohnehin durch anstehende Reformen erledigen wird: Alle Minderjährige betreffenden Angelegenheiten sind ab 1. September 2009 beim Familiengericht konzentriert.

Zur Rolle der *Bewährungshelferin des Ziehvaters* findet sich im Bericht des Untersuchungsausschusses Folgendes: „Am 25. Januar 2006 rief die Bewährungshelferin den Casemanager an und erklärte, dass Kevins Ziehvater ihrer Meinung nach ein hohes Aggressionspotenzial aufweise. Sie habe die Sorge, der Ziehvater sei mit der Versorgung des Kindes überfordert." In ihrer öffentlichen Vernehmung schilderte sie den Hintergrund ihres Anrufs: „Am Tag zuvor hatte sie einen Termin mit dem Ziehvater, bei dem dieser zum ersten Mal sehr aggressiv aufgetreten sei, geschimpft und geweint habe und offensichtlich außer Methadon auch Drogen oder Tabletten und Alkohol konsumiert habe. Er habe ihr geschildert, dass er keine Unterstützung erhalte und Sorge habe, dass man ihm seinen Sohn wegnehmen könne. Die *Bewährungshelferin* machte deutlich, sie sei nach diesem Gespräch in großer Sorge um das Wohl des Kindes gewesen. Deshalb habe sie am nächsten Tag sofort den Casemanager angerufen. Dieser habe ihr bestätigt, dass es zunehmend kritischer mit dem Ziehvater und dessen Sohn werde und versprochen, sie auf dem Laufenden zu halten. Dies sei aber nicht geschehen." (S.73f.)

Freier Träger:
Zur Rolle des involvierten freien Trägers der Jugendhilfe *FIM – Familie im Mittelpunkt*, wird im Untersuchungsbericht festgehalten: „Der insgesamt positive Abschlussbericht von FIM war sicherlich geeignet, die ohnehin schon recht positive Sicht des Casemanagers von den Erziehungsqualitäten der Eltern noch zu verstärken. Etliche Beobachtungen anderer lassen sich nicht mit diesen Einschätzungen in Einklang bringen." (S. 207)

„Diese durchweg als beschönigend zu beschreibende Darstellungsweise der Familiensituation in Berichten Freier Träger fand sich nicht nur im Fall von

Kevin, sondern auch in etlichen anderen vom Untersuchungsausschuss geprüften Fallakten. Dies mag mit dem seit einiger Zeit verbreiteten „systemischen ressourcenorientierten Ansatz" in der Jugendhilfe zusammenhängen ... Diesen fachlich begründbaren Ansatz zu kritisieren, ist nicht Aufgabe des Ausschusses. Es muss jedoch darauf hingewiesen werden, dass bei einer zu starken Fokussierung auf die positiven Elemente in der Familiensituation die Gefahr der selektiven Wahrnehmung bis hin zur Negierung der ebenso vorhandenen Defizite besteht. Genau dies ist im Bericht der FIM hier geschehen. Dadurch hat die FIM einen Beitrag dazu geleistet, dass sich die Familie nach Beendigung der sechswöchigen Kontrolle wieder entziehen konnte und der Casemanager sich in seiner positiven Einschätzung der Gesamtsituation bestätigt sehen musste." (S. 207 f.)

Sehr kritisch betrachtet der Ausschuss auch die Arbeit weiterer involvierter freier Träger der Jugendhilfe.

Ein erstes vorläufiges Resümee:

- individuelles Versagen,
- Überforderung,
- Totalausfall fast aller Kontrollsysteme,
- ideologische Verblendung,
- ein miserables Arbeitsklima,
- Überlastung,
- „Burning out" des MitarbeiterInnenstabes,
- ungeeignete Methoden,
- verfehlte Einstellungen zum Verhältnis von Hilfen und Kontrollen,
- ein schlechtes Gewissen,
- ,Political Correctness',
- Opportunismus während der Entscheidungsfindung in Fallkonferenzen,
- Fehleinschätzungen zu den Möglichkeiten und vor allem den Grenzen von Methadonsubstituierung bei Müttern,

all dies und noch viel mehr haben den Tod von Kevin verursacht.

Ermutigend ist, dass es einige wenige Beteiligte gab, die das Wohl von Kevin und die realen Lebensgefahren frühzeitig erkannt haben. Allerdings konnten sie sich nicht gegenüber der Übermacht von Ignoranz durchsetzen. Zu dieser Gruppe zählen die Familienhebamme, Polizeibeamte, der Kinderarzt, die Bewährungshelferin, die Familienrichterin und – als Einzige aus dem System der Kinder- und Jugendhilfe – die Jahrespraktikantin. Alle diese Personen – bis auf die Letztgenannte – gehören nicht der Kinder- und Jugendhilfe an, deren gesetzlicher Auftrag doch ist, Kinder und Jugendliche vor Gefahren für ihr Wohl zu schützen.

Die Beiträge der Familienhebamme, der Polizeibeamten, des Kinderarztes, der Bewährungshelferin, der Familienrichterin und der Jahrespraktikantin konnten deshalb nichts ausrichten, weil die zahlreichen wichtigen Informationen sternförmig bei einem Untätigen zusammenliefen, der nicht kontrolliert wurde. (S. 216) Immerhin war zum nach wie vor nicht exakt bestimmbaren Todeszeitpunkt von Kevin zwischen Ende März und April/Mai 2006 – seine Leiche wies 25 alte und neue Knochenbrüche auf – § 8a SGB VIII längst in Kraft. Diese neue gesetzliche Bestimmung verdeutlicht den Schutzauftrag des Jugendamtes und verpflichtet die freien Träger zur Wahrnehmung dieses Auftrages in entsprechender Weise.

Ob diese neue Vorschrift – einschließlich der damit verbundenen datenschutzrechtlichen Klarstellungen und Lockerungen – den Beteiligten bekannt war, daran bestehen erhebliche Zweifel. Auch können die besten Gesetze bei einem totalen Systemausfall wenig ausrichten.

Die Wahrnehmung und Umsetzung von § 8a SGB VIII stellt eine viel größere Herausforderung dar, als viele dachten.

Die ersten in Bremen auf den Weg gebrachten und begrüßenswerten Schritte sind angesichts der Herausforderungen bei Weitem nicht ausreichend. Ihre Effekte werden schnell verpufft sein, wenn sie nicht von einem grundlegenden Umdenken bestimmt sind und mit vielen anderen Maßnahmen verbunden werden.

Mit diesem Beitrag gebe ich erste Versuche einer Erklärung dafür, wieso es zu solch desaströsen Verhältnissen kommen kann. Die Lektionen aus dem „Osnabrücker Fall" scheinen manche noch nicht gelernt zu haben. Auch hier war ein Kleinkind gestorben durch Verhungern, obwohl eine Reihe von HelferInnen im Einsatz waren und auch in diesem Fall haben die deutlichen Warnungen von Ärzten das jugendamtliche Handeln nicht beeinflussen können.

Leider waren die bisherigen wenigen Strafverfahren gegen SozialarbeiterInnen notwendig – es wird vermutlich weitere geben. Auch der „Fall Kevin" bedarf noch einer strafrechtlichen Aufarbeitung.

Gegen den Ziehvater wurde am 18. April 2008 Anklage wegen Mordes erhoben. Am 5. Juni 2008 verurteilte das Landgericht Bremen ihn wegen Körperverletzung mit Todesfolge in Tateinheit mit Misshandlung von Schutzbefohlenen zu zehn Jahren Haft. Außerdem wurde die Unterbringung in einer Entziehungsanstalt angeordnet, aber erst nach 3 Jahren verbüßter Haft.

Die Ermittlungsverfahren gegen den Casemanager und den Vormund sind momentan noch nicht abgeschlossen. Meines Wissen gibt es keine Ermittlungsverfahren gegen MitarbeiterInnen auf der Vorgesetzenebene.

Der Untersuchungsausschuss stellt fest: „Der Tod von Kevin hat tiefgreifende Auswirkungen auf das gesamte soziale System innerhalb Bremens." (S. 318)
Hoffentlich, aber hoffentlich auch außerhalb Bremens!

Gisela Zenz

Der Fall Görgülü in der Sicht des Bundesgerichtshofs*

1   Zur rechtlichen, politischen und psychologischen Fallgeschichte

Der „Fall Görgülü" hat seit Jahren Behörden und Gerichte aller Instanzen beschäftigt bis hin zum BVerfG (mehrfach) und zum EuGHMR (FamRZ 2004, 1456). Dazu konnte es nur kommen, weil es sich um einen rechtlich, menschlich und politisch sehr komplexen Fall handelt und von den beteiligten Behörden und Gerichten im Grundsätzlichen sehr unterschiedliche Rechtspositionen vertreten worden sind, die leider durch Verfahrensfehler auf verschiedenen Ebenen immer wieder marginalisiert wurden. Der Fall polarisiert, und das nicht ohne Grund, denn es geht um rechtspolitisch hoch kontrovers diskutierte Themen: um Väterrechte und Umgangsrechte sowie das Verhältnis von biologischer und sozialer Elternschaft und nicht zuletzt um das Verhältnis zwischen europäischen und nationalen Gerichten und Behörden (BVerfG, FamRZ 2004, 1857). Ach ja, um das Kindeswohl sollte es dabei immer auch gehen, sogar mit Priorität. Und in der Tat wird es immer wieder erwähnt …

Im Zentrum der jahrelangen Konflikte steht der heute achtjährige, nicht ehelich geborene Junge, der auf Wunsch der Mutter und Vermittlung des Jugendamtes von Geburt an in einer Adoptivpflegefamilie aufgewachsen ist. Der Vater hat sich sehr bald nach der Geburt des Kindes um die elterliche Sorge und Umgangsrechte bemüht, die ihm von einigen Gerichten zuerkannt wurden, von anderen nicht, zunächst auch nicht vom BVerfG, das seine Verfassungsbeschwerde im Jahre 2001 (der Junge war knapp 2 Jahre alt) nicht annahm. Der EuGHMR entschied im Jahr 2004 (der Junge war 4 ½ Jahre alt), dass der Vater in seinem Recht nach Art. 8 EMRK[1] verletzt sei und verlangte eine Überprüfung der Sorgerechts- und Umgangsregelungen, die zu weiteren unterschiedlichen Entscheidungen führte. Mehrfach kam es auch wieder zu Entscheidungen des BVerfG, das vor allem Verfahrensmängel rügte, aber auch immer stärker auf die Durchsetzung von Umgangsrechten für den leiblichen Vater drängte.

*   Es handelt sich um die erweiterte und mit Anhang zur aktuellen Entwicklung versehene Fassung einer im Dezember 2007 veröffentlichten „Anmerkung", (FamRZ 2007, 2060)
1   Die Texte aller in diesem Aufsatz genannten gesetzlichen Bestimmungen finden Sie ab S. 270 in diesem Jahrbuch

Umgangskontakte führten deshalb zu Konflikten mit den Pflegeeltern, weil der Vater die Umgänge stets mit dem für ihn ganz selbstverständlichen Anspruch verband, das Kind ganz zu sich zu holen und ihm dies auch immer wieder sagte, was den Jungen, der gern mit einem freundlichen Vater gespielt hätte, ängstigte und verunsicherte, so dass er sich gegen die Abholung zum Umgang immer heftiger wehrte. Das zu Beginn zuständige Jugendamt und die Amtsvormundschaft setzten sich – ebenso wie der zunächst zuständige Senat des OLG Naumburg – solange für den Verbleib des Kindes in der Adoptivpflegefamilie und eine Beschränkung der ängstigenden Umgangskontakte ein, bis ihnen der Fall im Jahr 2005 (der Junge war 6 Jahre alt) von der Kommunalaufsicht entzogen wurde. Danach wurde die Wahrnehmung der Amtsvormundschaft immer wieder (im Verwaltungswege) anderen „Beauftragten" übertragen, die angewiesen wurden, den Vater bei der Durchsetzung des Umgangs zu unterstützen, Das Kind hat inzwischen den sechsten Amtsvormund – eine „Chemiedirektorin". Der Fall ist nebenbei also auch von Interesse für die Diskussion um die Qualifikation und die Unabhängigkeit eines Amtsvormundes bei der Vertretung der Mündelinteressen.

Zielgerichtete Aufmerksamkeit in der Öffentlichkeit hat dem Fall Interessengruppen verschafft, die sich seit geraumer Zeit medienwirksam für Väterrechte einsetzen. Dass es sich hier um einen türkischen Vater handelt, ist ebenfalls nicht ohne Bedeutung. BeobachterInnen der türkischen Botschaft waren in gerichtlichen Verhandlungen anwesend, und in jedem Falle müssen die beteiligten Behörden daran interessiert sein, unter permanenter Beobachtung des Vollzugssekretariats des EuGHMR und des zur kontinuierlichen Berichterstattung verpflichteten Bundesjustizministeriums jeden Anschein von „Fremdenfeindlichkeit" zu vermeiden.

Solche Umstände haben die Situation nicht erleichtert. Insbesondere aber die unverkennbare Tragik in diesem langen „Kampf ums Kind" hat in den letzten Jahren hohe und höchste Gerichte immer wieder zu „Sowohl als auch"-Entscheidungen bewogen, die offenbar die Polarisierung überwinden sollten, indem sie allen Seiten gerecht zu werden suchten. Das OLG Naumburg als letzte Tatsacheninstanz hat entschieden, dass dem Vater das Sorgerecht „noch" nicht übertragen werden könne (FamRZ 2007, 665). Möglich sei dies aber, wenn es gelänge, durch zunehmende Umgangskontakte langfristig eine tragfähige Vater-Kind-Beziehung zu entwickeln. Das BVerfG hat diese Lösung im Blick auf die Umgangsregelung akzeptiert (FamRZ 2007, 531 und FF 2007, 103), und der BGH entscheidet nun ebenso, indem er die Rechtsbeschwerde des Vaters gegen die Versagung des Sorgerechts als „zur Zeit noch unbegründet" zurückweist. Aber der BGH tut ein Übriges, indem er mit ungewöhnlichem pädagogischem Impetus die Amtsvormundschaft anweist, die Intensivierung von Umgangskontakten mit dem Ziel der baldigen Übersiedlung des Jungen in die Familie des Vaters (seine Ehefrau ist nicht die Mutter des Kindes) gegen die „renitenten" Pflegeeltern mit allen Mitteln, d. h. mit der Androhung von Zwangsgeldern oder auch der Herausnahme des Jungen, durchzusetzen.

In dieser Form ist die Entscheidung eine psychologische Katastrophe für den Jungen, eine unmenschliche Zumutung für seine (Pflege-)Eltern und den Adoptivbruder, eine fachlich und moralisch unhaltbare Anforderung an die Amtsvormundschaft und schließlich ein Danaer-Geschenk für den leiblichen Vater, dem mit solcher Gewalt vielleicht „sein Recht", aber ganz sicher nicht die Liebe seines Sohnes oder auch nur eine „tragfähige Beziehung" zu ihm verschafft werden kann.

2 Fiat iustitia – pereat infans oder: von höchstrichterlichem Wissen und Wollen

Hat der BGH das gesehen, gar in Kauf genommen, weil anders nicht „Recht" gesprochen werden konnte? Also – „fiat iustitia, pereat infans"? Schwer vorstellbar. Vielmehr scheint es, als hätte ein empörtes Gerechtigkeitsgefühl zugunsten des Vaters in Verbindung mit der Verkennung psychologischer Gesetzmäßigkeiten zum ebenso gut gemeinten wie grausamen Versuch einer „Wiedergutmachung" auf Kosten des Kindes geführt, die über die OLG-Entscheidung weit hinausgreift. Sie musste allerdings auch mit befremdlichen juristischen Kunstgriffen erkauft werden, insbesondere durch die Ausblendung entscheidungserheblicher Tatsachen, die der angegriffenen OLG-Entscheidung zugrunde lagen, sowie durch die Einführung neuer Tatsachen, die – mangels eigener Beweiserhebungsmöglichkeiten – auf nichts anderes als einseitige Behauptungen gestützt werden können.

Zunächst zeigt sich eine bedauerliche Unkenntnis fundamentaler Gesetzmäßigkeiten der Entstehung von Eltern-Kind-Bindungen, wenn der BGH davon ausgeht, dass die derzeit bei einem sofortigen Wechsel bestehende *„Gefahr einer nicht ganz aufzufangenden Bindungslosigkeit"* dadurch beseitigt oder verringert werden könne, dass die *„über viele Jahre hinweg nur vereinzelten und erst in jüngster Zeit regelmäßigeren Umgangskontakte"* zügig intensiviert werden und dadurch schnellstmöglich eine *„tragfähige Beziehung bzw. Bindung"* zum (nunmehr achtjährigen!) Kind ausgebildet werden könne, die *„einen baldigen Wechsel des ständigen Aufenthalts des Kindes ermöglicht"*. Dazu gehört auch die Annahme, dass die Pflegeeltern den Jungen ohne Weiteres zum Umgang motivieren und darauf *„kindgerecht vorbereiten"* könnten, wenn sie nur wollten. Andauernde heftige Umgangsverweigerungen des Jungen werden nicht erwähnt bzw. den Pflegeeltern angelastet. Mit einer solchen – hier wie auch sonst gelegentlich in der jüngsten Rechtsprechung zum Umgang vorgenommenen – umstandslosen Unterstellung willkürlicher Beeinflussung gibt es schlicht keinen rechtlich relevanten Kindeswillen mehr, es sei denn, dass er pro Umgang ausfallen würde.

Das OLG hatte im Übrigen zwar eine ähnliche Erwartung an die Förderung einer Vater-Kind-Bindung durch Umgangskontakte formuliert, sie aber immerhin an bestimmte Voraussetzungen geknüpft, nämlich insbesondere, dass der Umgang mit dem Vater selbst stattfinden müsse und nicht, wie immer wieder geschehen, allein mit dessen Ehefrau und dritten Personen, (beteiligt war immer wieder ein Vertreter des „Väteraufbruchs") und dass der Vater den Jungen nicht weiterhin über seinen Verbleib in der Pflegefamilie verunsichern dürfe. Dies – so das OLG – habe der Amtsvormund zu gewährleisten und zu überwachen (was nicht geschehen ist). Nichts davon findet sich in der Entscheidung des BGH.

Die Erwartungen des BGH widersprechen nicht nur allen Erkenntnissen der Bindungsforschung, sondern ignorieren auch die existenzielle Bedeutung einer sicheren Eltern-Kind-Bindung sowie die unstreitig dramatischen Konsequenzen ihrer Zerstörung, die als Risiken bis ins Erwachsenenleben in Störungen der Bindungsfähigkeit zu Partnern und eigenen Kindern nachweisbar sind. Ebenso unverständlich ist es, wenn die biologisch und psychologisch begründete Angst eines Kindes vor dem Verlust seiner lebenslang als solche erfahrenen Familie ohne jeden Nachweis etwaiger spezifischer Beeinflussung für manipuliert und also auch umgekehrt manipulierbar erklärt wird.

Freilich – der BGH hat im vorliegenden Fall eine sichere Eltern-Kind-Bindung in der Pflegefamilie durchaus nicht erkennen können und auch keine Anhaltspunkte für eine besondere Gefährdung des Kindes durch seine Herauslösung aus der Pflegefamilie. Vielmehr wird die mehrfach gutachterlich diagnostizierte und vom OLG bestätigte „gelungene sichere primäre Eltern-Kind-Bindung" in der Pflegefamilie vom Senat selbst neu diagnostiziert als ein „auch nicht unbelastetes Verhältnis". Insbesondere eine heftige Auseinandersetzung zwischen Pflegevater und Amtsvormund im Zusammenhang mit einem (von dem Jungen verweigerten) Umgangskontakt, über die – wie zunächst korrekt referiert wird – widersprüchliche eidesstattliche Erklärungen vorliegen, wird einige Seiten später ohne irgendeine Begründung allein dem Pflegevater angelastet. Sie habe gezeigt, dass der Pflegevater „jedenfalls an diesem Tag nicht in der Lage war, seine Erziehungsaufgabe im erforderlichen Umfang wahrzunehmen und das Kind zu dem auch im Interesse des Kindeswohls notwendigen Umgang zu bewegen". Im Übrigen sei „die Auseinandersetzung des Vaters mit dem Amtsvormund vor den Augen des Kindes geeignet (gewesen), einen Teil des kindlichen Vertrauens in den Pflegevater (nicht in den Amtsvormund?) zu zerstören". Deshalb wird dem Amtsvormund aufgegeben, „regelmäßig zu überprüfen, ob das Kind weiterhin in der Pflegefamilie untergebracht bleiben kann, wenn die Pflegeeltern ein solches Verhalten in der Zukunft fortsetzen und damit (wenn auch unbewusst) ihre Bindung zu dem Kind untergraben."

Wie der BGH zu diesen im Beschluss des OLG nirgends zu findenden „Tatsachen" kommt und worauf sich seine bindungstheoretische Deutung unbewusster

Vorgänge in der Psyche der Pflegeeltern stützt, die immerhin sogar eine Herausnahme des Kindes aus der Pflegefamilie rechtfertigen soll, wird nicht erläutert. Dagegen wird die vom OLG ebenfalls in Übereinstimmung mit dem Sachverständigengutachten beim leiblichen Vater *festgestellte „erhebliche Einschränkung der Empathie … gegenüber dem Kind und der Konfliktsituation und ihrer Bedeutung für die seelische Entwicklung des Kindes"* ebenso übergangen wie die vom OLG achtsam formulierte Notwendigkeit eines *„Lernprozesses"*, für den der Vater Hilfen brauche, um *„kindgerecht und einfühlsam reagieren und agieren"* zu können, *bevor eine Herauslösung (des Jungen) aus seinem gewohnten Umfeld auch nur ansatzweise praktiziert werden kann."* Stattdessen stellt der BGH eine *„unbestrittene Erziehungseignung"* fest, die freilich – wie er selbst sagt – nie überprüft wurde.

Vor allem aber werden die ebenfalls gutachterlich festgestellten gravierenden psychischen Beeinträchtigungen des Jungen durch die anhaltende Verunsicherung über seinen Verbleib in der Pflegefamilie nirgends erwähnt, die – wie vom OLG zitiert – sich schon 2006 in *„Depersonalisationserscheinungen und dissoziativen Zuständen"* als Symptome depressiver Tendenzen *„mit nicht auszuschließender suizidaler Dynamik"* zeigten. Stattdessen ist lediglich von einem *„Loyalitätskonflikt"* des Jungen und – in Anlehnung an ähnliche Formulierungen des BVerfG – von einer *„erheblichen psychischen Belastung"* die Rede, die stets mit der Trennung von einer Pflegefamilie verbunden sei.

Der BGH revidiert also in wichtigen Punkten den vom OLG zugrunde gelegten, auf sachverständige Diagnostik gestützten Sachverhalt. Falls aber der Senat – anders als das OLG – die zentralen Feststellungen und Wertungen des Sachverständigengutachtens für nicht überzeugend hielt, wäre dann nicht eine Aufklärungsrüge mit Rückverweisung zur Einholung eines neuen Gutachtens zu erwarten gewesen? Stattdessen kommt es aufgrund des neu festgestellten Sachverhalts zu einer Regelung der Umgangskontakte, die erheblich von der des OLG abweicht – insbesondere von dessen kindeswohlorientierten Auflagen – sowie zu Sanktionsdrohungen, die Gewalt gegen das Kind einschließen – entgegen § 33 II 2 FGG. Was bewegt den Senat zu einem solchen Vorgehen?

3   Von kindlichen „Wurzeln" und pflegeelterlicher „Renitenz"

Der BGH erklärt unter Bezugnahme auf die Entscheidung des EuGHMR, in die Prüfung des Sorgerechtsantrags seien *„nicht nur die unmittelbaren Auswirkungen der Trennung des Kindes von seinen Pflegeeltern einzubeziehen, sondern auch die langfristigen Auswirkungen einer dauerhaften Trennung von seinem leiblichen Vater"* und erklärt, es entspreche *„selbst in Fällen der Adoptionspflege …zunächst* *dem Kindesinteresse, die familiären Beziehungen des Kindes zum leiblichen Vater aufrechtzuerhalten, weil der Abbruch derartiger Beziehungen die Trennung des Kindes von seinen Wurzeln"* bedeute.

Hier wird nun eine neuerdings gängige, gleichwohl abenteuerliche Sentenz zitiert, die sich in Fällen wie diesem auf nichts anderes als biologische Zusammenhänge berufen kann, auf die Gene also, denn andere Gemeinsamkeiten – insbesondere „familiäre Beziehungen" – haben Vater und Kind mangels gemeinsam gelebten Lebens nicht. Die individuellen geistig-seelischen Strukturen nämlich, oder – um im Bild zu bleiben: die „Wurzeln" der sozial-kulturellen Persönlichkeit bilden sich nachweislich in Abhängigkeit von den Erfahrungen des Kindes in der alltäglichen Interaktion mit den versorgenden (leiblichen oder nichtleiblichen) Elternpersonen. Und diese prägen im günstigen Fall eben jene existenziell wichtige Folie der sicheren Eltern-Kind-Bindung, die nach unstreitigem Stand der Forschung als wichtigster „Schutzfaktor" für die kindliche Entwicklung gilt. Insbesondere frühkindliche Erfahrungen bestimmen die Ausprägung oder Verkümmerung genetischer Dispositionen, wie inzwischen auch die Hirnforschung anhand der Veränderungen des Hirnstoffwechsels und sogar der Hirnsubstanz zeigen kann. Welche „Entwurzelung" zur größeren Belastung bzw. zur Gefährdung des Kindeswohls führt, liegt damit auf der Hand.

Schließlich wird die Behauptung aufgestellt, für die Pflegeeltern habe nicht stets das Kindeswohl an erster Stelle der Motive ihres Verhaltens gestanden, wie insbesondere die (nirgends gerichtlich überprüften!) Umstände der Umgangskonflikte zeigen. Sie hätten auch schon sehr bald nach der Inpflegenahme des Jungen erkennen können, dass sie ihn an den Vater würden herausgeben müssen. Wie soll man das verstehen? Nach dem Wunsch der Mutter und der fachlichen Einschätzung der zuständigen Behörden war das Kind der Familie zur Adoption anvertraut worden. Der nicht eheliche Vater hatte (und hat bis heute) nicht das Sorgerecht, und seine Zustimmung zur Adoption konnte – und sollte – durch gerichtliche Entscheidung ersetzt werden. Der entsprechende Antrag des Amtsvormunds wurde erst im Jahr 2006 zurückgenommen.

Durften die Adoptivpflegeeltern (die natürlich all die Jahre keinerlei Pflegegeld bezogen, aber für ihre Bemühungen um gerichtlichen Schutz der „sozial-familiären" Eltern-Kind-Bindung erhebliche Mühen und Kosten auf sich genommen haben) den behördlichen Einschätzungen und den obergerichtlichen Entscheidungen, die bis 2004 – also, bis der Junge 5 Jahre alt war – stets für den Verbleib des Kindes bei ihnen ausfielen, nicht trauen? Auch das BVerfG hatte ja die Verfassungsbeschwerde des Vaters im Jahr 2001 nicht angenommen! Sollten sie dem Vater, sobald seine Vaterschaft festgestellt war, das damals einjährige Kind übergeben – entgegen dem Wunsch der Mutter und der fachlichen Einschätzung des Jugendamtes? Oder sollten sie von da an das Kind emotional auf Distanz halten, sich auf die neurobiologisch vorgegebene Bindungsbereitschaft des Kindes nicht einlassen? Wie macht man das? Und was macht das mit einem Kind? Zweifelsfrei wäre schon ein solcher Versuch eine hochgradige Kindeswohlgefährdung gewesen. Wenn aber „naturgemäß" Eltern-Kind-Bindungen entstanden, wie sollten da Umgangskontakte begrüßt werden, die im Rahmen eines nicht vorwerfbaren, aber nicht primär kindzentrierten väterlichen Denkens ganz selbstverständlich mit einem bedingungslosen Herausgabeanspruch einhergingen?

Es scheint, als habe der BGH hier Schuldige gebraucht, um aus der tragischen Realität eine Täter-Opfer-Geschichte zu konstruieren, in der sich harte Entscheidungen leichter verkraften lassen, wenn sie gegen die „Täter" gerichtet werden können. Und Pflegeeltern scheinen sich in jüngster Zeit für diese Täter-Rolle besonders zu eignen, seit der auch hier wiederholte Ausspruch, die Pflegekindschaft sei „institutionell auf Zeit angelegt", zu der Folgerung verleitet, Pflegeeltern müssten grundsätzlich jederzeit bereit sein, ein Kind wieder herauszugeben – jedenfalls an die leiblichen Eltern. Diese psychologisch und verfassungsrechtlich unhaltbare Konstruktion findet eine normative Stütze allenfalls im lückenhaft geregelten zivilrechtlichen Pflegekinderrecht, in dem es bis heute keine rechtliche Absicherung der Familienbindungen von *Dauer*pflegekindern gibt, obwohl das BVerfG mehrfach entschieden hat, dass langjährige Bindungen auch in der Pflegefamilie unter dem Schutz des Art. 6 I GG stehen. In der jüngeren, systematisch differenzierenden Struktur der Fremdunterbringungsregelungen im SGB VIII wird dagegen klar zwischen einer zeitlich befristeten und einer Dauer-Perspektive unterschieden und die Sicherung eines aus der Perspektive des Kindes (!) notwendigen dauerhaften Verbleibs sogar durch die Verpflichtung des Jugendamts zur Prüfung einer Adoption betont.

4   Von der Unabhängigkeit der Justiz und der Abhängigkeit der Betroffenen

Diese Entscheidung des BGH ist nicht nur für alle unmittelbar Betroffenen ein Unglück. Vielmehr ist zu befürchten, dass sie sensible Entscheidungen im Pflegekinderwesen generell erschwert. Auch deshalb ist ihr eine eingehende Diskussion unbedingt zu wünschen, die insbesondere auch den rechtspolitischen und strukturellen Reformbedarf aufgreift. Denn: Beispielhaft wird hier deutlich, wohin die viel beklagten, auch vom BVerfG mahnend erwähnten humanwissenschaftlichen Aus- und Fortbildungsmängel im Bereich des Familienrechts führen und wie dringend der lange schon, auch vom Deutschen Familiengerichtstag, angemahnte Reformbedarf im zivilrechtlichen Pflegekinderrecht ist.

RichterInnen müssen, können und sollen so wenig KinderpsychologInnen sein wie sie MedizinerInnen oder Kfz-TechnikerInnen sein sollen, d. h., sie können nicht in allen justizförmig ausgehandelten Konflikten über Expertenwissen verfügen. Sie müssen aber die Notwendigkeit von Sachverständigengutachten erkennen und deren Ergebnisse verstehen und bewerten können. Entfernt sich die Justiz so weit vom Stand leicht zugänglichen Wissens, dass sie eben dazu nicht in der Lage ist, sondern grundlegende Entscheidungen auf Alltagstheorien stützt, so bleibt sie hinter ihrem Rechtsschutz- und Rechtsfortbildungsauftrag zurück und läuft außerdem Gefahr, im Zeitalter hoch spezialisierter Öffentlichkeitsarbeit in den Medien (im vorliegenden Fall vor allem im Internet) immer häufiger zum – bestenfalls unschuldigen – Agenten einflussreicher Interessen manipuliert zu werden. Das kann freilich nicht verwundern, solange die Aus- und Fortbildung von JuristInnen notwendiges außerjuristisches Basiswissen nicht vermittelt. Aber – frei nach Kant: Auch unverschuldetes Unwissen muss verantwortet, also verändert werden.

Unter diesen Umständen wäre zu überlegen, ob nicht für RichterInnen – auch hoher und höchster Gerichte – Rückmeldungen über die Folgen ihrer Entscheidungen notwendig wären. Wenn Fachleute der Jugendhilfe ermutigt würden, darüber zu berichten, wie es etwa den Kindern Kutzner oder Haase ergangen ist, nachdem über sie letztinstanzlich gegen alle Empfehlungen von Jugendämtern und seriösen psychologischen Gutachtern entschieden wurde, so könnte schon darin ein wichtiger Beitrag zur richterlichen Fortbildung und zur Rechtsfortbildung liegen.

5 Von den Grenzen des Rechts und der Gerechtigkeit im Familienrecht

Eine speziell familienrechtliche Problematik besteht freilich darin, dass Tragik in menschlichen Beziehungen immer wieder an Grenzen von Recht und RichterInnenmacht führt. Im Eherecht haben wir seit geraumer Zeit gelernt, dass Beziehungen und Bindungen nicht mit rechtlichen Mitteln durchgesetzt werden können. Ehen werden in unserer Rechtsordnung nicht erzwungen, Scheidungen nicht (mehr) verhindert. Wir haben einsehen müssen, dass wir auch „ungerecht" verlassenen Ehefrauen oder Ehemännern nicht durch Zwang zum Zusammenleben helfen können. Zwangsheiraten werden im Rahmen unserer Rechtsordnung nicht toleriert, auch wenn etwa Eltern damit nichts als das Glück ihrer Töchter und Söhne befördern wollen und obwohl die Verheiratung der Kinder in manchen Kulturen durchaus als selbstverständliches Elternrecht angesehen wird. Alle diese Einsichten sind mühsam genug errungen worden – zunächst für Beziehungen unter Erwachsenen oder Heranwachsenden. Später wuchs die Einsicht, dass für Beziehungen zwischen Eltern und Kindern nichts anderes gelten kann – jedenfalls wenn man die weltweit übereinstimmenden Ergebnisse humanwissenschaftlicher Forschung zur Entstehung und Bedeutung von Eltern-Kind-Bindungen und zu den

Konsequenzen von Zwang und – auch psychischer – Gewalt gegenüber Kindern zur Kenntnis nimmt.

Seriöse Familienrechtsliteratur tut dies seit Langem, und Gesetzgebung und Rechtsprechung haben vieles davon umgesetzt. So haben etwa Kinder ein *Recht*, aber keine *Pflicht* zum Umgang mit getrennt lebenden Eltern/teilen (§ 1684 Abs. 1 BGB), und eine Gewaltanwendung gegen das Kind darf (zu diesem Zweck) nicht zugelassen werden (§ 33 Abs. 2 Satz 2 FGG). Gerichte können zum Schutz des Kindeswohls den Verbleib von Kindern in ihrer faktischen (Pflege-)Familie gegen den Willen der leiblichen Eltern anordnen und zwar auch dann, wenn die leiblichen Eltern kein Vorwurf trifft, wenn also der Verlust der elterlichen Sorge als tragisch gelten muss. Und eine solche gerichtliche Entscheidung können und dürfen eben auch Pflegeeltern beantragen (§ 1632 Abs. 4 BGB)! Ebenso wurden andere Eingriffe ins Elternrecht zum Schutz des Kindes auch bei „schuldlosem Versagen" der Eltern ermöglicht. Nach jüngsten Reformentwürfen zum § 1666 BGB soll sogar die Feststellung genügen, dass die Eltern „nicht bereit oder in der Lage" sind, eine Kindeswohlgefährdung abzuwenden. Sehr deutlich kommt hier zum Ausdruck, dass dem Kindeswohl im Konflikt mit Elternrechten Priorität zukommt – auch dann, wenn auf diese Weise „Gerechtigkeit" für die Eltern nicht realisiert werden kann.

Diese Entwicklung wurde bis in die 90er-Jahre wesentlich vorangebracht durch das BVerfG, das die Priorität des Kindeswohls wieder und wieder bestätigt und mehrfach erklärt hat, der Schutz der Familie nach Art. 6 Abs. 1 GG gelte auch für langjährige Eltern-Kind-Bindungen in einer Pflegefamilie. Ebenso hat der EuGHMR wie schon früher so auch in dem hier zum BGH gelangten Fall eindeutig erklärt: *„Insbesondere hat ein Elternteil nach Art. 8 EMRK keinen Anspruch auf Maßnahmen, die der Gesundheit und Entwicklung des Kindes schaden würden."*

In jüngster Zeit erwecken freilich manche Entscheidungen hoher und höchster Gerichte den Eindruck, dass die hier skizzierten Einsichten in die Grenzen des Rechts und richterlicher Macht im Bereich menschlicher Beziehungen verloren gehen und das „Kindeswohl" immer häufiger zum – bewussten oder unbewussten – Etikettenschwindel verkommt, um Elternrechte durchzusetzen. Der gleiche Eindruck drängt sich auf angesichts mancher gesetzgeberischer Aktivitäten, z. B. zur stark zwangsorientierten Umgangsdurchsetzung. Bleibt zu hoffen, dass die vielfach geäußerte fachliche Kritik gehört und als Bemühung um eine notwendige Diskussion verstanden wird.

6 Ausblick oder: Noch ist das Kind nicht ganz verloren

Im vorliegenden Fall liegt freilich eine Hoffnung für die Betroffenen darin, dass neue Tatsachen in unserem Rechtssystem auch neue gerichtliche Entscheidungen ermöglichen. Und da sich die Erwartungen des BGH mit aller Einsatzbereitschaft der Amtsgewalt gegen das Kind und die Pflegeeltern nicht im Sinne der erwünschten Vater-Kind-Beziehung werden erfüllen lassen, ist zu hoffen, dass bei neuerlicher Anrufung der Gerichte die Grenzen des Rechts deutlicher erkannt und zugunsten des Kindeswohls respektiert werden.

Ein ermutigender Hinweis findet sich in einer neuen Entscheidung des EuGHMR (FamRZ 2007, 1529), in der es um eine fehlerhaft zustande gekommene Auslandsadoption geht, die nach Meinung des Gerichtshofs gleichwohl anzuerkennen sei, weil die *„Verweigerung der Anerkennung der sozialen Realität der Situation nicht Rechnung trägt."* Ausdrücklich erinnert der EuGMR daran, *„dass in solchen Angelegenheiten das Wohl des Kindes oberste Priorität haben muss"* und kommt zu dem Schluss, dass die Luxemburgischen Richter *„vernünftigerweise die Anerkennung der Familienbande, die de facto zwischen den Beschwerdeführer entstanden waren, nicht hätten verweigern und von einer konkreten Prüfung hätten absehen dürfen."*

Ähnlich hat das BVerfG schon vor mehr als 30 Jahren entschieden, dass langjährige Eltern-Kind-Bindungen in der Pflegefamilie unter dem Schutz des Art. 6 I GG stehen, auch dann, wenn das Pflegeverhältnis rechtswidrig zustande gekommen ist (BVerfG 68, 176 ff, FamRZ 1985, 39).

Neue Tatsachen, die der BGH gar nicht berücksichtigen konnte, sind aber schon jetzt bekannt und erfordern neue Entscheidungen. So sind die vom OLG formulierten Bedingungen für eine Intensivierung von Umgangskontakten und eine Sorgerechtsübertragung aufseiten des leiblichen Vaters nicht erfüllt worden. Insbesondere hat der Umgang des Jungen eben häufig nicht mit ihm selbst stattgefunden, und es hat sich gezeigt, dass der Vater entweder nicht bereit oder nicht in der Lage ist, Verständnis für die *„derzeitige psychosoziale Verortung"* seines Sohnes in der Pflegefamilie und für dessen Angst um ihren Verlust zu entwickeln – als allseits vorausgesetzte Basis für die Entstehung einer „tragfähigen Vater-Kind-Beziehung". Zudem zeigt der Junge eine manifeste Angststörung mit psychosomatischen Symptomen, seit letzthin die Amtsvormundschaft ihr Versprechen, er dürfe in seiner Familie bleiben, wenn er zum Umgang mit dem Vater bereit sei, zurückgenommen hat. Er verweigert nicht nur den Umgang, sondern vermeidet zunehmend auch andere „unsichere Plätze", z. B. die Schule (wo er jüngst aus dem Unterricht geholt und zum Vater gebracht wurde), er „klammert" extrem in der Pflegefamilie und ist immer häufiger krank.

Auf diese akute Kindeswohlgefährdung darf und muss die Amtsvormundschaft jetzt auch neu reagieren! Wenn sie ihr Handeln dabei auf unabhängige, fachlich anerkannte Expertise stützt, z. B. von Verfassern aktueller Standardwerke der Familiengerichtspsychologie wie Balloff, Dettenborn/Walter oder Salzgeber, dann dürfte dies auch nach Einschätzung international erfahrener Juristen vor allen Gerichten Bestand haben, denn die beständige Überprüfung des Kindeswohls wird von allen vorausgesetzt.

7 Anhang: Bericht zur weiteren Entwicklung des Falles (bis Herbst 2008)

Tatsächlich wurden von der Amtsvormundschaft psychologische Gutachten in Auftrag gegeben. Ohne deren Berücksichtigung wurde der Junge jedoch auf Anordnung des Familiengerichts erster Instanz in die Familie des Vaters überführt – ohne Anhörung der Gutachter, ohne Verfahrenspflegschaft und ohne jede Vorbereitung des Jungen und seiner Pflegeeltern. Das Sorgerecht wurde „vorläufig" dem Vater übertragen.

Es handelt sich um dieselbe Familienrichterin, deren Sorgerechtsentscheidungen zugunsten des Vaters aus 2001 und 2004 von verschiedenen OLG-Senaten aufgehoben und vom BVerfG wie auch vom EuGHMR nicht bestätigt worden waren. Sie beruft sich in der neuerlichen Entscheidung auf einen von ihr allein ermittelten Übersiedlungswunsch des Kindes, den keiner der sonst beteiligten Richter oder Sachverständigen je vernommen hat, und sie stützt sich auf die vom BGH nahegelegte Zielsetzung der baldigen Übersiedlung. Die vom BGH dafür immerhin vorausgesetzte Entwicklung einer „tragfähigen Vater-Kind-Beziehung" hat allerdings außer ihr ebenfalls niemand feststellen können – auch keiner der Gutachter.

Die Beauftragte des Amtsvormunds hatte den Jungen bereits vor der Verhandlung in der Schule am Wohnort der Pflegeeltern abgemeldet. Offenbar war ein „kurzer Prozess" zwischen Gericht und Amtsvormundschaft abgesprochen worden. Außer der Amtsvormundschaft gibt es aber keine Beschwerdeberechtigten, da für den Jungen keine Verfahrenspflegschaft bestellt worden war und Pflegeeltern in Sorgerechtsverfahren nach der jüngeren Rechtsprechung des BGH grundsätzlich kein Beschwerderecht haben. Angesichts dieser Situation haben die Pflegeeltern inzwischen auf eine zunächst beantragte Verbleibensanordnung verzichtet, weil sie keine Chance mehr sehen, für den Jungen einen sicheren Verbleib zu erreichen, ohne ihn weiteren jahrelangen Gerichtsverfahren auszusetzen.

Nur um die gesetzlich – und gutachterlich – vorgesehenen Umgangskontakte bemühen sich die Pflegeeltern noch bei Gericht. Denn auch diese werden nur sehr zögerlich und zu ungewöhnlichen Bedingungen angeboten. Das Angebot galt zunächst für ein Treffen im Leipziger Zoo und soll nun – nach drei Monaten – im Leipziger Hauptbahnhof stattfinden – für zwei Stunden! Die Pflegeeltern sollen sich dabei auch nicht mehr Papa und Mama nennen lassen, und der Junge soll nicht mehr mit seinem zeitlebens gewohnten Vornamen angeredet werden.

Die dem Jungen trotz und wegen Gesetz und Gerichten zugefügten psychischen Schädigungen scheinen noch kein Ende gefunden zu haben.

IV Pflegekindschaft in der Rechtsprechung

Ludwig Salgo

Die Rechtsprechung des Bundesverfassungsgerichts zu Pflegekindern*

1   Die Begründung der verfassungsrechtlichen Subjektstellung des Kindes durch das Bundesverfassungsgericht

In 30 Minuten ein zutreffendes Gesamtbild über die Rechtsprechung des Bundes-verfassungsgerichts (BVerfG) zu Pflegekindern zu vermitteln, ist ein kaum einlös-bares Unterfangen, zu komplex ist die Materie. Zudem befasst sich das BVerfG nicht generell mit Pflegekindern, sondern mit einzelnen Pflegekindern, deren Schicksal in sehr unterschiedlichen Fallkonstellationen idR bereits Gegenstand der fachgerichtlichen Rechtsprechung war, bevor das BVerfG damit befasst wurde.

In einer auch aus heutiger Sicht bahnbrechenden Entscheidung aus dem Jahre 1968[1] wurde die **verfassungsrechtlich begründete Subjektstellung des Kindes** vom **BVerfG** begründet, zu einem Zeitpunkt, als die überwiegende Mehrzahl der JuristInnen die Auffassung vertrat, dass die Grundrechte der Verfassung für Minderjährige grundsätzlich keine Geltung haben. Diese Entscheidung ist aber auch für die hier näher zu beleuchtende Materie von Bedeutung, enthält sie doch deutliche Aussagen zu einer inhaltlichen Fundierung des Elternrechts und damit auch Aussagen zum „Zerfall des Elternrechts".

2   Die Materialisierung des Elternrechts durch das Bundesverfassungsgericht

- „... so trifft die Ersetzung der Einwilligung zur Adoption die Eltern-Kind-Beziehung in einer Lage, in der ein verfassungsrechtlich schutzwürdiges Recht der natürlichen Eltern nicht mehr besteht. Es handelt sich daher nicht um einen zwangsweisen „Eltern*tausch*". Eltern, die im Sinne des Grundge-

---

*   Vortrag beim 18. Tag des Kindeswohls „Vernachlässigte und misshandelte Kinder im Blickfeld helfender Instanzen, Kriminalpolizei, Justiz, Jugendhilfe und Beratung für Pflegeeltern" am 4. Juni 2007 in Hamburg, Veranstalterin: Stiftung zum Wohl des Pflegekindes
1   BVerfGE 24, 119, 144.

setzes diesen Namen verdienen, weil sie bereit sind, die mit dem Elternrecht untrennbar verbundenen Pflichten auf sich zu nehmen, erhält das Kind erst durch die Adoption."[2]

- Art. 6 Abs. 2 Satz 1 GG[3] „schützt nicht diejenigen Eltern, die sich dieser Verantwortung entziehen."[4]
- Zudem weist das BVerfG darauf hin, dass es bei Interventionen des Staates wegen Kindeswohlgefährdung entscheidend darauf ankommt, **ob die Situation und das Verhalten der Eltern „sich in dem für die Entwicklung des Kindes entscheidenden Zeitraum voraussichtlich ändern"** wird[5].

3 Sind Zweifel an der Aufrechterhaltung des „Vorrangs des Kindeswohls" in der Rechtsprechung des BVerfG berechtigt?

Angesichts einzelner *Aussagen* in verschiedenen Entscheidungen des BVerfG, wie etwa, die Unterbringung in Familienpflege sei immer „institutionell auf Zeit" angelegt, sie dürfe sich „nicht verfestigen", „behutsame Rückführungen" müssten nach „Umstellungsphasen" möglich sein und angesichts einiger Entscheidungen des BVerfG aus jüngster Zeit wurde bereits von einer „Rebiologisierung des Familienrechts" und einem „Rückfall" in überwunden geglaubte Zeiten gesprochen.

Zuspitzungen sind im politischen und damit auch im rechtspolitischen Streit zulässig und bis zu einem gewissen Grad auch notwendig, zumal das Bundesverfassungsgericht durch die eine oder andere zumeist unnötige plakative Aussage solche Reaktionen provoziert hat.

Zudem sind einzelne Entscheidungen aus jüngster Zeit geeignet, Zweifel darüber aufkommen zu lassen, ob das BVerfG an seinen differenzierten und bewährten Linien, die es in den 80er und 90er-Jahren des vergangenen Jahrhunderts in diesem Bereich entwickelt hat, festhalten will oder ob es unter vermeintlichem Druck durch den Europäischen Gerichtshof für Menschenrechte (EGMR) diese Traditionen aufgeben will.

In einer ganzen Reihe von Entscheidungen[6] hatte das BVerfG immer wieder betont, dass im Konfliktfall zwischen Elternrecht und Kindeswohl das Kindeswohl letztendlich entscheidend ist[7]. Dass neuerdings vom BVerfG die Formel von der

2 BVerfGE 24, 119, 150 sowie BVerfG, FamRZ 2008, 845, 848 f.
3 Die Texte aller in diesem Aufsatz genannten gesetzlichen Bestimmungen finden Sie ab Seite 270 in diesem Jahrbuch.
4 BVerfGE 14, 119, 144.
5 Ebd.
6 Vgl. mit weiteren Nachweisen Staudinger-Salgo BGB [2007], Kommentar zum Bürgerlichen Gesetzuch, Berlin 2007 § 1632 Rn 47 – 54.
7 BVerfG, FamRZ 2005, 783f.; BVerfGE 68, 176, 188 mwNW.

„praktischen Konkordanz"[8] (Konrad Hesse) benutzt wird für die komplexe Abwägung bei mehrpoligen Grundrechtsverhältnissen, könnte so verstanden werden, dass das BVerfG die immer wieder benutzte Formel vom „Vorrang des Kindeswohls" aufzugeben intendiert. Das ist wohl kaum zu erwarten, weil das nationale wie das internationale Recht deutlich den Vorrang des Kindeswohls hervorhebt.

Nun sind Verdikte, Lob oder Kritik zu einzelnen Entscheidungen des BVerfG schnell ausgesprochen. Wie viele Juristen überblicken einigermaßen die hier etwa 30 maßgeblichen Senats- und Kammerentscheidungen des BVerfG? Und wer die 40–50 einschlägigen Entscheidungen des EGMR?! Der Zweite Senat des BVerfG, welcher für das Völkerrecht zuständig ist, spricht für die Rechtsordnung der Bundesrepublik von einem „ausbalancierten Teilrechtssystem des innerstaatlichen Rechts" und von einer „differenzierte(n) Kasuistik[9]".

4 Die Senatsentscheidungen des BVerfG

Wenn man die Entwicklung der höchstrichterlichen Rechtsprechung beobachtet, so fällt auf, dass zu Pflegekinderfällen seit 14 Jahren (seit 1993) nur Kammerentscheidungen, aber keine Senatsentscheidungen des BVerfG mehr ergangen sind; außer in einem sehr bemerkenswerten Fall, nämlich im Fall Görgülü[10] und eine weitere – an anderer Stelle in diesem Jahrbuch[11] erwähnte – Entscheidung des Zweiten Senats ebenfalls zu diesem Fall, der auch den EGMR bereits beschäftigt hatte. Das könnte bedeuten, dass das BVerfG im Grundsatz an diesen Senatsentscheidungen festhalten will: In den nach 1993 ergangenen Kammerentscheidungen werden diese früheren Senatsentscheidungen bis zuletzt immer wieder ausgiebig zitiert.

Die Senatsentscheidungen des *Ersten Senats* des BVerfG sind kein geschlossenes, widerspruchsfreies System, in welches ohne Weiteres jeder neue Fall durch die fachgerichtliche Rechtsprechung aus verfassungsrechtlicher Sicht eingeordnet werden könnte; das BVerfG entscheidet ja – wie schon gesagt – über an es herangetragene Einzelfälle.

Es ist aber in der Rückschau schon beachtlich, was insbesondere im Zeitraum zwischen 1968 und 1993 vom BVerfG entwickelt worden war und was sich deutlich abhob von einer beim BGH lange verbreiteten Alltagstheorie: „Pflegekinder können jederzeit schadlos verpflanzt werden, denn sie werden sich schnell

---

8   Vgl. Hesse, Konrad, Grundzüge des Verfassungsrechts der Bundesrepublik Deutschland, 20. Aufl., Heidelberg 1999, Rn 72
9   FamRZ 2004, 1857, 1862.
10 Ebd., v. 14.10.2004, 2 BvR 1481/04
11 Vgl. hierzu den Beitrag von *Schorn* in diesem Band, S. 229ff.

umgewöhnen"[12]. Nein, solche Sätze waren bislang in der Rechtsprechung des BVerfG nicht zu finden.

Manche Stimmen meinen unter Bezugnahme auf einzelne Kammerentscheidungen des BVerfG aus jüngster Zeit, – in welchen die zweifelsfrei festgestellten erheblichen Kindeswohlgefährdungen durch Umgang bzw. Rückführung keine Beachtung mehr fanden bzw. heruntergespielt wurden[13] – dass hier das BVerfG selbst gesetzte Standards aufzugeben scheint.

Nun, die Reformen – es sei an die Einführung des § 1632 Abs. 4 BGB zum 1.1.1980 und an das SGB VIII, in Kraft seit dem 1.1.1991 erinnert – hatten nachweislich Rückwirkungen auf die verfassungsgerichtliche Rechtsprechung. Der interdisziplinäre Schub nach 1968 und die interdisziplinäre Befassung der Zivilrechtlichen Abteilung des 54. Deutschen Juristentages im Jahre 1982 mit Pflegekindern (mit Gutachten von Gisela *Zenz* und Dieter *Schwab* sowie Referaten von Reinhart *Lempp* und Josef *Wallmeyer*) haben in der Folgezeit deutliche Wirkungen gezeigt. Die Intensivierung der Aufmerksamkeit für Kinder in verschiedenen wissenschaftlichen Disziplinen und in der Politik beeinflusst seither auch die Rechtsentwicklung im Familien- und Jugendhilferecht der Bundesrepublik.

Diese beiden Regelungsbereiche – der zivilrechtliche Kindesschutz und das Kinder- und Jugendhilferecht – erfahren seither eine ständige Verfeinerung und Differenzierung, weil letztlich verfassungsrechtlich geschützte Rechtsgüter wie das Elternrecht (Art. 6 Abs. 2 S. 1 GG) einerseits und die Integrität und Persönlichkeit des Minderjährigen andererseits (Art. 2 Abs. 1 i.V.m. Art.1 Abs. 1 GG) – und damit das Kindeswohl – auf dem Spiel stehen.

Vor allem aufgrund der – wenn auch nicht gänzlich widerspruchsfreien – Senatsentscheidungen des BVerfG schienen zahlreiche Unsicherheiten im rechtlichen Umgang zunehmend als ausgeräumt, was längst nicht mit einer verlässlichen Prognostizierbarkeit der fachgerichtlichen Entscheidung für jeden Einzelfall gleichzusetzen ist.

Auch wenn im Fall *Görgülü* ein völlig anderer Ton vorzuherrschen scheint und auch wenn Zweifel aufkommen, ob das Gericht an der bisherigen Herangehensweise festhalten will, so gilt es, eine bemerkenswerte Entwicklung nachzuzeichnen, auch wenn sie nicht widerspruchsfrei verlief.

---

12 Vgl. die Kritik an dieser Rechtsprechung von Coester, Das Kindeswohl als Rechtsbegriff, S. 178 (Fn 13), 380, 445, 447, nach welcher „erfahrungsgemäß Kinder sich in eine neue Umgebung ohne nachhaltige seelische Beeinträchtigung gewöhnen, wenn sie dort liebevoll und warmherzig betreut werden" (BGHZ 6, 342, 347 f; BayObLG DA Vorm 1985, 911, 914, vgl. aber auch die Kritik des BVerfGE 75, 201, 223 an dieser „Theorie".

13 Vgl. insbesondere Zenz, Anm. zu BGH, FamRZ 2007, 1969, in: FamRZ 2007, 2060ff und die erweiterte Fassung dieser Stellungnahme in diesem Jahrbuch S. 199ff.

5 Der grundsätzlich vorrangige Schutz des Elternrechts und der verfassungsrechtliche Schutz der Pflegefamilie aus Art. 6 Abs. 1 und 3 Grundgesetz unter Wahrung der Kindesgrundrechte

Verfassungsrechtlicher Ausgangspunkt bei einem Konflikt zwischen Eltern und Pflegeeltern ist der **grundsätzlich vorrangige Schutz des Elternrechts**. Allerdings genießt auch die **Pflegefamilie**, die zur Familie des Kindes geworden ist, den **verfassungsrechtlichen Schutz aus Art. 6 Abs. 1 und 3 GG**[14]. Abstrakte Erwägungen über das Stärkeverhältnis dieser beiden Grundrechtspositionen von Eltern und Pflegeeltern führen indes für die von § 1632 Abs. 4 BGB geforderte und vor allem auf die Entwicklung des Kindes bezogene Einzelfallentscheidung nicht weiter. Letztendlich steht nichts Geringeres als die **Wahrung der Kindesgrundrechte** im Zentrum des Spannungsfeldes zwischen dem Herausgabeanspruch der Eltern und der Verbleibensanordnung gem. § 1632 Abs. 4 BGB. Diese Bestimmung brachte erstmals auf der einfachgesetzlichen Regelungsebene zum Ausdruck, dass es sich hier um eine „verfassungsrechtliche Dreieckskonstellation"[15] handelt. Letztlich **ausschlaggebend** sind somit im Konfliktfall nicht die Rechte dieser beiden Grundrechtsträger „Eltern" und „Pflegeeltern", sondern **das Wohl des Kindes**, welchem gegenüber unter Umständen auch das Elternrecht zurücktreten muss.

Erziehungsprimat, Interpretationsmonopol und der weite Handlungs- und Beurteilungsspielraum der leiblichen Eltern können bei Vorliegen der Fallkonstellation des § 1632 Abs. 4 BGB eingeschränkt sein: Wenn diese dem Kind nicht mehr so nahe stehen wie im gelebten Eltern-Kind-Verhältnis, kann die Schwelle für einen Eingriff hier niedriger als bei einer bestehenden und funktionierenden Eltern-Kind-Beziehung liegen[16].

Der verfassungsrechtlich gebotene Schutz des Kindes in der Familiengemeinschaft, das Elternrecht, das Sozialstaatsgebot und der Grundsatz der Verhältnismäßigkeit verpflichten den Staat zu einer breiten Palette von Maßnahmen, die einerseits zur Gefährdungsbegrenzung **innerhalb** des Herkunftsmilieus – insbesondere unter Anwendung des kinder- und jugendhilferechtlichen Instrumentariums des SGB VIII – führen und andererseits der stets möglichen Gefahr einer unter Umständen **schnell eintretenden Entfremdung zwischen Herkunftsfamilie und Kind** während einer Fremdplatzierung entgegenzuwirken imstande sind; die Platzierung des Kindes in eine Pflegefamilie trägt den Keim der Entfremdung, aber auch die Chance der Verwurzelung in sich[17].

---

14 BVerfGE 68, 176, 187.
15 Vgl. *Schwab*, 54. DJT A 112; MünchKomm/Huber § 1632 Rn 38.
16 BVerfGE 24, 119, 150.
17 S. *Schwab*³, Handbuch des Scheidungsrechts, B III Rn 150.

Diesen verfassungsrechtlich gebotenen Anforderungen werden inzwischen die im SGB VIII verankerten hilfeorientierten Angebote weitgehend gerecht – was nicht mit dem rechtzeitigen Vorhandensein entsprechender Hilfen bereits überall und in jedem Einzelfall bei entsprechendem Bedarf gleichgesetzt werden darf. Zudem sind **nicht alle Gefährdungen** des Kindes in der Herkunftsfamilie **mit ambulanten Hilfen auffangbar**. Auch lässt sich das Bindungsgeschehen nicht sozialrechtlich steuern.

Zwar gewährt § 1632 Abs. 4 BGB grundsätzlich keine Berechtigung, zunächst die Herausgabe im Sinne eines Blockaderechts zu verweigern. Jedoch können Pflegeeltern eine sofortige gerichtliche Entscheidung herbeiführen und, falls sie diesen Weg beschritten haben, bis zur Erlangung einstweiligen Rechtsschutzes die Herausgabe verweigern. § 1632 Abs. 4 BGB schließt nämlich unter bestimmten Voraussetzungen den Anspruch aus Abs. 1 des § 1632 BGB aus, weil das verfassungsrechtlich geschützte Elternrecht leiblicher Eltern **keine Ausübung dieses Rechts** – hier in Form der Geltendmachung eines familienrechtlichen Herausgabeanspruchs – **zulasten des** in seiner Persönlichkeit und Integrität ebenfalls verfassungsrechtlich geschützten **Kindes** zulässt[18].

Erst die mit Einführung des § 1632 Abs. 4 BGB erfolgte kasuistische Präzisierung hat – nach Überwindung anfänglicher verfassungsrechtlicher Unsicherheiten – eine **zunehmende Stabilisierung und Orientierung der fachgerichtlichen Rechtsprechung** bewirkt. Jüngere und jüngste Rechtsprechungstendenzen des BVerfG sowie des BGH könnten diese Konsolidierung in Frage stellen.

Eine verkürzte Rezeption der Rechtsprechung des EGMR wie des BVerfG scheint bei einigen Fachgerichten zu einer nicht gerechtfertigten Überhöhung der Rechte biologischer Eltern zu führen[19], obwohl der EGMR stets betont, dass das „Elternteil aufgrund von Art. 8 EMRK (...) **unter keinen Umständen Maßnahmen verlangen darf, die die Gesundheit des Kindes und seine Entwicklung beeinträchtigen**"[20]. Auch in der Entscheidung *Görgülü* findet sich der entsprechende Hinweis: „Insbesondere hat ein Elternteil nach Art. 8 EMRK **keinen Anspruch auf Maßnahmen, die der Gesundheit und Entwicklung des Kindes schaden würden**"[21]. Damit steht der EGMR in Übereinstimmung mit der Rechtsprechung des BVerfG, wonach „das Wohl des Kindes letztendlich bestimmend sein muss"[22].

18 Zu den Zielperspektiven der Staatsintervention in diesem Bereich vgl. GK-SGB VIII/*Salgo* § 33 Rn 3.; ders., In welchen Fällen darf der Staat die verweigerte elterliche Einwilligung in die Adoption des Kindes durch Richterakt ersetzen? (BVerfGE 24, 119), KritV 2000, 344, 357.

19 Z. B. durch OLG Köln, ZKJ 2008, 382ff.

20 *Johansen* Z 78, 17383/90 v 07.08.96.

21 FamRZ 2004, 1459.

22 BVerfG FamRZ 2005, 783f.

Zudem darf nicht übersehen werden, dass der EGMR wiederholt Staaten zur Zahlung hoher Beträge für Schmerzensgeld und Schadensersatz an Kinder verurteilt hat, weil diese durch ihre Eltern Schädigungen erfahren hatten, denen der Staat nicht mit den erforderlichen Mitteln begegnet war[23].

Solche grundsätzlichen Aussagen des Bundesverfassungsgerichtes, wie etwa, „Pflegekindschaftsverhältnisse (…) sind institutionell auf Zeit angelegt"[24] und entsprechende Ausführungen des EGMR[25] bergen die Gefahr, dass nicht nur die gesellschaftliche Realität und die Grenzen der Veränderbarkeit, sondern auch das kindliche Zeitempfinden und damit Grundannahmen der Humanwissenschaften ignoriert werden.

Das BVerfG relativiert solche grundsätzlichen Aussagen immer wieder: Letztendlich muss „das Kindeswohl bestimmend sein"[26]. Auch der EGMR fordert nicht schematisch die Zusammenführung von leiblichen Eltern mit ihren Kindern, vielmehr „muss ein gerechter Ausgleich zwischen den Interessen des in Familienpflege lebenden Kindes, dort zu verbleiben, und den Interessen des Elternteils, mit dem Kind wieder zusammen zu sein"[27], erfolgen.

6 Eine verfassungsrechtlich prekäre Konfliktkonstellation: § 1632 Abs. 4 Bürgerliches Gesetzbuch

Wiederholt musste sich das BVerfG mit Herausgabekonflikten um Pflegekinder befassen. Für die fachgerichtliche Praxis sind die beiden unmittelbar zu § 1632 Abs. 4 BGB ergangenen Senatsentscheidungen des BVerfG nach wie vor von zentraler Bedeutung[28].

Erst durch die erstgenannte Entscheidung sind **Zweifel hinsichtlich der Vereinbarkeit von § 1632 Abs. 4 BGB mit dem GG ausgeräumt**. Dass die verfassungsrechtliche Prüfung vom **natürlichen Recht der Eltern zur Pflege und Erziehung ihrer Kinder** ausgeht und die **besondere Bedeutung von Art. 6 Abs. 2 und 3 GG auch für die Phase der Aufrechterhaltung der Trennung des Kindes von der elterlichen Familie** hervorhebt, war nicht überraschend. Bemerkenswert war indes, dass erstmals im sorgerechtlichen Kontext das Gericht die – als Folge eines länger andauernden Pflegeverhältnisses gewachsenen – **Bindungen zwischen**

---

23 U.a.: EGMR Z and Others gegen Großbritannien, ZfJ 2005, 154.
24 BVerfG FamRZ 2006, 1593, 1594.
25 FamRZ 2005, 587 Nr. 93.
26 BVerfGE 68, 176, 188 mwNw.
27 K and T versus Finnland v. 27.4.200, Az.: 25702/94, Rn. 156.
28 BVerfGE 68, 176 = FamRZ 1986, 39; hierzu Salgo, NJW 1985, 413; BVerfGE 75, 201 = FamRZ 1987, 786.

Pflegekind und Pflegeeltern anerkannte und folglich auch die Pflegefamilie unter den Schutz des Art. 6 Abs. 1 und Abs. 3 GG stellte[29].

Allerdings können sich Pflegeeltern **nicht** auf das Elternrecht in Art. 6 Abs. 2 S. 1 GG berufen[30]. Zwischen der damit verfassungsrechtlich anerkannten Grundrechtsposition der Pflegeeltern und der von sorgeberechtigten **Eltern kommt grundsätzlich** der letzteren **Vorrang** zu. Allerdings muss bei **Interessenkollisionen** zwischen dem Kind und seinen Eltern sowie den Pflegeeltern das **Kindeswohl letztlich bestimmend** sein[31]. Die Prioritätensetzung im verfassungs- wie familienrechtlich komplexen Dreiecksverhältnis ist damit bestimmt. Das BVerfG verwarf einerseits die vielfach kritisierte Formel von der leichten Überwindbarkeit von Umgebungswechseln im frühen Kindesalter unter Bezugnahme auf Erkenntnisse der Kinderpsychologie[32], andererseits befürwortet es, entgegen deutlichen humanwissenschaftlichen Warnungen[33], „behutsame" Rückführungen mittels gleitender Übergänge von der Pflegefamilie zur Herkunftsfamilie nach entsprechenden Übergangsphasen[34]. Dabei verkennt das Gericht keineswegs, dass, solange das Kindeswohl die oberste Priorität bleibt, § 1632 Abs. 4 BGB auch solche Entscheidungen ermöglicht, die aus der Sicht der Eltern nicht akzeptabel sind, weil sie sich in ihrem Elternrecht beeinträchtigt fühlen: Wenn eine **schwere** und **nachhaltige Schädigung des körperlichen** oder **seelischen Wohlbefindens des Kindes** bei seiner Herausgabe zu erwarten ist, kann **allein die Dauer des Pflegeverhältnisses** zu einer Verbleibensanordnung nach § 1632 Abs. 4 BGB führen[35].

Festzustellen ist, dass bislang die Rechtsprechung des BVerfG eine eindeutige Klärung des Verhältnisses der „Elternrechte" von leiblichen Eltern und Pflegeeltern nicht erbracht hat[36].

Das BVerfG und der EGMR stimmen jedoch insoweit überein: Eltern dürfen auf Entscheidungen, die das Wohl(befinden) des Kindes schädigen, nicht bestehen. Bei psychischer Erkrankung der Kindesmutter und nach Scheitern ambulanter Hilfen darf ein mit der Trennung von Pflegeeltern verbundenes hohes und unkalkulierbares Risiko („negativen Folgen einer eventuellen Traumatisierung") nicht in Kauf genommen werden[37].

---

29 BVerfGE 68, 176, 187, 189; BVerfG FamRZ 2000, 1489.
30 BVerfGE 79, 51, 60; etwas abgeschwächt durch Nichtannahmebeschluß BVerfG, NJW 1994, 183 = FamRZ 1993, 1045; vgl. hierzu Niemeyer, in: Festschrift für Ernst Benda [1995] 188 f.
31 BVerfGE 68, 176, 188 mwN.
32 BVerfGE 75, 201, 223.
33 Vgl Zenz, 54. DJT A 34 ff, A 38 sowie die Übersicht von Klussmann, DAVorm 1985, 170; Schleiffer, ZfSp 2006, 226 ff.
34 BVerfGE 68, 176, 188.
35 BVerfGE 68, 176, 190f.
36 Vgl. nämliche Kritik von Wiesner, SGB VIII § 33 Rn 7 unter Bezugnahme auf BVerfG, FamRZ 1993, 1045.
37 BVerfG, 1 BvR 2006/98 v 22.08.00; OLG Frankfurt/M 1 UF 312/01 v. 08.05.2002.

7 Elternrechte sind keine Herrschaftsrechte – die problematische „Risikolehre" des Bundesverfassungsgerichts

Im Zentrum der zweiten zur Pflegekindschaft ergangenen Senatsentscheidung des BVerfG[38] stehen Risikoabwägungen und die Reichweite elterlicher Befugnisse *für den Fall*, dass mit der geforderten Herausgabe des Kindes durch seine Eltern nicht die Herstellung einer Familiengemeinschaft, sondern lediglich ein **Wechsel der Pflegestelle** bezweckt wird. Das BVerfG hatte zur Vorbereitung dieser Entscheidung Gutachten aus dem Bereich der Kinderpsychologie und -psychiatrie eingeholt: Danach hat die **Trennung von Kleinkindern** von ihren unmittelbaren Bezugspersonen unbestrittenermaßen als ein **Vorgang mit "erhebliche(n) psychischen Belastungen"** und mit einem **"schwer bestimmbaren Zukunftsrisiko"** zu gelten[39]. Diese Risikogrenze ist generell nach Ansicht des BVerfG weiter zu ziehen, wenn leibliche Eltern oder ein Elternteil selbst in der Familiengemeinschaft mit dem Kind künftig Pflege und Erziehung übernehmen wollen.

Geht es hingegen nur um die Durchsetzung des Personensorgerechts in Form des Aufenthaltsbestimmungsrechts – konkret um einen **Wechsel der Pflegeeltern** – dann ist einem solchen elterlichen Herausgabeverlangen nur stattzugeben, „wenn mit hinreichender Sicherheit auszuschließen ist, dass die Trennung des Kindes von seinen Pflegeeltern mit psychischen oder physischen Schädigungen verbunden sein kann"[40]. Diese Entscheidung stellt eine unmissverständliche **Absage an ein Verständnis von Elternrechten als Herrschaftsrechten** dar[41]. Diese Linie wurde bestätigt von einer Kammerentscheidung des BVerfG: Wechsel zu Großmutter nur, wenn mit hinreichender Sicherheit eine Gefährdung ausgeschlossen werden kann[42]. Wenn Großeltern zugleich Vormund des Kindes sind, dann ist deren Herausgabeverlangen wie das von Eltern zu behandeln, und somit nur möglich, wenn eine schwere und nachhaltige Schädigung des körperlichen oder seelischen Wohls bei der Herausnahme nicht zu erwarten ist[43].

Angemerkt sei hier, dass die Gleichstellung von Großeltern mit sorgerechtlichen Kompetenzen als Vormund mit Eltern wenig überzeugend ist.

---

38 BVerfGE 75, 201 = FamRZ 1987, 786.
39 BVerfGE 75, 201, 219.
40 BVerfGE 75, 201, 220; im Anschluß an diese Entscheidung OLG Rostock, FamRZ 2001, 1633; OLG Bremen, FamRZ 2003, 54.
41 BVerfG, FamRZ 1993, 1420, 1421 = FuR 1993, 345, 347.
42 NJW-RR 2005, 657.
43 BVerfG 1 BvR 1248/03 v. 25.11.03.

8 Zum Verhältnis von Pflegekindschaft und Adoption

Im Mittelpunkt einer weiteren, für die Reichweite von § 1632 Abs. 4 BGB ebenfalls zentralen Senatsentscheidung des BVerfG, stand das **Verhältnis von Pflegekindschaft und Adoption**[44] und die Frage, welche Risiken bei der Verwirklichung des Zieles Adoption von Behörden und Gerichten in Kauf genommen werden dürfen.

Das BVerfG geht grundsätzlich davon aus, dass die **Adoption dem Pflegekindschaftsverhältnis vorzuziehen** ist[45]. Dem entspricht § 36 Abs 1 Satz 2 SGB VIII: „Vor und während einer langfristig zu leistenden Hilfe außerhalb der eigenen Familie ist zu prüfen, ob die Annahme als Kind in Betracht kommt"[46]. Allerdings gewinnt § 1632 Abs. 4 BGB dann an Gewicht, wenn das Kind aus einem intakten Pflegeverhältnis kommt. In diesem Fall muss geprüft werden, ob die in Aussicht genommenen Adoptiveltern geeignet sind, die mit der Trennung des Kindes von seinen Pflegeeltern – die durch Art. 6 Abs. 1 und Abs. 3 GG geschützt werden – verbundenen psychischen Beeinträchtigungen zu mildern; dies gilt insbesondere, wenn solche zu erwarten sind[47].

Unmittelbare Auswirkungen des staatlichen Wächteramtes (Art. 6 Abs. 2 Satz 2 GG) schlagen sich auch im Verfahrensrecht nieder. Das führt konkret in der Anwendung der Bestimmungen des § 12 FGG (Ermittlungspflicht von Amts wegen) dazu, dass die Fachgerichte sich „darüber Gewissheit zu verschaffen haben, ob die vorgesehenen Adoptiveltern geeignet sind, dem Kind über die schädlichen Folgen einer Trennung von seinen Pflegeeltern hinwegzuhelfen, wenn Gericht und Jugendamt selbst von solchen Folgen ausgehen oder zumindest diese nicht auszuschließen vermögen"[48]. Diese Entscheidung hat zu Recht mehrfach Kritik[49] erfahren, weil sie erhebliche und voraussehbare Belastungen in Kauf zu nehmen bereit ist, hingegen die geforderte Prognose darüber, ob und unter welchen Umständen diese bewusst in Kauf genommenen schädlichen Folgen behoben werden können, mit erheblichen Unsicherheiten belastet bleiben muss. Allerdings stellt die vom BVerfG geforderte Risikoabwägung eine für die Praxis nur schwer überwindbare Hürde auf: **Mit Sicherheit müssen die schädlichen Folgen der Trennung aufgefangen werden können**[50]. Im konkret vom BVerfG entschiedenen Fall kam

---

44 BVerfGE 79, 51 = FamRZ 1989, 31.
45 BVerfGE 79, 51, 65; BVerfG, JAmt 2001, 503; BVerfG 1 BvR 1069/01 v. 16.01.2002.
46 Vgl. hierzu BT-Drucks 11/5948, 70; Wiesner § 36 Rn 32; Bonner Kommentar [Jestaedt] Art. 6 Abs. 2 und 3 Rn 208; Salgo, ZfJ 2004, 410ff.
47 BVerfGE 79, 51, 66.
48 BVerfGE 79, 51, 67.
49 Ua von Lakies, FamRZ 1990, 698, 702 f. und ders. ZfJ 1989, 521; Ditzen NJW 1989, 2519 f; Zweifel hinsichtlich der vom BVerfG erwarteten Prognoseentscheidung auch bei Soergel/Strätz Erg. § 1632 Rn 23; Siedhoff NJW 1994, 616, 620 ff; ders. FPR 1996, 65, 66; Münch-Komm/Huber Rn 47.
50 Vgl. auch BVerfG FamRZ 2000, 1489.

es aufgrund dieses Erfordernisses nicht zur Herausnahme dieses Pflegekindes, welches schließlich von seinen Pflegeeltern adoptiert wurde.

9 Genügt eine Verbesserung der Erziehungsbedingungen im Herkunftsmilieu zur Aufhebung von Sorgerechtsbeschränkungen?

Eine im Jahre 1993 ebenfalls ein Pflegekind betreffende Senatsentscheidung des BVerfG erging auf eine Richtervorlage (gem. Art. 100 Abs. 1 GG) hin: Im Zentrum dieser Entscheidung[51] stand zunächst § 1696 Abs. 2 BGB aF: Unter welchen Voraussetzungen muss die Anordnung einer Vormundschaft gem. § 1671 Abs. 5 BGB aF aufgehoben werden, wenn das Kind zwar seit längerer Zeit in Familienpflege lebt, die Voraussetzungen der früheren Interventionsnotwendigkeit indes inzwischen entfallen sind? Das BVerfG wies diese Vorlage zurück: Im Rahmen der von § 1696 Abs. 2 BGB aF geforderten Prüfung kann es geboten sein zu klären, „ob eine Verbleibensanordnung nach § 1632 Abs. 4 BGB genügt, um der im Einzelfall festgestellten Gefahr für das seelische Wohl des Kindes zu begegnen"[52]. Andernfalls kann auch ein Sorgerechtsentzug gem. § 1671 Abs. 5 BGB aF aufrechterhalten werden, soweit dies im konkreten Fall erforderlich ist, um eine mit der Herausnahme aus der Pflegefamilie verbundene Gefahr für das Wohl des Kindes abzuwenden.

Das vorlegende Gericht hatte die von § 1696 Abs. 2 BGB aF geforderte Überprüfung verengend nur auf das Vorliegen der ursprünglichen Interventionsgründe gem. § 1671 Abs. 5 BGB aF bezogen und übersehen, dass auch und gerade im Rahmen der geforderten Überprüfung eine **umfassende Kindeswohlprüfung** unter allen Gesichtspunkten erfolgen muss. Denn Maßnahmen nach den §§ 1666, 1671 Abs. 5 BGB aF sind erst aufzuheben, wenn eine Gefahr für das Wohl des Kindes nicht mehr besteht. Das ist nicht schon dann der Fall, wenn die Gründe weggefallen sind, die für die zur Überprüfung gestellte Maßnahme ausschlaggebend waren. Eine **Änderungsentscheidung** ist vielmehr **nur dann zulässig**, wenn eine **zuverlässige Gewähr** dafür besteht, dass sie **auch aus anderen Gründen nicht zu einer Gefährdung des Kindeswohls führen** wird[53]: In solchen Fällen muss das Elternrecht zurückstehen, selbst wenn die volle Erziehungsfähigkeit wieder gewonnen ist[54].

51 BVerfGE 88, 187 = FamRZ 1993, 782.
52 BVerfGE 88, 187, 197; vgl. auch BVerfG 1 BvR 1664/04 v. 5.4.2005, Rn 28.
53 OLG Karlsruhe, ZBlJugR 1982, 245, 246; OLG Frankfurt am Main v 28. 2. 2002, 5 UF 133/01.
54 Vgl. auch Staudinger/Coester [2006] § 1696 Rn 100.

Die Parallele zur Senatsentscheidung von 1984[55] (Seite 227/Fn 73) liegt darin, dass es für die Überprüfung von mit Sorgerechtsbeschränkungen einhergehenden Interventionen in der familien- und vormundschaftsgerichtlichen Praxis nicht mit der Feststellung des Nicht- oder Nichtmehrvorliegens von früheren Interventionsgründen getan ist, sondern dass vielmehr in jedem Falle auch die aktuelle **Befindlichkeit** des Minderjährigen Berücksichtigung finden muss.

Die häufig nicht genügend beachtete **zeitliche Brisanz**[56] – auch der im Rahmen von § 1696 BGB gebotenen Überprüfung – gerät durch die Entscheidungen des BVerfG in den Mittelpunkt der Entscheidungspraxis von Gerichten und Kinder- und Jugendbehörden.

10 Einige Kammerbeschlüsse des Ersten Senats des Bundesverfassungsgerichts

Unterschiedliche verfassungsrechtliche Aspekte finden sich in mehreren Kammerbeschlüssen:

- Der **Grundsatz der Verhältnismäßigkeit** bestimmt, ob eine Verbleibensanordnung gem. § 1632 Abs. 4 BGB genügt oder ob die Aufrechterhaltung eines Entzugs des Personensorgerechts notwendig ist[57]. Eine abstrakt gegen die §§ 33, 36, 37 SGB VIII erhobene Verfassungsbeschwerde wies das BVerfG mangels unmittelbarer Betroffenheit der beschwerdeführenden Pflegeeltern zurück.[58]
- Im Mittelpunkt einer weiteren – als unbegründet zurückgewiesenen – Verfassungsbeschwerde stand die Frage, ob bei Einverständnis des sorgeberechtigten Elternteils mit dem Verbleib in Familienpflege dennoch dessen Sorgerechte gem. § 1666 BGB eingeschränkt werden könnten; und zwar allein aufgrund des Umstandes, dass Aufenthalt und persönliche Bindungen im Pflegeverhältnis bestehen, hingegen die sorgerechtlichen Befugnisse bei der insoweit berechtigten Mutter verblieben waren. Wie die fachgerichtlichen Vorinstanzen, so verneinte auch das BVerfG die Voraussetzungen für einen Sorgerechtsentzug[59]. Aufgrund der nunmehr durch § 1688 BGB kraft Gesetzes bestehenden Befugnisse der Pflegeeltern könnte sich die Spannungslage solcher Fallkonstellationen teilweise entschärfen[60].

---

55 BVerfG v. 17.10.1984, 1 BvR 284, 84.
56 Hierzu grundlegend Heilmann, Kindliches Zeitempfinden und Verfahrensrecht, Neuwied 1998.
57 BVerfG, FamRZ 1989, 145 ff.
58 BVerfG, FuR 1991, 235 f.
59 BVerfG, FamRZ 1993, 1045.
60 Vgl. Staudinger-Salgo BGB, Erl. zu § 1688.

- Entführt der allein sorgeberechtigte Vater seine Tochter aus einem über fünf Jahre bestehenden Pflegeverhältnis, obwohl er nach allen Hinweisen mit einer Verbleibensanordnung zu rechnen hat, und entstehen den Pflegeeltern **Kosten**, die mit dem **Wiederauffinden des Kindes** durch einen Detektiv im Zusammenhang stehen, so hat der Vater diese außergerichtlichen Kosten zu tragen[61]. Es handelt sich um das Kind, mit dessen Schicksal das BVerfG bereits befasst war[62].
- Der Antrag von Pflegeeltern gem. § 1632 Abs. 4 BGB führte zu einer Verbleibensanordnung, weil zwei zwecks Heilbehandlung aus Kriegs- und Krisengebieten in die Bundesrepublik eingereiste Minderjährige nach Abschluss ihrer Behandlung von ihrem Vormund trotz unsicherer Lage in ihre Heimat (es war sehr zweifelhaft, ob die Kindeseltern in Afghanistan überhaupt noch lebten und damit die Kinder bei sich aufzunehmen imstande waren) zurückgeführt werden sollten, obwohl ihre Angehörigen dort nicht auffindbar waren[63]. Das BVerfG erwägt zwar auch einen Verstoß gegen Art. 6 Abs. 1 GG, stellt aber zentral auf eine **drohende Verletzung der Grundrechte der Kinder** aus Art. 2 Abs. 1 i.V.m. Art. 1 Abs. 1 GG ab.
- In einer weiteren (Kammer-)Entscheidung des BVerfG ging es um ein ebenfalls aus Afghanistan stammendes Kind[64]. Obschon das Kind zum Zeitpunkt dieser Entscheidung nicht mehr bei Pflegeeltern lebte, stand die – einen Verbleib dieses Kindes in der Pflegefamilie gem. § 1632 Abs. 4 BGB anordnende – Entscheidung des OLG Hamm[65] – im Zentrum einer Verfassungsbeschwerde. *Peschel-Gutzeit* begrüßt dieses Urteil des OLG Hamm: „Eine kindeswohlgerechte und humanitär nur zu begrüßende Entscheidung".[66] Die Kammer des BVerfG war völlig anderer Ansicht. Das Kind war zur medizinischen Behandlung schwerer lebensbedrohender Beinverletzungen im Jahre 1999 nach Deutschland gebracht worden und lebte bis zum 20.05.2005 bei „Gasteltern". Die auf einem Sachverständigengutachten beruhenden Feststellungen des OLG Hamm werden vom BVerfG kritisiert[67]. Die Kammerentscheidung des BVerfG geht zwar von „erhebliche(n) psychische(n) Belastungen" für das Kind aus, aber **das mögliche Ausmaß der Gefährdungen des Kindes durch die beabsichtigte Rückführung nach Afghanistan wird vom BVerfG verkannt**; die Kammer stellt obiter dictum fest, dass „Pflegekindschaftsverhältnisse (…) institutionell auf Zeit angelegt" seien. Diese eher von **Political Correctness** als der konkreten Lebenslage des Kindes bestimmte Entscheidung

---

61 BVerfG, FamRZ 1993, 1420 ff.
62 BVerfG, 75, 201.
63 BVerfG, FamRZ 1995, 24 ff.
64 BVerfG, FamRZ 2006, 1593.
65 OLG Hamm, JAmt 2004, 209.
66 Peschel-Gutzeit FPR 2004, 428, 41.
67 BVerfG, FamRZ 2006, 1594,

könnte die Linie der verfassungsgerichtlichen Rechtsprechung, nach der bei Interessenkollisionen zwischen dem Kind und seinen Eltern und Pflegeeltern das Kindeswohl letztendlich bestimmend sein muss, verlassen. Immerhin hatte der (kritisierte) Sachverständige vor psychologischen Belastungssituationen gewarnt, die das Kind „völlig überfordern und der ernsthaften Gefahr weitreichender psychischer Schäden aussetzen würde".

11 Warnung vor einer verkürzten Rezeption einzelner Entscheidungen des BVerfG und des EGMR

Vor verkürzten Rezeptionen einzelner Entscheidungen des BVerfG und des EGMR durch manche Fachgerichte muss aus gegebenem Anlass deutlich gewarnt werden. Bislang stehen hier lediglich zwei Entscheidungen im Mittelpunkt: *Görgülü*[68] und *Kutzner*[69].

Im Fall *Görgülü* scheinen sowohl der EGMR wie auch der Erste Senat des BVerfG die eigenen Grundsätze zu verlassen, nach denen Eltern niemals das Kind durch ihre Entscheidungen an seiner Gesundheit und Entwicklung schädigen dürfen. „Insbesondere hat ein Elternteil nach Art. 8 EMRK keinen Anspruch auf Maßnahmen, die der Gesundheit und Entwicklung des Kindes schaden würden"[70]. Das Kind im Fall *Görgülü* soll anscheinend auf dem Altar des „Rechthabens" des Vaters „geopfert" werden. (Siehe hierzu Gisela Zenz, S. 199ff. in diesem Jahrbuch) Wenn man die Entscheidungen des Ersten Senats in diesem Fall analysiert, könnte ein solcher Eindruck entstehen. Wenn eine **schwere** und **nachhaltige Schädigung des körperlichen** oder **seelischen Wohlbefindens des Kindes** bei seiner Herausgabe zu erwarten ist, kann **allein die Dauer des Pflegeverhältnisses** zu einer Verbleibensanordnung nach § 1632 Abs. 4 BGB führen[71], selbst wenn ein Pflegeverhältnis nicht „rechtmäßig" zustande gekommen ist – dies galt für das BVerfG im Jahre 1984. Dieser Grundsatz scheint für das BVerfG im Jahre 2004 nicht mehr zu gelten.

Im Fall *Kutzner*[72] wurden die Kinder auf forcierten Druck aufgrund der Entscheidung des EGMR aus den Pflegefamilien ins Elternhaus zurückgeführt, wo sie aber wegen erheblicher Gefahr für ihr Wohl und ihre Entwicklung (wie schon vor ihrer Fremdplatzierung) nicht bleiben konnten. Die früheren Prognosen der

---

68 EGMR, FamRZ 2004, 1456.
69 Kutzner, EGMR FamRZ 2002, 1393.
70 FamRZ 2004, 1459.
71 BVerfGE 68, 176, 190f.
72 EGMR, FamRZ 2002, 1393; zu diesem Fall ausführlicher Salgo, 4. Jahrbuch des Pflegekinderwesens, Verbleib oder Rückkehr?! – aus jugendhilferechtlicher Sicht, S. 43, 65ff.

Fachgerichte wie des BVerfG zu diesem Fall haben sich – man mag es bedauern – trotz anderer Einschätzungen des EGMR bestätigt.

12 Resümee

Trotz mancher Umwege, gewisser Unsicherheiten, Widersprüche und einer zu hoch erscheinenden Risikobereitschaft hat die Rechtsprechung des BVerfG zu wesentlich mehr Sicherheit in der fachgerichtlichen Rechtsprechung beigetragen. Und auch die jüngeren Senatsentscheidungen des BVerfG halten an diesen nicht immer widerspruchsfreien Grundsätzen im Wesentlichen fest.

Einige Kammerentscheidungen des BVerfG aus jüngster Zeit könnten Zweifel daran aufkommen lassen, ob das Gericht an seiner Linie, das letztendlich das Kindeswohl bestimmend sein muss, festhalten will. Die Senatsentscheidungen des Ersten Senats und auch und gerade die Entscheidung des Zweiten Senats des BVerfG im Fall Görgülü sind letztendlich den Kontinuitätsbedürfnissen der jeweils betroffenen Minderjährigen gerecht geworden.

Für das BVerfG wie für die fachgerichtliche Entscheidungspraxis ist Rechtsprechung in diesem sensiblen Bereich stets eine Gratwanderung. Wie diese Gratwanderung ohne Absturz zu bewältigen ist, das hatten die erwähnten Senatsentscheidungen des Ersten Senats[73] und die Entscheidung des Zweiten Senats in Sachen Görgülü[74] aufgezeigt. Bleibt zu hoffen, dass der zuständige Erste Senat des BVerfG sich seiner eigenen Rechtsprechungstraditionen besinnt: Im Konfliktfall zwischen Elternrecht und Kindeswohl ist das Kindeswohl letztendlich entscheidend.

---

73 Siehe BverfG v. 17.02.1982, 1 BvR 188/80; v. 17.10.1984, 1 BvR 284/84; v. 14.04.1987, 1 BvR 322/86; v. 12.10.1988, 1 BvR 818/88; v. 21.04.1993, 1 BvR 1/90
74 v. 14.10.2004, BvR 1481/04

Gülşen Schorn

Anmerkungen zur Rechtsprechung des Europäischen Gerichtshofs für Menschenrechte zu Pflegekindern*

1   Einleitung

Der Beitrag basiert auf meiner Dissertation zur Rechtsprechung des Europäischen Gerichtshofs für Menschenrechte (EGMR) und des Bundesverfassungsgerichts (BVerfG) zu Pflegekindern.[1] Da im Rahmen dieses Beitrages aus Platzgründen nur einzelne Analyseergebnisse aufgezeigt werden können, nenne ich der Information halber vorweg die weiteren Themenbereiche, denen sich die Arbeit ebenfalls gewidmet hat. Dies sind

- *sorge-* und *adoptionsrechtlich* relevante Aspekte
- die Berücksichtigung der *Bindungen*, die das Pflegekind im Laufe der Zeit gegenüber seinen Pflegeeltern aufbaut
- der Begriff des *Familienlebens*[2] im Hinblick auf das in seiner Pflegefamilie „verwurzelte" Pflegekind
- die Rolle der *UN-Kinderrechtskonvention* (UN-KRK) in der Rechtsprechung des EGMR
- die *Interessenvertretung* des Kindes auf nationaler Ebene und vor dem EGMR die *Verfahrensordnung* des EGMR im Hinblick auf Chancen für das Pflegekind, seine Stellung in dem Verfahren vor dem EGMR zu stärken.

---

*   Vortrag auf dem 18. Tag des Kindeswohls „Vernachlässigte und misshandelte Kinder im Blickfeld helfender Instanzen: Kriminalpolizei, Justiz, Jugendhilfe und Beratung für Pflegeeltern" am 4. Juni 2007 in Hamburg. Veranstalterin: Stiftung zum Wohl des Pflegekindes

1   Schorn: Das Pflegekind in der Rechtsprechung des Bundesverfassungsgerichts und des Europäischen Gerichtshofes für Menschenrechte (Dissertationsarbeit an der Johann Wolfgang Goethe-universität, Fachbereich Rechtswissenschaften, Frankfurt/Main 2008. Die Arbeit wird demnächst veröffentlicht.)

2   Vgl. Wortlaut des Art. 8 EMRK S. 284ff. in diesem Jahrbuch

2 Die Europäische Konvention zum Schutz der Menschenrechte und des Europäischen Gerichtshofs für Menschenrechte

Die **Europäische Konvention zum Schutz der Menschenrechte** (EMRK) wurde am 04. November 1950 in Rom unterzeichnet. Sie war eine Reaktion auf die Erfahrungen aus dem Zweiten Weltkrieg: staatliche Willkür, Missbrauch des Staatsapparates und Staatsterror. Die EMRK war ursprünglich für zehn bis zwölf Mitgliedsländer konzipiert. Heute verzeichnet sie 46 Vertragsstaaten. Das heißt, über 800 Millionen Einwohner kommen heute in den Genuss der in der EMRK garantierten Rechte.

Mangels vorliegender Zahlen lässt sich nur schätzen, wie viele von diesen über 800 Millionen Einwohnern Pflegekinder sind. Für sie haben die in der EMRK garantierten Menschenrechte ebenfalls zu gelten.

Anders als andere völkerrechtliche Verträge verfügt die EMRK über ein eigenes Rechtsschutzsystem – den **Europäischen Gerichtshof für Menschenrechte** (EGMR). Der EGMR ist **zuständig** für die **Auslegung und Anwendung** dieser Konvention. Diese Auslegung und Anwendung kommt in den Urteilen dieses Gerichtshofes zum Ausdruck, die darüber Auskunft geben, ob geltendes nationales Recht oder die Anwendung desselben eine Menschenrechtsverletzung verursacht hat.

Die sicherlich grundlegendste **Reform** im organisatorischen Bereich des Europäischen Gerichtshofs für Menschenrechte erfolgte 1998.[3] **Vor der Reform** wurden die beim EGMR eingereichten Individualbeschwerden zuerst von der Kommission (EKMR) und danach vom EGMR geprüft. Das heißt, dem EGMR lag ein Bericht der Kommission vor mit einer Einschätzung bezüglich einer möglichen Konventionsverletzung. Waren die am EGMR tätigen Richter vor 1998 dort nur nebenamtlich beschäftigt, so ist **seit der Reform** ausschließlich ein ständiger Gerichtshof für Menschenrechte in der Pflicht, über die in der EMRK garantierten Rechte zu wachen. Der Gerichtshof tagt in Kammern mit sieben Richtern und in einer Großen Kammer mit siebzehn Richtern (Art. 27 EMRK).[4]

Die Notwendigkeit einer Neuordnung der Struktur und des Arbeitsablaufs des Gerichts ergab sich aufgrund der *wachsenden Mitgliederzahl* sowie der *wachsenden Zahl*[5] *der Beschwerdeeingänge* beim EGMR. Doch die Praxis hat diese Reform

---

3   Sie wurde am 11. Mai 1994 zur Unterzeichnung durch die Mitgliedstaaten aufgelegt und trat am 1. November 1998 in Kraft. Die Bundesrepublik Deutschland hat dem Protokoll am 24.07.1995 zugestimmt.

4   Die Texte aller in diesem Aufsatz genannten gesetzlichen Bestimmungen finden Sie ab S. 270 in diesem Jahrbuch.

5   Zahl der registrierten Beschwerden im Jahr 1998 = 6.000, im Jahr 2002 = 28.000, vgl. Schokkenbroek, EuGRZ 2003, 134. Laut Wildhaber (Presseinterview) waren es im Jahr 2003 38.000 Individualbeschwerden, mit Prognose von ca. 50.000 für die nächsten Jahre.

von 1998 längst wieder überholt, was die gegenwärtigen Reformdiskussionen zur Zukunft des EGMR verdeutlichen.

3   Die Rechtsprechung des EGMR

3.1   Die Fälle *Haase, Kutzner* und *Görgülü*[6]

Wendet man sich der konkreten Rechtsprechungspraxis des EGMR im Hinblick auf Pflegekinder zu, so ergeben sich hierzu eine Menge Fragen. Beginnen könnte man mit der Frage, über welche Fälle die Rechtsprechung des EGMR zu Pflegekindern in der Bundesrepublik Deutschland wahrgenommen wird? Hauptsächlich sind dies die Entscheidungen des Gerichtshofs in Sachen *Haase, Kutzner* und *Görgülü*.

In Sachen *Haase*[7] ging es um die Inobhutnahme der Kinder. In Sachen *Kutzner*[8] ging es ebenfalls um die Inobhutnahme sowie um eine faktische Umgangsunterbrechung. Was die faktische Umgangsunterbrechung in Sachen *Kutzner* angeht, so muss der Feststellung des EGMR insoweit zugestimmt werden, dass die Umgangsfrage auf nationaler Ebene hätte geprüft werden müssen. Denn es besteht eine generelle Verpflichtung zur Konkretisierung jeglicher Interventionsmaßnahmen, welche die Elternrechte betreffen. Es *muss* stets ein für alle Beteiligten klarer Handlungsrahmen gewährleistet werden. Das heißt, die Nichtbehandlung der Umgangsfrage kann zu schwerwiegenden, nicht intendierten Konsequenzen und zu eigenmächtigen Kompetenzanmaßungen führen.[9] Und schließlich auch zu einem Verstoß gegen die in der EMRK garantierten Rechte, wie im Fall *Kutzner*.

In Sachen *Görgülü* ging es um die Zusammenführung des Pflegekindes mit seinem biologischen Vater.

Sind diese drei Fälle repräsentativ für die Rechtsprechung des EGMR zu Pflegekindern? So einfach sich diese Frage stellen lässt, die Antwort hierauf kann

---

6   Siehe zum Fall Görgülü auch die Buchbeiträge von Gisela Zenz, S. 199ff und Ludwig Salgo, S. 213 ff. in diesem Jahrbuch

7   In Sachen Haase wurde im Rahmen einer ersten Beschwerde die Herausnahme der insgesamt 7 Kinder aus ihrer Herkunftsfamilie gerügt, im Rahmen einer zweiten Beschwerde zum EGMR wurde u.a. gerügt, dass nur unzureichende Maßnahmen der Wiedervereinigung durchgeführt wurden. Der EGMR nahm die Beschwerde nicht zur Entscheidung an. Vgl. Schorn, a.a.O. Vgl. zur ersten Beschwerde: EGMR v. 08.04.04, Az. 11057/02, zur zweiten Beschwerde EGMR v. 12.02.08, Az. 34499/04.

8   Hier wurden die beiden Kinder aufgrund der gutachterlich festgestellten mangelnden Erziehungsfähigkeit der Herkunftseltern fremdplatziert. Das zuständige Gericht stellte fest, dass die bei den Kindern festgestellten Entwicklungsdefizite in der Herkunftsfamilie nicht ausgeglichen werden konnten. Die Rückführung der Kinder in die Herkunftsfamilie war nicht von Dauer. Sie mussten erneut aus der Herkunftsfamilie herausgenommen werden. Vgl. zur ersten Inobhutnahme EGMR v. 26.02.02, Az. 46544/99.

9   Staudinger-Salgo, § 1632 Rn 95.

nicht pauschal gegeben werden. Es waren spezifische Fälle, wie alle Fälle vor dem EGMR. Die vorliegende Thematik ist sehr komplex und bedarf in jedem Fall einer differenzierten Auseinandersetzung mit den Rechtsprechungsfällen des EGMR; es sind eine Fülle von Feststellungsurteilen des EGMR ergangen sowie Unzulässigkeitsentscheidungen und Berichte der EKMR.

In der diesem Beitrag zugrunde liegenden Dissertation wurde der Versuch unternommen, die *Grundlinien* der Rechtsprechung des EGMR auf dem Gebiet der Pflegekindschaft herauszuarbeiten.[10] Hierbei wurden Entwicklungen, Fortschritte bzw. Rückschritte nachgezeichnet. Dies alles auch vor dem Hintergrund der Frage, was sich daraus für die mit Pflegekindern befassten Berufsgruppen und Pflegeeltern ergibt.

3.2 Das in seiner Pflegefamilie „verwurzelte" Pflegekind

Die im Mittelpunkt der Arbeit stehende Motivation hat ihren Ausgangspunkt in dem Urteil des EGMR im Fall *Görgülü*. Dort erklärte der EGMR im Zusammenhang mit den gerügten Umgangsbeschränkungen in bildhafter Sprache folgendes: „It is in a child's interest for its family ties to be maintained, as severing such ties means cutting a child off from its roots, which can only be justified in very exceptional circumstances."[11] („Es liegt im Interesse des Kindes, dass seine Familienbande erhalten bleiben, da ein Abbruch dieser Bande das Abschneiden des Kindes von seinen Wurzeln bedeutet, was nur unter sehr außergewöhnlichen Umständen gerechtfertigt ist".)

Von diesem Satz ausgehend ergeben sich mehrere Fragestränge, die für mit Pflegekindern befasste Berufsgruppen und für Pflegeeltern relevant sind und von denen hier nur einige beispielhaft angesprochen werden können:

„Familienbande"? Es gibt neben den biologisch begründeten Familienbanden auch solche, die im Laufe des Lebens gewachsen sind. Welche meint der Gerichtshof hier? Im Fall *Görgülü* waren zweifellos die biologisch begründeten Familienbande zwischen dem Herkunftsvater und dem Kind gemeint. Soll das heißen, dass der EGMR fordert, dass diese biologisch begründete Verbindung mit Herkunftseltern in jedem Fall Priorität bekommt und dass deshalb alles zu unternehmen ist, was einer (Rück-)Umsiedlung des Kindes dient? Aufgrund der außerjuristisch gesicherten Erkenntnisse zum *kindlichen Zeitempfinden* und aus der *Bindungs- und Traumaforschung* kann einer solch undifferenzierten Haltung aus fachwissenschaftlicher Sicht nicht zugestimmt werden. Doch sieht das auch der EGMR so bzw. überblickt er den außerjuristisch gesicherten Kenntnisstand *und* seinen Bedeutungsgehalt für die juristische Bewertung von Pflegekindschaftsfällen?[12]

10 Siehe Schorn, a.a.O.
11 Z 48.
12 Siehe hierzu Schorn, a.a.O.

Wenn der EGMR hier schon so bildhaft von „Wurzeln" des Kindes spricht, ist es dann nicht so, dass ein Kind nach einer *längeren Zeit* – und da ist vom kindlichen Zeitempfinden auszugehen – auch in der Pflegefamilie als „verwurzelt" gelten kann?

Der Begriff „Wurzeln" taucht nicht nur in dem Urteil des EGMR zu *Görgülü* auf, sondern auch in früheren vor dem EGMR entschiedenen Fällen.[13] Doch bedauerlicherweise immer nur im Hinblick auf die *biologisch* begründeten Wurzeln.

Der Begriff der „Verwurzelung" des Pflegekindes taucht jedoch immer wieder in Diskussionen bei mit Pflegekindern befassten Fachleuten im Hinblick auf die *Pflegefamilie* auf. So hat z. B. die Justizsenatorin Lore Maria Peschel-Gutzeit im Rahmen der 16. Jahrestagung der „Stiftung zum Wohl des Pflegekindes" am 30. Mai 2005 in Magdeburg erklärt, dass das Kind im Fall *Görgülü* zweifellos „längst" in seiner Pflegefamilie „fest eingewurzelt" ist.[14]

Und damit ist auf die **zentrale Frage** der Dissertation im Hinblick auf den EGMR und das BVerfG überzuleiten: „Wie stehen die beiden Gerichte der *schrittweisen Herausnahme* bzw. *Umgewöhnung* bzw. *Verpflanzung* eines in der Pflegefamilie **‚verwurzelten' Pflegekindes"** gegenüber?

3.3   Der außerjuristisch gesicherte Kenntnisstand

Als Grundlage für die Analyse der Rechtsprechung des Europäischen Gerichtshofs für Menschenrechte und des Bundesverfassungsgerichts (BverfG) wurde in der Dissertation der relevante *außerjuristisch gesicherte Kenntnisstand* komprimiert dargelegt.

Wenn also im Folgenden von dem „außerjuristisch gesicherten Kenntnisstand" die Rede ist, so beinhaltet dies primär die wissenschaftlichen Erkenntnisse zum „kindlichen Zeitempfinden" und zur „Bindung und Trennung im Kleinkind- und Jugendlichenalter".[15] Auf dieser Grundlage wurden das, was das in der Pflegefa-

---

13 Siehe Gnahoré, Ziff. 59; Johansen, Ziff. 78; P.,C. and S., Ziff. 118.
14 Peschel-Gutzeit. Konsequenzen für die Justiz – Überlegungen zur rechtlichen Ausgestaltung der Pflegekindschaft. In: Bindung und Trauma – Konsequenzen in der Arbeit für Pflegekinder. S. 64. Tagungsdokumentation der 16. Jahrestagung der Stiftung zum Wohl des Pflegekindes am 30. Mai 2005 in Magdeburg. Hrsg.: Stiftung zum Wohl des Pflegekindes. 2. Auflage. Idstein 2008
15 U. a.: Brisch, Bindung und Trauma – Schutz- und Risikofaktoren für die Entwicklung von Kindern. In: Bindung und Trauma – Konsequenzen in der Arbeit für Pflegekinder. Tagungsdokumentation der 16. Jahrestagung der Stiftung zum Wohl des Pflegekindes. Idstein 2006, S. 13 ff., Hardenberg, Konsequenzen für die Pflegeeltern – Übertragung traumatischer Bindungs- und Beziehungserfahrungen in die Pflegefamilie. Anforderung an Pflegeeltern und notwendige Unterstützung. Ebendort, S. 85 ff.. Brisch/Grossmann/Köhler, Bindung und seelische Entwicklungswege – Grundlagen, Prävention und klinische Praxis, Stuttgart 2002. Bowlby, Bindung. Eine Analyse der Mutter-Kind-Bindung, München 1975. Ders., Frühe Bindung und kindliche Entwicklung, München 2001. Brisch/Hellbrügge, Kinder ohne Bindung – Deprivation, Adoption und Psychotherapie. Stuttgart 2006. Dornes, Die frühe Kindheit – Entwicklungspsychologie der ersten Lebensjahre, Frankfurt am Main 1997. Hassenstein/Hassenstein, Eltern-Kind-Beziehung

milie „verwurzelte" Pflegekind ausmacht und die daraus resultierenden Anforderungen an die juristische Beurteilung der Umgangs- und Herausnahmefrage als Ausgangspunkt für die Analyse der Entscheidungen erarbeitet.

Zentrales Ergebnis dieser Recherche der wissenschaftlichen Erkenntnisse für die spätere Rechtsprechungsanalyse war, dass nicht nur die abrupte, sondern auch die schrittweise Herausnahme (d. h. die Umsiedlung im Wege sich steigernder Umgangs- und Besuchskontakte) mit an Sicherheit grenzender Wahrscheinlichkeit zu einer Kindeswohlgefährdung führt.

Die Menschenwürde des „verwurzelten" Pflegekindes (vgl. Art. 1 Abs. 1 GG) spricht bereits bei Vorliegen einer höheren Wahrscheinlichkeit einer Kindeswohlgefährdung gegen jegliche Versuche der schrittweisen Herausnahme des Kindes.

3.4 Bestandsaufnahme des Pflegekinderrechts in der Bundesrepublik Deutschland

Neben der Darlegung des außerjuristisch gesicherten Erkenntnisstandes erfolgt in der Dissertation eine Auseinandersetzung mit dem Pflegekindschaftsrecht in Gesetz und Rechtswissenschaft in der Bundesrepublik Deutschland. Dabei werden unter anderem die zur (schrittweisen) Herausnahme relevanten einschlägigen Normen im deutschen Recht behandelt, d. h. § 1632 Abs. 4 BGB und § 37 SGB VIII. Diese Normen werden auf ihre Vereinbarkeit mit dem außerjuristisch gesicherten Erkenntnisstand hin geprüft.

Hieraus ergab sich, – und das ist nicht neu – dass § 1632 Abs. 4 BGB nicht zufriedenstellend den Rechten und Interessen des in der Pflegefamilie „verwurzelten" Pflegekindes gerecht wird. Dies hat sich auch mit Blick auf die Analyse der Rechtsprechung des EGMR bestätigt. An entsprechender Stelle lässt der EGMR im Prinzip die Möglichkeiten für Alternativen zur Herausnahme des Pflegekindes aus seiner Pflegefamilie offen[16], wobei er *keine konkreten Hinweise* gibt, wie diese Alternativen aussehen könnten.

Aus dem *außerjuristisch gesicherten Erkenntnisstand* ergibt sich zweifellos, dass im Fall des „verwurzelten" Pflegekindes der dauerhafte Verbleib in der Pflegefamilie und dessen rechtliche Absicherung *das primär anzustrebende Ziel* zu sein

---

in der Sicht der Verhaltensbiologie – Folgerungen für Pflegeeltern und Pflegekinder. In: 3. Jahrbuch des Pflegekinderwesens – Kontakt zwischen Pflegekind und Herkunftsfamilie. Hrsg. Stiftung zum Wohl des Pflegekindes. Idstein 2004, S. 51 ff. Köckeritz, Entwicklungspsychologie für die Jugendhilfe – Eine Einführung in Entwicklungsprozesse, Risikofaktoren und Umsetzung in Praxisfeldern. München 2004. Himpel/Hüther, Auswirkungen emotionaler Verunsicherungen und traumatischer Erfahrungen auf die Hirnentwicklung. In: 3. Jahruch des Pflegekinderwesens – Kontakte zwischen Pflegekind und Herkunftsfamilie. Hrsg.: Stiftung zum Wohl des Pflegekindes, Idstein 2004, S. 111 ff.

16 Siehe den Fall Olsson, in Schorn, a.a.O.

hat. Der Regelungsgehalt des § 1632 Abs. 4 BGB ist *im Sinne eines nachhaltigen zivilrechtlichen Kindesschutzes* nicht ausreichend.

Demgegenüber entspricht § 37 SGB VIII dem außerjuristisch gesicherten Kenntnisstand. Mit Blick auf § 37 SGB VIII und auch mit Blick auf die verfahrensrechtliche Stärkung der Stellung des Kindes verfügt die Bundesrepublik Deutschland über ein im Interesse des Kindes sehr fortschrittliches und *differenziertes System*[17].

Dennoch steht außer Frage, dass eine seit Langem angekündigte umfassende Reform des Pflegekindschaftsrechts, die *beide* Rechtsgebiete – SGB VIII und BGB – im Blickfeld hat, notwendig ist. Derzeit ist die Bundesrepublik mit ihrem gegenwärtigen System vergleichbar mit vielen anderen Vertragsstaaten der EMRK (z. B. Finnland, Schweden, Norwegen, Großbritannien, Frankreich und der Schweiz).

3.5 Der EGMR und das Subsidiaritätsprinzip

Der EGMR hat selbst immer wieder betont, dass die nationalen Entscheidungsträger den *„Vorteil des direkten Kontaktes und des persönlichen Eindrucks von der Situation vor Ort genießen und daher besser geeignet sind, diese einzuschätzen"*[18]. Der Gerichtshof täte daher gut daran, nur die groben Vorgaben zu formulieren, die notwendig sind für die Wahrung der Konventionsrechte, und den Rest dem Beurteilungsspielraum der nationalen Entscheidungsträger zu überlassen. Dieser Auffassung waren auch einige Richter am EGMR, die dies in ihren Sondervoten zu Entscheidungen des Gerichts hervorgehoben haben.[19]

Auch der Präsident des Bundesverfassungsgerichts, *Hans-Jürgen Papier*, hat erst kürzlich – mit Blick auf die EU – die Institutionen auf Europaebene an das *Subsidiaritätsprinzip* erinnert, an dem das BVerfG nach wie vor festhält.[20] *Papier* wies auf die Gefahr hin, dass die Europa-Institutionen von den BürgerInnen als Zentralisierung empfunden werden und erklärte, dass manche Bereiche in den einzelnen Mitgliedsstaaten besser aufgehoben sind als bei den Institutionen auf Europaebene.

Angesichts der hohen Zahl der jährlich beim EGMR erhobenen Individualbeschwerden ist die Überforderung des Gerichts nicht von der Hand zu weisen.

---

17 Das BVerfG spricht von einem sog. ausbalancierten Teilsystem, vgl. Schorn, a.a.O., S. 219
18 Vgl. K.A. Z 93; L. Z 118; Görgülü Z 41; Kutzner Z 66; Bronda Z 59; Johansen Z 64; P., C. and S. Z 115.
19 So beispielsweise die Richter Morenilla und Schermes zum Fall Johansen. In: Schorn, S. 357 F., Richter Lagergreen zum Fall Anderson. In: Schorn, a.a.O., S. 403 ff.
20 Siehe zum Subsidiaritätsprinzip beispielsweise den Leitsatz in der Entscheidung des 2. Senats des BverfG v. 18. Juli 2005, 2 BvR 2236/04. Auch die Entscheidung des 2. Senats des BverfG zu Görgülü, 2 BvR 1481/04 trägt diesem Gedanken entsprechend Rechnung. Interview mit Papier, abgedruckt in der Frankfurter Allgemeinen Zeitung v. 24.07.2007.

Daher hat auch der Europarat eine sogenannte *Evaluierungsgruppe* eingesetzt mit dem Ziel, Maßnahmen zu erarbeiten, die der *Sicherstellung der Effektivität* des EGMR dienen können.

Es kommt nicht überraschend, dass die Evaluierungsgruppe die *subsidiäre Verantwortlichkeit* des EGMR betonte, was sich mit der bereits erwähnten Haltung des BVerfG deckt: Der EGMR hat nicht die Aufgabe, Maßnahmen zu überprüfen, die offenkundig im nationalen Beurteilungsspielraum liegen. Es gibt Bereiche, die in den einzelnen Mitgliedstaaten eindeutig besser aufgehoben sind als beim EGMR.

Die Defizite des EGMR betreffen:

1. die ungenügende Beachtung des *außerjuristisch gesicherten Erkenntnisstandes der Humanwissenschaften*, namentlich zum *kindlichen Zeitempfinden* sowie den Erkenntnissen zu *Bindung und Trennung im Kleinkind- und Jugendlichenalter*
2. die *verfahrensrechtliche Situation* für das Pflegekind vor dem EGMR, wenn nur Herkunftseltern als Beschwerdeführer auftreten und auch die undifferenzierte Behandlung von Fällen, in denen die Herkunftseltern auch im Namen des Pflegekindes Beschwerde erheben
3. den Wissensstand der dort tätigen RichterInnen im Hinblick auf die der Pflegekindschaft inhärenten Problematiken und
4. die *Distanz* des EGMR zum in der Bundesrepublik Deutschland über Jahrzehnte mühsam erarbeiteten differenzierten System, welches sich konsequent dem Kindeswohl verpflichtet sieht.

Es ist insofern befremdlich, wenn der frühere Präsident des EGMR, Luzius Wildhaber, in einem Interview mit österreichischen Medien seine Verwunderung darüber erklärte[21], dass das Kind im Fall *Görgülü* immer noch nicht mit seinem Vater zusammengeführt worden ist.[22]

Der EGMR sollte mit seiner Rechtsprechungspraxis nicht die in den bereits genannten Mitgliedsstaaten existierenden nationalen differenzierten Systeme konterkarieren, die

1. am *außerjuristisch gesicherten Kenntnisstand* und
2. am *Kindeswohl* orientiert sind;
3. die *Grundrechte miteinander in Ausgleich* bringen und
4. die bereits ein *Verfassungsgericht* haben, welches über die Grundrechte wacht.

---

21 URL: http://www.tagesspiegel.de/politik/international/;art123,1873678 [08.12.06]; URL:http//presseblog.blogger.de/stories/806098 [08.12.06].
22 Seit Februar 2008 lebt das Kind beim Herkunftsvater und seiner Familie.

Im Rahmen dieser Rechtsprechungsanalyse wurden ersichtliche Bemühungen einzelner Regierungen (wie z. B. im Fall *K.A.* und *K. and T.* gegen Finnland) festgestellt, in denen diese versuchten, ihr national differenziertes System dem EGMR näherzubringen und deren Vereinbarkeit mit der EMRK aufzuzeigen.[23]

3.6 Weitere Ergebnisse der Analyse

Zusammengefasst werden im Nachfolgenden einige weitere wesentliche Erkenntnisse meiner Analyse der Beschlüsse des EGMR aufgezeigt:

- Trotz eindeutiger *Sachverständigenbelege und Nachweise für Kindeswohlgefährdungen* wurde in etlichen Fällen ein Verhaften des EGMR in tradierten Auffassungen festgestellt, wonach ein Kind ausnahmslos zu seinen biologischen Eltern gehört.
- Demgegenüber sind jedoch auch eindeutige Hinwendungen des EGMR zu kindeswohlfreundlichen Entscheidungen zu verzeichnen. Die Rechtsprechung des Gerichts ist also insgesamt betrachtet von sehr starken Ambivalenzen geprägt.
- Hinsichtlich der Frage, ob eine *Wiedervereinigung der biologischen Familie* zwingend ist, muss betont werden, dass in nahezu allen von mir untersuchten Fällen eine mehrjährige Pflegedauer vorlag, die in jungen Jahren begann und bis zur Beschwerdeerhebung vor dem EGMR andauerte. Im Jahr 1987 erkannte der EGMR in mehreren Plenarentscheidungen an, dass ein Pflegekind im Laufe der Zeit Bindungen gegenüber seinen Pflegeeltern aufbauen kann, die im Interesse des Kindes nicht mehr gestört oder abgebrochen werden dürfen. In dem späteren Fall *Eriksson(1)*[24] hingegen wurde im Rahmen der ersten[25] Individualbeschwerde der Herkunftsmutter eine eklatant elternorientierte Haltung des EGMR konstatiert. Dies, obwohl das Kind eindeutig in der Pflegefamilie verwurzelt war, seine Herkunftsmutter ablehnte und dem EGMR eindeutige Belege für eine Kindeswohlgefährdung im Falle der abrupten wie auch schrittweisen Herausnahme vorlagen. Das war in den Jahren 1988/1989. Damals ließ sich der EGMR ausschließlich von dem strikten Grundsatz leiten, dass die biologische Familie wiedervereinigt werden muss. Von diesem Grundsatz hat sich das Gericht in dem Zeitraum 1991/92 bis 1998 distanziert. Doch war diese am Kindeswohl orientierte Entwicklung von teilweise sehr starken Ambivalenzen gekennzeichnet. Seither ist in der

---

23 Schorn, a.a.O.
24 Vgl. Kommissionsbericht v. 14.07.88 und Feststellungsurteil des EGMR v. 22.06.89, Az. 11373/85.
25 Die zweite Individualbeschwerde der Herkunftsmutter, in welcher die Übertragung des Sorgerechts für das Kind auf die Pflegeeltern gerügt wurde, hat die EKMR nicht für zulässig erklärt, da diese nationale Maßnahme für erforderlich im Sinne des Kindeswohls befunden wurde. Vgl. Eriksson *(2)*, Az. 16702/90.

Rechtsprechung des EGMR wieder eine Tendenz zu verzeichnen, die zurück zu der früheren – an tradierten Auffassungen haftenden – Haltung geht, die stark elternorientiert ist. Diese Entwicklung ist aus Entscheidungen seit dem Jahr 2000 bis heute ersichtlich und wieder von vielen massiven Widersprüchen und Unstimmigkeiten geprägt. Die zwischenzeitlich gewonnene Sensibilität des EGMR für die kindeswohlrelevanten Belange ist offensichtlich wieder abhanden gekommen. Es fragt sich, woran das liegt? Hierzu muss bedacht werden, dass der EGMR sich mit allen denkbaren Rechtsgebieten und -fragen befassen muss. Fernerhin hat der EGMR tagtäglich und überwiegend mit problematischen Strukturen bei *den* Mitgliedsstaaten zu tun, die sich (noch) nicht vollständig auf eine freiheitlich demokratische Grundordnung berufen können. Insofern wäre ein möglicher Erklärungsansatz, dass der EGMR aufgrund seines überwiegenden Arbeitsaufkommens im Hinblick auf diese Länder regelhaft von der Vermutung ausgeht, dass der Staat willkürlich handelt. Es ist jedoch nicht fair im Hinblick auf Vertragsstaaten wie die Bundesrepublik Deutschland – die auf einer bewährten freiheitlich demokratischen Grundordnung fußen – anzunehmen, die nationalen Behörden würden aus einer willkürlichen Motivation heraus, d. h. *nicht* aufgrund des Kindeswohls, eine Wiedervereinigung der biologischen Familie nicht zulassen.

- Neben der eben aufgezeigten Entwicklung hinsichtlich der Wiedervereinigung der biologischen Familie ist ein *sorgerechtlich* interessantes Ergebnis im Zusammenhang mit dem in der Pflegefamilie „verwurzelten" Pflegekind aufzuzeigen. In mehreren Fällen hat der EGMR Individualbeschwerden von Herkunftseltern für unzulässig erklärt, in denen die Übertragung des Sorgerechts auf die Pflegeeltern gerügt wurde.[26] In diesen Fällen lebten die Kinder seit frühester Kindheit jahrelang in ihren Pflegefamilien und waren dort nachweislich fest verwurzelt. Der EGMR sah in diesen Fällen keinen Grund, daran zu zweifeln, dass die Übertragung des Sorgerechts auf die Pflegeeltern mit der EMRK vereinbar war. Ausschlaggebend hierfür waren
  - *Experteneinschätzungen* zu den betroffenen Pflegekindern,
  - die *Dauer* der Pflege,
  - die *gewachsenen Bindungen* der Pflegekinder gegenüber ihren Pflegeeltern
  - und das *Empfinden* der Pflegekinder, dass das Zuhause der Pflegeeltern auch ihr Zuhause ist.

  Im Fall *Hokkanen*[27] erklärte der EGMR sogar: „... *Auch wenn man berücksichtigt, dass die nationalen Entscheidungsträger es in dem selben Fall zuvor versäumt haben, das Umgangsrecht des Kindesvaters durchzusetzen, war die*

---

26 Schorn, a.a.O.
27 Az. 19823/92, Z 65; vgl. Schorn, a.a.O.

Sorgerechtsübertragung nicht disproportional zum legitimen Ziel, namentlich die Interessen des Kindes zu schützen."

- *Heilmann*[28] stellte in seiner grundlegenden Arbeit, die ihren Schwerpunkt im Verfahrensrecht hat, im Jahre 1998 fest, dass der EGMR die Bedeutung des kindlichen Zeitempfindens *in verfahrensrechtlicher Hinsicht* erkannt hat und damit schon wesentlich weiter vorangeschritten ist als das BVerfG.[29] In der dem vorliegenden Beitrag zugrunde liegenden Dissertation[30] wird jedoch festgestellt, dass der EGMR außerhalb der verfahrensrechtlichen Bedeutung bedauerlicherweise den außerjuristisch gesicherten Erkenntnisstand zum kindlichen Zeitempfinden nicht berücksichtigt, namentlich im Kontext mit der Problematik um Bindung und Trennung im Kleinkind- und Jugendlichenalter. Denn der EGMR erklärt immer wieder, dass *von Zeit zu Zeit zu prüfen sei, ob sich die Situation der Herkunftseltern geändert hat,* ohne zugleich zu berücksichtigen, dass der Zeitrahmen hierfür aus der Perspektive des Pflegekindes als besonders schutzwürdiges Rechtssubjekt beschränkt werden muss. Dies erklärt der EGMR in Fällen, in denen das Kind nach dem außerjuristisch gesicherten Erkenntnisstand[31] längst in der Pflegefamilie „verwurzelt" gewesen sein muss. Was die Familienzusammenführung betrifft, geht der EGMR insoweit eindeutig vom Zeitempfinden von *Erwachsenen* aus.[32]

- Zweifellos müssen alle von einem Pflegeverhältnis Betroffenen miteinander kooperieren (*Kooperationsgebot,* vgl. § 37 Abs. 1 S. 1 SGB VIII). Aus der Analyse der Entscheidungen ergibt sich, dass der EGMR die Einflussmöglichkeiten der nationalen Behörden diesbezüglich überschätzt. Zwar erklärt der EGMR einerseits, dass die Behörden ihr Möglichstes tun müssen und die Ausübung von Zwang begrenzt ist; wenn man aber die Fälle betrachtet, in denen der EGMR eine Konventionsverletzung feststellt, weil er der Auffassung ist, *die nationalen Entscheidungsträger hätten nicht solche Anstrengungen unternommen, die man unter den Umständen des Falles von ihnen erwarten durfte,* dann scheint es so, als ob der EGMR die begrenzten Einflussmöglichkeiten des Staates auf Privatpersonen und menschliche Beziehungen nicht erkennt. Dieser Eindruck entsteht in den Fällen, in denen das Pflegekind zweifellos *längst* in der Pflegefamilie „verwurzelt" gewesen sein muss und sich Bemühungen um eine abrupte oder auch schrittweise Herausnahme des Kindes vom Kindeswohl heraus verbieten.

---

28 Heilmann, Kindliches Zeitempfinden und Verfahrensrecht, Neuwied 1998
29 ders., S. 44 f
30 Schorn, a.a.O.
31 Mit Blick auf das *Alter* zum Zeitpunkt der Unterbringung in der Pflegefamilie und der Pflegedauer.
32 Z. B. Olsson (2), Hokkanen

Beschlüsse verschiedener gerichtlicher Instanzen zum Pflegekinderwesen

In unserem 4. Jahrbuch haben wir erstmals in unserer Jahrbuchreihe Beschlüsse verschiedener gerichtlicher Instanzen zusammengetragen. Seinerzeit – dem Thema des Jahrbuches entsprechend – Entscheidungen zur Thematik „Verbleib oder Rückkehr" (§ 1632 Abs. 4 BGB). Aufgrund der positiven Reaktionen darauf, finden Sie hier wiederum einige aktuelle Gerichtsbeschlüsse Pflegekinder betreffend. Dieses Mal zu einem breiteren Themenspektrum: zur Herausnahme bzw. zum Verbleib in der Pflegefamilie, zur elterlichen Sorge, zum Umgangsrecht, zur Übertragung der Vormundschaft auf Pflegeeltern, zur Gerichtskostenbeteiligung von Pflegeeltern, zum Interessenschutz von Pflegekindern in Zwangsvollstreckungsverfahren (BGH-Entscheidung) und zur Begründung des Anspruchs auf Kindergeld.

Einstweilige Anordnung vom 04.12.2006 und Beschluss vom 25.02.2008 des Amtsgerichts Gotha, Az.: 17 F 453/06 (Verbleib in der Pflegefamilie bis zur Volljährigkeit)

Zum Sachverhalt:

H. wurde am 01.08.1998 von seiner damals minderjährigen Mutter geboren. Die ersten beiden Lebensjahre wurde er von einer Tante der Kindesmutter in deren Haushalt betreut. Die Kindesmutter ist allein sorgeberechtigt. Seit dem 30.05.2001 lebte H. bei den Pflegeeltern. Die Aufnahme im Haushalt der Pflegeeltern war im Einverständnis mit der allein sorgeberechtigten Kindesmutter erfolgt. Die Kindesmutter hatte Hilfe zur Erziehung beim örtlich zuständigen Jugendamt beantragt und es fand auch regelmäßiger Umgang zwischen der Kindesmutter und H. statt. Im 1. Halbjahr 2006, dem ersten Schuljahr von H., kam es vermehrt zu Problemen bzgl. der Regelung der Umgangskontakte und des Erziehungsstils der Kindesmutter.

Am 15.06.2006 nahm die Kindesmutter ihren Antrag auf Hilfe zur Erziehung zurück und erklärte, dass sie nach Beendigung des Schuljahres ihren Sohn zu sich nehmen werde. Daraufhin beantragten die Pflegeeltern am gleichen Tag beim zuständigen Amtsgericht eine Verbleibensanordnung nach § 1632 Abs. 4 BGB. Eine unverzügliche Entscheidung des Gerichts erfolgte nicht. H. verbrachte zunächst – wie bereits lange geplant – die Sommerferien bei der Kindesmutter und wurde von dieser jedoch nach Ende der Ferien nicht wieder zu den Pflegeeltern zurückgebracht. Zu diesem Zeitpunkt war die Kindesmutter bereits hochschwanger. Das angerufene Familiengericht bestellte für H. eine Verfahrenspflegerin. Am 15.10.2006 wechselte H. vom Haushalt der Kindesmutter in ein Kinderheim, da die Kindesmutter aufgrund ihrer Schwangerschaft trotz Unterstützung durch eine Familienhelferin H. nicht betreuen konnte. H. reagierte auf die Herausnahme aus der Pflegefamilie, in der er seit 5 Jahren gelebt hat, sehr aggressiv und konnte seine Aggressionen auch nicht steuern. Er beschädigte Gegenstände und hatte auch in der Schule erhebliche Probleme.

Mit einstweiliger Anordnung vom 04.12.2006 beschloss das Familiengericht Gotha bis zur Entscheidung in der Hauptsache, die Zurückführung von H. in die Pflegefamilie und drohte für den Fall der Nichtherausgabe Zwangsgeld bis zu 25.000 Euro sowie die Anwendung von Gewalt nach § 33 FGG an. Gleichzeitig ordnete das Familiengericht zur Frage, ob durch die Wegnahme H. aus der Pflegefamilie das Kindeswohl gefährdet ist und zu der Frage, ob die Kindesmutter erziehungsfähig ist, die Einholung eines familienpsychologischen Sachverständigengutachtens an. Wenige Tage vor Weihnachten 2006 kehrte H. zunächst vorläufig zu seinen Pflegeeltern zurück. Der gerichtlich bestellte Sachverständige arbeitete sowohl mit den Pflegeeltern wie mit der Kindesmutter und den beteiligten Sachverständigen und bemühte sich zunächst um geregelte Umgangskontakte der Kindesmutter mit H., die auch weiterhin stattfinden. Der Sachverständige vermochte es auch, der Kindesmutter deutlich zu machen, dass der weitere Aufenthalt bei den Pflegeeltern dem Kindeswohl deutlich besser entspricht als ein nochmaliger Wechsel in den Haushalt der Kindesmutter. In der mündlichen Verhandlung über die Hauptsache am 25.02.2008 schlossen die Parteien eine Einigung, nach der H. weiterhin in der Pflegefamilie verbleibt. Am 25.02.2008 erging dann der familiengerichtliche Beschluss „Das Kind H., geb. am 01.08.1998, bleibt bis zu seiner Volljährigkeit in der Pflegefamilie".

Aus den Gründen:

Das Familiengericht setzte sich im Beschluss zur vorläufigen Rückführung von H. zu den Pflegeeltern zunächst mit der prozessualen Zulässigkeit einer Verbleibensanordnung auseinander, obwohl H. sich bereits bei der Kindesmutter aufgehalten hat. Das Gericht argumentiert, dass die Verbleibensanordnung das mildere Mittel zur Erziehung oder Einschränkung des elterlichen Sorgerechts oder der Aufenthaltsbestimmung darstellt. Nach Auffassung des Familiengerichts kann auch in einem Verfahren, das auf Erlass einer Verbleibensanordnung zielt, die Rückführung des Kindes zu den Pflegeeltern angeordnet werden, wenn die Beendigung des Aufenthalts des Kindes bei der Pflegeperson in unmittelbarem zeitlichem Zusammenhang mit dem Verfahren über die Verbleibensanordnung steht (OLG Hamm NJW 1985 302 f.).

Das Familiengericht hat die beteiligten Jugendämter und die Verfahrenspflegerin angehört. Grundlage der Entscheidung waren auch die von den Pflegeeltern vorgelegten Beweismittel einer ärztlichen Stellungnahme der Klinik für Kinder- und Jugendmedizin und die eidesstattliche Versicherung der Tante von H., die ihn in den ersten beiden Lebensjahren betreut hat. Das Gericht hat festgestellt, dass nach seinen Ermittlungen der Kontaktabbruch zum Pflegevater, zu dem H. in den vergangenen 5 Jahren eine enge Bindung aufgebaut hat, zu einer schwer behandelbaren aggressiven Verhaltensstörung mit unabsehbaren Konsequenzen für H. führen könne. H. benötigt zunächst stabile Verhältnisse und die Rückkehr in seine gewohnte Umgebung, um schwerwiegenden Störungen seines Verhaltens entgegenzuwirken.

Die Reaktion H. mit vermehrten Aggressionen machte deutlich, dass er stark verunsichert war. Die erneute Änderung seiner Lebenssituation durch Unterbringung in einem Heim stellt eine Gefährdung von H. dar und macht es aus Sicht des Gerichts erforderlich, im Wege der einstweiligen Anordnung einzuschreiten und die Rückkehr von H. zu den Pflegeeltern bis zur endgültigen Sachentscheidung anzuordnen.

Der Beschluss des Familiengerichts, den Verbleib von H. bis zu seiner Volljährigkeit im Haushalt der Pflegeeltern anzuordnen, erging auf Grundlage der getroffenen Vereinbarung der Verfahrensbeteiligten. Die Vereinbarung war aufgrund der umfangreichen Arbeit des Sachverständigen mit den Parteien möglich geworden. Das Gericht ging auch davon aus, dass aufgrund des bereits 5-jährigen Aufenthalts von H. bei den Pflegeeltern und der engen Bindung zum Pflegevater ein nochmaliger Aufenthaltswechsel dem Kindeswohl widerspricht.

Mitgeteilt von Rechtsanwältin Marion Brückmann, Gotha

Beschlüsse des Amtsgerichts Viersen vom 18.04.2008, Az.: 27 F 12/06 und der Beschwerdeinstanz, dem Oberlandesgericht Düsseldorf vom 14.07.2008, Az.: 9 UF 39/08 (Aufenthaltsbestimmungsrecht/ Verbleibensanordnung)

Zum Sachverhalt:

Im November 2001 war den Kindeseltern wegen Vernachlässigung die elterliche Sorge für ihre beiden Kinder entzogen und auf das Jugendamt übertragen worden. Die Kinder waren in zwei unterschiedlichen Pflegefamilien zur Dauerpflege untergebracht worden. Im Beschwerdeverfahren vor dem OLG Düsseldorf war im Juli 2002 zwischen dem Jugendamt und den Kindeseltern ein Vergleich mit dem Ziel der schrittweisen Rückführung der Kinder in den Haushalt der Eltern geschlossen worden. Gegen die Rückführung hatten beide Pflegeeltern im Oktober 2002

Verbleibensantrag gestellt, hiergegen wurden jeweils Herausgabeanträge gestellt. Im Juni 2003 trennten sich die Kindeseltern, was sie weder den Gerichten noch den übrigen Beteiligten bekannt gaben. Ebenfalls im Juni 2003 wurde vom OLG Düsseldorf das Sorgerecht bis auf das Aufenthaltsbestimmungsrecht auf die Eltern zurückübertragen. Im Oktober 2003 erließ das Amtsgericht Viersen für die Kinder jeweils Verbleibensanordnungen. Bei der folgenden Sorgerechtsentscheidung im Scheidungsverfahren im Jahr 2004 blieb das Aufenthaltsbestimmungsrecht beim Jugendamt. Im September 2006 wies das Amtsgericht Krefeld einen Antrag auf Prozesskostenhilfe der Mutter zur Rückkehr der Kinder in ihren Haushalt mangels Aussicht auf Erfolg zurück. Mit dem Abänderungsverfahren nach § 1696 Abs. 1 BGB begehrte die Mutter nun beim Amtsgericht Viersen die Übertragung des Aufenthaltsbestimmungsrechts und die Aufhebung der Verbleibensanordnungen.

Das Amtsgericht Viersen hat den Antrag der Kindesmutter mit überzeugender Begründung hinsichtlich der Dauer der Pflege, mit Hinweis auf den Grundsatz der Kontinuität und dem Willen der Kinder abgewiesen. Das OLG Düsseldorf hat sich in seiner bestätigenden Entscheidung den Gründen des Amtsgerichts angeschlossen und zusätzlich noch darauf hingewiesen, dass die fehlende Erziehungsfähigkeit der Mutter in deren Persönlichkeitsstruktur liegt; dies bedeutet bei einem dauerhaften Aufenthalt der Kinder bei der Mutter eine Gefahr für das Kindeswohl. Auch öffentliche Hilfestellung und Maßnahmen würden hier keine Abhilfe schaffen, da sie die Persönlichkeit nicht verändern können. Hieraus könnte man schlussfolgern, dass das OLG die Situation der Kinder bei den Pflegeeltern für dauerhaft ansieht und auch künftigen Abänderungsanträgen der Mutter keinerlei Erfolgsaussicht einräumt.

Aus den Gründen des Amtsgerichtsbeschlusses:
Nach § 1696 Abs. 1 BGB sind Anordnungen des Familiengerichts abzuändern, wenn dies aus triftigen, das Wohl des Kindes nachhaltig berührenden Gründen angezeigt ist.

Soweit die Antragstellerin mit ihren Anträgen die Rückführung beider Kinder in ihren Haushalt verfolgt, entspricht dies gerade nicht dem Wohle beider Kinder. Vielmehr sprechen sowohl die fehlende Erziehungskompetenz der Antragstellerin, der Grundsatz der Kontinuität als auch der Wunsch beider Kinder gegen eine derartige Rückführung und entspricht es vielmehr dem jeweiligen Kindeswohl, wenn beide Kinder dauerhaft im Haushalt der Beteiligten zu 2) und Beteiligten zu 3) verbleiben.

Gegen einen Wechsel der Kinder in den mütterlichen Haushalt spricht auch der Grundsatz der Kontinuität. Dieser Grundsatz, durch dessen Beachtung es gewährleistet sein soll, dass die von der Trennung der Eltern betroffenen Kinder bei demjenigen Elternteil verbleiben, der auch vor der Trennung jedenfalls überwiegend mit der Versorgung und der Erziehung der Kinder betraut war, spricht in einer sinnentsprechenden Anwendung dafür, beide Kinder bei ihren jeweiligen Pflegeeltern zu belassen. Dabei lässt sich das Gericht ausschließlich vom Wohle beider Kinder leiten und berücksichtigt nicht etwa eine vermeintliche Rechtsposition der Pflegeeltern selbst.

In Anwendung des Kontinuitätsgrundsatzes muss berücksichtigt werden, dass A. – seinerzeit 2 Jahre alt – seit November 2001 und B. – seinerzeit gut 3 Monate alt – seit Januar 2002 bei ihren Pflegeeltern leben. Beide Kinder sind nach den Feststellungen des Sachverständigen fest in ihren Pflegefamilien integriert. A. spricht diese mit „Mama" und „Papa" an, ist an diese und an die Pflegegeschwister intensiv gebunden, gut umsorgt und lebt dort zufrieden und selbstsicher. B. erlebt nach den Feststellungen des Sachverständigen seine Pflegeelternteile faktisch als seine Eltern, ist im Umgang mit beiden Pflegeelternteilen lebendig und unbefangen und sucht vorwiegend zur Pflegemutter Körperkontakt. Zudem haben beide Kinder vielerlei Kontakte über die Schule und die häusliche Umgebung. Die Kinder aus dieser nunmehr seit Jahren gewachsenen Umgebung herauszunehmen und sie in den Haushalt der Antragstellerin zurückzugeben, würde einen völligen Bruch der bisherigen Lebensbezüge beider Kinder mit sich bringen.

Im Übrigen würde nach der Feststellung des Sachverständigen eine zusätzliche und nach Auffassung des Sachverständigen nicht zu verantwortende Belastung der Kinder dadurch eintreten, dass auch im Erziehungsstil ein völliger Kontinuitätsbruch eintreten würde. Der Sachverständige hat dies vor allem im Hinblick auf A. damit begründet, dass A. in ihrer Pflegefamilie einen argumentativen Erziehungsstil genießt, dahin gehend, dass in der Familie alles offen besprochen wird. Zu einem solchen Erziehungsstil sei die Antragstellerin, und dies entspricht auch dem eigenen Eindruck, den das Gericht von der Antragstellerin gewonnen hat, gerade nicht in der Lage. Der Sachverständige hat hierzu ausgeführt, soweit bei der Antragstellerin pädagogische Interventionen zu beobachten gewesen seien, seien diese oberflächlich, floskelhaft, z. T. regelrecht deplatziert und eben nicht argumentativ erfolgt. Ein derartiger Kontinuitätsbruch in der Erziehung würde nach Auffassung des Sachverständigen letztendlich auch der Entwicklung einer Beziehung zwischen der Antragstellerin einerseits und A. andererseits auf Dauer entgegenstehen.

Wenn auch das Gericht nicht verkennt, dass gerade A. sich sehr wohl der Tatsache bewusst ist, dass die Antragstellerin ihre leibliche Mutter ist, so kommt es nach Auffassung des Gerichts jedoch entscheidend darauf an, dass sowohl A. und erst recht B., der schon aufgrund seines Alters eine eigene Beziehung zur Antragstellerin nicht aufbauen konnte, ihre Pflegeeltern als ihre natürlichen Eltern ansehen. Der Sachverständige hat hierzu überzeugend ausgeführt, im Hinblick auf das bisher 5-jährige Zusammenleben mit den Pflegeeltern, B.'s positiver Interaktion mit diesen einerseits und seinem fehlenden Interesse an einer Auseinandersetzung mit der Antragstellerin als leibliche Mutter anderseits, werde deutlich, dass für B.

seine Pflegeeltern faktische Eltern geworden sind. A. betreffend ist er ebenfalls zu dem Ergebnis gelangt, dass diese zwar ihre leibliche Mutter als Person möge, ihre Pflegemutter für sie jedoch die Mutterfigur geworden sei.

Zuletzt spricht gegen einen Wechsel der Kinder in den mütterlichen Haushalt der Antragstellerin auch der erklärte Wille beider Kinder selbst.

In der Summe aller im Verlauf des Verfahrens angesprochenen Kriterien, der nach wie vor unzureichenden Erziehungskompetenz der Antragstellerin, der Kontinuität in den Lebensbezügen beider Kinder, der emotionalen Bindung der Beteiligten und des geäußerten Kindeswillens besteht für das Gericht kein Zweifel, dass es im Kindeswohl beider Kinder liegt, wenn diese dauerhaft in den jeweiligen pflegerischen Haushalten verbleiben. Eine Rückkehr der Kinder in den Haushalt der Antragstellerin würde demgegenüber zulasten beider Kinder einen Bruch darstellen, der mit dem Kindeswohl nicht zu vereinbaren ist.

Aus den Gründen des Oberlandesgerichtsbeschlusses:
Umstände im Sinne des § 1696 BGB, die unter Abänderung der Entscheidung des 5. Familiensenats vom 26.06.2003 (Az.: II-5 UF 1/02) eine Übertragung des Aufenthaltsbestimmungsrechts für die beiden Kinder auf die Antragstellerin und die Aufhebung der Verbleibensanordnungen vom 21.06.2003 gebieten, liegen nicht vor. Der Senat schließt sich der von dem Amtsgericht in der angefochtenen Entscheidung vertretenen, gut, ausführlich und wohl abgewogen begründeten Auffassung an und nimmt zur Vermeidung von Wiederholungen auf sie Bezug.

Da die fehlende Erziehungsfähigkeit der Kindesmutter nach den Ausführungen des Sachverständigen, denen der Senat folgt, in der Persönlichkeitsstruktur der Kindesmutter liegt, besteht die Gefahr für das Kindeswohl im Falle eines dauerhaften Aufenthalts bei der Antragstellerin fort. Sie kann auch nicht durch öffentliche Hilfestellung für die Kindesmutter hinreichend eingedämmt werden, da solche Maßnahmen die Persönlichkeit der Antragstellerin nicht verändern können.

Mitgeteilt von Rechtsanwältin Astrid Doukkani-Bördner, Frankfurt

Beschluss des Oberlandesgerichts Köln vom 6. 11. 2008, Az: 10 UF 214/07 (Verbleibensanordnung)

Sachverhalt:
Das im September 2006 – viel zu früh – geborene Kind D. wurde am 25.11.2006 von seinen Eltern in ein Krankenhaus gebracht. Dort wurden auf ein Schütteltrauma hindeutende lebensbedrohliche Verletzungen diagnostiziert. Das Amtsgericht hat den Kindeseltern, die sich zu den Ursachen der Körperverletzungen nicht näher geäußert haben, das Personensorgerecht durch einstweilige Anordnung

vom 05.12.2006 entzogen und dem antragstellenden Jugendamt übertragen. D. befindet sich seit seiner Entlassung aus dem Krankenhaus am 12.12.2006 in der Obhut einer Pflegefamilie.

Die Kindesmutter, die sich vom Vater des Kindes getrennt hat, hat das Kind in der Regel samstags für zwei bis drei Stunden bei den Pflegeeltern besucht.

Durch Beschluss vom 31.10.2007 hat das Amtsgericht der Mutter die elterliche Sorge zurückübertragen und ihr aufgegeben, sozialpädagogische Familienhilfe anzunehmen und mit dieser verlässlich zusammenzuarbeiten. Die einstweilige Anordnung hinsichtlich des Kindesvaters wurde aufrechterhalten.

Den Antrag des Jugendamtes, das Verbleiben des Kindes bei den Pflegeeltern anzuordnen, hat das Amtsgericht zurückgewiesen. Gegen diesen Beschluss legten die Verfahrenspflegerin des Kindes und das Jugendamt Beschwerde beim Oberlandesgericht ein, ebenso gegen die Rückübertragung der elterlichen Sorge auf die Kindesmutter. Der Beschwerde bzgl. des Antrages auf Verbleib des Kindes in der Pflegefamilie wurde beim OLG stattgegeben.

Aus den Gründen:

Der Senat vermag nicht festzustellen, dass das körperliche, geistige oder seelische Wohl des betroffenen Kindes oder sein Vermögen durch die Mutter so weit gefährdet wäre, dass der Entzug des elterlichen Sorgerechts nach den §§ 1666, 1666a BGB gerechtfertigt werden könnte. Es ist ungeklärt geblieben, wie es zu den schwerwiegenden Verletzungen des Kindes im elterlichen Haushalt gekommen ist. Der Senat geht davon aus, dass die Mutter hierfür zumindest eine Mitverantwortung trifft, sei es auch deshalb, weil sie Verletzungshandlungen des Vaters keinen Einhalt geboten oder nicht zu einem früheren Zeitpunkt gesundheitliche Fürsorgemaßnahmen veranlasst hat. Solches Versagen kann sich heute nicht mehr zu ihrem Nachteil auswirken. Denn es spricht nichts dafür, dass es in Zukunft bei ihr noch zu Misshandlungen oder ähnlich schwerwiegenden Gefährdungen des Kindeswohls kommen könnte. Die Antragsgegnerin (= Mutter) hat offenbar aus den früheren Vorkommnissen, die auch auf ihre Überforderung mit dem früh geborenen Kind zurückgeführt werden können, ihre Lehren gezogen, sich von dem Kindesvater getrennt und angemessene Erziehungsvorstellungen entwickelt. Nach dem vom Senat eingeholten Gutachten der Sachverständigen F. können wesentliche Einschränkungen der Erziehungsfähigkeit der Kindesmutter nicht festgestellt werden, mögen die Erkenntnismöglichkeiten der Sachverständigen wegen des Aufenthalts des Kindes bei den Pflegeeltern auch begrenzt gewesen sein.

Gleichwohl bedarf es im Gegensatz zur amtsgerichtlichen Entscheidung der Anordnung des Verbleibs des Kindes D. bei den Pflegeeltern. Diese Maßnahme kommt nach § 1632 Abs. 4 BGB dann in Betracht, wenn das Kind seit längerer Zeit in Familienpflege lebt, die Eltern es von der Pflegeperson wegnehmen wollen und das Kindeswohl durch die Wegnahme gefährdet würde. Das Tatbestandsmerkmal der längeren Zeit der Familienpflege, das kinderpsychologisch zu verstehen ist, ist hier nach fast schon zwei Jahren unzweifelhaft erfüllt und könnte wegen des im frühen Säuglingsalter D.'s vollzogenen Obhutswechsels auch bei kürzerer Verweildauer bei den Pflegeeltern bejaht werden. Maßgebliche Bedeutung kommt hier dem Umstand zu, dass das Wohl des Kindes nach seiner derzeitigen Befindlichkeit im Falle der Herausnahme aus dem Haushalt der Pflegeeltern gefährdet würde. Bei dieser Entscheidung ist nach ständiger höchstrichterlicher Rechtsprechung (vgl. BverfG FamRZ 2005, 783 f. m.w.N.) dem Elternrecht der Antragsgegnerin aus Art. 6 Abs. 2 Satz 1 GG, der Grundrechtsposition des Kindes aus Artikel 2 Abs. 1 i.V.m. Art. 1 Abs. 1 GG und auch dem Grundrecht der Pflegefamilie aus Art. 6 Abs. 1 GG Rechnung zu tragen und zu berücksichtigen, dass mit der Trennung von der unmittelbaren Bezugsperson regelmäßig verbundene psychische Belastungen des Kindes allein keinen ausreichenden Grund für die Verweigerung der Herausgabe bieten. Denn andernfalls wäre die Zusammenführung von Eltern und Kind immer dann auszuschließen, wenn das Kind seine „sozialen" Eltern gefunden hat. Hier kommt es vor allem aber auf die Tragweite der Trennung des Kindes von der Pflegefamilie und auf die Erziehungsfähigkeit der leiblichen Eltern im Hinblick auf ihre Eignung an, die negativen Folgen einer eventuellen Traumatisierung des Kindes gering zu halten. Die hierzu erforderlichen Feststellungen konnte das Amtsgericht nicht ohne Einholung eines psychologischen Sachverständigengutachtens treffen. Der Senat hat dies im Beschwerdeverfahren nachgeholt.

Nach den auf fundierten Erhebungen beruhenden überzeugenden Ausführungen der Sachverständigen F., die von den Antragsgegnern im Kern nicht in Zweifel gezogen werden, würde eine Trennung des betroffenen Kindes von seinen Pflegeeltern zu tief greifenden psychischen Beeinträchtigungen führen. Dies ist darauf zurückzuführen, dass das Kind schon im frühen Säuglingsstadium – zu einem Zeitpunkt, als es begann, eine unterscheidende Interaktionsbereitschaft zu zeigen – in die Obhut seiner Pflegeeltern überführt worden ist. Über die alltäglichen Erfahrungen, die es mit der Familie machte, entstand – so die Sachverständige – eine seelisch-geistige Kind-Eltern-Beziehung, die sich in ihrem Wesen von der seelisch-geistigen Bindung an leibliche Eltern nicht unterscheidet. In der Konsequenz dieser Entwicklung sind die Pflegeeltern im Erleben von D. seine sozialen oder auch „faktischen" Eltern geworden, zu denen er sichere Bindungen aufgebaut hat. Dem Erhalt dieser Bindungen ist zu einer psychisch gesunden Entwicklung – so die Sachverständige weiter – höchste Priorität einzuräumen. Dieser psychologischen Erkenntnis ist hier um so mehr Bedeutung beizumessen, als das Kind zwei weitere Risikofaktoren mit sich bringt, nämlich seine Frühgeburtlichkeit und die Erfahrung der im Elternhaus erlittenen lebensbedrohlichen Verletzungen. Daher würde sich die Trennung von den sicheren Bezugspersonen des Kindes seelisch noch stärker belastend auswirken. Es kommt hinzu, dass D. aufgrund der bisherigen Besuchskontakte noch keine näheren Beziehungen zu seiner leiblichen Mutter entwickeln konnte und die Bedeutung ihrer Person nicht einzuschätzen gelernt hat. Diese Erkenntnis ist aus ihrer Sicht sicherlich als tragisch zu bezeichnen, muss aber im Interesse des Kindeswohls hingenommen werden. Zudem hat sich die Antragsgegnerin nach den Ausführungen der Sachverständigen noch nicht ausreichend mit den Gründen der Fremdunterbringung D.'s auseinandergesetzt und kann jedenfalls derzeit noch nicht die Bedeutung seiner in der Pflegefamilie aufgebauten Bindungen erkennen. Es ist daher zu befürchten, dass sie der mit einem Verlust der Pflegeeltern verbundenen Traumatisierung des Kindes nicht so weit entgegenwirken könnte, dass erhebliche Gefahren für sein seelisches Wohlergehen ausgeschlossen erscheinen könnten. Daher war der Verbleib des Kindes im Haushalt der Pflegeeltern anzuordnen. Die von der Antragsgegnerin herangezogene Entscheidung des OLG Karlsruhe (FamRZ 2007, 576) steht dem nicht entgegen, weil dort nicht über die Rückführung des Kindes zu den Eltern entschieden worden ist.

Die Verbleibensanordnung wird in einem angemessenen Zeitabstand überprüft werden müssen. Dabei wird insbesondere zu beachten sein, ob und inwieweit D. die Bedeutung seiner leiblichen Mutter zu erkennen imstande ist und ob die Antragsgegnerin den mit einem Obhutswechsel verbundenen Gefahren für das seelische Wohlergehen des Kindes genügend entgegenzuwirken vermag.

Mitgeteilt von Rechtsanwältin Claudia Marquardt, Köln

Beschluss des OLG Köln vom 04.09.2006, Az: 27 UF 198/06 OLG Köln (Verbleibensanordnung)

Das OLG Köln hat in dieser Entscheidung im Wege der einstweiligen Anordnung angeordnet, dass ein Pflegekind, welches von seinem Vormund aus einer Pflegefamilie herausgenommen und in eine andere Pflegefamilie verbracht wurde, unverzüglich in seine bisherige Pflegefamilie zurückzuführen ist. Der Beschluss ist deswegen so bemerkenswert, weil er fundiert ausführt, dass eine unterste Altersgrenze für ein Trennungstrauma eines Kindes nicht existiert. Das Gericht hat in dem entschiedenen Fall die Voraussetzungen des § 1632 IV BGB (Verbleibensanordnung) bei dem betroffenen Säugling auch schon nach 3 Monaten Pflegedauer bejaht.

Sachverhalt

Das Kind A., geb. im Juni 2006, wurde bereits eine Woche nach der Geburt in eine Pflegefamilie gegeben. Die Herkunftsfamilie war zur Pflege und Erziehung des Säuglings ungeeignet. Dieser wurde vom Familiengericht das Sorgerecht entzogen und auf das Jugendamt übertragen. In der Folge entließ jedoch das

Familiengericht das Jugendamt als Amtsvormund und setzte eine Einzelvormünderin für das Kind ein. Diese war der Auffassung, dass das Kind aus der vom Jugendamt ausgesuchten Pflegefamilie herauszunehmen sei und in eine andere, eine Adoptivpflegestelle zu verbringen sei. Dieses Vorhaben wurde sodann auch abrupt und ohne jeden gleitenden Übergang für das Kind von der Vormünderin, gegen den Willen der bisherigen Pflegestelle, durchgesetzt. Das Kind A. wurde herausgenommen und in einer Adoptivpflegestelle untergebracht. Der Säugling A. befand sich zum Zeitpunkt der Herausnahme seit ca. 3 Monaten bei seiner bisherigen Pflegefamilie.

Hiergegen legten das Jugendamt und die Pflegefamilie Beschwerde ein und beantragten, dass ihnen im Wege der einstweiligen Anordnung das Kind unverzüglich zurückzugeben sei, da die abrupte Herausnahme mit dem Kindeswohl völlig unvereinbar wäre.

Mit einstweiliger Anordnung vom 04.09.06 ordnete antragsgemäß das OLG an, dass das Pflegekind unverzüglich wieder in seine bisherige Pflegefamilie zurückzuführen sei und dort zu verbleiben habe. Das Jugendamt wurde vom OLG sogar ermächtigt, erforderlichenfalls unter Mithilfe eines Gerichtsvollziehers die Rückführung des Kindes vorzunehmen.

Aus den Gründen:
„Über den Verbleib des betroffenen Kindes ist durch einstweilige Anordnung zu entscheiden, da ein dringendes Bedürfnis für ein sofortiges Einschreiten besteht, welches ein Abwarten bis zur endgültigen Entscheidung über die Beschwerde des Jugendamts nicht gestattet, und eine Endentscheidung im Sinne der zunächst vorläufigen Maßnahme wahrscheinlich ist.

Nach § 1632 I BGB umfasst die Personensorge das Recht, die Herausgabe des Kindes von jedem zu verlangen, der es den Eltern oder einem Elternteil widerrechtlich vorenthält. Dieses Recht steht gem. § 1800 BGB auch dem Vormund zu. Der Herausgabeanspruch nach § 1632 I BGB wird durch § 1632 IV BGB dahin modifiziert, dass die Herausnahme des Kindes aus seiner Pflegefamilie zur Unzeit vermieden werden soll, um sein persönliches, insbesondere seelisches Wohl nicht zu gefährden (BVerfG NJW 1988, 125). Dabei stellt § 1632 IV BGB darauf ab, dass das Kind bereits seit längerer Zeit in seiner Pflegefamilie lebt. Insoweit ist auf das Zeitgefühl eines Kindes abzustellen. Kinder sind anders als Erwachsene in Bezug auf ihre Einstellung zur Zeit. Das Kleinkind erkennt als Eltern diejenigen Personen an, die von Stunde zu Stunde seine wichtigsten Bedürfnisse befriedigen, seine Gefühle erwecken und für seine Bedürfnisse Sorge tragen (Staudinger-Salgo, BGB, 2004 § 1632 BGB Rn 66). Vorliegend ist zudem zu berücksichtigen, dass A. nach der Geburt und einem kurzen Krankenhausaufenthalt sofort in die Obhut der jetzigen Pflegeeltern übergeben worden ist, die für sie somit die einzigen Bezugspersonen sind.

Die strengen Anforderungen des § 1632 IV BGB, dass ein Verbleiben des Kindes in der Pflegefamilie nur dann anzuordnen ist, wenn durch die Wegnahme das Kindeswohl gefährdet würde, trifft den Fall, dass das Kind in die eigene Herkunftsfamilie zurückgeführt werden soll. Darum geht es aber vorliegend nicht. Die Vormünderin hat A. nur aus der bisherigen Pflegestelle herausgenommen, um sie anschließend in einer anderen Pflegestelle, einer Adoptionspflegestelle nach § 1744 BGB, unterzubringen. In einem solchen Fall darf die Trennung des Kindes von seinen bisherigen Pflegeeltern nur dann erfolgen, wenn eine Gefährdung des Kindeswohls nicht zu befürchten ist (ständige Rechtsprechung des BVerfG, vgl. BVerfG NJW 1988, 125; NJW 1989, 519; NJW-RR 2005, 657; OLG Rostock, FamRZ 2001, 1633; Staudinger-Salgo a.a.O. § 1632 BGB, Rn 48; Hubert in Münchener Kommentar, a.a.O., § 1632 BGB Rn 46). Eine Gefährdung des psychischen Wohls von A. durch die Herausnahme aus der bisherigen Pflegefamilie kann unter den gegebenen Umständen aber nicht ausgeschlossen werden.

In dem der Entscheidung BVerfG NJW 1988, 125 zugrunde liegenden Verfahren sind vom BVerfG Gutachten zu der Frage eingeholt worden, welche psychischen Beeinträchtigungen bei einem Wechsel der Bezugspersonen zu befürchten seien. Der Gutachter Lempp hat dazu ausgeführt, die Trennung von der Bezugsperson führe zu einem Angst- und Bedrohungsgefühl, das schädliche Dauerfolgen verursachen könne. Dabei könne keine unterste Altersgrenze festgestellt werden, vor der ein Trennungstrauma des Kindes ohne Bedeutung sei. Ein Säugling sei schon wenige Tage nach der Geburt in der Lage, selbst früheste Erfahrungen zu speichern. Das BVerfG zieht daraus die allgemeine Folgerung, dass für ein Kind mit seiner Herausnahme aus der gewohnten Umgebung ein schwer bestimmbares Zukunftsrisiko verbunden sei. Dem schließt sich der Senat an. Eine Gefährdung des Kindeswohls lässt sich daher vorliegend nicht ausschließen. Dabei ist auch zu berücksichtigen, dass es besonders wichtig ist, in A. ein starkes Urvertrauen aufzubauen, da sich nicht ausschließen lässt, dass sie durch massiven Alkohol- und Medikamentenmissbrauch ihrer leiblichen Mutter in der Zeit der Schwangerschaft embryonale Schädigungen erlitten hat, die sie möglicherweise auf Dauer behindern werden.

Ob geringere Anforderungen an die Kindeswohlprüfung in dem Fall zu stellen sind, in dem das Kind aus einer Pflegestelle einer Adoptionsstelle zugeführt werden soll (vgl. dazu BVerfG FamRZ 1989, 31), kann dahinstehen, da vorliegend die auch bisherigen Pflegeeltern schon vor der Geburt A. gegenüber dem Jugendamt erklärt haben, das Kind adoptieren zu wollen, sobald die rechtlichen Möglichkeiten dafür vorliegen.

Welchem Adoptionsantrag das Vormundschaftsgericht entsprechen wird, ist derzeit völlig offen. Allein die Tatsache, dass die neuen Pflegeeltern aus dem Kreis der durch die Adoptionsstelle des Jugendamtes (der Stadt X.) geprüften Adoptionsbewerber stammen, qualifiziert sie nicht gegenüber den bisherigen

Pflegeeltern, die durch das Jugendamt (des Kreises Y.) im Zusammenwirken mit der dortigen Adoptionsvermittlungsstelle als für eine Adoption geeignet befunden worden sind. Dabei ist die zuständige Adoptionsvermittlungsstelle vom Jugendamt nicht übergangen worden, sondern, wie sich aus den Akten des Jugendamts ergibt, befragt worden, ob aus dem Kreis der Adoptionsbewerber eine geeignete Familie vorgeschlagen werden könne. Die Adoptionsvermittlungsstelle hat das nach Prüfung verneint und vorgeschlagen, eine Pflegefamilie zu suchen, die unter den gegebenen Umständen auch bereit sei, das Kind zu adoptieren. Daraufhin hat das Jugendamt die Familie B. (die erste Pflegefamilie) aus sechs in Betracht kommenden Familien als die geeignetste Familie ausgewählt. Weder vom Auswahlverfahren noch von den bisher bekannten Umständen gibt es stichhaltige Gesichtspunkte, die gegen die bisherige Pflegefamilie sprechen. Im Gegenteil ist besonders hervorzuheben, dass die Eheleute B. bereits über ausgeprägte Erfahrungen in der Kinderbetreuung und Kindererziehung verfügen, da sie 3 eigene Kinder haben. Die Mutmaßung des Amtsgerichtes, dass durch die Betreuung der eigenen Kinder keine Zeit für A. bliebe, ist durch nichts gerechtfertigt, zumal die Söhne bereits 7, 15 und 18 Jahre alt sind. Sollte A. eine Schädigung davongetragen haben, kann sich das Aufwachsen in einer Gemeinschaft mit gesunden Geschwistern sogar als besonders hilfreich erweisen. Hinzu kommt, dass die bisherige Pflegemutter als Kinderkrankenschwester den Umgang mit kranken Kindern erlernt hat.

Mit der Eignung der bisherigen Pflegefamilie hat das Amtsgericht sich in keiner Weise auseinandergesetzt. Es hat es noch nicht einmal für nötig befunden, sie anzuhören, wozu es im Rahmen der Amtsermittlung verpflichtet gewesen wäre. Selbst wenn man die Voraussetzungen für eine Anhörungspflicht nach § 50 c FGG mangels Zeitdauer nicht für gegeben erachtet, war die Anhörung der Pflegeeltern nach § 12 FGG geboten (Keidel-Engelhardt, § 50 c FGG Rn 3; Hubert in Münchener Kommentar, a.a.O., § 1632 Rn 17; Staudinger-Salgo a.a.O., § 1632 BGB Rn 34). Hinzu kommt, dass die Pflegeeltern nach 12 Wochen, in denen sie A. als das Kind, das sie auf Dauer bei sich behalten und adoptieren wollen, Bindungen aufgebaut haben. Ob diese Zeitdauer bereits ausreicht, um einen Schutz nach Art. 6 I GG zu begründen (vgl. dazu grundsätzlich BVerfG NJW 1985, 423; NJW 1989, 519), kann dahinstehen. Jedenfalls ist es nicht hinnehmbar, dass ihnen nach fast 3 Monaten das Kind weggenommen wird, ohne dass sie sich vorher dazu überhaupt äußern konnten. Auch das Jugendamt ist vor der Entscheidung nicht angehört worden, was § 49 a I Ziff. 6 FGG zwingend vorschreibt.

Die Vorgehensweise des Amtsgerichts im Zusammenwirken mit der Vormünderin erweckt den Eindruck, dass vollendete Verhältnisse geschaffen werden sollten, bevor Gegenmaßnahmen, wie etwa die vom Jugendamt nach Bekanntwerden des angefochtenen Beschlusses beantragte einstweilige Anordnung realisiert werden konnten. Diesem Zweck diente es offensichtlich auch, A. bereits einen Tag vor dem dem Jugendamt angekündigten Termin aus der Familie zu nehmen (vgl. auch FamRZ 2007, 658 ff.).

Mitgeteilt von Rechtsanwalt Steffen Siefert, Köln

Beschluss des Amtsgerichts Magdeburg vom 01.08.2008, Az.: 271 F 780/08 SO (Verbleibensanordnung/Schutz der Pflegefamilie Art. 6 Abs. 1 und 3 GG)

Zum Sachverhalt:

Die Pflegeeltern haben außer den beiden Pflegekindern, auf die in diesem Beschluss Bezug genommen wird, ein weiteres zehnjähriges Pflegekind in Pflege gehabt. Dieses sehr schwierige Pflegekind wurde aus der Familie herausgenommen. Anlass war folgender: Das Pflegekind schaukelte im Garten der Pflegeeltern und ist von der Schaukel gefallen, wobei es sich offensichtlich Blutergüsse an Schultern und Hüften zuzog. Dieses wurde jedoch von den Pflegeeltern nicht festgestellt. Am nächsten Tag kam es zu einem Erziehungsversagen der Pflegemutter, als sie dem Pflegekind in einer Konfliktsituation einen Schlag versetzte. Unstreitig war dieser Schlag das einzige Erziehungsversagen der Pflegeeltern in einem sehr langen Zeitraum der Betreuung von Pflegekindern. In der Schule wurde dann beim Sportunterricht festgestellt, dass das 10jährige Pflegekind einige Hämatome auf dem Rücken hat, so dass die Schule von einer schweren Misshandlung durch die Pflegeeltern ausging und das Kind dem Amtsarzt vorstellte. Es wurde Strafanzeige erstattet. Die Mitarbeiterinnen des Jugendamtes, welche die Pflegeeltern schon lange Zeit betreuten, hielten es zur Gefährdungsanalyse für ausreichend, eine Familienhelferin in die Pflegefamilie zu geben, um ein eventuelles Gefährdungspotenzial für die Kinder einzuschätzen.

Dieses Vorgehen wurde jedoch von der Amtsleitung nicht mitgetragen, so dass, nachdem die 10jährige Pflegetochter schon frühzeitiger aus der Familie herausgenommen wurde, eine Woche später auch die beiden kleineren Pflegekinder aus der Familie genommen und in einem Heim untergebracht wurden.

Es kam dann zu einer Gerichtsverhandlung und der nachstehenden Entscheidung.

In dem Verfahren, das die 10jährige Pflegetochter betraf, holte im Übrigen das Gericht ein Sachverständigengutachten ein, welches zu dem Entschluss kam, dass das Mädchen in ihre Pflegefamilie zurückgeführt werden sollte. Mittlerweile leben wieder alle Pflegekinder im Haushalt der Pflegefamilie.

Aus den Gründen:

Nach dem gegenwärtigen Sach- und Streitstand musste dem Antrag der Pflegeeltern auf Erlass einer einstweiligen Anordnung gemäß § 1632 Abs. 4 BGB stattgegeben werden, denn das Gericht vermochte zum gegenwärtigen Zeitpunkt eine Gefährdung des Kindeswohls im Haushalt der Pflegeeltern nicht erkennen. Die Kinder F. und K. leben seit mehreren Jahren im Haushalt der Eheleute W. (die mit Sorgerechtsbefugnissen ausgestattet sind), haben sich unter ihrer Versorgung und Betreuung hervorragend entwickelt und haben zu ihren Pflegeeltern ein enges Verhältnis – das dem eines Eltern-Kind-Verhältnisses gleicht – aufgebaut.

Der Schutz des Grundgesetzes im Artikel 6 Abs. 1 und 3 erstreckt sich nicht nur auf Eltern, sondern auch auf die Pflegefamilie (BverfG FamRZ 1999, S. 1417 ff.), wobei das Kindeswohl letztendlich bestimmend ist.

Wenn Pflegeeltern – wie im anhängigen Verfahren – Bindungen an die Kinder haben, die als elternähnlich eingeschätzt werden, dann käme bei einer Feststellung von Erziehungsmängeln der Pflegeeltern (die diesen im Übrigen bezogen auf die Kinder F. und K. nicht bescheinigt werden) eine Herausnahme der Kinder nur in Frage, wenn die Pflegeeltern so sehr versagen, dass ihnen die elterliche Sorge entzogen werden müsste, wenn sie die leiblichen Eltern wären (BayOLG FamRZ 1991, S. 1080). Diese Voraussetzung liegt nicht vor. Bezogen auf die Kinder F. und K. ist den Eheleuten W. kein Erziehungsversagen (in welcher Form auch immer) vorzuhalten, das ein Einschreiten des Gerichts nach § 1666 ff. BGB rechtfertigen würde.

Beide Kinder sind altersgerecht entwickelt, aus dem Umfeld (Kindergarten, Heim) sind keine negativen Vorkommnisse berichtet worden. Das Gericht kann zwar die Besorgnis des Jugendamtes, der Vorfall mit B. könnte sich wiederholen, verstehen. Diese Fehlhandlung der Pflegemutter gegenüber B. reicht aber nicht aus, um auch eine nachhaltige und schwerwiegende Kindeswohlgefährdung bei F. und K. festzustellen, in deren Folge die Kinder von den Pflegeeltern getrennt werden müssen. Eine Gefährdung des Kindeswohls im Haushalt der Pflegeeltern wird zum jetzigen Zeitpunkt noch nicht einmal mehr durch das Jugendamt gesehen. Beide Kinder leiden unter der Herausnahme und Trennung von der Pflegefamilie, können diese Maßnahme nicht verstehen und fühlen sich bestraft. Sie wollen in den Haushalt ihrer Pflegeeltern zurückkehren. Das Gericht geht davon aus, dass die Gefahr einer seelischen Gefährdung der Kinder bei anhaltender Trennung von den Pflegeeltern größer ist, als die angenommene Gefährdung durch ein Fehlverhalten der Pflegemutter.

Die Pflegeeltern sind zu einer umfangreichen Zusammenarbeit mit dem Jugendamt bereit und auch bereit, mögliche Auflagen des Jugendamtes zu erfüllen. Ein Eingreifen des Familiengerichts in das Sorgerecht ist zum gegenwärtigen Zeitpunkt nicht erforderlich und auch nicht begründbar.

Das Gericht hat von einer gerichtlichen Kindesanhörung im Einvernehmen mit allen Beteiligten abgesehen, da nicht damit zu rechnen ist, dass sich ein anderer Eindruck ergibt als von der Verfahrenspflegerin, dem Jugendamt und den Pflegeeltern geschildert.

Mitgeteilt von Rechtsanwältin Ricarda Wilhelm, Berlin

Beschluss des Amtsgerichts Lahr vom 17.03.2008, Az: 1 F 273/07 (Verbleibensanordnung/Besuchskontakte)

Zum Sachverhalt:
Die Kinder D., geb. 2000 und E., geb. 2002 leben seit November 2004 in der Pflegefamilie. Mit einstweiliger Anordnung wurde den Kindeseltern das Aufenthaltsbestimmungsrecht für die Kinder als Teil der elterlichen Sorge entzogen. Nach Einholung eines kinderpsychologischen Gutachtens wurde den Kindeseltern im März 2005 die gesamte elterliche Sorge entzogen. Zum Vormund wurde das Jugendamt bestellt.

Im weiteren Verlauf beantragten die Kindeseltern, einen unbegleiteten Umgang mit den Kindern alle 14 Tage festzusetzen. Dies wurde zunächst vom Jugendamt auch durchgesetzt gegen den Willen der Pflegeeltern, die forderten, den Umgang auf vier Termine pro Jahr zu begrenzen. Die Pflegeeltern sahen sich mit der Bewältigung der Probleme, die durch so dichten Umgang mit einer übermäßigen Belastung der Pflegekinder durch zu viele Kontakte verursacht wurden, überfordert. Daraufhin hat das Jugendamt die Pflegekinder wieder aus der Pflegefamilie nehmen wollen. Das Jugendamt hatte die Kinder bereits in anderen Einrichtungen (erfolglos) vorgestellt und daraufhin eine andere Pflegefamilie gefunden.

Erst kurz vor der Herausnahme erfuhren die Pflegeeltern durch einen Vortrag der Pflegeelternschule davon, dass sie dies nicht widerspruchslos akzeptieren müssen, sondern die Möglichkeit eines Verbleibensantrags nach § 1632 Abs. 4 BGB besteht.

Die Pflegeeltern haben sich damit letztlich durchgesetzt, allerdings erst, nachdem das Gericht ein Sachverständigengutachten einholte, das die Position der Pflegeeltern bestätigte, und das Gericht zur Aufgabe seiner Position bewog.

Ein zusätzlich aufgrund des Verhaltens des Jugendamtes gestellter Antrag der Pflegeeltern nach § 1887 BGB, das Jugendamt als Vormund abzulösen und durch eine Privatperson zu ersetzen, war ebenfalls erfolgreich (Beschluss des Amtsgerichts Lahr vom 03.04.2008), allerdings erst aufgrund des Gutachtens im anderen Verfahren.

Aus den Gründen:
Den Kindeseltern war ein Umgangsrecht im erkannten Umfange zuzusprechen. Gem. § 1684 BGB ist das Umgangsrecht Teil des Rechts auf Achtung des Familienlebens. Es ist ebenso wie die elterliche Sorge höchstpersönliches Recht und schon wegen der gleichzeitigen Verpflichtung zum Umgang auch unverzichtbar. Das Umgangsrecht gibt den berechtigten Elternteilen die Befugnis, die Kinder in regelmäßigen Abständen zu sehen und zu sprechen, um sich laufend von der Entwicklung und dem Wohlergehen der Kinder zu überzeugen und die zwischen ihnen bestehenden Bande zu pflegen und dadurch dem Liebesbedürfnis beider Teile Rechnung zu tragen.

In welcher Art und Weise, wie häufig und in welcher Form der Umgang stattfindet, hat sich ausschließlich am **Kindeswohl** zu orientieren.

Die Anordnung der Anwesenheit einer Vertrauensperson im Rahmen eines begleiteten Umganges setzt immer voraus, dass ohne diese Anordnung das Kindeswohl gefährdet wäre.

Ein totaler Ausschluss des Umganges kommt nur dann in Betracht, wenn ein begleiteter Umgang nicht ausreicht, um das Wohl des Kindes zu gewährleisten (vgl. Palandt-Diederichsen, § 1684 Rn 31).

Vorliegend haben sich sowohl das Jugendamt, die Verfahrenspflegerin als auch die Pflegeeltern für einen begleiteten Umgang mit wenigen Kontakten im Jahr ausgesprochen.

Nach Einschätzung des Sozialpädiatrischen Zentrums des Universitätsklinikums F. vom 04.11.2006 seien aus kinderpsychologischer Sicht vorerst die Besuche zu den leiblichen Eltern auszusetzen, damit sich die Kinder in der Pflegefamilie besser stabilisieren können.

Die Kindeseltern begehren einen häufigeren Umgang. Sie sprechen sich gegen einen völligen Ausschluss des Umgangsrechtes aus.

Nach dem eingeholten kinderpsychologischen Sachverständigengutachten der Dipl.-Psych. J. seien zum Wohle der Kinder Umgangskontakte viermal im Jahr à jeweils 3 Stunden zu befürworten.

Die Sachverständige führt hierzu Folgendes aus:
D. und E. haben infolge frühkindlicher Vernachlässigung in der Ursprungsfamilie schwerwiegende Beeinträchtigungen und Entwicklungsdefizite in allen Lebensbereichen. Es muss von einer Traumatisierung in der Herkunftsfamilie ausgegangen werden. Seit über 3 Jahren leben sie in der Pflegefamilie K. Beide Kinder fühlen sich der Pflegefamilie zugehörig. Trotz der vorhandenen Schwierigkeiten, Beziehungen einzugehen, betrachten D. als auch E. die Pflegeeltern als „ihre" Eltern. Die Pflegemutter ist „ihre Mama" und der Pflegevater „ihr Papa". Zu den leiblichen Kindern der Eheleute K. sind Geschwisterbeziehungen entstanden. D. und E. fühlen sich in der Pflegefamilie wohl. Sie haben sich in der Pflegefamilie gut entwickelt und in allen Bereichen Fortschritte gemacht. Die Pflegeeltern haben

gezeigt, dass sie in der Lage sind, die schwierigen Kinder angemessen zu fördern und zu erziehen. Es gab keine Hinweise auf eine grundsätzliche Überforderung der Pflegeeltern. Dass es aufgrund der erheblichen Beeinträchtigungen beider Mädchen zu schwierigen Situationen kommen kann, ist nicht den Pflegeeltern anzulasten. Sie sind bereit, Hilfe und Unterstützung in Anspruch zu nehmen und haben dies in der Vergangenheit bewiesen.

Eine Herausnahme der Kinder aus der Pflegefamilie würde den seit 3 Jahren erfolgten Beziehungsaufbau abbrechen und zu einer weiteren Verunsicherung und Destabilisierung der Kinder führen. Aufgrund der vorhandenen Schädigung in der Herkunftsfamilie würde der Verlust der zuverlässigen und vertrauten Bezugspersonen das Kindeswohl erheblich gefährden. Der bisherige positive Entwicklungsverlauf seit Unterbringung in der Pflegefamilie würde abgebrochen mit unabsehbaren Folgen für die weitere Entwicklung der Kinder. Ob es ihnen nach dem Verlust der Pflegeeltern überhaupt noch einmal gelingen würde, eine Beziehung zu Bezugspersonen aufzubauen, ist fraglich. Es wird daher aus psychologischer Sicht empfohlen, die Kinder D. und E. in der Pflegefamilie zu belassen, da mit einem Pflegestellenwechsel eine Gefährdung des Kindeswohls verbunden wäre.

Infolge der Traumatisierung durch die Vernachlässigung in der Ursprungsfamilie ist der Umgang mit den leiblichen Eltern als Risikofaktor einzuschätzen. Die Wiederbelebung traumatischer Familienerfahrungen durch die Besuche kann die Bewältigung der vielfältigen Entwicklungsstörungen beeinträchtigen. Die Auswirkungen der Umgangskontakte können das Kindeswohl gefährden. D. und E. wissen, wer ihre leiblichen Eltern sind. Das Wissen um ihre familiären Wurzeln soll bestehen bleiben. Es gilt daher, die Umgangskontakte so zu gestalten, dass das Risiko einer Gefährdung des Kindeswohls möglichst gering gehalten wird.

Aus psychologischer Sicht wird daher empfohlen, dass es maximal 4 Umgangskontakte im Jahr geben soll. Der Umgang sollte begleitet durchgeführt werden und etwa 3 Stunden dauern. Wegen der negativen Auswirkungen auf das Verhalten der Kinder sollten die Besuchskontakte in den Ferien stattfinden. Vorgeschlagen werden die größeren Ferien wie Sommer-, Herbst-, Weihnachts- und Osterferien. Diese Empfehlung orientiert sich ausschließlich am Kindeswohl. Es geht darum, negative Auswirkungen der Umgangskontakte möglichst gering zu halten, aber auch den Kontakt zur Herkunftsfamilie bestehen zu lassen. Für die Kinder wäre es besser, wenn der Umgang in einer neutralen Umgebung stattfinden würde, nicht im Haushalt der Eltern.

Das Gericht schließt sich der vorliegenden Einschätzung der Sachverständigen Dipl.-Psych. J. an. Nach eigener Prüfung ist das Gericht zu der Überzeugung gelangt, dass die gutachterliche Einschätzung der Sachverständigen J. nachvollziehbarer und schlüssig ist. Insbesondere hat die Sachverständige – wie im Gutachten detailliert belegt – eine ausführliche Exploration der Kinder, der leiblichen Mutter und der Pflegeeltern vorgenommen. Sie hat Interaktions- und Verhaltensbeobachtungen der Kinder bei der Kindesmutter und im Kindergarten durchgeführt. Die von ihr aus den Untersuchungen getroffenen Schlussfolgerungen sind in ihrer Darstellung und im Ergebnis plausibel. Insbesondere stelle die Gutachterin schlüssig dar, weshalb sie bei den Kindern D. und E. von einer Bindungsstörung mit Enthemmung ausgeht. Auch sind insbesondere ihre Ausführungen zu der Gefahr von Retraumatisierungen bei einem häufigen Umgang nachvollziehbar.

Die Sachverständige hat auch auf Nachfrage erklärt, weshalb sie Besuchskontakte, welche über den vorgeschlagenen Umfang von 3 Stunden (bei vier Kontakten im Jahr) hinausgehen, aus Gründen des Kindeswohls nicht befürworten könne. Sie geht hier insbesondere davon aus, dass es für die Kindeseltern schwierig sei, die an sich aufgrund der gestellten Diagnose nicht einfach zu leitenden Kinder über mehr als drei Stunden zu beschäftigen.

Der weitergehende Antrag der Kindeseltern war daher zurückzuweisen.

Die Familienhelferin Frau A. ist bereit, jeweils vier Kontakte im Jahr zu begleiten. Das Gericht stellt an dieser Stelle klar, dass es den Eltern obliegt, die Kosten für die Umgangsbegleitung durch Frau F. zu tragen.

Mitgeteilt von Rechtsanwalt Peter Schott, Kenzingen

Beschluss des Amtsgerichts Gifhorn vom 2. Juli 2008, Az 16a VII 14610, 16aVII 14611 (Pflegeeltern als Vormund)

Zum Sachverhalt:
Die Zwillinge S. und T., geboren 2002, leben seit ihrem vierten Lebensmonat bei den Pflegeeltern Z. Im Jahre 2005 wurde den Pflegeeltern auf Antrag des Jugendamtes das elterliche Sorgerecht für beide Kinder übertragen. Aktueller Grund dieses Antrages war der geplante Umzug der Pflegeeltern für 2–3 Jahre nach Kanada. Die leiblichen Eltern hatten die Einwilligung zur Übertragung der gesamten elterlichen Sorge auf die Pflegeeltern gegeben. Die Betreuung der Pflegefamilie in Kanada sollte über den Internationalen Sozialdienst erfolgen.

Wegen möglicher Schwierigkeiten zur Erlangung einer dauerhaften Aufenthaltserlaubnis für die Kinder S. und T. aufgrund ihres Status als Pflegekinder, war zur Absicherung der Umzugspläne nach Kanada eine Adoption der Mündel durch die Pflegeeltern vor dem Umzug angedacht. Sie wurde jedoch nicht weiter verfolgt, weil die Pflegeeltern wegen der ihnen gegenüber gemachten Angaben davon ausgingen, dass die Pflegekinder mit ihrem Status als Mündel ebenso wie die Familie nach Kanada einreisen können und auch eine Aufenthaltserlaubnis erhalten.

Unter diesen Voraussetzungen sah das Jugendamt das Wohl der Kinder gefährdet. Es ging aufgrund einer Auskunft des Internationalen Sozialdienstes davon aus, dass die Pflegekinder mit hoher Wahrscheinlichkeit – wie in zwei vergleichbaren Fällen – nach dem Ablauf der Visa keine Verlängerung auf eine „permanent residence" bekommen würden, der Status der Kinder (nicht als Adoptivkinder sondern als Mündel der Pflegeeltern einzureisen) für eine Auswanderung zu unsicher sei. Zudem könne der Internationale Sozialdienst nur einmal im Jahr Berichte organisieren, weshalb eine Betreuung der Pflegefamilie in Kanada dem Jugendamt nicht mehr möglich sei. Eine Auswanderung ohne vorherige Abklärung der Bedingungen vor Ort in Kanada entspreche nicht dem Kindeswohl. Das Jugendamt beantragt 2008 die teilweise Entlassung der Vormünder aus ihrem Amt und die Übertragung des Aufenthaltsbestimmungsrechts auf das Jugendamt mit dem Ziel, den Aufenthalt der Kinder bestimmen zu können. Dagegen legten die Pflegeeltern Widerspruch ein, dem stattgegeben wird.

Aus den Gründen:
Die Voraussetzungen für eine Entlassung der Vormünder aus ihrem Amt als Vormund gemäß § 1886 liegen nicht vor.

Nach § 1886 BGB hat das Vormundschaftsgericht den Einzelvormund zu entlassen, wenn die Fortführung des Amtes, insbesondere wegen pflichtwidrigen Verhaltens des Pflegers/Vormundes, das Interesse des Pfleglings/Mündels gefährden würde. Ein Verschulden des Pflegers ist nicht Voraussetzung für die Entlassung; es genügt vielmehr die objektive Gefährdung der Interessen des Pfleglings, die schon dann vorliegt, wenn eine Schädigung möglich oder mit einer gewissen Wahrscheinlichkeit zu erwarten ist. Andere Entlassungsgründe kommen vorliegend nicht in Betracht.

Das Familiengericht ist nach Anhörung aller Verfahrensbeteiligten und der sachverständigen Zeugin Frau Dr. A. zu der Überzeugung gelangt, dass bei einer Entlassung der Vormünder, die wegen der Umzugspläne der Vormünder mit einer Herausnahme der Mündel aus der Pflegefamilie einhergehen würde, den Mündeln ein größerer Schaden entstehen würde als bei einem Verbleiben der Vormünder im Amt, weshalb eine Entlassung nicht in Betracht kommt.

Durch den Entschluss der Vormünder, mit ihren drei leiblichen Kindern und den beiden Mündeln nach Kanada auszuwandern, werden nach den Feststellungen und Bekundungen der Frau Dr. A. möglicherweise die Interessen der beiden Mündel insoweit gefährdet, als dass für S. und T. ein Umzug nach Kanada mit solchen Belastungen verbunden sein wird, sodass ohne klare und eindeutige Klärung der Aufenthaltsbedingungen im Vorfeld mit Entwicklungsrückschritten und Regressionen gerechnet werden muss, wobei die Situation von S. wegen seiner nicht sicheren Bindung und seiner Beeinträchtigungen belastender sein wird als für T. Die Vormünder haben aber in der Vergangenheit gezeigt, dass sie ausreichend Förderkompetenzen besitzen, um die Kinder ausreichend zu fördern. So wurden in der Vergangenheit Entwicklungsverzögerungen bei T. erfolgreich behoben. Nach den Bekundungen der Frau Dr. A. würde andererseits die (mit der Entlassung der Vormünder verbundene) Herausnahme der beiden Kinder aus der Pflegefamilie eine absolute Krise für beide Kinder bedeuten, weil die Vormünder trotz gewisser bestehender Bindungsprobleme der Kinder stellvertretend an die Stelle der leiblichen Eltern getreten sind. Nach den Hilfeplanberichten sind beide Kinder in die Pflegefamilie vollständig integriert, erfahren in der Pflegefamilie liebevolle Fürsorge, Hilfe und Unterstützung im Alltag. T. ist wie ein eigenes Kind in die Familie emotional eingebunden.

Auch die Verfahrenspflegerin vertritt auf der Grundlage der Hilfeplanberichte und des von ihr mit den Kindern im häuslichen Umfeld geführten Gesprächs die Ansicht, dass wegen der vollständigen Integration der Kinder in die Pflegefamilie und der gewachsenen Bindungen eine Herausnahme der Kinder zu einer irreparablen Schädigung der Kinder – zu einem Trauma – führen würde und dem Kindeswohl nicht entspreche.

Auch der Kindeswille – beide Kinder wollen mit Mama und Papa nach Kanada auswandern – und die bestehenden Bindungen sprechen für ein Verbleiben der Kinder in der Familie Z. (§ 1779 Abs. 2 BGB), zumal eine Rückführung zu den leiblichen Eltern nicht in Betracht kommt.

Eine weitere Belastung könnte dadurch entstehen, dass zwar die Familie Z. mit ihren leiblichen Kindern eine dauerhafte Aufenthaltserlaubnis erhält, nicht aber die beiden Pflegekinder wegen ihres Status als Mündel und nach Ablauf der Visa nach Deutschland zurückkehren müssen. Insoweit haben die Vormünder jedoch erklärt, dass Frau Z. dann mit den Mündeln erst einmal nach Deutschland zurückkehren würde, Herr Z. erst einmal in Kanada bleiben würde und man dann gemeinsam entscheiden werde, wie es weitergehe und wo man gemeinsam leben werde. Ein Familienleben ohne S. und T. können sich die Vormünder nach ihren glaubhaften Bekundungen nicht vorstellen. Insoweit ist zu berücksichtigen, dass angesichts der beim Gericht eingegangenen notariell beurkundeten Einwilligungserklärungen der leiblichen Eltern in eine Adoption der Kinder durch die Vormünder für die Dauer von drei Jahren die Möglichkeit einer Adoption weiter bestehen bleibt.

Mitgeteilt von Rechtsanwältin Ingeborg Eisele, Hannover

Beschluss des Landgerichts Hannover vom 06.02.2007, Az.: 9 T 56/06 (Pflegeeltern als Vormund)

Zum Sachverhalt:
Die leibliche Mutter der Kinder D. geb. 1998, und M. geb. 1999, ist wegen Mordes zu lebenslanger Haft verurteilt und sitzt in der Justizvollzugsanstalt ein. Die Mündel wurden während ihrer Ehe mit dem im Jahr 2000 verstorbenen H. geboren. Dieser hatte die Ehelichkeit für die Kinder angefochten. Das Gerichtsverfahren war bis zu seinem Tod nicht zum Abschluss gekommen. Das Jugendamt ist zum Amtsvormund bestellt worden. Seit dem 30. 11. 2002 leben die Kinder D. und M. in einer Pflegefamilie.

Die Pflegeeltern beantragten am 17.1.2006 beim Amtsgericht, gemeinschaftlich zu Vormündern für die beiden Kinder bestellt zu werden. Das Jugendamt unterstützte den Antrag der Pflegeeltern nicht. Der Antrag wurde vom Amtsgericht zurückgewiesen. Dagegen legten die Pflegeeltern Beschwerde ein. Das Amtsgericht hat der Beschwerde nicht abgeholfen. Das daraufhin angerufene Landgericht hat den Pflegeeltern die Vormundschaft übertragen.

Aus den Gründen:
Das Landgericht hat keine Zweifel an der Einschätzung des Jugendamtes bezüglich des Vorliegens eines problembelasteten Pflegeverhältnisses. Das Jugendamt ist dazu der Ansicht, dass in solchen Situationen eine Vormundschaft grundsätzlich nicht von den Pflegeeltern geführt werden solle, um deren ganze Kraft für die Kinder zu erhalten. Pflegeeltern in stark konfliktreichen Pflegeverhältnissen liefen Gefahr, in strittigen Situationen aufgerieben zu werden. Es sei erforderlich, die Pflegeeltern vor Überforderung und Bedrohung zu beschützen und das Pflegeverhältnis zu sichern.

Gemäß § 12 FGG hat das Landgericht das Jugendamt um Äußerung gebeten, ob noch und ggf. inwiefern in der Situation der konkreten Inkognito-Pflegeeltern aus der Sicht des Jugendamtes die Anonymität gefährdet sei und eine Überforderung vorliegen könne. In der ergänzenden Stellungnahme vom 11.01.2007 verwies das Jugendamt nochmals auf den Schutz des Inkognitos und die aus der konkreten Situation heraus resultierenden besonderen Belastungen für die konkreten Pflegeeltern. Gleichzeitig wurde noch einmal geäußert, sie seien grundsätzlich selbstverständlich für die Ausübung einer Vormundschaft geeignet.

Die Beschwerde der gemäß § 57 Abs. 1 Satz 1 FGG beschwerdebefugten Pflegeeltern ist begründet.

Die Pflegeeltern waren zum Vormund der Kinder zu bestellen. Gemäß § 1887 Abs. 1 BGB hat das Vormundschaftsgericht das Jugendamt als Vormund zu entlassen und einen anderen Vormund zu bestellen, wenn dies dem **Wohl des Mündels** dient und eine andere als Vormund geeignete Person vorhanden ist. Gemäß

§ 1791b Abs. 1 „kann auch" das Jugendamt zum Vormund bestellt werden, wenn eine als ehrenamtlich einzeln zum Vormund geeignete Person nicht vorhanden ist. Daraus ergibt sich eine eindeutige gesetzliche **Rangfolge zugunsten natürlicher Personen**; die Bestellung des Jugendamtes ist die Ausnahme.

Die antragstellenden Pflegeeltern sind **geeignet**, die Vormundschaft zu übernehmen. Unfähigkeits- oder Untauglichkeitsgründe gemäß §§ 1780, 1781 BGB liegen nicht vor. Weder das Jugendamt noch die Mutter ziehen die Geeignetheit der Pflegeeltern zur Führung der Vormundschaft in Zweifel; vielmehr wird ihre generelle Geeignetheit gerade betont. Aus den grundsätzlichen Bedenken des Jugendamtes zu möglichen Belastungen oder Überforderungen von Einzelvormündern im Verhältnis zu auch außerordentlich schwierigen leiblichen Eltern kann auch nicht in Verbindung mit den konkreten Ankündigungen der Mutter, auf jeden Fall den Kontakt suchen zu wollen, geschlossen werden, die hier betroffenen Pflegeeltern seien zu gegebener Zeit sicherlich überfordert und das Betreuungsverhältnis zugunsten der Kinder gefährdet. Auch auf Nachfrage des Landgerichtes hat das Jugendamt keine konkreten Anhaltspunkte nennen können, weshalb abzusehen sein muss, dass speziell diese Pflegeeltern bei einer gebotenen individuellen Betrachtung die denkbaren Bedrohungssituationen nicht würden meistern können. Sollte es in der z. Zt. noch nicht einmal absehbaren Zukunft zu der Frage der Anbahnung und Durchführung von Besuchskontakten mit der leiblichen Mutter kommen, hätten die Pflegeeltern auch als Vormünder Anspruch auf Beratung und Unterstützung des Jugendamtes. Unabhängig davon hat das Jugendamt auch bei Vormündern von sich aus die Möglichkeit, notfalls über das Vormundschaftsgericht Einfluss zu nehmen.

Die Übertragung der Vormundschaft auf die Pflegeeltern entspricht auch dem Wohl der Kinder. Sie leben bereits seit Jahren bei den Pflegeeltern. Die mit der Übertragung der Vormundschaft einhergehende **größere rechtliche Verbundenheit** der Pflegeeltern zu den Kindern erhöht die Sicherheit dafür, dass die Verbindung zu den Pflegeeltern aufrechterhalten bleibt. Insbesondere gibt es keinen Grund dafür, dass es dem Wohl der Kinder mehr entspricht, das Jugendamt als Vormund zu behalten.

Anmerkung:

Zum wiederholten Mal musste ein Beschwerdegericht in einem Pflegekindschaftsfall den gesetzlichen Vorrang der Einzelvormundschaft vor der Amtsvormundschaft herstellen, der in der Praxis der Amtsgerichte leider immer noch zu oft missachtet wird (vgl. LG Flensburg, FamRZ 2001, 445; KG, FamRZ 2002, 267; LG Heilbronn, FamRZ 2004, 134).

Das Gericht hebt mit Recht die mit der Übertragung der Vormundschaft einhergehende größere rechtliche Verbundenheit zwischen Pflegeeltern und Pflegekindern hervor. Wenn die Rückkehr in die Herkunftsfamilie voraussichtlich nicht in Frage kommt, ist der Staat verpflichtet, „positiv die Lebensbedingungen für ein gesundes Aufwachsen des Kindes zu schaffen" (s. auch BVerfG 24, 119, 145 = FamRZ 1968, 578). Dann „ist also nicht nur die faktische, sondern auch die rechtliche Eingliederung des Kindes in eine Ersatzfamilie" geboten (vgl. Staudinger/Coester, Bürgerliches Gesetzbuch, 13. Bearbeitung 2000, § 1666 Rz. 189).

Nach BVerfG, FamRZ 1989, 33 ff., hat die Adoption wegen der besseren rechtlichen Einbindung den Vorrang vor der dauernden Pflegekindschaft. Daher findet sich in § 36 Abs. 1 S. 2 SGB VIII die Verpflichtung, vor und während der Dauer der Fremdunterbringung immer die Adoption zu prüfen. Wenn und so lange die Jugendämter untätig bleiben bzw. die Gerichte sich mit der Ersetzung der Elterneinwilligung in die Adoption gemäß § 1748 BGB äußerst schwer tun, können Pflegeeltern als Einzelvormünder dem Kind wenigstens ein etwas höheres Maß an Sicherheit seiner Lebensverhältnisse bieten.

Auch Inkognito-Pflegeeltern können geeignete Einzelvormünder sein (so schon AmtsG Schöneberg, FamRZ 2002, 268). Wenn Konflikte mit leiblichen Eltern zu Belastungen oder gar Überforderungen führen, so ist die Beratung und Unterstützung des Jugendamtes gefordert. Diese Ansprüche sind in § 37 Abs. 2 S. 1 SGB VIII für die Pflegeeltern und zusätzlich in § 53 Abs. 2 SGB VIII für Vormünder gesetzlich geregelt.

Mitgeteilt von Rechtsanwältin Ingeborg Eisele, Hannover

Beschluss des OLG Naumburg vom 26.5.2008, Az: 8 WF 77/08 (keine Kostenbeteiligung der Pflegeeltern an Verfahrenskosten)

Sachverhalt:

Das von der leiblichen, nicht verheirateten Mutter kurz nach der Geburt zur Adoption freigegebene Kind lebte viele Jahre bei den Pflegeeltern in Adoptionspflege. Es entwickelte sich ein jahrelanger Rechtsstreit unter starker Beteiligung der Öffentlichkeit, bis das Kind nach Verbleibensanordnung, erlassen vom Oberlandesgericht Naumburg, bestätigt durch BGH und BVerfG, in erneuter Verhandlung durch Beschluss des Amtsgerichts Wittenberg dem leiblichen Vater nach acht Jahren zugeführt wurde.

Mit diesem Beschluss des Amtsgerichts sind zugleich den Pflegeeltern die Kosten des Rechtsstreits auferlegt worden. Gegen diesen Beschluss hatten die Pflegeeltern sofortige Beschwerde einlegen lassen, ohne gegen den Beschluss hinsichtlich seines weiteren Inhalts – der Überstellung des Kindes zum leiblichen Vater – vorzugehen. Dies wäre nur durch einen erneuten Antrag auf Erlass einer Verbleibensanordnung möglich gewesen.

Die Pflegeeltern sind vom Amtsgericht angehört worden und waren auch im Übrigen in der mündlichen Verhandlung anwesend. Ihre Beschwerde gegen den Kostenbeschluss hatten die Pflegeeltern folgendermaßen begründet:

„Eine Forderung nach Kostentragung der Pflegeeltern ist rechtlich nicht begründet. Die Pflegeeltern sind nicht Kostenschuldner. Entscheidungen nach § 1632 Abs. 4 BGB sowie auch Umgangsregelungen können gleichermaßen auf Antrag wie von Amts wegen getroffen werden. Für die Verpflichtung, die Kosten zu zahlen, gilt deshalb nicht § 2 Nr. 1, sondern § 2 Nr. 2 KostO (vgl. Korinthenberg/ Lappe, KostO, 12. Auflage, § 2 Rn. 17), wo § 1632 Abs. 4 BGB ausdrücklich als Beispielsfall genannt ist. Pflegeeltern sind keine Interessenschuldner, und zwar auch dann nicht, wenn sie den Erlass einer Verbleibensanordnung nach § 1632 Abs. 4 BGB beantragt haben. Die Entscheidung nach dieser Vorschrift dient nicht der Wahrung der Interessen der Pflegeeltern. Der Richter, der dazu berufen ist, von Amts wegen oder auf Antrag über eine Verbleibensanordnung zu entscheiden, wird nicht in rechtlichem Interesse der Pflegeeltern tätig. Er versichert sich nur des Wissensstandes der Pflegepersonen, weil diese i. d. R. die Situation des Kindes genau kennen und ihre Kenntnisse der besseren Entscheidungsfindung dienlich sind (Keidel/Kuntze/Engelhardt, FGG, 15. Aufl. zu § 50 c Rn. 2; OLG Hamm FamRZ 1995,1365). Das Oberlandesgericht Stuttgart (16 WF 210/99), Oberlandesgericht Celle (18 WF 53/02), Oberlandesgericht Düsseldorf (10 WF 12/01 und 6 UF 106/01), Oberlandesgericht Hamm (FamRZ 1995,1365), Oberlandesgericht Köln (FamRZ 2001,1471), Oberlandesgericht Schleswig (15 WF 170/01; SchlA 2002,195,) und Oberlandesgericht Hamm vom 10.11.2003 (6 WF 204/03) haben entschieden, dass die Pflegeeltern nicht an den Verfahrenskosten zu beteiligen sind."

Das Oberlandesgericht Naumburg hat in der Entscheidung die Beschwerde für zulässig erklärt und entschieden, dass den Pflegeeltern nicht die Gerichtskosten auferlegt werden können.

Aus den Gründen:
Die sofortige Beschwerde ist unabhängig vom Beschwerdewert zulässig, denn die Entscheidung des Amtsgerichts ist schon deshalb anfechtbar, weil ihr eine gesetzliche Grundlage fehlt. Daraus ergibt sich zugleich die Begründetheit der Beschwerde.

Im Verfahren der freiwilligen Gerichtsbarkeit ist als Rechtsgrundsatz anerkannt, dass ausnahmsweise eine nicht anfechtbare Entscheidung anfechtbar ist, wenn eine gesetzliche Grundlage für sie fehlt und wenn sie inhaltlich dem Gesetz fremd ist. Eine solche Ausnahme wird von der obergerichtlichen Rechtsprechung, der sich der Senat anschließt, bejaht, wenn ein Unbeteiligter geltend macht, er sei zu Unrecht in das Verfahren hineingezogen und mit Kosten belastet worden (Beschluss des OLG Celle, OLGR Celle 2006, 556 f.; OLG Frankfurt FamRZ 1994, 177).

Eine solche Kostenentscheidung zulasten der Pflegeeltern als Unbeteiligte hat das Amtsgericht hier getroffen.

Die Erstattung der außergerichtlichen Kosten des Antragstellers durch die Pflegeeltern konnte nicht angeordnet werden, denn die Voraussetzungen des § 13 Abs. 1 FGG liegen nicht vor. Bei den Pflegeeltern handelt es sich nicht um Beteiligte i. S. d. § 13a Abs. 1 FGG. Beteiligt i. S. d § 13 Abs. 1 FGG ist der formell am Verfahren Beteiligte (Keidel/Kunze/Winkler/Zimmermann, FGG, 15. Aufl., § 13a Rn 7). Nach der Rechtsprechung des BGH sind die Pflegeeltern am Verfahren betreffend die elterliche Sorge für das Pflegekind und auch im Verfahren betreffend den Umgang der (leiblichen) Eltern mit dem Pflegekind weder materiell noch formell beteiligt. Der BGH führt dazu in einer Entscheidung betreffend die elterliche Sorge aus, die Pflegeeltern hätten in einem Verfahren betreffend das Sorgerecht kein eigenes Beschwerderecht gemäß § 20 FGG.

Die Entscheidung, wem die elterliche Sorge zustehen solle, bedeute keinen unmittelbaren Eingriff in diese Rechtsstellung der Pflegeeltern. Die Pflegeeltern seien auch nicht formell beteiligt. § 50c FGG begründe für das Sorgerechtsverfahren keine Beteiligtenstellung der Pflegeeltern. Die Pflegeeltern hätten im Sorgerechtsverfahren im Gegensatz zum Verfahren nach § 1632 Abs. 4 BGB kein Antragsrecht. Soweit sie sich an einem Sorgerechtsverfahren durch Anregungen beteiligten, habe das nicht ihre formelle Beteiligtenstellung zur Folge (BGH FamRZ 2000, 219).

Dementsprechend konnten den Pflegeeltern auch nicht die Gerichtskosten gemäß § 94 Abs. 3 Satz 2 KostO auferlegt werden, denn auch insoweit fehlt es an deren Beteiligtenstellung.

Anmerkung:

Die Entscheidung zeigt, dass es immer wieder sinnvoll ist, Beschwerde einzulegen gegen Kostenentscheidungen, die Pflegeeltern belasten. Dies gilt auch dann, wenn im Übrigen gegen die übrigen Inhalte der Entscheidung (über die Kosten hinaus) nicht vorgegangen wird. Die Kosten in derartigen Verfahren können sehr erheblich sein, insbesondere durch die Kosten von Gutachten, aber auch Kosten von Verfahrenspflegern und Gerichtskosten.

Mitgeteilt von Rechtsanwalt Peter Hoffmann, Hamburg

Entscheidung des Bundesgerichtshofs vom 22.03.2007, Az.: V ZB 152/06 (Schutz der Interessen von Pflegekindern durch § 765a ZPO-Vollstreckungsschutz)

Vorbemerkung:
Es kommt durchaus nicht selten vor, dass – beispielsweise nach einer Scheidung – ein Ehegatte die Teilungsversteigerung des gemeinsamen Anwesens beantragt. Die jeweils andere Partei kann sich hiergegen mittels eines Einstellungsantrags wehren, insbesondere wenn durch die geplante Versteigerung das Wohl gemeinsamer Kinder gefährdet wäre.

Bis dato war unklar, ob Pflegekinder gemeinsamen leiblichen oder adoptierten Kindern gleichzustellen sind. Der Bundesgerichtshof hat dies nun höchstrichterlich entschieden.

2. Sachverhalt:
Die Beteiligten sind zu je einem halben Anteil Eigentümer an der streitgegenständlichen Immobilie. Diese bewohnten sie bis zu ihrer Trennung mit ihren drei gemeinsamen leiblichen Kindern und einer schwerstbehinderten Pflegetochter, deren gemeinsame Vormünder sie seit deren 8. Lebensmonat sind. Nach der Scheidung der Ehe beantragte der Ehemann die Teilungsversteigerung des Grundstücks zur Aufhebung der Gemeinschaft, welche vom Amtsgericht antragsgemäß abgeordnet wurde. Der daraufhin von der Ehefrau beantragten einstweiligen Einstellung des Verfahrens nach § 180 Abs. 2 und Abs. 3 ZVG entsprach das Amtsgericht mit einer Einstellung für die Dauer von 2 Jahren. Das Landgericht hob die Einstellung mit der Begründung wieder auf, dass es sich nach dem erholten Sachverständigengutachten lediglich um beherrschbare vorübergehende Verhaltensstörungen eines Pflegekindes handele, welche keine Einstellung begründen könnten. Die Rechtsbeschwerde wurde ausdrücklich zugelassen und von der Ehefrau auch erhoben.

3. Aus den Gründen:
1. Nach § 180 Abs. 3 Satz 1 ZVG ist die Zwangsversteigerung zur Aufhebung der Gemeinschaft auf Antrag des (früheren) Ehegatten des Antragstellers einstweilen einzustellen, wenn die Gemeinschaft aus dem Antragsteller und seiner (früheren) Ehegattin besteht und die Einstellung zur Abwendung einer ernsthaften Gefährdung des Wohls eines gemeinschaftlichen Kindes erforderlich ist.

Entsprechend dem Sprachgebrauch des Bürgerlichen Gesetzbuches ist ein gemeinschaftliches Kind dem Wortsinne nach nur ein solches, wenn es von dem Antragsteller und seiner/seinem (früheren) Ehegattin/Ehegatten abstammt. In diesem Sinne wird die Vorschrift allgemein verstanden. Hieran ändert auch die Tatsache nichts, dass die Beteiligten Vormünder ihrer Pflegetochter sind.

Auch eine analoge Anwendung der Vorschrift des § 180 Abs. 3 ZVG auf gemeinsame Pflegekinder scheidet aus. Eine entsprechende Anwendung der für gemeinschaftliche Kinder vorgesehenen Schutzinstrumente, hier des § 180 Abs. 3 ZVG, setzt voraus, dass der Gesetzgeber dieses Bedürfnis als regelungsbedürftig übersehen und dass er ihm, hätte er es als regelungsbedürftig erkannt, auch in gleicher Weise Rechnung getragen hätte. Das ist im Ergebnis nicht der Fall. Der Gesetzgeber hat sich zwar im Unterhaltsrechts-Änderungsgesetz nicht ausdrücklich gegen eine Einbeziehung anderer als gemeinschaftlicher Kinder ausgesprochen. Er hat aber ein Regelungsmodell entwickelt, das aus sachlichen Gründen nach dem Nähegrad der Kinder differenziert. Das steht einer entsprechenden Anwendung des § 180 Abs. 3 ZVG auf gemeinsame Pflegekinder entgegen.

Der Gesetzgeber hat die Bedürfnisse anderer als gemeinschaftlicher Kinder auch nicht übersehen. Er trägt ihnen vielmehr im Rahmen der allgemeinen Härteregelungen Rechnung.

Die Belange nicht gemeinschaftlicher Kinder finden, wie noch zu zeigen sein wird, im Rahmen von § 765 a ZPO Berücksichtigung.

2. Nach § 765 a ZPO ist die Teilungsversteigerung einzustellen, aufzuheben bzw. zu untersagen, wenn diese wegen ganz besonderer Umstände eine Härte bedeutet, die mit den guten Sitten nicht vereinbar ist.

Ob diese Vorschrift auch in der Teilungsversteigerung Anwendung findet, war lange Zeit umstritten. Der Senat bejaht diese Frage. Zu den in diesem Rahmen zu berücksichtigenden Härten gehört auch die Beeinträchtigung des Wohls von gemeinsamen oder nicht gemeinsamen Pflegekindern. Im vorliegenden Fall kommt eine Einstellung nach § 765 a ZPO allerdings nicht in Betracht. Das Beschwerdegericht hat nach Beratung durch Sachverständige festgestellt, dass zu erwarten ist, dass sich die Pflegetochter an die neue Situation wieder gewöhnen und auf diese einstellen kann, so dass die zu erwartenden Verhaltensstörungen voraussichtlich nur vorübergehender Natur sein werden. Der Sachverständige hat zwar auch festgestellt, dass es dazu einer therapeutischen Begleitung während des Zwangsversteigerungsverfahrens bedarf. Das ändert aber nichts, weil von der Ehefrau entsprechende Bemühungen erwartet werden können. Das hat der Senat für die Suizidgefahr eines Angehörigen entschieden. Das gilt erst recht für beherrschbare vorübergehende Verhaltenstörungen eines Pflegekindes.

4. Fazit:

Die Entscheidung des Bundesgerichtshofes ist von weitreichender Bedeutung. Das Rechtsmittel des § 765 a ZPO unterliegt nämlich im Gegensatz zu den Einstellungsanträgen nach § 180 ZVG keiner Frist. Ein solcher Antrag kann somit jederzeit während eines Teilungsversteigerungsverfahrens gestellt und auch wiederholt werden. Die Möglichkeiten der Verfahrensverzögerung haben sich damit für den Antragsgegner deutlich erhöht.

Der Senat hat darüber hinaus klargestellt, dass Pflegekinder im Rahmen des § 180 ZVG nicht mit ehelichen oder Adoptivkindern gleichgestellt werden können, allerdings in der gleichen Entscheidung bejaht, dass die Interessen von Pflegekindern durch § 765 a ZPO analog geschützt werden.

Mitgeteilt von Rechtsanwalt Andreas Woidich, Nürnberg

Urteil des Finanzgerichts München vom 19.06.2007, Az.: 12 K 2694/05 (Anspruch auf Kindergeld/Begründung eines Obhuts- und Pflegeverhältnisses)

Vorbemerkung:
Für die Annahme einer Pflegekindschaft im steuerrechtlichen Sinn wird unter anderem verlangt, dass das Obhuts- und Pflegeverhältnis zu den Eltern nicht mehr besteht. Ein wichtiger Indikator hierfür ist die Häufigkeit von Umgangskontakten. Im Streitfall hatte der Senat darüber zu befinden, wie die Wiederaufnahme von regelmäßigen Umgangskontakten nach einem längeren Stillstand steuerlich zu bewerten ist. Die Familienkasse ging bei ihrer Entscheidung zugunsten des Kindesvaters davon aus, dass dieser aufgrund seines wieder aufgenommenen regelmäßigen Kontaktes mit seinem Kind erneut ein Obhuts- und Pflegeverhältnis begründet habe und daher vorrangig anspruchsberechtigt sei. Die höchstrichterliche Rechtsprechung hält es grundsätzlich nicht für ausgeschossen, dass ein einmal beendetes Obhuts- und Pflegeverhältnis zwischen dem Kind und seinen leiblichen Eltern erneut begründet werden kann.

Sachverhalt:
Die Kläger nahmen das Kind J. bereits im Jahr 1996 auf unbestimmte Zeit in Vollzeitpflege in ihren Haushalt auf. Sie erhielten in der Folge das Kindergeld. Das Amtsgericht Kehlheim übertrug viele Jahre später das alleinige Sorgerecht auf den Vater des Kindes. Das Aufenthaltsbestimmungsrecht verblieb beim Kreisjugendamt. Kurz danach beantragte der Kindesvater bei der Familienkasse der Agentur für Arbeit das Kindergeld für seine Tochter. Zur Begründung verwies er darauf, dass sich das Kind nun jedes Wochenende sowie in den Ferien bei ihm aufhalte. Daraufhin hob die Familienkasse gegenüber den Klägern die Kindergeldfestsetzung rückwirkend auf und forderte das bereits für 6 Monate erhaltene Kindergeld zurück. Zur Begründung führte sie aus, dass zum Vater des Kindes aufgrund seines regelmäßigen Kontaktes nun wieder ein Obhuts- und Pflegeverhältnis bestehe und er daher vorrangig anspruchsberechtigt sei. Das hiergegen durchgeführte

Einspruchsverfahren hatte keinen Erfolg. Gegen den Einspruchsbescheid erhoben die Kläger Klage zum Finanzgericht München.

Aus den Gründen:

Für die Annahme einer Pflegekindschaft im steuerrechtlichen Sinne ist nur dann Raum, wenn das Band zwischen Pflegekind und leiblichen Eltern in einem viel stärkeren Maße zerrissen ist als bei einer bloßen räumlichen Trennung. Entscheidend ist, dass die Obhut und Pflege seitens der leiblichen Eltern so zurücktritt, dass sie im Wesentlichen nur noch durch die Pflegeeltern ausgeübt wird. Wann dies der Fall ist, lässt sich nur für jeden Einzelfall gesondert beurteilen. Neben anderen Kriterien ist insbesondere die Anzahl und Dauer der Besuche des Kindes bei den leiblichen Eltern sowie die Frage, ob und inwieweit vor der Trennung bereits ein Obhuts- und Pflegeverhältnis des Kindes zu den leiblichen Eltern bestanden hat, von Bedeutung. Zwischen den Beteiligten ist streitig, ob zwischen dem Kind und seinem leiblichen Vater durch die jedenfalls unstreitig erfolgte intensive Kontaktaufnahme erneut bzw. erstmals ein Obhuts- und Pflegeverhältnis begründet wurde. Eine – wenn auch gegenüber dem vorhergehenden Zeitraum intensivere – gelegentliche Kontaktpflege reicht hierzu nicht aus. Vielmehr wäre es im Hinblick auf das zum Kläger und seiner Frau gegebene Obhuts- und Pflegeverhältnis erforderlich, dass der leibliche Vater über einen längeren Zeitraum nachhaltige Beiträge zur Pflege und Erziehung des Kindes geleistet hätte. Hieran fehlt es jedoch im Streitfall. Selbst wenn man den Vortrag des Kindesvaters, das Kind besuche ihn nahezu wöchentlich, als zutreffend unterstellt, reicht dies nicht aus, um ein tatsächliches Obhuts- und Pflegeverhältnis zwischen dem Kind und seinem Vater neu zu begründen. Insoweit hat nach Auffassung des Senats lediglich die Entwicklung einer persönlichen Beziehung zwischen Vater und Tochter im Vordergrund gestanden, während den überwiegenden Teil der Aufgaben, die sich aus der Erziehung, Betreuung und Verpflegung des Kindes ergaben, weiterhin der Kläger und seine Frau wahrgenommen haben. Unerheblich ist dabei auch die Übertragung der alleinigen Sorge auf den Vater, denn für die Frage der Begründung eines Pflegekindschaftsverhältnisses ist nicht auf die rechtlichen, sondern auf die tatsächlichen Verhältnisse abzustellen.

Fazit:

Gerade im Kindergeldbereich herrscht bei Pflegefamilien häufig Rechtsunsicherheit. Das Finanzgericht hat mit erfreulicher Klarheit herausgestellt, dass selbst eine intensive Wiederaufnahme von Umgangskontakten allein *nicht* ausreicht, um ein Obhuts- und Pflegeverhältnis zu den leiblichen Eltern zu begründen. Denn eine solche Begründung hätte zur Folge, dass nicht mehr die Pflegeeltern, sondern die leiblichen Eltern das Kindergeld für sich beanspruchen können.

Mitgeteilt von Rechtsanwalt Andreas Woidich, Nürnberg

Gesetzestexte

Grundgesetz (GG)

Artikel 1

(1) Die Würde des Menschen ist unantastbar. Sie zu achten und zu schützen ist Verpflichtung aller staatlichen Gewalt.

(2) ...

(3) Die nachfolgenden Grundrechte binden Gesetzgebung, vollziehende Gewalt und Rechtsprechung als unmittelbar geltendes Recht.

Artikel 2

(1) Jeder hat das Recht auf die freie Entfaltung seiner Persönlichkeit, soweit er nicht die Rechte anderer verletzt und nicht gegen die verfassungsmäßige Ordnung oder das Sittengesetz verstößt.

(2) Jeder hat das Recht auf Leben und körperliche Unversehrtheit. Die Freiheit der Person ist unverletzlich. In diese Rechte darf nur auf Grund eines Gesetzes eingegriffen werden.

Artikel 6

(1) Ehe und Familie stehen unter dem besonderen Schutze der staatlichen Ordnung.

(2) Pflege und Erziehung der Kinder sind das natürliche Recht der Eltern und die zuvörderst ihnen obliegende Pflicht. Über ihre Betätigung wacht die staatliche Gemeinschaft.

(3) Gegen den Willen der Erziehungsberechtigten dürfen Kinder nur auf Grund eines Gesetzes von der Familie getrennt werden, wenn die Erziehungsberechtigten versagen oder wenn die Kinder aus anderen Gründen zu verwahrlosen drohen.

(4) Jede Mutter hat Anspruch auf den Schutz und die Fürsorge der Gemeinschaft.

(5) Den unehelichen Kindern sind durch die Gesetzgebung die gleichen Bedingungen für ihre leibliche und seelische Entwicklung und ihre Stellung in der Gesellschaft zu schaffen wie den ehelichen Kindern.

Artikel 7

(1) Das gesamte Schulwesen steht unter der Aufsicht des Staates.

(2) Die Erziehungsberechtigten haben das Recht, über die Teilnahme des Kindes am Religionsunterricht zu bestimmen.

(3) Der Religionsunterricht ist in den öffentlichen Schulen mit Ausnahme der bekenntnisfreien Schulen ordentliches Lehrfach. Unbeschadet des staatlichen Aufsichtsrechtes wird der Religionsunterricht in Übereinstimmung mit den Grundsätzen der Religionsgemeinschaften erteilt. Kein Lehrer darf gegen seinen Willen verpflichtet werden, Religionsunterricht zu erteilen.

(4) Das Recht zur Errichtung von privaten Schulen wird gewährleistet. Private Schulen als Ersatz für öffentliche Schulen bedürfen der Genehmigung des Staates und unterstehen den Landesgesetzen. Die Genehmigung ist zu erteilen, wenn die privaten Schulen in ihren Lehrzielen und Einrichtungen sowie in der wissenschaftlichen Ausbildung ihrer Lehrkräfte nicht hinter den öffentlichen Schulen zurückstehen und eine Sonderung der Schüler nach den Besitzverhältnissen der Eltern nicht gefördert wird. Die Genehmigung ist zu versagen, wenn die wirtschaftliche und rechtliche Stellung der Lehrkräfte nicht genügend gesichert ist.

(5) Eine private Volksschule ist nur zuzulassen, wenn die Unterrichtsverwaltung ein besonderes pädagogisches Interesse anerkennt oder, auf Antrag von Erziehungsberechtigten, wenn sie als Gemeinschaftsschule, als Bekenntnis- oder Weltanschauungsschule errichtet werden soll und eine öffentliche Volksschule dieser Art in der Gemeinde nicht besteht.

(6) Vorschulen bleiben aufgehoben.

Artikel 20

(1) Die Bundesrepublik Deutschland ist ein demokratischer und sozialer Bundesstaat.

(2) Alle Staatsgewalt geht vom Volke aus. Sie wird vom Volke in Wahlen und Abstimmungen und durch besondere Organe der Gesetzgebung, der vollziehenden Gewalt und der Rechtsprechung ausgeübt.

(3) Die Gesetzgebung ist an die verfassungsmäßige Ordnung, die vollziehende Gewalt und die Rechtsprechung sind an Gesetz und Recht gebunden.

(4) Gegen jeden, der es unternimmt, diese Ordnung zu beseitigen, haben alle Deutschen das Recht zum Widerstand, wenn andere Abhilfe nicht möglich ist.

Artikel 28

(1) Die verfassungsmäßige Ordnung in den Ländern muss den Grundsätzen des republikanischen, demokratischen und sozialen Rechtsstaates im Sinne dieses Grundgesetzes entsprechen. In den Ländern, Kreisen und Gemeinden muss das Volk eine Vertretung haben, die aus allgemeinen, unmittelbaren, freien, gleichen und geheimen Wahlen hervorgegangen ist. Bei Wahlen in Kreisen und Gemeinden sind auch Personen, die die Staatsangehörigkeit eines Mitgliedsstaates der Europäischen Gemeinschaft besitzen, nach Maßgabe von Recht der Europäischen Gemeinschaft wahlberechtigt und wählbar. In Gemeinden kann an die Stelle einer gewählten Körperschaft die Gemeindeversammlung treten.

(2) Den Gemeinden muss das Recht gewährleistet sein, alle Angelegenheiten der örtlichen Gemeinschaft im Rahmen der Gesetze in eigener Verantwortung zu regeln. Auch die Gemeindeverbände haben im Rahmen ihres gesetzlichen Aufgabenbereiches nach Maßgabe der Gesetze das Recht der Selbstverwaltung. Die Gewährleistung der Selbstverwaltung umfasst auch die Grundlagen der finanziellen Eigenverantwortung; zu diesen Grundlagen gehört eine den Gemeinden mit Hebesatzrecht zustehende wirtschaftskraftbezogene Steuerquelle.

(3) Der Bund gewährleistet, dass die verfassungsmäßige Ordnung der Länder den Grundrechten und den Bestimmungen der Absätze 1 und 2 entspricht.

Artikel 100

(1) Hält ein Gericht ein Gesetz, auf dessen Gültigkeit es bei der Entscheidung ankommt, für verfassungswidrig, so ist das Verfahren auszusetzen und, wenn es sich um eine Verletzung der Verfassung eines Landes handelt, die Entscheidung des für Verfassungsstreitigkeiten zuständigen Gerichtes des Landes, wenn es sich um die Verletzung dieses Grundgesetzes handelt, die Entscheidung des Bundesverfassungsgerichtes einzuholen. Dies gilt auch, wenn es sich um die Verletzung dieses Grundgesetzes durch Landesrecht oder um die Unvereinbarkeit eines Landesgesetzes mit einem Bundesgesetz handelt.

(2) Ist in einem Rechtsstreite zweifelhaft, ob eine Regel des Völkerrechtes Bestandteil des Bundesrechtes ist und ob sie unmittelbar Rechte und Pflichten für den Einzelnen erzeugt (Artikel 25), so hat das Gericht die Entscheidung des Bundesverfassungsgerichtes einzuholen.

(3) Will das Verfassungsgericht eines Landes bei der Auslegung des Grundgesetzes von einer Entscheidung des Bundesverfassungsgerichtes oder des Verfassungsgerichtes eines anderen Landes abweichen, so hat das Verfassungsgericht die Entscheidung des Bundesverfassungsgerichtes einzuholen.

Bürgerliches Gesetzbuch (BGB)

§ 832 Haftung des Aufsichtspflichtigen

(1) Wer kraft Gesetzes zur Führung der Aufsicht über eine Person verpflichtet ist, die wegen Minderjährigkeit oder wegen ihres geistigen oder körperlichen Zustands der Beaufsichtigung bedarf, ist zum Ersatz des Schadens verpflichtet, den diese Person einem Dritten widerrechtlich zufügt. Die Ersatzpflicht tritt nicht ein, wenn er seiner Aufsichtspflicht genügt oder wenn der Schaden auch bei gehöriger Aufsichtsführung entstanden sein würde.

(2) Die gleiche Verantwortung trifft denjenigen, welcher die Führung der Aufsicht durch Vertrag übernimmt.

§ 1626 Elterliche Sorge, Grundsätze

(1) Die Eltern haben die Pflicht und das Recht, für das minderjährige Kind zu sorgen (elterliche Sorge). Die elterliche Sorge umfasst die Sorge für die Person des Kindes (Personensorge) und das Vermögen des Kindes (Vermögenssorge).

(2) Bei der Pflege und Erziehung berücksichtigen die Eltern die wachsende Fähigkeit und das wachsende Bedürfnis des Kindes zu selbständigem verantwortungsbewusstem Handeln. Sie besprechen mit dem Kind, soweit es nach dessen Entwicklungsstand angezeigt ist, Fragen der elterlichen Sorge und streben Einvernehmen an.

(3) Zum Wohl des Kindes gehört in der Regel der Umgang mit beiden Elternteilen. Gleiches gilt für den Umgang mit anderen Personen, zu denen das Kind Bindungen besitzt, wenn ihre Aufrechterhaltung für seine Entwicklung förderlich ist.

§ 1627 Ausübung der elterlichen Sorge

(1) Die Eltern haben die elterliche Sorge in eigener Verantwortung und in gegenseitigem Einvernehmen zum Wohl des Kindes auszuüben. Bei Meinungsverschiedenheiten müssen sie versuchen, sich zu einigen.

§ 1631 Inhalt und Grenzen der Personensorge

(1) Die Personensorge umfasst insbesondere die Pflicht und das Recht, das Kind zu pflegen, zu erziehen, zu beaufsichtigen und seinen Aufenthalt zu bestimmen.

(2) Kinder haben ein Recht auf gewaltfreie Erziehung. Körperliche Bestrafungen, seelische Verletzungen und andere entwürdigende Maßnahmen sind unzulässig.

(3) Das Familiengericht hat die Eltern auf Antrag bei der Ausübung der Personensorge in geeigneten Fällen zu unterstützen.

§ 1632 Herausgabe des Kindes; Bestimmung des Umgangs; Verbleibensanordnung bei Familienpflege

(1) Die Personensorge umfasst das Recht, die Herausgabe des Kindes von jedem zu verlangen, der es den Eltern oder einem Elternteil widerrechtlich vorenthält.

(2) Die Personensorge umfasst ferner das Recht, den Umgang des Kindes auch mit Wirkung für und gegen Dritte zu bestimmen.

(3) Über Streitigkeiten, die eine Angelegenheit nach Absatz 1 oder 2 betreffen, entscheidet das Familiengericht auf Antrag eines Elternteils.

(4) Lebt das Kind seit längerer Zeit in Familienpflege und wollen die Eltern das Kind von der Pflegeperson wegnehmen, so kann das Familiengericht von Amts wegen oder auf Antrag der Pflegeperson anordnen, dass das Kind bei der Pflegeperson verbleibt, wenn und solange das Kindeswohl durch die Wegnahme gefährdet würde.

§ 1666 Gerichtliche Maßnahmen bei Gefährdung des Kindeswohls

(1) Wird das körperliche, geistige oder seelische Wohl des Kindes oder sein Vermögen gefährdet und sind die Eltern nicht gewillt oder nicht in der Lage, die Gefahr abzuwenden, so hat das Familiengericht die Maßnahmen zu treffen, die zur Abwendung der Gefahr erforderlich sind.

(2) ...

(3)

(4) ...

§ 1666a Grundsatz der Verhältnismäßigkeit; Vorrang öffentlicher Hilfen

(1) Maßnahmen, mit denen eine Trennung des Kindes von der elterlichen Familie verbunden ist, sind nur zulässig, wenn der Gefahr nicht auf andere Weise, auch nicht durch öffentliche Hilfen, begegnet werden kann. Dies gilt auch, wenn einem Elternteil vorübergehend oder auf unbestimmte Zeit die Nutzung der Familienwohnung untersagt werden soll. Wird einem Elternteil oder einem Dritten die Nutzung der vom Kind mitbewohnten oder einer anderen Wohnung untersagt, ist bei der Bemessung der Dauer der Maßnahme auch zu berücksichtigen, ob diesem das Eigentum, das Erbbaurecht oder der Nießbrauch an dem Grundstück zusteht, auf dem sich die Wohnung befindet; entsprechendes gilt für das Wohnungseigentum, das Dauerwohnrecht, das dingliche Wohnrecht oder wenn der Elternteil oder Dritter Mieter der Wohnung ist.

(2) Die gesamte Personensorge darf nur entzogen werden, wenn andere Maßnahmen erfolglos geblieben sind oder wenn anzunehmen ist, das sie zur Abwendung der Gefahr nicht ausreichen.

§ 1671 BGB Getrenntleben bei gemeinsamer elterlicher Sorge

(1) Leben Eltern, denen die elterliche Sorge gemeinsam zusteht, nicht nur vorübergehend getrennt, so kann jeder Elternteil beantragen, dass ihm das Familiengericht die elterliche Sorge oder einen Teil der elterlichen Sorge allein überträgt.

(2) Dem Antrag ist stattzugeben, soweit

1. der andere Elternteil zustimmt, es sei denn, dass das Kind das 14. Lebensjahr vollendet hat und der Übertragung widerspricht, oder

2. zu erwarten ist, dass die Aufhebung der gemeinsamen Sorge und die Übertragung auf den Antragsteller dem Wohl des Kindes am besten entspricht.

(3) Dem Antrag ist nicht stattzugeben, soweit die elterliche Sorge auf Grund anderer Vorschriften abweichend geregelt werden muss.

§ 1684 BGB Umgang des Kindes mit den Eltern

(1) Das Kind hat das Recht auf Umgang mit jedem Elternteil; jeder Elternteil ist zum Umgang mit dem Kind verpflichtet und berechtigt.

(2) Die Eltern haben alles zu unterlassen, was das Verhältnis des Kindes zum jeweils anderen Elternteil beeinträchtigt oder die Erziehung erschwert. Entsprechendes gilt, wenn sich das Kind in der Obhut einer anderen Person befindet.

(3) Das Familiengericht kann über den Umfang des Umgangsrechts entscheiden und seine Ausübung, auch gegenüber Dritten, näher regeln. Es kann die Beteiligten durch Anordnungen zur Erfüllung der in Absatz 2 geregelten Pflicht anhalten.

(4) Das Familiengericht kann das Umgangsrecht oder den Vollzug früherer Entscheidungen über das Umgangsrecht einschränken oder ausschließen, soweit dies zum Wohl des Kindes erforderlich ist. Eine Entscheidung, die das Umgangsrecht oder seinen Vollzug für längere Zeit oder auf Dauer einschränkt oder ausschließt, kann nur ergehen, wenn andernfalls das Wohl des Kindes gefährdet wäre. Das Familiengericht kann insbesondere anordnen, dass der Umgang nur stattfinden darf, wenn ein mitwirkungsbereiter Dritter anwesend ist. Dritter kann auch ein Träger der Jugendhilfe oder ein Verein sein; dieser bestimmt dann jeweils, welche Einzelperson die Aufgabe wahrnimmt.

§ 1685 Umgang des Kindes mit anderen Bezugspersonen

(1) Großeltern und Geschwister haben ein Recht auf Umgang mit dem Kind, wenn dieser dem Wohl des Kindes dient.

(2) Gleiches gilt für enge Bezugspersonen des Kindes, wenn diese für das Kind tatsächliche Verantwortung tragen oder getragen haben (sozial-familiäre Beziehung). Eine Übernahme tatsächlicher Verantwortung ist in der Regel anzunehmen, wenn die Person mit dem Kind längere Zeit in häuslicher Gemeinschaft zusammengelebt hat.

(3) § 1684 Abs. 2 bis 4 gilt entsprechend.

§ 1688 Entscheidungsbefugnisse der Pflegepersonen

(1) Lebt ein Kind für längere Zeit in Familienpflege, so ist die Pflegeperson berechtigt, in Angelegenheiten des täglichen Lebens zu entscheiden sowie den Inhaber der elterlichen Sorge in solchen Angelegenheiten zu vertreten. Sie ist befugt, den Arbeitsverdienst des Kindes zu verwalten, sowie Unterhalts-, Versicherungs-, Versorgungs- und sonstige Sozialleistungen für das Kind geltend zu machen und zu verwalten. § 1629 Abs. 1 Satz 4 gilt entsprechend.

(2) Die Pflegeperson steht einer Person gleich, die im Rahmen der Hilfe nach den §§ 34, 35 und 35a Abs. 1 Satz 2 Nr. 3 und 4 des Achten Buches Sozialgesetzbuch die Erziehung und Betreuung eines Kindes übernommen hat.

(3) Die Absätze 1 und 2 gelten nicht, wenn der Inhaber der elterlichen Sorge etwas anderes erklärt. Das Familiengericht kann die Befugnisse nach den Absätzen 1 und 2 einschränken oder ausschließen, wenn dies zum Wohl des Kindes erforderlich ist.

(4) Für eine Person, bei der sich das Kind auf Grund einer gerichtlichen Entscheidung nach § 1632 Abs. 4 oder § 1682 aufhält, gelten die Absätze 1 und 3 mit der Maßgabe, dass die genannten Befugnisse nur das Familiengericht einschränken oder ausschließen kann.

§ 1696 Abänderung und Überprüfung gerichtlicher Anordnungen

(1) Das Vormundschaftsgericht und das Familiengericht haben ihre Anordnungen zu ändern, wenn dies aus triftigen, das Wohl des Kindes nachhaltig berührenden Gründen, angezeigt ist.

(2) Maßnahmen nach den §§ 1666 bis 1667 sind aufzuheben, wenn eine Gefahr für das Wohl des Kindes nicht mehr besteht.

(3) Länger dauernde Maßnahmen nach den §§ 1666 bis 1667 hat das Gericht in angemessenen Zeitabständen zu überprüfen. Sieht das Familiengericht von Maßnahmen nach den §§ 1666 bis 1667 ab, soll es seine Entscheidung in angemessenem Zeitabstand, in der Regel nach drei Monaten, überprüfen.

§ 1748 Ersetzung der Einwilligung eines Elternteils

(1) Das Vormundschaftsgericht hat auf Antrag des Kindes die Einwilligung eines Elternteils zu ersetzen, wenn dieser seine Pflichten gegenüber dem Kind anhaltend gröblich verletzt hat oder durch sein Verhalten gezeigt hat, dass ihm das Kind gleichgültig ist, und wenn das Unterbleiben der Annahme dem Kind zu unverhältnismäßigem Nachteil gereichen würde. Die Einwilligung kann auch ersetzt werden, wenn die Pflichtverletzung zwar nicht anhaltend, aber besonders schwer ist und das Kind voraussichtlich dauernd nicht mehr der Obhut des Elternteils anvertraut werden kann.

(2) ...

(3)...

(4)...

Sozialgesetzbuch VIII - Kinder und Jugendhilfe (SGB VIII)

§ 1 Recht auf Erziehung, Elternverantwortung, Jugendhilfe

(1) Jeder junge Mensch hat ein Recht auf Förderung seiner Entwicklung und auf Erziehung zu einer eigenverantwortlichen und gemeinschaftsfähigen Persönlichkeit.

(2) Pflege und Erziehung der Kinder sind das natürliche Recht der Eltern und die zuvörderst ihnen obliegende Pflicht. Über ihre Betätigung wacht die staatliche Gemeinschaft

(3) Jugendhilfe soll zur Verwirklichung des Rechts nach Absatz 1 insbesondere

1. junge Menschen in ihrer individuellen und sozialen Entwicklung fördern und dazu beitragen, Benachteiligungen zu vermeiden oder abzubauen,
2. Eltern und andere Erziehungsberechtigte bei der Erziehung beraten und unterstützen,
3. Kinder und Jugendliche vor Gefahren für ihr Wohl schützen,
4. dazu beitragen, positive Lebensbedingungen für junge Menschen und ihre Familien sowie eine kinder- und familienfreundliche Umwelt zu erhalten oder zu schaffen.

§ 3 Freie und öffentliche Jugendhilfe

(1) Die Jugendhilfe ist gekennzeichnet durch die Vielfalt von Trägern unterschiedlicher Wertorientierungen und die Vielfalt von Inhalten, Methoden und Arbeitsformen.

(2) Leistungen der Jugendhilfe werden von Trägern der freien Jugendhilfe und von Trägern der öffentlichen Jugendhilfe erbracht. Leistungsverpflichtungen, die durch dieses Buch begründet werden, richten sich an die Träger der öffentlichen Jugendhilfe.

(3) Andere Aufgaben der Jugendhilfe werden von Trägern der öffentlichen Jugendhilfe wahrgenommen. Soweit dies ausdrücklich bestimmt ist, können Träger der freien Jugendhilfe diese Aufgaben wahrnehmen oder mit ihrer Ausführung betraut werden.

§ 8a Schutzauftrag bei Kindeswohlgefährdung

(1) Werden dem Jugendamt gewichtige Anhaltspunkte für die Gefährdung des Wohls eines Kindes oder Jugendlichen bekannt, so hat es das Gefährdungsrisiko im Zusammenwirken mehrerer Fachkräfte abzuschätzen. Dabei sind die Personensorgeberechtigten sowie das Kind oder der Jugendliche einzubeziehen, soweit hierdurch der wirksame Schutz des Kindes oder des Jugendlichen nicht in Frage gestellt wird. Hält das Jugendamt zur Abwendung der Gefährdung die Gewährung von Hilfen für geeignet und notwendig, so hat es diese den Personensorgeberechtigten oder den Erziehungsberechtigten anzubieten.

(2) In Vereinbarungen mit den Trägern von Einrichtungen und Diensten, die Leistungen nach diesem Buch erbringen, ist sicherzustellen, dass deren Fachkräfte den Schutzauftrag nach Absatz 1 in entsprechender Weise wahrnehmen und bei der Abschätzung des Gefährdungsrisikos eine insoweit erfahrene Fachkraft hinzuziehen. Insbesondere ist die Verpflichtung aufzunehmen, dass die Fachkräfte bei den Personensorgeberechtigten oder den Erziehungsberechtigten auf die Inanspruchnahme von Hilfen hinwirken, wenn sie diese für erforderlich halten, und das Jugendamt informieren, falls die angenommenen Hilfen nicht ausreichend erscheinen, um die Gefährdung abzuwenden.

(3) Hält das Jugendamt das Tätigwerden des Familiengerichts für erforderlich, so hat es das Gericht anzurufen; dies gilt auch, wenn die Personensorgeberechtigten oder die Erziehungsberechtigten nicht bereit oder in der Lage sind, bei der Abschätzung des Gefährdungsrisikos mitzuwirken. Besteht eine dringende Gefahr und kann die Entscheidung des Gerichts nicht abgewartet werden, so ist das Jugendamt verpflichtet, das Kind oder den Jugendlichen in Obhut zu nehmen.

(4) Soweit zur Abwendung der Gefährdung das Tätigwerden anderer Leistungsträger, der Einrichtungen der Gesundheitshilfe oder der Polizei notwendig ist, hat das Jugendamt auf die Inanspruchnahme durch die Personensorgeberechtigen oder die Erziehungsberechtigten hinzuwirken. Ist ein sofortiges Tätigwerden erforderlich und wirken die Personensorgeberechtigten oder die Erziehungsberechtigten nicht mit, so schaltet das Jugendamt die anderen zur Abwendung der Gefährdung zuständigen Stellen selbst ein.

§ 27 Hilfen zur Erziehung

(1) Ein Personensorgeberechtigter hat bei der Erziehung eines Kinder oder eines Jugendlichen Anspruch auf Hilfe (Hilfe zur Erziehung), wenn eine dem Wohl des Kindes oder des Jugendlichen entsprechende Erziehung nicht gewährleistet ist und die Hilfe für seine Entwicklung geeignet und notwendig ist.

(2) Hilfe zur Erziehung wird insbesondere nach Maßgabe der §§ 28 bis 35 gewährt. Art und Umfang der Hilfe richten sich nach dem erzieherischen Bedarf im Einzelfall; dabei soll das engere soziale Umfeld des Kindes oder des Jugendlichen einbezogen werden. Die Hilfe ist in der Regel im Inland zu erbringen; sie darf nur dann im Ausland erbracht werden, wenn dies nach Maßgabe der Hilfeplanung zur Erreichung des Hilfezieles im Einzelfall erforderlich ist.

(2a) Ist eine Erziehung des Kindes oder Jugendlichen außerhalb des Elternhauses erforderlich, so entfällt der Anspruch auf Hilfe zur Erziehung nicht dadurch, dass eine andere unterhaltspflichtige Person bereit ist, diese Aufgabe zu übernehmen; die Gewährung von Hilfe zur Erziehung setzt in diesem Fall voraus, dass diese Person bereit und geeignet ist, den Hilfebedarf in Zusammenarbeit mit dem Träger der öffentlichen Jugendhilfe nach Maßgabe der §§ 36 und 37 zu decken.

(3) Hilfe zur Erziehung umfasst insbesondere die Gewährung pädagogischer und damit verbundener therapeutischer Leistungen. Sie soll bei Bedarf Ausbildungs- und Beschäftigungsmaßnahmen im Sinne des § 13 Abs. 2 einschließen.

(4) Wird ein Kind oder eine Jugendliche während ihres Aufenthaltes in einer Einrichtung oder einer Pflegefamilie selbst Mutter eines Kindes, so umfasst die Hilfe zur Erziehung auch die Unterstützung bei der Pflege und Erziehung dieses Kindes.

§ 28 Erziehungsberatung

Erziehungsberatungsstellen und andere Beratungsdienste und –einrichtungen sollen Kinder, Jugendliche, Eltern und andere Erziehungsberechtigte bei der Klärung und Bewältigung individueller und familienbezogener Probleme und der zugrundeliegenden Faktoren, bei der Lösung von Erziehungsfragen sowie bei Trennung und Scheidung unterstützen. Dabei sollen Fachkräfte verschiedener Fachrichtungen zusammenwirken, die mit unterschiedlichen methodischen Ansätzen vertraut sind.

§ 29 Soziale Gruppenarbeit

(1) Die Teilnahme an sozialer Gruppenarbeit soll älteren Kindern und Jugendlichen bei der Überwindung von Entwicklungsschwierigkeiten und Verhaltensproblemen helfen. Soziale Gruppenarbeit soll auf der Grundlage eines gruppenpädagogischen Konzepts die Entwicklung älterer Kinder und Jugendlicher durch soziales Lernen in der Gruppe fördern.

§ 30 Erziehungsbeistand, Betreuungshelfer

Der Erziehungsbeistand und der Betreuungshelfer sollen das Kind oder den Jugendlichen bei der Bewältigung von Entwicklungsproblemen möglichst unter Einbeziehung des sozialen Umfelds unterstützen und unter Erhaltung des Lebensbezugs zur Familie seine Verselbständigung fördern.

§ 31 Sozialpädagogische Familienhilfe

Sozialpädagogische Familienhilfe soll durch intensive Betreuung und Begleitung Familien in ihren Erziehungsaufgaben, bei der Bewältigung von Alltagsproblemen, der Lösung von Konflikten und Krisen sowie im Kontakt mit Ämtern und Institutionen unterstützen und Hilfe zur Selbsthilfe geben. Sie ist in der Regel auf längere Dauer angelegt und erfordert die Mitarbeit der Familie.

§ 32 Erziehung in einer Tagesgruppe

Hilfe zur Erziehung in einer Tagesgruppe soll die Entwicklung des Kindes oder des Jugendlichen durch soziales Lernen in der Gruppe, Begleitung der schulischen Förderung und Elternarbeit unterstützen und dadurch den Verbleib des Kindes oder des Jugendlichen in seiner Familie sichern. Die Hilfe kann auch in geeigneten Formen der Familienpflege geleistet werden.

§ 33 Vollzeitpflege

Hilfe zur Erziehung in Vollzeitpflege soll entsprechend dem Alter und Entwicklungsstand des Kindes oder des Jugendlichen und seinen persönlichen Bindungen sowie den Möglichkeiten der Verbesserung der Erziehungsbedingungen in der Herkunftsfamilie Kindern und Jugendlichen in einer anderen Familie eine zeitlich befristete Erziehungshilfe oder eine auf Dauer angelegte Lebensform bieten. Für besonders entwicklungsbeeinträchtigte Kinder und Jugendliche sind geeignete Formen der Familienpflege zu schaffen und auszubauen.

§ 34 Heimerziehung, sonstige betreute Wohnform

Hilfe zur Erziehung in einer Einrichtung über Tag und Nacht (Heimerziehung) oder in einer sonstigen betreuten Wohnform soll Kinder und Jugendliche durch eine Verbindung von Alltagserleben mit pädagogischen und therapeutischen Angeboten in ihrer Entwicklung fördern. Sie soll entsprechend dem Alter und Entwicklungsstand des Kindes oder des Jugendlichen sowie den Möglichkeiten der Verbesserung der Erziehungsbedingungen in der Herkunftsfamilie

1. eine Rückkehr in die Familie zu erreichen versuchen oder
2. die Erziehung in einer anderen Familie vorbereiten oder
3. eine auf längere Zeit angelegte Lebensform bieten und auf ein selbständiges Leben vorbereiten.

Jugendliche sollen in Fragen der Ausbildung und Beschäftigung sowie der allgemeinen Lebensführung beraten und unterstützt werden.

§ 35 Intensive sozialpädagogische Einzelbetreuung

Intensive sozialpädagogische Einzelbetreuung soll Jugendlichen gewährt werden, die einer intensiven Unterstützung zur sozialen Integration und zu einer eigenverantwortlichen Lebensführung bedürfen. Die Hilfe ist in der Regel auf längere Zeit angelegt und soll den individuellen Bedürfnissen des Jugendlichen Rechnung tragen.

§ 36 Mitwirkung, Hilfeplan

(1) Der Personensorgeberechtigte und das Kind oder der Jugendliche sind vor der Entscheidung über die Inanspruchnahme einer Hilfe und vor einer notwendigen Änderung von Art und Umgang der Hilfe zu beraten und auf die möglichen Folgen für die Entwicklung des Kindes oder des Jugendlichen hinzuweisen. Vor und während einer langfristig zu leistenden Hilfe außerhalb der eigenen Familie ist zu prüfen, ob die Annahme als Kind in Betracht kommt. Ist Hilfe außerhalb der eigenen Familie erforderlich, so sind die in Satz 1 genannten Personen bei der Auswahl der Einrichtung oder der Pflegestelle zu beteiligen. Der Wahl und den Wünschen ist zu entsprechen, sofern sie nicht mit unverhältnismäßigen Mehrkosten verbunden sind.

(2) Die Entscheidung über die im Einzelfall angezeigte Hilfeart soll, wenn Hilfe voraussichtlich für längere Zeit zu leisten ist, im Zusammenwirken mehrerer Fachkräfte getroffen werden. Als Grundlage für die Ausgestaltung der Hilfe sollen sie zusammen mit dem Personensorgeberechtigten und dem Kind oder dem Jugendlichen einen Hilfeplan aufstellen, der Feststellungen über den Bedarf, die

zu gewährende Art der Hilfe sowie die notwendigen Leistungen enthält; sie sollen regelmäßig prüfen, ob die gewählte Hilfeart weiterhin geeignet und notwendig ist. Werden bei der Durchführung der Hilfe andere Personen, Dienste oder Einrichtungen tätig, so sind sie oder deren Mitarbeiter an der Aufstellung des Hilfeplans und seiner Überprüfung zu beteiligen.

(3) Erscheinen Hilfen nach § 35a erforderlich, so soll bei der Aufstellung und Änderung des Hilfeplanes sowie bei der Durchführung der Hilfe ein Arzt, der über besondere Erfahrungen in der Hilfe für Behinderte verfügt, beteiligt werden. Erscheinen Maßnahmen der beruflichen Eingliederung erforderlich, so sollen auch die Stellen der Bundesanstalt für Arbeit beteiligt werden.

§ 37 Zusammenarbeit bei Hilfen außerhalb der eigenen Familie

(1) Bei Hilfen nach §§ 32 bis 34 und § 35a Abs. 2 Nr. 3 und 4 soll darauf hingewirkt werden, dass die Pflegepersonen oder die in der Einrichtung für die Erziehung verantwortlichen Personen und die Eltern zum Wohl des Kindes oder des Jugendlichen zusammenarbeiten. Durch Beratung und Unterstützung sollen die Erziehungsbedingungen in der Herkunftsfamilie innerhalb eines im Hinblick auf die Entwicklung des Kindes oder Jugendlichen vertretbaren Zeitraums so weit verbessert werden, dass sie das Kind oder den Jugendlichen wieder selbst erziehen kann. Ist eine nachhaltige Verbesserung der Erziehungsbedingungen in der Herkunftsfamilie innerhalb dieses Zeitraums nicht erreichbar, so soll mit den beteiligten Personen eine andere, dem Wohl des Kindes oder des Jugendlichen förderliche und auf Dauer angelegte Lebensperspektive erarbeitet werden.

(2) Die Pflegeperson hat vor der Aufnahme des Kindes oder des Jugendlichen und während der Dauer der Pflege Anspruch auf Beratung und Unterstützung; dies gilt auch in den Fällen, in denen dem Kind oder dem Jugendlichen weder Hilfe zur Erziehung noch Eingliederungshilfe gewährt wird oder die Pflegeperson der Erlaubnis nach § 44 nicht bedarf. § 23 Abs. 4 gilt entsprechend.

(3) Das Jugendamt soll den Erfordernissen des Einzelfalls entsprechend an Ort und Stelle überprüfen, ob die Pflegeperson eine dem Wohl des Kindes oder des Jugendlichen förderliche Erziehung gewährleistet. Die Pflegeperson hat das Jugendamt über wichtige Ereignisse zu unterrichten, die das Wohl des Kindes oder des Jugendlichen betreffen.

§ 42 Inobhutnahme von Kindern und Jugendlichen

(1) Das Jugendamt ist berechtigt und verpflichtet, ein Kind oder einen Jugendlichen in seine Obhut zu nehmen, wenn

1. das Kind oder der Jugendliche um Obhut bittet oder

2. eine dringende Gefahr für das Wohl des Kindes oder des Jugendlichen die Inobhutnahme erfordert und

   a) die Personensorgeberechtigten nicht widersprechen oder

b) eine familiengerichtliche Entscheidung nicht rechtzeitig eingeholt werden kann oder

3. ein ausländisches Kind oder ein ausländischer Jugendlicher unbegleitet nach Deutschland kommt und sich weder Personensorge- noch Erziehungsberechtigter im Inland aufhalten.

Die Inobhutnahme umfasst die Befugnis, ein Kind oder einen Jugendlichen bei einer geeigneten Person, in einer geeigneten Einrichtung oder in einer sonstigen Wohnform vorläufig unterzubringen; im Fall von Satz 1 Nr. 2 auch, ein Kind oder einen Jugendlichen von einer anderen Person wegzunehmen.

(2) Das Jugendamt hat während der Inobhutnahme die Situation, die zur Inobhutnahme geführt hat, zusammen mit dem Kind oder dem Jugendlichen zu klären und Möglichkeiten der Hilfe und Unterstützung aufzuzeigen. Dem Kind oder dem Jugendlichen ist unverzüglich Gelegenheit zu geben, eine Person seines Vertrauens zu benachrichtigen. Das Jugendamt hat während der Inobhutnahme für das Wohl des Kindes oder des Jugendlichen zu sorgen und dabei den notwendigen Unterhalt und die Krankenhilfe sicherzustellen. Das Jugendamt ist während der Inobhutnahme berechtigt, alle Rechtshandlungen vorzunehmen, die zum Wohl des Kindes oder Jugendlichen notwendig sind; der mutmaßliche Wille der Personensorge- oder der Erziehungsberechtigten ist dabei angemessen zu berücksichtigen.

(3) Das Jugendamt hat im Fall des Absatzes 1 Satz 1 Nr. 1 und 2 die Personensorge- oder Erziehungsberechtigten unverzüglich von der Inobhutnahme zu unterrichten und mit ihnen das Gefährdungsrisiko abzuschätzen. Widersprechen die Personensorge- oder Erziehungsberechtigten der Inobhutnahme, so hat das Jugendamt unverzüglich

1. das Kind oder den Jugendlichen den Personensorge- oder Erziehungsberechtigten zu übergeben, sofern nach der Einschätzung des Jugendamts eine Gefährdung des Kindeswohls nicht besteht oder die Personensorge- oder Erziehungsberechtigten bereit und in der Lage sind, die Gefährdung abzuwenden oder

2. eine Entscheidung des Familiengerichts über die erforderlichen Maßnahmen zum Wohl des Kindes oder des Jugendlichen herbeizuführen.

Sind die Personensorge- oder Erziehungsberechtigten nicht erreichbar, so gilt Satz 2 Nr. 2 entsprechend. Im Fall des Absatzes 1 Satz 1 Nr. 3 ist unverzüglich die Bestellung eines Vormunds oder Pflegers zu veranlassen. Widersprechen die Personensorgeberechtigten der Inobhutnahme nicht, so ist unverzüglich ein Hilfeplanverfahren zur Gewährung einer Hilfe einzuleiten.

(4) Die Inobhutnahme endet mit

1. der Übergabe des Kindes oder Jugendlichen an die Personensorge- oder Erziehungsberechtigten,

2. der Entscheidung über die Gewährung von Hilfen nach dem Sozialgesetzbuch.

(5) Freiheitsentziehende Maßnahmen im Rahmen der Inobhutnahme sind nur zulässig, wenn und soweit sie erforderlich sind, um eine Gefahr für Leib oder Leben des Kindes oder des Jugendlichen oder eine Gefahr für Leib und Leben Dritter abzuwenden. Die Freiheitsentziehung ist ohne gerichtliche Entscheidung spätestens mit Ablauf des Tages nach ihrem Beginn zu beenden.

(6) Ist bei der Inobhutnahme die Anwendung unmittelbaren Zwangs erforderlich, so sind die dazu befugten Stellen hinzuzuziehen.

§ 50 Mitwirkung in Verfahren vor den Familiengerichten

(1) Das Jugendamt unterstützt das Familiengericht bei allen Maßnahmen, die die Sorge für die Person von Kindern und Jugendlichen betreffen. Es hat in folgenden Verfahren nach dem Gesetz über das Verfahren in Familiensachen und in den Angelegenheiten der freiwilligen Gerichtsbarkeit mitzuwirken:

1. Kindschaftssachen (§ 162 des Gesetzes über das Verfahren in Familiensachen und in den Angelegenheiten der freiwilligen Gerichtsbarkeit),
2. Abstammungssachen (§ 176 des Gesetzes über das Verfahren in Familiensachen und in den Angelegenheiten der freiwilligen Gerichtsbarkeit),
3. Adoptionssachen (§ 188 Abs. 2, §§ 189, 194, 195 des Gesetzes über das Verfahren in Familiensachen und in den Angelegenheiten der freiwilligen Gerichtsbarkeit),
4. Wohnungszuweisungssachen (§ 204 Abs. 2, § 205 des Gesetzes über das Verfahren in Familiensachen und in den Angelegenheiten der freiwilligen Gerichtsbarkeit) und
5. Gewaltschutzsachen (§§ 212, 213 des Gesetzes über das Verfahren in Familiensachen und in den Angelegenheiten der freiwilligen Gerichtsbarkeit).

(2) Das Jugendamt unterrichtet insbesondere über angebotene und erbrachte Leistungen, bringt erzieherische und soziale Gesichtspunkte zur Entwicklung des Kindes oder des Jugendlichen ein und weist auf weitere Möglichkeiten der Hilfe hin. In Kindschaftssachen informiert das Jugendamt das Familiengericht in dem Termin nach § 155 Abs. 2 des Gesetzes über das Verfahren in Familiensachen und in den Angelegenheiten der freiwilligen Gerichtsbarkeit über den Stand des Beratungsprozesses.

§ 79 Gesamtverantwortung, Grundausstattung

(1) Die Träger der öffentlichen Jugendhilfe haben für die Erfüllung der Aufgaben nach diesem Buch die Gesamtverantwortung einschließlich der Planungsverantwortung.

(2) Die Träger der öffentlichen Jugendhilfe sollen gewährleisten, dass die zur Erfüllung der Aufgaben nach diesem Buch erforderlich und geeigneten Einrich-

tungen, Dienste und Veranstaltungen den verschiedenen Grundrichtungen der Erziehung entsprechend rechtzeitig und ausreichend zur Verfügung stehen; hierzu zählen insbesondere auch Pfleger, Vormünder und Pflegepersonen. Von den für die Jugendhilfe bereitgestellten Mitteln haben sie einen angemessenen Anteil für die Jugendarbeit zu verwenden.

(3) Die Träger der öffentlichen Jugendhilfe haben für eine ausreichende Ausstattung der Jugendämter und der Landesjugendämter zu sorgen; hierzu gehört auch eine dem Bedarf entsprechende Zahl von Fachkräften.

Strafgesetzbuch (StGB)

§ 13 Begehen durch Unterlassen
(1) Wer es unterlässt, einen Erfolg abzuwenden, der zum Tatbestand eines Strafgesetzes gehört, ist nach diesem Gesetz nur dann strafbar, wenn er rechtlich dafür einzustehen hat, dass der Erfolg nicht eintritt, und wenn das Unterlassen der Verwirklichung des gesetzlichen Tatbestandes durch ein Tun entspricht.
(2) Die Strafe kann nach § 49 Abs. 1 gemildert werden.

Europäische Menschenrechtskonvention (EMRK)

Artikel 8 Recht auf Achtung des Privat- und Familienlebens
(1) Jede Person hat das Recht auf Achtung ihres Privat- und Familienlebens, ihrer Wohnung und ihrer Korrespondenz.
(2) Eine Behörde darf in die Ausübung dieses Rechts nur eingreifen, soweit der Eingriff gesetzlich vorgesehen und in einer demokratischen Gesellschaft notwendig ist für die nationale oder öffentliche Sicherheit, für das wirtschaftliche Wohl des Landes, zur Aufrechterhaltung der Ordnung, zur Verhütung von Straftaten, zum Schutz der Gesundheit oder der Moral und zum Schutz der Rechte und Freiheiten anderer.

Artikel 27 Ausschüsse, Kammern und Große Kammer
(1) Zur Prüfung der Rechtssachen, die bei ihm anhängig gemacht werden, tagt der Gerichtshof in Ausschüssen mit drei Richtern, in Kammern mit sieben Richtern und in einer Großen Kammer mit 17 Richtern. Die Kammern des Gerichtshofs bilden die Ausschüsse für einen bestimmten Zeitraum.
(2) Der Kammer und der Großen Kammer gehört von Amts wegen der für den als Partei beteiligten Staat gewählte Richter oder, wenn ein solcher nicht vorhanden ist

oder er an den Sitzungen nicht teilnehmen kann, eine von diesem Staat benannte Person an, die in der Eigenschaft eines Richters an den Sitzungen teilnimmt.

(3) Der Großen Kammer gehören ferner der Präsident des Gerichtshofes, die Vizepräsidenten, die Präsidenten der Kammern und andere nach der Verfahrensordnung des Gerichtshofs ausgewählte Richter an. Wird eine Rechtssache nach Artikel 43 an die Große Kammer verwiesen, so dürfen Richter der Kammer, die das Urteil gefällt hat, der Großen Kammer nicht angehören; das gilt nicht für den Präsidenten der Kammer und den Richter, welcher in der Kammer für den als Partei beteiligten Staat mitgewirkt hat.

AutorInnen

Fieseler, Gerhard, Dr., Professor für Recht und Soziale Arbeit, em., Universität Kassel, Fachbereich Sozialwesen, div. Veröffentlichungen, u. a. Fieseler/Schleicher/ Busch: Gemeinschaftskommentar zum Sozialgesetzbuch VIII, 2007 und Fieseler/ Herborth: Recht der Familie und Jugendhilfe, 6. Auflage 2005

Graichen, Gina, Leiterin des Kommissariates „Delikte an Schutzbefohlenen" beim Landeskriminalamt Berlin

Grossmann, Karin, Dr. phil., Diplom-Psychologin, freiberufliche Bindungsforscherin, Regensburg, div. Veröffentlichungen, u. a. Grossmann, Karin/Grossmann, Klaus E.: Bindungen – das Gefüge psychischer Sicherheit, 3. Auflage 2006

Hannemann, Anika, Dr., Dipl.-Pädagogin, Dipl.-Sozialpädagogin, wissenschaftliche Mitarbeiterin am Institut für Geschellschaftswissenschaften und historischpolitische Bildung der Technischen Universität Berlin

Köckeritz, Christine, Dipl.-Psychologin, Dr. phil., war als Psychologin in der Erziehungsberatung tätig, war Leiterin eines Jugendamtes und ist seit 1993 Professorin an der Fachhochschule Esslingen, Hochschule für Sozialwesen. Dort lehrt sie Psychologie für die Soziale Arbeit mit dem Schwerpunkt Entwicklungspsychologie und Jugendhilfe, div. Veröffentlichungen, u. a. Entwicklungspsychologie für die Jugendhilfe, 2004

Ludwig-Körner, Christiane, Dr. phil. habil., Dipl.-Psychologin, Psychoanalytikerin (DPG, DGPT, IPA Lehranalytikerin, Supervisorin), Gestalt-, Verhaltens-, Gesprächs- und Familienpsychotherapeutin; Professorin an der Fachhochschule Potsdam, Fachbereich Sozialwesen, Arbeits- und Forschungsschwerpunkte: Eltern-Säuglingstherapien (seit 1997 Aufbau und Leitung der Beratungsstelle „Vom Säugling zum Kleinkind" an der Fachhochschule Potsdam und des Familienzentrums), diverse Forschungsprojekte im Bereich der Frühen Hilfen, Mitglied des Wissenschaftlichen Beirats „Frühe Hilfen" BmfFSFJ, Mitglied des Familienbeirates des Landes Brandenburg

Mingels, Annette, Schriftstellerin. Ihr jüngstes Buch, der Erzählband „Romantiker. Geschichten von der Liebe" erschien im März 2007 beim DuMont-Verlag, Köln. Sie lebt in Zürich.

Niestroj, Hildegard, Diplompädagogin und Verfahrenspflegerin, Frankfurt a. M.

Salgo, Ludwig, Professor Dr. jur., Lehrtätigkeiten an der Fachhochschule Frankfurt a. M. und an der Johann Wolfgang Goethe-Universität Frankfurt a. M., div. Veröffentlichungen, u. a. Pflegekindschaft und Staatsintervention, 1987, Der Anwalt des Kindes, 1996 und Mitherausgeber des Handbuches Verfahrenspflegschaft für Kinder und Jugendliche, 2004

Gülşen Schorn, Juristin, Studium der Rechtswissenschaften an der Johann Wolfgang Goethe-Universitsät Frankfurt a. M., Tätigkeit im Max-Planck-Institut für europäische Rechtsgeschichte, Mitarbeit in der Jugendrechtsberatung des Kinderschutzbundes Frankfurt a. M., Promotion 2008 bei Prof. Dr. Ludwig Salgo an der Johann Wolfgang Goethe-Universität Frankfurt a. M., seit Oktober 2008 Rechtsreferendarin.

Springer, Astrid, als Volljuristin beschäftigt im Bundesamt für Ernährung und Fortwirtschaft in Frankfurt a. M. und im Bundesernährungsministerium in Bonn, Fachgebiet Washingtoner Artenschutzübereinkommen; 1979 bis 1982 Aufbaustudium Journalistik (Nebenfach Germanistik) in Mainz; div. Festanstellungen, u. a. in der Rechtsredaktion des SDR Karlsruhe, Hörfunk-Journalistin: Essays und Features zu rechts- und gesellschaftspolitischen Themen; ein Schwerpunkt: die strukturelle Diskriminierung von Müttern im Recht. 1991 Caritas Journalisten-Preis Baden-Württemberg; 1993 Elisabeth-Selbert-Preis; 1997 Pressepreis des Dt. Anwaltvereins.

Westermann, Arnim, Dr. phil., Dipl.-Psychologe (BDP), beschäftigt sich seit 1973 praktisch und theoretisch mit Fragen der Sozialisation von Kindern in Ersatzfamilien. Seit 1982 Psychologische Praxis der Gesellschaft für soziale Arbeit e.V. für Kinder in Familien, Ersatzfamilien und Heimen. Mitautor des Buches „Pflegekinder und ihre Entwicklungschancen nach frühen traumatischen Erfahrungen" (Nienstedt/Westermann 2007). Adresse: Wolbecker Windmühle 25, 48167 Münster

Zenz, Gisela, Dr. Dr. hc., Psychoanalytikerin (DPV) und em. Professorin für Familien-, Jugend- und Sozialrecht an der Johann Wolfgang Goethe-Universität Frankfurt a. M., div. Veröffentlichungen, u. a. Mitherausgeberin des Handbuches „Verfahrenspflegschaft für Kinder und Jugendliche", 2004, und Zitelmann/ Schweppe/Zenz: Vormundschaft und Kindeswohl, 2004

RechtsanwältInnen

Marion Brückmann, Fachanwältin für Familienrecht
Adresse: Bürgeraue 12, 99867 Gotha, Tel. 0 36 21/70 10 33,
E-Mail: rain.marion.brueckmann@t-online.de

Astrid Doukkani-Bördner, Rechtsanwältin, seit 12 Jahren spezialisiert auf
Kindschaftsrecht, insbesondere mit der Vertretung von Pflege- und Adoptiveltern
(auch Auslandsadoptionen) befasst.
Adresse: Forsthausweg 25, 63263 Neu-Isenburg, Tel.: 069/69 36 62
E-Mail: ra.doukkani-boerdner@t-online.de

Ingeborg Eisele, Rechtsanwältin und Fachanwältin für Strafrecht, seit über 30
Jahren im Pflegekindschaftswesen beruflich tätig. Sie hat 1989 vor dem Bun-
desverfassungsgericht erfolgreich ein Pflegekind vertreten, das in eine fremde
Adoptionspflegefamilie verbracht werden sollte, obwohl völlig offen war, ob es
den Verlust der ihm vertrauten Pflegefamilie verkraften würde.
Adresse: Roscherstraße 13A, 30161 Hannover, Tel.: 05 11/80 50 26
Homepage: www.eisele-und-kollegen.de

Peter Hoffmann, Rechtsanwalt, Fachanwalt für Familienrecht, allgemeines Fami-
lienrecht seit 1979, seit über 20 Jahren auch speziell befasst mit Rechtsproblemen
von Pflege- und Adoptiveltern.
Adresse: Hansastraße 9, 20149 Hamburg, Tel.: 040/4 10 30 11
E-Mail: p.hoffmann@rechtsanwalthoffmann.com,
Homepage: www.rechtsanwalthoffmann.com

Claudia Marquardt, Studium der Rechtswissenschaft an der FU Berlin, Tätigkeit
in der OECD Paris, Rechtsabteilung der Mobil Oil Francaise, Betreuung von Ent-
wicklungshilfeprojekten UNPD Abidjan, Elfenbeinküste, UNIDO Wien, Mitarbeit
als Rechtsanwältin im Büro Dr. Peter Finger, Frankfurt, seit 1987 Rechtsanwältin
in Köln, Gemeinschaftskanzlei mit Ricarda Wilhelm. Schwerpunkte der Kanzlei
sind neben Familienrecht und Kindesrecht (insbesondere Pflegekinderrecht)
Medienrecht, Vertragsrecht sowie Erbrecht und Testamentsgestaltung und die
Vertretung von Verletzten in Straf- und Zivilverfahren.
Adresse: Aachener Straße 197-199, 50931 Köln, Tel.: 02 21/9 40 56 70
E-Mail: advocado@netcologne.de

Peter Schott, Fachanwalt für Familienrecht, Pflegevater a.D.,
Adresse: Hauptstraße 17, 79341 Kenzingen/Baden, Tel. 0 76 44/10 01 oder 1011
E-Mail: info@rechtsanwalt-kenzingen.de

Steffen Siefert, Studium der Rechtswissenschaft in Bayreuth und Köln, seit 1999 Rechtsanwalt in Köln
Adresse: Aachener Straße 197-199, 50931 Köln. Tel: 02 21/9 40 56 70
E-Mail: info@ra-siefert.de

Ricarda Wilhelm, Rechtsanwältin, Fachanwältin für Familienrecht, Studium der Rechtswissenschaft in Köln, seit 1994 Rechtsanwältin in Köln und Berlin, Gemeinschaftspraxis mit Claudia Marquardt
Adresse: Mohnweg 43, 12357 Berlin, Tel.: 030/60 49 00 56
E-Mail: advocado@t-online.de

Andreas Woidich, Rechtsanwalt seit 1989 in eigener Kanzlei in Nürnberg, Tätigkeitsgebiete: Wirtschaftsrecht, Familien- und Erbrecht. Nebenklagevertretungen in Strafverfahren. Seit 1989 besondere Aktivitäten im Pflege- und Adoptivkinderwesen sowohl als Rechtsanwalt als auch durch Referententätigkeit und Veröffentlichungen bei PFAD e.V., seit 2000 auch besonderes Engagement als Kinderopferanwalt für Dunkelziffer e.V.
Adresse: Frauentorgraben 43, 90443 Nürnberg, Tel.: 09 11/2 37 38 30
E-Mail: RA.Woidich@t-online.de

Abkürzungsverzeichnis

a. a. O.	am angegebenen Ort
a.f	alte Fassung
AGJ	Arbeitsgemeinschaft für Jugendhilfe
AmtsG	Amtsgericht
Art.	Artikel
ASD	Allgemeiner Sozialer Dienst
Aufl.	Auflage
Az	Aktenzeichen
BayObLG	Bayerisches Oberlandesgericht
BGB	Bürgerliches Gesetzbuch
BGBl	Bundesgesetzblatt
BGH	Bundesgerichtshof
BGHZ	Entscheidungen des Bundesgerichtshofes in Zivilsachen
BT-Drs.	Bundestagsdrucksache
BVerfG	Bundesverfassungsgericht
bzw.	beziehungsweise
DAVorm	Der Amtsvormund (Zeitschrift)
ders.	derselbe
d.h.	das heißt
DJT	Deutscher Juristentag
DVBl.	Deutsches Verwaltungsblatt
ebd.	ebenda
EGMR	Europäischer Gerichtshof für Menschenrechte
EMRK	Europäische Menschenrechtskonvention
e.V.	eingetragener Verein
EuGHMR	Europäischer Gerichtshof für Menschenrecht
FamRZ	Zeitschrift für das gesamte Familienrecht
FAZ	Frankfurter Allgemeine Zeitung
f., ff.	folgende
FK-SGB VIII	Frankfurter Kommentar zum SGB VIII
FGG	Gesetz über die Angelegenheiten der freiwilligen Gerichtsbarkeit
Fn	Fußnote
FPR	Familie Partnerschaft und Recht. Zeitschrift
FuR	Fachzeitschrift: Familie und Recht
gem.	gemäß
GG	Grundgesetz
ggf.	gegebenenfalls
GK-SGB VIII	Gemeinschaftskommentar Sozialgesetzbuch VIII

HB-VP	Handbuch Verfahrenspflegschaft
HIV	Humanes Immundefiziens-Virus
h. M.	herrschende Meinung
i.d.F.	in der Fassung
i.d.R.	in der Regel
i.V.m.	in Verbindung mit
JWG	Jugendwohlfahrtgesetz
JuS	Juristische Schulung. Zeitschrift für die juristische Ausbildung
KICK	Kinder und Jugendhilfeweiterentwicklungsgesetz
KindRG	Kindschaftsrechtsreformgesetz
KG	Kammergericht
KostO	Gesetz über die Kosten in Angelegenheiten der freiwilligen Gerichtsbarkeit (Kostenordnung)
KritV	Kritische Vierteljahresschrift für Gesetzgebung und Rechtswissenschaft
LG	Landgericht
LPK-SGB VIII	Lehr- und Praxiskommentar SGB VIII
m.w.N.	mit weiteren Nachweisen
Münch-Komm	Münchener Kommentar zum Bürgerlichen Gesetzbuch
NJW	Neue Juristische Wochenschrift
NJW-RR	Neue Juristische Wochenschrift Rechtsprechungs-Report
OLG	Oberlandesgericht
RdJB	Zeitschrift Recht der Jugend und des Bildungswesens
Rn	Randnummer
Rspr	Rechtsprechung
Rz	Randziffer
S.	Satz
s. a.	siehe auch
SGB	Sozialgesetzbuch
SGB VIII	Sozialgesetzbuch VIII – Kinder und Jugendhilfe
StGB	Strafgesetzbuch
SZ	Süddeutsche Zeitung
u.a.	unter anderem
vgl.	vergleiche
z.B.	zum Beispiel
ZfJ	Zentralblatt für Jugendrecht
ZfSp	Zeitschaft für Sozialpädagogik
ZKJ	Zeitschrift für Kindschaftsrecht und Jugendhilfe
ZPO	Zivilprozessordnung
ZVG	Gesetz über die Zwangsversteigerung und die Zwangsverwaltung
z. Zt.	zur Zeit